UTB 2609

Eine Arbeitsgemeinschaft der Verlage

Beltz Verlag Weinheim · Basel
Böhlau Verlag Köln · Weimar · Wien
Wilhelm Fink Verlag München
A. Francke Verlag Tübingen und Basel
Haupt Verlag Bern · Stuttgart · Wien
Lucius & Lucius Verlagsgesellschaft Stuttgart
Mohr Siebeck Tübingen
C. F. Müller Verlag Heidelberg
Ernst Reinhardt Verlag München und Basel
Ferdinand Schöningh Verlag Paderborn · München · Wien · Zürich
Eugen Ulmer Verlag Stuttgart
UVK Verlagsgesellschaft Konstanz
Vandenhoeck & Ruprecht Göttingen
vdf Hochschulverlag AG an der ETH Zürich
Verlag Barbara Budrich Opladen · Farmington Hills
Verlag Recht und Wirtschaft Frankfurt am Main
WUV Facultas Wien

Basiswissen der Sonder- und Heilpädagogik im Ernst Reinhardt Verlag

Barbara Fornefeld
Einführung in die Geistigbehindertenpädagogik
3., aktual. Auflage 2004. UTB-M (3-8252-2160-1) kt

Ingeborg Hedderich
Einführung in die Körperbehindertenpädagogik
2., überarb. u. erw. Aufl. UTB-M (3-8252-2102-4) kt

Clemens Hillenbrand
Einführung in die Pädagogik bei Verhaltensstörungen
3., überarb. Auflage 2006. UTB-M (3-8252-2103-2) kt

Annette Leonhardt
Einführung in die Hörgeschädigtenpädagogik
2., neu bearb. u. erw. Auflage 2002. UTB-M (3-8252-2104-0) kt

Renate Walthes
Einführung in die Blinden- und Sehbehindertenpädagogik
2. Auflage 2005. UTB-M (3-8252-2399-X) kt

Alfons Welling
Einführung in die Sprachbehindertenpädagogik
2006. UTB-M (3-8252-2609-3) kt

Rolf Werning/Birgit Lütje-Klose
Einführung in die Pädagogik bei Lernbeeinträchtigungen
2., überarb. Auflage 2006. UTB-M (3-8252-2391-4) kt

Alfons Welling

Einführung in die Sprachbehindertenpädagogik

Mit 30 Übungsaufgaben, 13 Abbildungen und 11 Tabellen

Ernst Reinhardt Verlag München Basel

Prof. Dr. *Alfons Welling*, Lehrstuhl für Sprachbehindertenpädagogik an der Universität Hamburg

Bibliografische Information der Deutschen Bibliothek

Die Deutsche Bibliothek verzeichnet diese Publikation in der Deutschen Nationalbibliografie; detaillierte bibliografische Daten sind im Internet über <http://dnb.ddb.de> abrufbar.
UTB-ISBN 10: 3-8252-2609-3
UTB-ISBN 13: 978-3-8252-2609-1
ISBN 10: 3-497-01718-3
ISBN 13: 978-3-497-01718-8

Einbandgestaltung: Atelier Reichert, Stuttgart
Satz: Rist Satz & Druck GmbH, Ilmmünster
Druck: Friedrich Pustet, Regensburg
Printed in Germany
ISBN 3-8252-2609-3 (UTB-Bestellnummer)

Ernst Reinhardt Verlag, Kemnatenstr. 46, D-80639 München
Net: www.reinhardt-verlag.de E-Mail: info@reinhardt-verlag.de

Inhalt

Hinweise zur Benutzung
dieses Lehrbuches

Das vorliegende Buch will Studienanfängern der Sprachbehindertenpädagogik sowie interessierten Studierenden verwandter Studienfächer (Pädagogik, Psychologie, Sozialpädagogik und Sozialarbeit) einen Einblick in die vielfältigen Aufgabengebiete und Handlungsfelder der Sprachbehindertenpädagogik geben.

Der beabsichtigte Überblickscharakter des Buches macht inhaltliche Verkürzungen unvermeidbar, will aber gerade hierdurch Studienanfänger zu weiterführender Auseinandersetzung mit Einzelfragen des Faches motivieren. Die formale Gestaltung des Buches soll das Selbststudium erleichtern.

Übungsaufgaben am Ende eines Kapitels dienen der Reflexion des Gelesenen. Die Lösungshinweise dazu sind im Anhang abgedruckt. Zur schnellen Orientierung wurden in den Randspalten Piktogramme benutzt, die folgende Bedeutung haben:

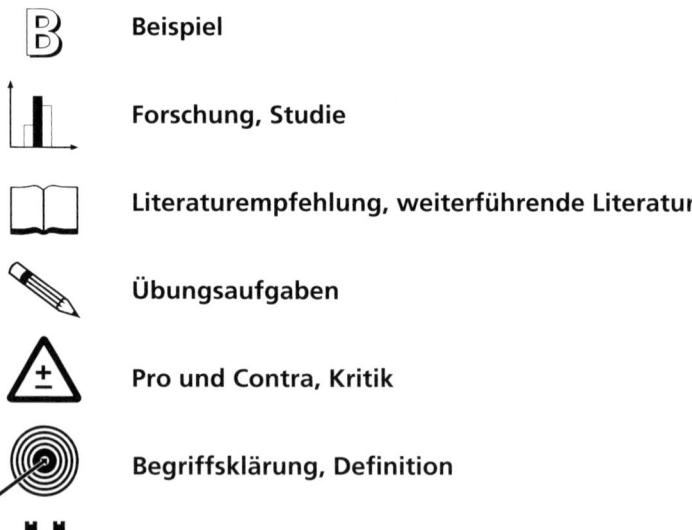

B   **Beispiel**

Forschung, Studie

Literaturempfehlung, weiterführende Literatur

Übungsaufgaben

Pro und Contra, Kritik

Begriffsklärung, Definition

Historisches

Vorwort

In den vergangenen Jahren, seit 1992 an der Universität zu Köln, seit 1998 an der Universität Hamburg, gehörte es zu meinen regelmäßigen Lehrverpflichtungen, die *Einführung* in den Studienschwerpunkt der Sprachbehindertenpädagogik wahrzunehmen. In der Regel ist diese Veranstaltung Studienanfängern vorbehalten, die sich zu Beginn ihres mehrjährigen Studiums mit einer Reihe von Grundfragen auf diesem Gebiet befassen. Sie wollen wissen, so erfahre ich in jedem Semester von neuem, worin die Kernthemen des gewählten Studienschwerpunkts bestehen, welche Fragen besonders berücksichtigt werden und auf welchen Denkwegen man zu Lösungen kommt. Weshalb muss man sich in diesem Studium so intensiv mit dem Gegenstand Sprache befassen, wenn man etwas wissen will über Sprachbehinderungen, über Sprachstörungen und über Beeinträchtigungen im sprachlichen Lernen von Kindern, Jugendlichen und Erwachsenen? Häufig setzt sich die Beschäftigung mit diesen Grundfragen fort bis über das Ende des Studiums hinaus und auch noch während der ersten Jahre des berufslangen eigenen Lernens. Vielleicht besteht sogar bei manchen Absolventen des Faches ein Klärungsbedarf nach langjähriger Berufspraxis?

Dieses Buch erläutert die Hauptgebiete der Sprachbehindertenpädagogik als erziehungswissenschaftliche Subdisziplin auf überschaubare Weise. Es richtet sich daher gleichermaßen an Studierende und Absolventen des Faches und ist gedacht als verlässlicher Begleiter für das Studium sowie für die spätere Berufspraxis.

Die hier vorgelegte Einführung in die Sprachbehindertenpädagogik versteht sich als ein Plädoyer und eine Anleitung für die Sprachbehindertenpädagogik als pädagogische Handlungswissenschaft in Erziehung und Bildung. Das Buch gibt Anregungen für Studium und Weiterbildung und befasst sich mit den Bezugstheorien dieser Wissenschaft, mit der Heterogenität der Störungsformen von Sprachverwendung, von Sprechen, Stimme, Rede und Schlucken und fragt prinzipiell und konkret nach Fragestellungen und Anliegen dieses pädagogischen Handelns im Rahmen der aktuellen erziehungswissenschaftlichen Debatte.

Im Blick auf den Aufbau und die Darstellungsform ist diese
Einführung durch drei Ziele geprägt:
Es geht erstens um eine Verbindung von Überblick und exem-
plarischer Vertiefung. Einen Überblick über begriffliche und
theoretische Grundlagen der Sprachbehindertenpädagogik vermittelt sie dadurch, dass sie die Vielzahl der Bezugswissenschaften erläutert, anhand derer Sprachstörungen in größere theoretische Kontexte eingeordnet werden können und auch in ihrem
systematischen Verhältnis zueinander verdeutlicht werden.

Die exemplarische Vertiefung wird sowohl durch Fallbeispie-
le erreicht als auch durch historische Zugänge zur fachlichen Entwicklung. Dadurch wird es leichter möglich, die gegenwärtigen
Positionen und ihre Weiterentwicklung zu verstehen.

Ein drittes Ziel dieses Buches besteht darin, die Theorien und
Grundbegriffe der Sprachbehindertenpädagogik, die hier als
Konstrukte (als hypothetisches Wissen) gelten müssen, in ihren
Bezug zu Handlungssituationen aus der pädagogischen Praxis zu
setzen. So ermöglicht dieses Buch eine Art Grundstudium der
Sprachbehindertenpädagogik. Es bildet die Grundlage dafür, einen jeweiligen „Fall" und seine Einmaligkeit in einem neuen, fa-
cettenreicheren Licht zu rekonstruieren und dabei evtl. bisher
nicht genutzte pädagogische Handlungsmöglichkeiten zu erschließen. Das Buch ist in fünf Kapitel gegliedert:

Nach einem kurzen Einleitungstext werden im ersten Schritt
verschiedene Zugänge zum Feld der Sprachbehindertenpädagogik grundsätzlicher Art erläutert.

Anschließend erklärt das zweite Kapitel einige Hauptbegriffe
und Aufgabenbereiche der Sprachbehindertenpädagogik, hiermit einen inhaltlichen Zugang zur Sprachbehindertenpädagogik.
Verschiedene Theorien und Modelle, die allesamt das *Thema
Sprache* aus zum Teil sehr verschiedenen Blickwinkeln ansprechen,
werden systematisch entfaltet. So ergibt sich ein facettenreiches
Bild von Zugängen zu diesem Thema: Sprache, Sprachstörung,
Sprachbehinderung. Hierbei wird auch erläutert, was diese unterschiedlichen Perspektiven beitragen können zu einem Verständnis unauffälliger oder sich gestört entwickelnder Sprache.
Dabei sind vom Standpunkt der Sprachbehindertenpädagogik
verschiedene Wissenschaftsdisziplinen ausgewählt (wie z.B. die
Neurowissenschaften, die Sprachwissenschaften oder die Psycholinguistik) und dahingehend befragt, wie sie an ihre originä-
ren Fragen herangehen, für die sich auch die Sprachbehindertenpädagogik interessiert. Um zu entscheiden, inwieweit ihre
Erkenntnisse für die Sprachbehindertenpädagogik relevant sind,
werden einige ihrer Hauptaspekte in diesem Kapitel zunächst dargestellt.

Das dritte Kapitel ist der Darstellung von so genannten Konstrukten der Sprachbehindertenpädagogik vorbehalten (die für die Sprachbehindertenpädagogik naturgemäß höchst bedeutsam, aber selbst noch keine Pädagogik sind). Systematisch werden die einzelnen Sprachstörungen abschnittweise vorgetragen. Jeder Abschnitt beginnt einleitend mit einer knappen definitorischen Beschreibung des gewählten Bereichs, fährt jeweils – soweit möglich – mit Angaben zur statistischen Häufigkeit der benannten Störungsform fort, illustriert hierzu ein typisches Beispiel, fasst Angaben zu historischen Sichtweisen der damit zusammenhängenden Phänomene zusammen und schließt ab mit neueren Orientierungsgrundlagen und Entwicklungen auf dem in Frage stehenden Gebiet.

Mit Abschluss der ersten drei Kapitel ist das Gesamtbild der Sprachbehindertenpädagogik so transparent, dass eine gesamthafte Einordnung in das Feld der pädagogischen Praxis vorgenommen werden kann. Denn bisher wurde nach Absicht und Verständnis des Autors unverwechselbares Material zusammengestellt, das in ein pädagogisches Rahmenkonzept eingeordnet werden muss. Zwar wird ein solches Rahmenkonzept selbst in diesem Zusammenhang nicht vorgestellt, aber mit der Entfaltung pädagogischer Prinzipien lassen sich die Struktur und der Inhalt einer pädagogischen Argumentation nachvollziehen. Anschließend sind ausgewählte Praxisfelder der Sprachbehindertenpädagogik wie Interprofessionalität und Interdisziplinarität, pädagogische und schulische Sprachtherapie erläutert.

Das Schlusskapitel führt die Diskussion auf eine höhere Stufe der Reflexion. Sprachbehindertenpädagogik wird insgesamt als Pädagogik verstanden, und als Subdisziplin der Erziehungswissenschaft sind weitere besondere Anforderungen an sie gestellt. Die „Wissenschaftlichkeit" der Sprachbehindertenpädagogik zeigt sich auf verschiedenen Gebieten, von denen drei hier exemplarisch genauer verdeutlicht werden.

Die Entwicklung dieses Faches zeigt seit gut 20 Jahren, dass nahezu alle Fragen dieser pädagogischen Praxis in Erziehung und Bildung engst mit dem Entwicklungsgedanken von Sprache verwoben sind. Deshalb wird einleitend zu diesem Kapitel eine kurze Übersicht gegeben, welche Prinzipien für den Prozess der Sprachentwicklung entscheidend sind. In einem weiteren Schritt wird die wichtige Tatsache erläutert, dass das Studium der Sprachbehindertenpädagogik neben anderen Themen auch das Verständnis eigener Lernprozesse berücksichtigt, das erforderlich ist, um die gleichen Prozesse von Kindern, Jugendlichen und Erwachsenen anregen und fördern zu können. Ein Höchstmaß an Beweglichkeit ist von Studierenden schließlich gefordert, wenn diese ihr Studium der Sprachbehindertenpädagogik in neuen Strukturen wie Bachelor- oder Masterstudiengängen absolvieren, die bereits an einigen Hochschulen verwirklicht wurden. Hier werden künftig weitere Reformüberlegungen zu Veränderungen führen.

Eine kurze Anmerkung zum Sprachgebrauch: Um der besseren Lesbarkeit willen wird immer die männliche Form verwendet. Selbstverständlich sind damit beide Geschlechter gemeint.

Zuletzt bleibt mir, Dank zu sagen: dem Ernst Reinhardt Verlag für seine Geduld bis zur Übergabe des Manuskripts und Beate Carle, Das Lektorat, Deutsch Evern, für ihre kompetente Unterstützung bei der Erarbeitung dieses Buches. Frau Carle gilt mein besonders herzlicher Dank.

Hamburg, Januar 2006　　　　　　　　　　　　　A. Welling

1 Zugänge zur Sprachbehindertenpädagogik

In seinem Buch „Ich ein Tag sprechen hübsch" beschreibt David Sedaris (2002, 11ff), wie der Protagonist David während des Erdkundeunterrichts von einer Sprachtherapeutin abgeholt wird. Diese stellt, durch gezieltes Fragen, fest, dass er das *s* nicht sauber artikulieren kann.

„Die Sprachbehindertenpädagogik" ist hier zum Greifen nahe. Auch in diesem Gegenstandsfeld geht es um die Beziehungen zwischen Menschen, um Macht und Machtausübung, um Prozesse des Sprechens und Schreibens und um Produkte von Gesprochenem und Geschriebenem, um Gestaltung von Situationen, um den Sinn von Äußerungen, um die Bedeutung von Gemeintem, um sprachliche Entwicklung, sprachliche Bildung und sprachliches Lernen, um Störungen und Behinderungen, Therapie und Unterricht. Ein elementares Verstehen und ein vertieftes Verständ-nis dieser Dimensionen, ihrer Zusammenhänge, Hintergründe und möglicher Problemlösungen zu wecken, ist der Zweck dieses Buches zur Einführung in die Sprachbehindertenpädagogik.

Sedaris beschreibt eine Situation, die zweifellos tagtäglich so überall in der Welt und nicht nur an den Schulen und in den Therapiepraxen stattfinden kann. Alltagsroutinen bringen einen Habitus persönlicher Originalität hervor und erzeugen die notwendige Sicherheit in der Berufsausübung, der Profession. Aber die unterhaltsame Schilderung zeigt, dass die Professionellen immer auch versuchen müssen, lieb gewordene, starre Praxisroutinen in Frage zu stellen und diese dort zu durchbrechen, wo sie einer sich dynamisch entwickelnden Alltagspraxis nicht mehr genügen. Deshalb ist es angeraten, bereits in der frühen Phase des Studiums der Sprachbehindertenpädagogik eine (selbst-)reflexive, kritische Haltung gegenüber Theorie und Praxis zu gewinnen.

Die Bezeichnung „Sprachbehindertenpädagogik" wird nicht an allen bundesdeutschen Studienstätten übereinstimmend geführt. Vielmehr ist eine Reihe vergleichbarer Bezeichnungen in Gebrauch. So heißt es etwa in Berlin, Bremen, Halle-Wittenberg, Heidelberg, Koblenz-Landau, Köln, Leipzig, Ludwigsburg/Reutlingen, München, Potsdam und Rostock *Sprachbehindertenpädagogik,* in Gießen und Würzburg *Sprachheilpädagogik,* in Dortmund

Rehabilitation und Pädagogik bei Sprach-, Kommunikations- und Hörstörungen, in Hamburg *Studienschwerpunkt Beeinträchtigung der Sprache* und in Kiel/Flensburg *Pädagogik für Menschen mit Sprach- und Kommunikationsstörungen/Sprachheilpädagogik/Sprachtherapie.* Als Gründe für diese terminologische Vielfalt sind geltend zu machen: die Tradition der jeweiligen Hochschule, oft verbunden mit der Denomination (formelle Benennung) der Funktion des Hauptvertreters dieses Faches; der inhaltliche Bezug, der am betreffenden Ort schwerpunktmäßig studiert werden kann; das bildungspolitische Signal für eine veränderte Sichtweise, die sich dann auch begrifflich ausdrückt. In Hamburg etwa lautet die Bezeichnung seit 2002 „Studienschwerpunkt Beeinträchtigung der Sprache" oder auch „Studienschwerpunkt Sprache", da dieses Gebiet nicht mehr im Sinne einer eng umschriebenen Fachrichtung gesehen wird, sondern in Orientierung an den von der Kultusministerkonferenz (KMK) 1998 herausgegebenen „Empfehlungen zum Förderschwerpunkt Sprache" (1998/2000) dem „Studienschwerpunkt Sprache" zugeordnet ist, der „quer zu den Fachrichtungen" studiert werden kann. In dieser Einführung wird als übergreifender *terminus technicus* der Ausdruck *Sprachbehindertenpädagogik* verwendet, damit sind die übrigen Bezeichnungen eingeschlossen.

Angesichts der Aufgabe, eine Einführung in die Sprachbehindertenpädagogik vorzulegen, wird hier der Ansatz verfolgt, den gegenwärtig unbestrittenen Kern sprachbehindertenpädagogischer Gegenstandsbereiche und damit einen Begriffskern der Sprachbehindertenpädagogik herauszuarbeiten. Im Weiteren geht es darum, die durch Konsens abgesicherten Inhalte dieser Gegenstandsbereiche zu differenzieren und ebenso die sehr verschiedenen theoretischen Grundüberlegungen im Gesamtbereich der Sprachbehindertenpädagogik zu erfassen. Diese Fragestellungen werden im vorliegenden Buch mittels ausgewählter Schwerpunkte behandelt, die insgesamt dazu beitragen sollen, ein detailliertes Begriffsverständnis des Faches zu entwickeln. Dabei erscheint es sinnvoll, Vielschichtigkeiten und auch Widersprüchlichkeiten im Auge zu behalten und sie gegebenenfalls zu benennen, um ein möglichst authentisches Gesamtbild zu erhalten.

Es ist dabei das Anliegen des Verfassers, sich primär von dem möglichen Interessentenkreis dieses Buches leiten zu lassen. Hier ist zunächst an diejenigen gedacht, die sich zu Beginn ihres Studiums mit typischen Frageweisen, mit Grundlagen des Faches und Problemstellungen dieses Studienschwerpunkts befassen, oder an professionell Tätige, die sich nach Jahren der Unterrichts- oder Therapiepraxis vergewissern möchten, worin die gegenwärtigen Frageweisen und Problemlagen der Sprachbehindertenpädagogik bestehen (oder zumindest, was hierfür gehalten werden kann). Dies bedenkend sollen sprachbehindertenpädagogische Wissens- und Forschungsbereiche exemplarisch dargestellt werden. Dabei liegt der Fokus auf dem Kindesalter, da dieser Altersgruppe historisch und systematisch das stärkste Gewicht zuteil wird. Das Jugendlichen- und Erwachsenenalter wird an vielen Stellen mit einbezogen.

Diese Darstellungsform hat folgende didaktische Absicht: Sie möchte die Gegenstandsbereiche der Sprachbehindertenpädagogik so erfassen, dass typische historische und gegenwärtige Denkmuster deutlich werden, die letztlich auch die „Einstellung" zum Fach modellieren. Mit diesem Zugang wird es möglich zu erkennen, wo sprachbehindertenpädagogisches Denken heute seinen Ausgangspunkt sieht: nicht mehr, wie seit langem üblich, in den „Problemen des sprachgestörten Kindes, Jugendlichen und Erwachsenen", sondern in den problematischen Bedingungen ihrer persönlichen Entwicklung, wobei das einzelne Kind, der einzelne Jugendliche oder der einzelne Erwachsene als Teil dieser Bedingungen zu betrachten ist. Diese problematischen Bedingungen können den Einzelnen vielfältig betreffen, wenn er aus der Sicht von Fachleuten ebenso wie Menschen aus seinem Umfeld in Familie, Nachbarschaft, Schule oder Beruf in der Art seiner Sprachverwendung auffällig erscheint.

Mit den Themenfeldern der Sprachbehindertenpädagogik verbindet man vor allem Störungen der Entwicklung oder des Gebrauchs der Sprache, des Sprechens, der Stimme und der Rede, gegebenenfalls auch des Schluckens, aber auch der Schriftsprache. Übergreifend wird dies traditionell in der Sprachpathologie thematisiert (Pathologie der Sprache = Lehre von den Sprachkrankheiten). Hier gilt es allerdings zu bedenken, dass dieser sprachpathologische Begriff von Störung, so wie er in der historischen und gegenwärtigen Fachliteratur verwendet wird, in der Regel die Funktion oder das Funktionelle betont und dabei einen Begriff von Norm oder Normalität voraussetzt, der erst einen Vergleichsmaßstab schafft, an dem sich die Normalität oder eine Störung messen lässt. „Alles, was nicht normal funktioniert, ist gestört", formuliert Peuser (2000, 182) vereinfacht und deutet dabei auf ein technisches Verständnis menschlicher Entwicklung: Gestörte Entwicklung ist funktionell beeinträchtigt im Vergleich zu normaler Entwicklung! Leider ist dies eine weit verbreitete Grundannahme, die noch nichts darüber aussagt, was unter „normaler Entwicklung" zu verstehen ist. Wir erinnern uns: Auch die Sprachtherapeutin hatte eine Vorstellung von Normalität und maß hieran die Aussprache des jungen David.

Ideen von Normalität findet man in den verschiedenen *Bezugswissenschaften* der Sprachbehindertenpädagogik (bspw. in der Linguistik oder Neurologie) und in Praxisdisziplinen wie der Medizin. In diesen theoretischen und praktischen Disziplinen wird seit langem die notwendige Grundlagenforschung auch für die

Sprachbehindertenpädagogik betrieben. Um *Hintergründe* über die Sprach-, Sprech-, Stimm- und Redestörungen zu erfahren, wird man in der Regel nicht in der Sprachbehindertenpädagogik selbst fündig, soweit sie sich als Pädagogik versteht. Bezugswissenschaften heißen diese Disziplinen deshalb, weil sich die sprachbehindertenpädagogischen Fachkräfte auf diese *beziehen,* wenn sie Genaueres und Hintergründiges über die Charakteristik einer Störung in Erfahrung bringen möchten. In den zugehörigen Disziplinen wie der Medizin oder der Linguistik wird traditionell zu bestimmten Ausschnitten dieses Wirklichkeitsbereichs geforscht, und deshalb spielen sie gegenwärtig in Bezug auf ein jeweils charakteristisches Verständnis dieser Störungen eine sehr wichtige Rolle.

Daher ist es in sprachbehindertenpädagogischer Hinsicht bedeutsam, diese Rolle der Bezugswissenschaften zu kennen und das hier bereitgestellte Wissen zu erarbeiten. Durch die Vielfalt der Gegenstandsbereiche der Sprachbehindertenpädagogik ist leicht einzusehen, dass der *Gegenstand* dieser Disziplin alles andere als „natürlich" vor uns liegt: Er muss bei jeder einzelnen Begegnung und in jeder konkreten Beziehungsgestaltung in der Zusammenarbeit mit den betreffenden Menschen originär erarbeitet werden. Diese Forderung *klingt* nicht nur anspruchsvoll, die Zusammenarbeit mit sprachbehinderten Menschen *ist* es tatsächlich. Die sprachpädagogische Einflussnahme auf Menschen, die in ihrem Leben sprachlich auffällig geworden sind, sprachlich beeinträchtigt in ihren Handlungen oder gar sprachlich behindert sind – was letztlich die Existenzform dieser Menschen in ihrer Ganzheit betreffen kann – ist eine hochkomplexe Aufgabe.

An dieser Stelle sei auf Folgendes hingewiesen: Pathologie ist nicht dasselbe wie Pädagogik, und Sprachpathologie ist entsprechend nicht identisch mit Sprachbehindertenpädagogik. Weder befasst sich die Sprachpathologie im Detail mit Fragen der Pädagogik noch gehört die Beschäftigung mit pädagogischen Fragen zu ihrem wissenschaftlichen Hauptanliegen. Ihr Thema ist gleichsam die reine Form, das klinische Bild des Pathologischen der Sprache, des Sprechens, der Stimme und der Rede. In diesem Sinne dient sie als eine der elementaren Bezugswissenschaften der Sprachbehindertenpädagogik, die das diesbezüglich bereitgestellte Wissen für sich erarbeitet, analysiert und interpretiert, um es in seiner sprachpädagogischen Relevanz abzuwägen.

Grundsätzlich ist also für das Selbstverständnis des Faches die pädagogische Perspektive entscheidend. Deshalb werden, wenn wir vom Standpunkt der *Pädagogik* aus mit unserem Gegenstand befassen, die Definitionen, Thesen und Hypothesen der Bezugsdisziplinen als *Konstrukte* betrachtet. Konstrukte sind abstraktes hypothetisches Wissen über die jeweils (sprachbehindertenpädagogisch) in Frage stehenden Sachverhalte. Hier wird deutlich, dass es die Sprachbehindertenpädagogik als pädagogische Praxis in erster Linie *nicht* mit abstrakten Größen zu tun hat, wie einige der hierzu bemühten Bezugswissenschaften, sondern mit konkreten Menschen in ihrer alltäglichen, individuellen Lebenspraxis. Konstruktwissen über Sprach-, Sprech-, Stimm- und Redestörungen kann dazu beitragen, die Situation der konkreten Menschen in ihrer Lebenswelt und den Organisationsbedarf ihrer Förderung in Sprachunterricht und Sprachtherapie besser zu verstehen, indem einzelne Aspekte ihrer Störungen genauer erfasst werden können. Hier ergänzen sich Sprachpathologie und Sprachbehindertenpädagogik in hervorragender Weise. Eine Abgrenzung beider Gebiete als wissenschaftliche Disziplinen erfolgt im Verlauf dieser Einführung, und zwar in historischer und systematischer Hinsicht.

Begrifflich erfasst die Sprachbehindertenpädagogik sowohl die Fachdisziplin als auch ihre institutionalisierte Praxis, beides realisiert sich in einem bildungs- und gesundheitspolitisch und damit gesellschaftlich determinierten Rahmen. Was die (außerschulische) Therapiearbeit betrifft, so sind hier hauptsächlich die Krankenkassen gefragt, die die notwendigen finanziellen Ressourcen bereitstellen, und die zugehörigen Berufsverbände, die für erträgliche Rahmenvereinbarungen streiten. Die schulische Arbeit (Unterricht und schulische Sprachtherapie) ist hauptsächlich von der Bildungspolitik und Bildungsadministration in den Bundesländern organisiert. Sie fügt sich in deren Ordnungsrahmen, der sich gemäß den politischen und ökonomischen Bedingungen ändert, leider nicht immer zu Gunsten der Betroffenen.

Zur besseren Verständlichkeit dieser Einführung wird der Ansatz verfolgt, Kernthemen und wesentliche Aussagen durch Beispiele zu illustrieren. Eingangs geschieht dies durch den persönlichen Erfahrungsbericht einer Studierenden, der sowohl in der Erfahrung selbst als auch durch den reflexiven Gehalt der Darstellung sehr aussagekräftig ist. Dieser Bericht wird auch im weiteren Verlauf der Darstellung dazu dienen, neue Teilaspekte und Sachverhalte beispielhaft zu erläutern.

Die Sprachbehindertenpädagogik als sonderpädagogische Fachdisziplin ist Teil einer über hundertjährigen Geschichte heilpädagogischer Bemühungen um die Belange behinderter oder von Behinderung bedrohter Kinder, Jugendlicher und Erwachsener. Ein Gang im Schnellschritt durch ihre geschichtliche Entwicklung zeigt wesentliche Aspekte ihres Wandels. Je nach historischer Epoche ist ihr Selbstverständnis als „Sprachheilpädagogik" definiert, wie auch die ursprüngliche Bezeichnung lautet. Systematisch als Teil der medizinischen Praxis in der zweiten

Hälfte des 19. Jahrhunderts entstanden, war diese Definition eng mit den Annahmen der allgemeinen medizinischen Vorstellungen über Praxis, Beziehung und Gespräch, über Gesundheit und Krankheit verknüpft.

Weil derartige Vorstellungen immer auch ein Ausdruck der zeitgenössischen Kultur und Gesellschaft sind, müssen diese kulturellen und gesellschaftlichen Hintergründe stets berücksichtigt werden, wenn man über Geschichte und Gegenwart dieser Disziplin nachdenkt. Denn wie die Medizin nicht außerhalb der Gesellschaft steht, auch wenn ihre eigene Wirklichkeit eine autonome Dynamik besitzt und sich ihrerseits auf die kulturellen Muster auswirkt, steht die heutige Sprachbehindertenpädagogik von Anfang an nicht außerhalb der Medizin.

Medizinhistorische Betrachtung als Hintergrund

Die „Arzt-Patienten-Beziehung" ist das entscheidende Medium, in dem sich diese Geschichte widerspiegelt und in dem das Verständnis der fachlich leitenden Begriffe wie Krankheit und Therapie eine Grundlegung erfährt.

Eine medizinhistorische Betrachtung von von Engelhardt verweist auf diesbezügliche Zusammenhänge (2001, 32): „Vor allem müssen Arzt-Patienten-Beziehung, Krankheit und Therapie in ihrem Zusammenhang gesehen werden. Wird Krankheit einer defekten Maschine gleichgesetzt, legt sich auch eine Arzt-Patienten-Beziehung eines Technikers zu einer defekten Maschine nahe, wird das Therapieziel entsprechend als Reparatur konzipiert. Wird unter Krankheit aber nicht nur ein verletzter Organismus, sondern das Leiden eines Menschen mit Bewußtsein, Sprache und sozialen Kontakten verstanden, wird auch nach einer entsprechenden Therapie und Arzt-Patienten-Beziehung verlangt. Die Zusammenhänge zwischen Krankheitsbegriff, Therapieziel und Arzt-Patienten-Beziehung sind zwar nicht zwingend, bestimmte Tendenzen dieser Verbindung zeigen sich aber immer wieder."

Am Beispiel der Aussprachestörung bei Kindern analysieren von Knebel und Welling (2002) Zusammenhänge solcher Art, in denen die Annahmen der klassischen Medizin „im sprachtherapeutischen Denken des 20. Jahrhunderts" virulent sind.

Psychologie

Mittelfristig bedeutsame Ansätze des Faches in der ersten Hälfte des 20. Jahrhunderts versuchten, neben der Medizin verstärkt die Psychologie zu befragen, die wesentliche Hintergründe der Beeinträchtigungen im sprachlichen Bereich offen legte, anfänglich vor allem zu Fragen der Sprachentwicklung. Danach wird das zunehmende Bemühen erkennbar, die Beziehung zwischen erwachsenen Bezugspersonen und ihren „Zöglingen" zu pädagogisieren (Nadoleczny 1926a; 1926b; 1929). Diese Absicht ist aus heutiger Sicht allerdings mit sehr vielen Widersprüchen verbunden, denn es ging zunächst darum, der – auch in der sprachheilpädagogischen Praxis verbreiteten – „Arzt-Patienten-Beziehung" einen pädagogischen Habitus zu verleihen.

Gegen Ende des vergangenen Jahrhunderts, etwa seit den achtziger Jahren, ist neben der Medizin und Psychologie eine weitere grundlegende Disziplin hinzugetreten, die Sprachwissenschaft bzw. die Linguistik (beide Begriffe werden in diesem Band gleichbedeutend verwendet). Durch ihren Einbezug besteht die Möglichkeit, stärker als je zuvor den besonderen Gegenstand – die Sprache – hervortreten zu lassen und ihn in der Planung und Analyse in Erziehung, Unterricht und Therapie, in Diagnostik und Beratung zugrunde zu legen.

Sprachwissenschaft bzw. Linguistik

Auch der Begriff der Sprachbehinderung hat eine historische Dimension, die etwa seit den 1980er Jahren sehr genau bedacht wird. Seither wird eine „sprachliche Auffälligkeit", eine „Sprachschädigung" oder eine „Sprachstörung" nicht mehr wie jahrzehntelang zuvor als Merkmal des Individuums, als „Problem" der auffallenden Person gedeutet, sondern breiter und tiefer reichend als Ausdruck ihrer sozialen Lebenswelt. So ändert sich der Sprachbehinderungsbegriff nach und nach und mit ihm wandeln sich auch die Begriffe der Auffälligkeit, Beeinträchtigung oder Störung. Grundlegend bleibt der Ansatz, diese Phänomene immer auch als Problem der Institution aufzufassen, in welcher diese Person (sprachlich) auffällt, in ihrer (sprachlichen) Entwicklung beeinträchtigt ist oder (sprachlich) gestört erscheint. Eine derartige Auffälligkeit, Beeinträchtigung oder Störung ist nicht mehr nur eine Störung der Sprache des Kindes, Jugendlichen oder Erwachsenen; sie liegt damit in der Verantwortung der Gesellschaft, die sie als Problem wahrnimmt. Ein solches Selbstverständnis geht konform mit dem Anliegen der Erziehungswissenschaft, die seit ihren Anfängen die *sozialen Bedingungen* der Entwicklung von Bildung und Erziehung stets grundlegend mit einbezieht. In diesem Sinne gilt „Sprachbehindertenpädagogik" als *erziehungswissenschaftliche Subdisziplin*.

Sprachbehinderung und Erziehungswissenschaft

Die Aufgaben, die sich aktuell aus diesem Anspruch ergeben, bestehen darin, die Praxis der Erziehung und Bildung, des Unterrichts und der Therapie, der Diagnostik und Beratung unter dieser erziehungs- bzw. bildungswissenschaftlichen Prämisse zu konzeptualisieren: zu entwerfen, vertiefend auszuarbeiten und auf breiter empirischer Basis zu erforschen. Dies ist die aktuelle und zukünftige Aufgabe der professionellen Konzeptualisierung, der sich die Sprachbehindertenpädagogik als erziehungswissenschaftliche Subdisziplin stellen muss. Welche Fragen sich hierbei auftun und welche Lösungswege hierzu gegenwärtig beschritten werden, ist Thema dieses einführenden Kapitels zur Konzeptualisierung der Sprachbehindertenpädagogik.

Zu Beginn zunächst der Erfahrungsbericht einer Studierenden des Faches.

B₁

„Rechtsseitige Hemiparese als Folge einer Ventrikeleinbruchsblutung". Mit dieser Diagnose wurde eine junge Frau 1997 aus ihrem so genannten normalen Leben als Studentin gerissen: Ihre plötzliche Einschränkung kognitiver, sprachlicher und motorischer Fähigkeiten, ihre physischen und psychischen Veränderungs- und Entwicklungsprozesse betrachtet sie Jahre später – und wieder „gesund" – in einem hochinteressanten Erfahrungsbericht (Bliesener 2003). „Alle Informationen waren vorhanden, aber ich konnte nicht so darauf zugreifen, wie ich wollte und wie ich es gewohnt war. (…) Ich habe in dieser Zeit sehr an meinem Verstand gezweifelt. Dachte, ich würde nun ‚dumm'. Fühlte mich hilflos." So beginnt ihre Rückschau auf die Akutphase nach der Hirnblutung, deren Auswirkungen zunächst intensiv-medizinisch behandelt werden. Besonders nachdrücklich beschreibt sie ihre Bewusstheit der vielfältigen Beeinträchtigungen einerseits und andererseits ihre Unfähigkeit, sich in Sprachhandlungen hierüber zu verständigen. Erst Monate später beginnt ihr „Gehirn wieder zu arbeiten. (…) Wir üben das normale Laufen und später das Treppensteigen. Ich hätte nie gedacht, wie kompliziert das alles ist. Jede einzelne Bewegung ist wichtig, und wird sie nicht korrekt ausgeführt, kann dies leicht zum Scheitern der Gesamtbewegung führen." Nicht ohne Grund ist es der Industrie bisher nicht gelungen, die hier angesprochene Komplexität menschlicher Bewegungsabläufe maschinell nachzubilden.

Die gleiche Komplexität gilt für die Abläufe menschlicher Sprachproduktion, und dieser Erfahrungsbericht macht deutlich, wie weitreichend sich die „Sprechschwierigkeiten" der Betroffenen auf ihr gesamtes Befinden, die Einheit ihrer physischen und psychischen Verfassung auswirkten. Hierin liegt die Bedeutung dieser Schilderung für eine erkenntnisreiche Perspektive der Sprachbehindertenpädagogik: Wie müssen sich die Therapeuten der unterschiedlichen Disziplinen theoretisch und praktisch organisieren, um auf ein individuelles Bild komplexer Störungen und Beeinträchtigungen optimal zu reagieren? Im vorliegenden Fall waren Therapeuten der Logopädie, Physiotherapie, Ergotherapie und Psychotherapie engagiert und motivierend daran beteiligt, eine „fast vollständige Rückbildung" der Beschwerden zu erreichen. Leider erfahren wir nichts über eine inhaltliche Kooperation der Beteiligten, die zeitliche Organisation der Therapieformen wird unter dem Begriff eines strikten „Stundenplans" deutlich. „Aber irgendwann nach zwei Jahren stellte sich dann der große Frust ein. Die Fortschritte waren nicht mehr so groß wie am Anfang und zudem fühlte ich mich einfach ‚übertherapiert'. Ich ging auf Abstand zu der ganzen ‚Angelegenheit'. Hörte in mich hinein. (…) Nahm Kontakt zu anderen Betroffenen auf. Kurz und gut: Ich machte endlich das, was die ganze Zeit vorher vernachlässigt worden war. Ich ließ die psychische Seite an die erste Stelle und stellte die physische hinten an. Ich kann nun mit einer viel größeren Gelassenheit über die ganze Sache nachdenken und erzählen." Wiederum ist die Sprache und sind die Fähigkeiten sprachlicher Handlungen als Mittel und Ziel der Therapie von zentraler Bedeutung. Aufgrund ihrer sehr guten Fähigkeit, den eigenen Genesungsprozess reflexiv zu begleiten, konnte die Betroffene in dieser Entwicklungsphase steuernd eingreifen und ihren sprachlichen Handlungen – bis hin zur Niederschrift ihrer Geschichte als Teil ihrer eigenen Therapie – besonderen Raum geben. Die Reflexion war demnach eine hervorragende Bedingung, um die „Normalität" oder „Gesundheit" am Ende fast vollkommen wieder herzustellen.

Die Praxis der Sprachbehindertenpädagogik kann aus diesem Erfahrungsbericht unter anderem Folgendes lernen und bedenken: Es besteht eine Wechselwirkung zwischen psychischem Wohlbefinden und der Fähigkeit zu sprachlichen Handlungen – unabhängig davon, ob die Zielvorgabe der Therapie in der potenziell möglichen, vollständigen Rückbildung der Beeinträchtigung besteht oder in einer Reduzierung. Gerade weil die sprachliche Störung oder Beeinträchtigung bzw. die veränderten sprachlichen Gebrauchsmuster primärer Gegenstand der Therapie sind, sind die Möglichkeiten zur sprachlichen Reflexion der eigenen Therapieprozesse in jedem Einzelfall genau zu prüfen und zu fördern. Ist die Möglichkeit zur reflexiven, aktiven Mitwirkung der Betroffen begrenzt, ist es besonders die Aufgabe der professionellen sprachbehindertenpädagogischen Praxis, im Sinne dieses Erfahrungsberichts die „psychische Seite an die erste Stelle zu setzen" und den dafür geeigneten Zeitpunkt, gegebenenfalls in Kooperation mit den Therapeuten der anderen beteiligten Disziplinen, nicht zu verpassen. *(Randnotiz: Wechselwirkung Sprache – Psyche)*

Im Allgemeinen ist das Studium der Sprachbehindertenpädagogik in der Bundesrepublik Deutschland als Teil eines weiter greifenden sonderpädagogischen Konzepts angelegt. Je nach Studienstätte kann es im Detail sehr verschieden organisiert sein. Grob betrachtet können zwei Modelle unterschieden werden; sie werden hier kurz „Fachrichtungsmodell" und „Gegenstandsmodell" genannt. *(Randnotiz: Studium der Sprachbehindertenpädagogik)*

Im ersten Fall wird die Sprachbehindertenpädagogik (oder Sprachheilpädagogik) als eine klar umgrenzte Einheit betrachtet, die sich als sonderpädagogische Fachrichtung neben anderen Fachrichtungen darstellt, bspw. neben der Geistigbehindertenpädagogik, der Lernbehindertenpädagogik oder der Körperbehindertenpädagogik. *(Randnotiz: Fachrichtungsmodell)*

Im zweiten Fall ist die Sprachbehindertenpädagogik stärker darauf ausgerichtet, ihre Aufgaben als Teil in einem größeren Ganzen wahrzunehmen und in diesem übergreifenden organisatorischen oder inhaltlichen Zusammenhang den *Gegenstandsbereich Sprache* zu vertreten und mit *sonderpädagogischem Anspruch* auszuarbeiten. Studientechnisch würde man in diesem Fall weniger von einer „Fachrichtung" sprechen als von einem sonderpädagogischen Studienschwerpunkt, wie in Dortmund, Hamburg *(Randnotiz: Gegenstandsmodell)*

Studienstätte	Denomination
Berlin, Bremen, Halle-Wittenberg, Hannover, Heidelberg, Koblenz-Landau, Köln, Leipzig, Ludwigsburg (Reutlingen), München, Potsdam (Aufbau), Rostock	Sprachbehindertenpädagogik
Gießen, Würzburg	Sprachheilpädagogik
Dortmund	Rehabilitation und Pädagogik bei Sprach-, Kommunikations- und Hörstörungen
Hamburg	Studienschwerpunkt Sprachliche Beeinträchtigung
Kiel/Flensburg	Pädagogik für Menschen mit Sprach- und Kommunikations- störungen/Sprachheil- pädagogik/Sprachtherapie

Tab. 1: Studienstätten des Fachgebietes in Deutschland und seine jeweilige Denomination (Stand: 2005)

oder Kiel/Flensburg praktiziert. Dieser Begriff verweist stärker auf das Gegenstandsfeld *Sprache, sprachliche Beeinträchtigung* oder *Kommunikationsstörung* als einen Bereich, in dem die *sprachbezogenen* Anteile und Herausforderungen aller anderen sonderpädagogischen Studienschwerpunkte wie „geistige Entwicklung", „Lernen", „Bewegung" oder „Hören" ein wichtiges Studien-, Lehr- und Forschungsgebiet darstellen (Tab. 1).

Historisch und traditionell begründet wird gegenwärtig zumeist noch das Fachrichtungsmodell bevorzugt. In einigen Studienstätten sind jedoch Bestrebungen erkennbar, das Nebeneinander von Fachrichtungen nach und nach zu Gunsten eines gegenstandsbezogenen, integrierten Miteinanders aufzulösen, dabei nicht vom Fach auszugehen, sondern von den Personen mit sprachlicher Beeinträchtigung (etwa wie seit 2002 in Hamburg). Diese Tendenzen sind erstens durch die Anforderungen sprachbehindertenpädagogischer Praxis definiert und zweitens durch politische und gesellschaftliche Hintergründe und Anforderungen mit bedingt, die im Folgenden ausgeführt werden.

Personorientierung   In dieser Frage ist der oben zitierte Erfahrungsbericht von Bliesener (2003) ein anschauliches Beispiel für die Einsicht in eine Art persongebundener Bedürfnislage von Betroffenen. Die junge Frau ist infolge einer biologisch-physisch verursachten *Schädi-*

gung (Ventrikeleinbruchsblutung) in ihrer Sinnestätigkeit, in ihrer Bewegungsfähigkeit, in ihrem Sozial- und Leistungsverhalten, in ihrer Lernfähigkeit, nicht zuletzt in ihrem Sprachvermögen plötzlich beeinträchtigt. Ihre *Beeinträchtigung* erweist sich als so stark, dass sie in ihrer Lebenssituation, in ihrem persönlichen Alltag und ihrem Sozialsystem nur unter *außergewöhnlichen Bedingungen* lernen kann, ihr Handeln auch in dieser veränderten Konstellation verantwortlich wahrzunehmen und mitzubestimmen. Hierbei sind nicht nur individuelle, sondern auch kollektive Anstrengungen vonnöten, damit sie ihre biografisch plötzlich veränderte Gesamtlage schädigungs- und persönlichkeitsspezifisch interpretieren und an ihrer Veränderung selbst mitwirken kann. Nicht zuletzt dieser betroffenen Person selbst ist daran gelegen, hierbei alle möglichen Spielräume zu nutzen, die sie sich persönlich schafft und die man ihr sozial und gesellschaftlich zugesteht.

Dieses Beispiel zeigt überdies, dass die sprachliche Beeinträchtigung real immer mit anderen Dimensionen des menschlichen Handelns verschwistert ist und nie isoliert existiert. Deshalb ist die konzeptuell wichtige Folgerung nahe liegend, *Sprachbehinderung* immer in dem größeren Zusammenhang zu betrachten, in dem sie tatsächlich existent ist. Dieser größere Zusammenhang besteht im Kleinen, in den Bedingungen der betroffenen Person, bestimmt etwa durch die Angehörigen und persönlichen Sozialpartner der Betroffenen; sie besteht im Großen in dem jeweiligen Kultursystem und in den Sozialsystemen, deren wertorientierte Normen für die Regelung der je eigenen Einstellungen und der der Sozialpartner bestimmend sind (Welling 2004a, 132f). Dieser Interpretation des Gesamtzusammenhangs von sprachlicher Behinderung und Personorientierung liegt die Beschreibung eines „Begriffs von Behinderung" (Schönberger 1987, 87ff) aus Sicht einer handlungsorientierten Sonderpädagogik zugrunde.

Was den zweiten Punkt betrifft, so legen Verlautbarungen aus den 1990er Jahren und Dokumente aus jüngster Zeit ebenfalls nahe, die personale und soziale Situation von „Menschen mit Behinderung" möglichst in ihrer konkreten individuellen und gesellschaftlichen Lage zu betrachten (Beschluss der Kultusministerkonferenz (KMK) vom 26. Juni 1998, abgedruckt in Drave et al. 2000; im Folgenden zitiert unter KMK 2000/1998). *gesellschaftliche Aufgabe*

Im *schulischen Sektor* plädieren neue Empfehlungen, Gesetze, Verordnungen und Erlasse auf Bundes- bzw. Landesebene für eine Öffnung der didaktischen Spielräume in der schulischen Praxis (Bleidick et al. 1995; Welling 2000b). Die so genannten *Empfehlungen der Ständigen Konferenz der Kultusminister* zum „Förder- *KMK-Empfehlungen von 1998* schwerpunkt Sprache" stellen das für die sprachdidaktische Arbeit im sonderpädagogischen Arbeitsfeld in den letzten Jahren wichtigste bildungspolitische Dokument dar (KMK 2000/1998). Diese Empfehlungen thematisieren den zentralen Bereich pädagogischer Sprachförderpraxis (Erziehung, Unterricht und Sprachtherapie, Diagnostik und Beratung) in institutioneller, bildungsadministrativer und verwaltungsrechtlicher Perspektive. Neben grundlegenden Aussagen zu inhaltlichen Voraussetzungen und Prinzipien der Sprachförderung im sonderpädagogischen Bezugsrahmen werden Ausführungen zu organisatorischen, diagnostischen, therapeutischen und vor allem unterrichtlichen Aufgabenfeldern vorgetragen. Als zentrale Analysekategorie für die pädagogische Sprachförderung dient der Begriff der *sprachlichen Handlungsfähigkeit* des Kindes und Jugendlichen. Dieser handlungstheoretische Begriff von Sprache impliziert in seinem Kern vor allem drei Merkmale: 1. Personorientierung, 2. Lebensweltorientierung sowie 3. Entwicklungs- und Lernorientierung (Welling 2000 b). Sie meinen zusammengefasst etwa Folgendes:

1. Das Kriterium der Personorientierung ist durch das Erfordernis der Sinnhaftigkeit des Sprachgebrauchs der einzelnen Person erfüllt: Jeder Sprachgebrauch ist durch Sinngebungen des Sprechers selbst affiziert.
2. Das Kriterium der Lebensweltorientierung ist dadurch erfüllt, dass der Sprachgebrauch eines Sprechers sozial aktiv erfolgt und in seiner Alltagsbezogenheit zu deuten ist.
3. Das Entwicklungs- und Lernkriterium besagt, dass Sprachgebrauch und Sprechtätigkeit in dem Bezugsrahmen der sich entwickelnden Werte- und Wissensbildung dieser Person gedeutet werden müssen.

In diesem Verständnis des Sprachhandlungsbegriffs ist seit einigen Jahren ein sprachbehindertenpädagogischer Bezugsrahmen in der Diskussion, der notwendigerweise vom Primat der Pädagogik bestimmt ist und eine pragmatisch notwendige Perspektive für eine didaktisch begründete Sprachförderung eröffnet.

KMK-Empfehlungen von 1978

Diese pädagogische Perspektive (KMK 2000/1998) scheint heute, wenige Jahre nach ihrer Veröffentlichung, bereits wie selbstverständlich. Dies ist sie aber tatsächlich nicht, wenn man sich rückblickend die Vorläufer der kultusministeriellen Verlautbarungen anschaut. Genau 20 Jahre zuvor waren 1978 die Vorläufer dieser Empfehlungen von 1998 als „Empfehlungen für den Unterricht in der Schule für Sprachbehinderte" (KMK 2000/1978) erschienen. In diesem Dokument wird noch eine völlig andere Sichtweise vertreten: eine Orientierung an Defiziten – hiernach gilt die sprachgestörte Person „als Problem" – statt an Fähigkeiten; und eine Orientierung an Institutionen – hiernach ist die Schule für Sprachbehinderte bzw. die Sprachheilschule die „Lösung" des so verstandenen Problems – statt der Förderung der Betroffenen. (Eine eingehendere Würdigung erfahren die kultusministeriellen Verlautbarungen unter Abschnitt 4.6.)

Nicht nur auf bildungspolitischem, auch auf gesundheitspolitischem Sektor hat es in den vergangenen Jahren große Veränderungen gegeben (Kühl/Jetter, in Vorb.).

Gesundheitspolitische Veränderungen

Die Weltgesundheitsorganisation (World Health Organization, WHO) hat Klassifikationen vorgelegt, mit deren Hilfe eine kulturübergreifende, weltweite Kommunikation bezüglich Gesundheit und gesundheitlicher Versorgung über verschiedene Fachdisziplinen hinweg möglich werden soll. Das Ziel der WHO ist, weltweit für alle Menschen den bestmöglichen Gesundheitszustand zu erreichen. Leitidee dieses Gesundheitsbegriffs ist der „Zustand des vollständigen körperlichen, geistigen und sozialen Wohlbefindens und nicht allein das Freisein von Krankheiten und Gebrechen". Das Besondere dieses Dokuments liegt nicht nur darin, dass es Abschied nimmt von einem medizinisch geprägten Krankheits- bzw. Schädigungsbegriff, sondern dass es nunmehr von dem sozial bedingten Gesundheitszustand des Menschen ausgeht, der durch Umfeldfaktoren sowie durch biologische und psychologische Bedingungen jederzeit gefährdet sein kann. „Behinderung" wird hauptsächlich als kulturell-gesellschaftlich verursachtes Problem gesehen und auf der Grundlage des so genannten bio-psycho-sozialen Modells betrachtet (WHO 2001; Peßler 2004; zusammenfassend Repschläger, in Vorb.).

Internationale Klassifikation der WHO (2002)

Das bio-psycho-soziale Modell von Behinderung löst das klassische medizinische Modell ab (WHO 1980), nach dem Behinderung als Problem der Person betrachtet wird, wie es auch noch dem Sprachbehinderungsbegriff der KMK (1978) zugrunde liegt.

WHO-Richtlinie von 1980

Zwischen den dargestellten Dokumenten (KMK 2000/1998; WHO 2001) lässt sich eine bemerkenswerte Übereinstimmung feststellen. Eine Auslegung dieser beiden Quellen lässt den Schluss zu, dass es nunmehr im schulischen und außerschulischen Theorie- und Praxisfeld der Sprachbehindertenpädagogik auch verwaltungsrechtlich und verwaltungstechnisch sowie bildungs- und gesundheitspolitisch geboten ist, von einem klassisch-medizinischen Denkmodell Abstand zu nehmen und Modellvorstellungen zu bevorzugen, nach denen der Mensch, auch der Mensch mit Behinderung, als Teil seines sozialen und kulturellen Systems zu sehen ist.

Der Mensch als Teil seines sozialen Systems

Folgerungen für die Sprachbehindertenpädagogik

Diese hier angedeuteten Tendenzen machen es notwendig, bei der Organisation der *Fachrichtung Sprachbehindertenpädagogik* bzw. des *sonderpädagogischen Studienschwerpunkts Sprache* Klarheit darüber herzustellen, von welchem Standpunkt man ausgeht. Bevorzugt man eine Organisation des Studiums im Sinne eines „Fachrichtungsmodells", dann wird der Aufbau des Studiums ein anderer sein als bei einer Organisation im Sinne eines „Gegenstandsmodells". Im ersten Fall begegnet man als Studierende(r) wahrscheinlich eher Anforderungen, die auf Kenntnisse von Klassifikationssystemen und Charakteristika einer ganzen Reihe häufig vorkommender Sprachstörungen hinzielen. Im zweiten Fall sind die Studierenden eher herausgefordert, Kenntnisse über die Sprache in ihrer Systematik, in ihrer Funktion als Mittel der Kommunikation und als Gegenstand der Reflexion zu erwerben. Von diesen Grundlagen aus sind Studierende dann qualifiziert, sich in sprachpädagogischer und sprachdidaktischer Absicht mit den verschiedenen Formen von Schädigungen, Beeinträchtigungen und Behinderungen, letztlich mit den sozialen Lebenslagen sprachbehinderter Menschen als Personen pädagogisch und didaktisch zu befassen. Professionstheoretisch und -praktisch (also von der späteren beruflichen Tätigkeit aus gedacht) bleiben Kenntnisse über Sprachstörungen und eine kontinuierliche Weiterbildung in diesem Bereich von großer Relevanz, besonders im Zusammenhang mit der Aufschlüsselung und Beeinflussung des konkreten Erlebens und der konkreten Erfahrungen der jeweiligen Person und ihrer lebensweltlichen Bedingungen. Genau hier werden das theoretische Wissen und die Möglichkeit zur Hypothesenbildung in eine konkrete Praxis überführt und angewendet.

Spezifität der späteren Professionstätigkeit

Auf diesem Weg bereiten sich die Studierenden auf ihre spätere Professionstätigkeit als Lehrer, als Therapeut oder als Fachkraft für Beratungsaufgaben grundlegend vor und können in ein berufslanges Lernen eintreten. Sich hierüber Gedanken zu machen gehört zu den Aufgaben von Lehrenden und Studierenden zu jedem Zeitpunkt des Studiums.

Zur Verpflichtung der Lehrenden in diesem Bereich gehört es, dem Studium etwa durch die Entwicklung von Studienordnungen oder von Studienplänen einen Ordnungsrahmen zu geben, in dem der pädagogische Grundcharakter der Studien stets sichtbar wird und zu erfüllen ist. Dies ist ebenfalls eine Aufgabe von Studierenden, etwa wenn sie ihr Studium möglichst systematisch aufzubauen und inhaltlich auszurichten versuchen, zu allererst in Form von individuellen Studienplänen. Je nachdem, wie man sich konzeptuell festlegt und wie die möglichen und notwendigen Grenzlinien zu anderen Fächern, Gebieten, Lernbereichen und pädagogischen Aufgabenstellungen gezogen werden, wird es in Forschung,

Lehre und Studium ein wichtiger Anspruch bleiben, den Gegenstand der Sprachbehindertenpädagogik konzeptuell zu definieren. In dieser Perspektive soll dieser Band der „Einführung in die Sprachbehindertenpädagogik" den *Studien-* und den *Förder*schwerpunkt *Sprache* und ihre Beeinträchtigungen thematisieren.

In der Perspektive als *Studienschwerpunkt* ist eine eingehende Beschäftigung mit der Vielfalt der sprachlichen Erscheinungen und Strukturen angezeigt, ihrer historischen Entstehung, ihren eigentümlichen Charakteristiken und systematischen Besonderheiten. Ziel dieses Bandes ist es, in Übereinstimmung mit dem Studium selbst einen wesentlichen Teil der Bereiche zu erfassen und kennen zu lernen, die für die Aufgaben der sprachbehindertenpädagogischen Praxis in Erziehung, Unterricht und Therapie, in Diagnostik und Beratung unabdingbar sind. In der Perspektive als *Förderschwerpunkt* nimmt diese Einführung das heterogene Praxisfeld in den Blick, auf das dieses Studium vorbereitet: bestimmt von den Herausforderungen und Aufgaben der individuellen Förderung sprachlichen Handelns und seinen vielfältigen Voraussetzungen.

Im Rahmen der sonderpädagogischen Beschäftigung mit Sprache als Studienschwerpunkt ist die Sprachwissenschaft/Linguistik eine erste Bezugswissenschaft, haben sprachwissenschaftliche Theorien und ihre Geschichte eine besondere Bedeutung.

Studienschwerpunkt *Sprache*

Sprachwissenschaft in diesem Zusammenhang historisch zu betrachten heißt zunächst, einige Kernelemente von Konzepten sprachwissenschaftlicher Theorien und so genannter Schulen zu erarbeiten, zu beurteilen und sie bezogen auf die gegenwärtige Zeit zu interpretieren, um so den Stellenwert zentraler Aussagen auch für die fachspezifische Orientierung im eigenen Studium bestimmen zu können. Dabei liegt das Hauptinteresse naturgemäß darin, die Entwicklung sprachwissenschaftlicher Fragestellungen und neuer Konzeptionen im Spiegel ihrer jeweiligen Erkenntnisse und Fortschritte zu betrachten. So konnte bspw. eine bestimmte sprachwissenschaftliche Theorie, die Phonologie, in den ersten Jahrzehnten des vergangenen Jahrhunderts erst entstehen (Trubetzkoy 1939/1971; Jakobson 1941/1969), als der Genfer Sprachwissenschaftler de Saussure (1857–1913) zuvor Vorschläge gemacht hatte, wie man das Sprachsystem in immer kleinere Einheiten zerlegen und für eine Sprachbeschreibung nutzen kann. Bis heute werden Elemente dieser phonologischen Theorie genutzt, um bspw. die Struktur von Aussprachestörungen zu beschreiben. Hier zeigt sich dann, dass es sehr wichtig ist, sich in den zentralen Gebieten der Sprachwissenschaft auszukennen. Dieses Wissen sollte zumindest dafür ausreichen, die Fachliteratur nachvollziehend verstehen und diese in die eigene fachliche Konzeptarbeit einordnen zu können.

Anfangsschwierig-
keiten im Studium

Es gehört zu der Reihe typischer Anfangsschwierigkeiten jun-
ger Studierender, dass sie ihre in Formen geschriebener Sprache
gewonnenen Gewohnheiten allzu leicht auf die Beschreibungs-
ebene der mündlichen Sprache übertragen. So werden zu Beginn
eines Studiums die Sprachlaute noch eine gewisse Zeit lang
fälschlicherweise als „Buchstaben" behandelt, ähnlich der Schule im antiken Griechenland, in der noch nicht systematisch zwischen Buchstabe und physiologischem und akustischem Laut
unterschieden werden konnte.

Sprachwissen-
schaft im antiken
Griechenland

Die Geschichte der Sprachwissenschaft reicht Jahrtausende
zurück. Bekanntlich gehörte die Sprachtheorie im antiken Griechenland zur Philosophie, und so wurden sprachwissenschaftliche Probleme zunächst vorwiegend von Philosophen erörtert
(vom fünften bis zum dritten Jahrhundert vor Christus). In den
Jahrhunderten darauf wurde die Sprachwissenschaft (hier vor allem die Grammatik) zu einer eigenständigen Disziplin. Berésin
(1980, 17) beschreibt diesen Prozess als Übergang von der Diskussion über die „Wechselwirkungen zwischen Sprache und Sein"
zu der über die „Wechselbeziehungen der Wörter und ihrer Segmente", in der naturgemäß auch die Behandlung von Fragen der
Phonetik (s. Kasten) einen breiten Raum einnahm.

Teilbereich der Linguistik bzw. Sprachwissenschaft. Im Mittelpunkt
der **Phonetik** als Wissenschaft steht immer die gesprochene Sprache
und deren Gebrauch durch den Sprecher.

Wie den „alten Griechen" ergeht es vielen Studierenden heute
zu Beginn ihres Studiums der Sprachbehindertenpädagogik. Erst
die intensive Auseinandersetzung mit den phonetischen Bil-
dungsmerkmalen einzelner Sprachlaute birgt die Erkenntnis,
dass zwischen Schrift- und Lautsprache genau zu differenzieren
ist. Eine vergleichbare Aufgabe der Studierenden besteht darin,
die Vielfalt der bereits im Verlauf ihrer Schulerfahrungen gewonnenen Wissenssegmente zu rekonstruieren, sie um weitere
Details aus dem sprachwissenschaftlichen Sektor anzureichern
und bei den Fragen der Analyse des (gestörten) Sprachgebrauchs
bei Kindern, Jugendlichen und Erwachsenen anzuwenden. Dabei wird dann das Schulwissen bspw. im Bereich der Grammatik,
das sie sich seit dem sechsten oder siebten Schuljahr angeeignet
haben, bei Weitem nicht mehr genügen, um die Besonderheiten
eines spezifischen Sprachgebrauchs zu beschreiben und analysieren zu können. Allerdings kann dieses Grammatikwissen eine
hilfreiche Basis darstellen, um sich neu mit solchen Fragestel-

lungen zu befassen. Deshalb sind die Studierenden der Sprachbehindertenpädagogik mit Beginn ihres Studiums dringend auf-
gerufen, ihre theoretischen Kenntnisse im „Fachbereich Sprache"
zu vertiefen.

Der Begriff „Sprache" ist somit zweifellos einer der Kernbegriffe
der Sprachbehindertenpädagogik. In anderen verwandten, aber
hiervon unterschiedenen Wissenschaftsbereichen und Theorien
wie bspw. in der *Sprachwissenschaft* oder in den verschiedenen
Sprachentwicklungstheorien ist „Sprache" ebenfalls eine zentrale Ka-
tegorie. Wie so häufig bei wichtigen Begriffen wissenschaftlicher
Disziplinen unterscheidet sich auch hier das Begriffsverständnis
nicht nur in dem einen oder anderen Aspekt, sondern funda-
mental. Tatsächlich gibt es eine Vielfalt von Bedeutungen von
„Sprache" und „Sprachverwendung", sodass ein einheitliches Be-
griffsgebäude, eine einheitliche Definition nicht erwartet werden
kann. Es ist allerdings das Kennzeichen guter wissenschaftlicher
Praxis, Kernbegriffe aus der jeweiligen fachwissenschaftlichen Perspektive exakt zu bestimmen, um die erforderliche Trennschär-
fe von Begriffen und Definitionen zu erhalten. Dies gilt insbesondere für abstrakte Begriffe, die auch in der Alltagssprache
häufig verwendet werden. Der Begriff „Sprache" erfüllt beide Kriterien. Die Folge für diesen Sachverhalt: Man muss sich der Bedeutung eines Begriffs, die dieser in einem gegebenen Zusammenhang hat, bewusst sein und prüfen, ob und inwieweit sich diese Bedeutung in einem neuen Zusammenhang ändert. Mit
anderen Worten: Wenn hier über „Sprache", „Sprachverwendung" oder „Sprachgebrauch" als Hauptkategorie der Sprachbehindertenpädagogik nachgedacht wird, dann ist der *Sprachbegriff
in diesem Fall pädagogisch geprägt,* denn schließlich muss sich dieser Begriff von Sprache, Sprachverwendung oder Sprachgebrauch
in Theorie- und Praxiszusammenhängen der *Pädagogik* bewähren
und hier als eine zentrale Leitkategorie fungieren. Es ist daher
insbesondere für Studierende im Grundstudium eine schwierige
Aufgabe, mit dieser Heterogenität der Bedeutungen zurechtzu-
kommen und sich selbst in diese Art des wissenschaftlichen Dis-
kurses einzuüben. Mit wachsenden (Er-)Kenntnissen wächst jedoch erfahrungsgemäß auch das Vergnügen daran, die eigene
Perspektive mit fremden Überlegungen zu bereichern und das
Eigene im Fremden zu entdecken.

Dies wirft die Frage auf, wie man als Studierende die anstehenden Aufgaben der Auseinandersetzung mit verschiedenen Begriffen und ihren Differenzierungen lösen kann. Hierbei geht es sowohl um das Trennende der
Begriffe als auch um das Gemeinsame und Überschneidungen, wodurch
die Begriffe zueinander in Beziehung gesetzt werden können. Im weiteren Verlauf dieses Kapitels wird hierzu eine Herangehensweise vorgestellt.

Marginalien:

Heterogenität von
„Sprache"

Methode der
Konzeptualisierung

Fiehler (1990) umschreibt diesen Weg mit der „Methode der Konzeptualisierung": Ausgehend von einem bestimmten *Konzept* (einer Aufgabe, einer Idee, einem Verwendungszweck) bzw. hinzielend müssen alle in Frage stehenden Begriffe genau erläutert und definiert werden, um ihre Beziehung und ihren Wirkungszusammenhang zu klären. Diese Auslegung selbst bedeutet *Konzeptualisierung.*

Konzeptualisierung der Sprachbehindertenpädagogik

Das angestrebte Konzept ist in diesem Falle die Sprachbehindertenpädagogik, auf die hin ein Begriff oder ein Begriffssystem von Sprache geprüft werden soll. Alle Begriffe, die zu einer fachlichen Erklärung, zu einer menschenwürdigen Interpretation und zur Entwicklung eines persönlichen Verständnisses bei Besonderheiten der individuellen sprachlichen Entwicklung und des individuellen Sprachgebrauchs eines Menschen beitragen können, müssen in dieser Perspektive geprüft werden. Anders ausgedrückt: Worin die Bedeutungen der einzelnen Sprachbegriffe dann bestehen, erschließt sich im Rahmen des Konzepts, auf dessen Grundlage danach gefragt wird und in dem diese Bedeutungen selbst generiert (entwickelt) und festgelegt werden.

Pädagogische Psychologie

Die Pädagogische Psychologie bspw. verfährt ebenso (Herzog 1984). Hierbei handelt es sich um eine wissenschaftliche Disziplin mit Schwerpunkt in der Psychologie (definiert etwa als Lehre vom Verhalten und Erleben des Menschen). Als psychologische Einzeldisziplin ist ihr Selbstverständnis durch die besondere Charakterisierung „pädagogisch" bestimmt. Deshalb schlägt Herzog vor, dass die Psychologen, die sich dem Aufgabenfeld der Pädagogischen Psychologie nähern, ihr pädagogisches Konzept im Blick haben müssen, um die hierfür gewählten besonderen Anteile der Psychologie angemessen einordnen zu können. Erst so könne eine Pädagogische Psychologie, der es um Fragen in pädagogischen Theorie- und Praxiszusammenhängen geht, ihrem Namen tatsächlich gerecht werden.

Sprachbehindertenpädagogik und Wissenschaftstheorie

Auch für die Sprachbehindertenpädagogik gilt: Sie muss sich ihres Standpunkts *als Pädagogik* bewusst sein, um begründet danach Ausschau zu halten, wie sie sich durch Rückgriff auf Aussagen, Methoden und empirisch gewonnene Erkenntnisse und Ergebnisse anderer wissenschaftlicher Disziplinen „bereichern" kann.

Dies ist das Feld der Wissenschaftstheorie, das für jede wissenschaftliche Disziplin genau abzustecken ist. Aus Sicht unserer Disziplin fragen wir danach, anhand welcher Kriterien die Sprachbehindertenpädagogik als Wissenschaft zu ihren Fragestellungen und Lösungen finden und sinnvoll „funktionieren" kann. In der folgenden Gegenüberstellung werden drei Abbildungen verglichen, die einen jeweils unterschiedlichen konzeptuellen Standpunkt zu dieser Frage widerspiegeln. Mit der ersten Abbildung, die einer jüngeren Veröffentlichung von Grohnfeldt (1996, 14) entnommen ist, wird eine Lösung vorgeschlagen, wonach die verschiedenen (Teil-)Disziplinen wie Pädagogik, Phonetik, Sprachwissenschaft oder Psychologie quasi gleichberechtigt nebeneinander stehen. Als Konstrukteur eines Konzepts „holt man sich" dann diejenigen Wissensbestandteile „aus den Disziplinen", derer man nach Maßgabe des jeweiligen Praxisproblems bedarf (Abb. 1). Die zweite Abbildung verweist darauf, dass sich alle Wissensbestände der Sprachbehindertenpädagogik von einer Art „Mutterwissenschaft" aus quasi wie von selbst ergeben: Hiernach definiert die Sprachwissenschaft diejenigen Sachverhalte, um die es geht, wenn man sich den Fragen des regelhaften und gestörten Gebrauchs von Sprache nähert. Von hier aus wird dann direkt auf die Lösung der Aufgaben für die Praxis geschlossen (Abb. 2). Nach der dritten Abbildung ist der Ausgangs- und Zielpunkt ein pädagogisches Selbstverständnis. Von diesem Standpunkt aus entwickelt man sein Konzept von Sprachbehindertenpädagogik, das auf die Bereicherung durch andere Disziplinen wie Neurologie, Psycholinguistik, Sprachwissenschaft usw. angewiesen ist (Abb. 3). Mit dieser Modelldarstellung ist die Aufgabe der Konzeptualisierung der Sprachbehindertenpädagogik angezeigt.

Während man bei einer Ausrichtung nach dem ersten Modell (Abb. 1) über keinerlei Kriterien verfügt, wonach man sich in der Theoriebildung und in der Praxisbewältigung richten könnte, impliziert das zweite Modell (Abb. 2), dass sich alle Fragen von Theorie und Praxis nach dem Angebot der Sprachwissenschaft ausrichten. Hiernach würden nur sprachwissenschaftliche Kriterien für die Analyse diesbezüglicher Aufgaben herangezogen. Dies hilft jedoch wenig bspw. im Rahmen einer pädagogisch ausgerichteten Elternberatung, bei der bestimmte Gesprächsinhalte, Gesprächsführungsgeschick und Gesprächsstrategien im

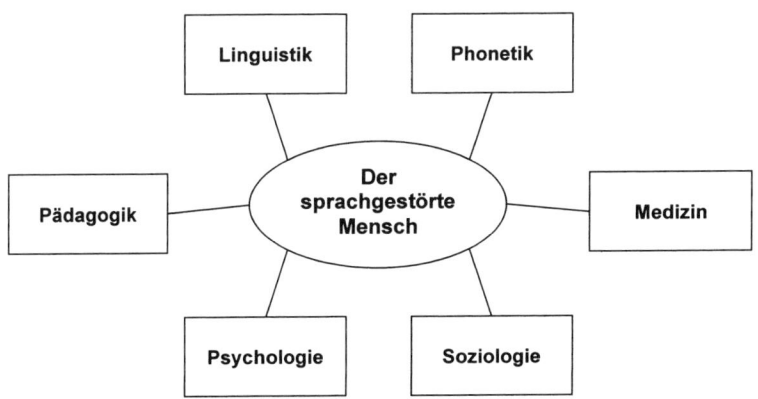

Abb. 1: Das Modell Juxtaposition der Sprachbehindertenpädagogik im Kontext anderer Wissenschaften (Grohnfeldt 1996, 14)

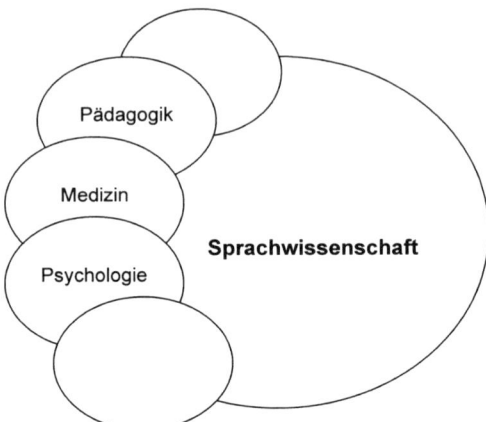

Abb. 2: Das Modell
der sprach-
wissenschaftlichen
Zentrierung der
Sprachbehinderten-
pädagogik

Vordergrund stehen. Hier sind Zielfragen der Pädagogik angesprochen, die in der Sprachwissenschaft als solche nicht thematisiert werden. Diese Einführung in die Sprachbehindertenpädagogik beruht auf den Überlegungen des dritten Modells,
in der die Sprachbehindertenpädagogik als Pädagogik positioniert
ist.

Deduktive und   Aus Darstellungsgründen soll hier aber nicht vorab ein pädago-
induktive Methode   gisches Ausgangsplateau geschaffen werden, von wo aus dann alle
folgenden Fragen behandelt werden. Dies wäre gleichbedeutend
mit der *deduktiven Methode*, bei der man von einem pädagogischen

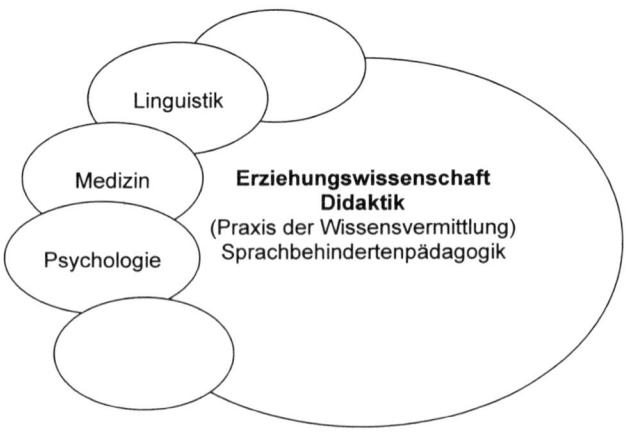

Abb. 3: Das Modell
der pädagogischen
Konzeptualisierung
der Sprachbehinder-
tenpädagogik
(in Anlehnung an
Baumgartner 2004 a,
119)

Modell ausginge und von hier aus dann die Reihe der Punkte gleichsam „von oben" ableiten würde. Bei der *induktiven Methode* würde „von unten", etwa von Beispielen der Praxis, ausgegangen und erläutert, wie sich die so aufgeworfenen Problemstellungen unter Einbezug ausgewählter Theorien und Modelle lösen lassen. Diese induktive Verfahrensweise (die natürlich nicht vollends auf deduktive Aspekte verzichten könnte) führt letztlich auch zu einem Konzept der Sprachbehindertenpädagogik, in das auf diese Weise eingeführt wird. In Kapitel 4 und 5 werden diesbezügliche Gesamtaspekte übergreifend angesprochen.

Übungsaufgaben

Inwiefern stellt das Bild der „Arzt-Patienten-Beziehung" keine hinreichende Orientierungsgrundlage für die Gestaltung einer „pädagogischen Beziehung" dar?   **Aufgabe 1**

Betrachten Sie die Abbildungen 1 – 3 und vergleichen Sie ihre unterschiedlichen Aussagen. Entwickeln Sie argumentative Überlegungen, weshalb die jeweiligen Folgerungen hinsichtlich einer Sprachbehindertenpädagogik als Handlungswissenschaft unterschiedlich sind.   **Aufgabe 2**

2 Bezugswissenschaftliche Grundlagen – eine Auswahl von Arbeitsfeldern und Erklärungsmodellen

In diesem Kapitel geht es darum, sich mit dem Vorgang der Konzeptualisierung auf einer wissenschaftstheoretischen Ebene inhaltlich konkreter und detaillierter vertraut zu machen. Auf dieser Ebene wird das Verhältnis zwischen wissenschaftlicher Theorie und Praxis, zwischen Theorie und Empirie, zwischen wissenschaftlicher Argumentation und Begründung oder Methodenfragen (Hügli/Lübcke 2003, 681f) erläutert. Weiter oben wurde bereits ausgeführt, dass die Sprachbehindertenpädagogik als Pädagogik auf das Wissen und auf die Erkenntnisse anderer Bezugsdisziplinen angewiesen ist, diese zweckgebunden kennen lernen muss, um sie begründet in die sprachbehindertenpädagogische Konzeptbildung einzubeziehen. Damit ist der Charakter der Sprachbehindertenpädagogik als interprofessionelles Praxis- und als interdisziplinäres Wissens- und Kenntnissystem angedeutet, auf das weiter unten noch genauer eingegangen wird.

Anfänge interdisziplinären Denkens der Sprachheilpädagogik: Bereits die historischen Vorläufer der Sprachbehindertenpädagogik, die Sprachheilkunde und Sprachheilpädagogik, haben seit ihren Anfängen vor über hundert Jahren um die Idee der Interdisziplinarität wissenschaftlich gerungen. Zunächst geschah dies gewissermaßen in Personalunion von Sprachpathologen und Sprachärzten, die sich bereits relativ früh um psychologische Orientierungen bemühten (Sprachpathologie als wissenschaftliche Lehre von den Krankheiten der Sprachverwendung, insbesondere von ihrer Entstehung, und durch sie hervorgerufenen organisch-anatomischen Veränderungen, und Sprachheilung als Praxis der „Heilung" dieser Krankheiten). So hat der Sprachpathologe A. Kussmaul (1877) Ende des vorletzten Jahrhunderts in seinem klassischen Werk „Die Störungen der Sprache" ein relativ umfangreiches Kapitel der Sprachpsychologie gewidmet. Der Spracharzt H. Gutzmann beschäftigte sich zu Beginn des vergangenen Jahrhunderts ebenfalls mit der Psychologie, zunächst mit der Psychologie der Atmung (1906), und hat dann ebenso wie der Mediziner E. Fröschels (1925) eine „Sprachpsychologie" verfasst (Gutzmann 1925; o. bibliogr. Ang. zit. in Kainz 1947, 190). Dies sind aus der Anfangszeit dieser Disziplin nur einige Beispiele, die zeigen, dass der enge disziplinäre Horizont schon früh überschritten wurde. Diese Praxis setzt sich bis in die Gegenwart fort.

Andere Disziplinen bzw. *Bezugswissenschaften* (die wie ausgeführt deshalb so heißen, weil sich die Sprachbehindertenpädagogik aus Gründen der Konzeptbildung auf diese *bezieht*) sind weiterhin und gegenwärtig sogar verstärkt ein fester Bestandteil dieser Pädagogik. Aber die Feststellung dieser Tatsache allein ist trivial und nicht weitreichend genug. Erst die Frage nach der inhaltlichen Qualität dieser Beziehungen, welcher Mechanismus sie erzeugt und wovon sie bestimmt werden, überschreitet den vordergründigen Problemhorizont und beleuchtet den oft thematisierten „Wandel" der Sprachbehindertenpädagogik auch in ihrem Selbstverständnis als Pädagogik. Dieser Punkt sei am Beispiel des so genannten Dysgrammatismus illustriert.

inhaltlicher Bezug

Historisch wird unter der Bezeichnung **„Dysgrammatismus"** eine individuelle Auffälligkeit in der Verwendung der grammatischen Strukturen der Zielsprache verstanden. Ist die gemeinte Zielsprache „Deutsch", dann ist der Betroffene im Sprachgebrauch des Deutschen grammatisch auffällig *(der Vogel is flieg; der da hoch gesprung)*. Bis zum Ende des vorletzten Jahrhunderts beschrieb man solche Auffälligkeiten rein oberflächlich etwa als „verschrobenen Satzbau". In der späteren Wissenschaftstheorie, die teilweise bis in die 1980er Jahre Bestand hatte, wurden die sprachlichen Symptome nach so genannten Gradeinteilungen eingestuft, vor allem in Anlehnung an Liebmann (1901): „Dysgrammatismus ersten Grades", „Dysgrammatismus zweiten Grades" und „Dysgrammatismus dritten Grades". Folglich wurde ein Dysgrammatismus aus heutiger Sicht fälschlicherweise nach „leicht, mittel, schwer" eingeteilt (zur historischen Kritik Dannenbauer 1983).

Wie geht man heute vor? Seit den 1980er Jahren haben sich die theoretischen Zugänge zu diesem sprachpathologischen Problem grundlegend gewandelt. Dieser Wandel bringt nun auf klare Weise die so genannten Bezugswissenschaften ins Spiel. Vor allem durch die Berücksichtigung von Erkenntnissen aus der Sprachwissenschaft, der Psycholinguistik und der Sprachpsychologie kann der spezifisch sprachliche Charakter dieser Sprachstörung als Entwicklungsstörung im Kindesalter zunehmend stärker thematisiert werden.

Bezugswissenschaften als Hilfskonstrukte

Worin liegt dieser Wandel begründet? Mit den herkömmlichen Klassifikationen des „Dysgrammatismus" nach dem Modell „leicht, mittel, schwer" konnte in diesem Praxisfeld mit den hiervon betroffenen Kindern und Jugendlichen nicht sprachtherapeutisch sinnvoll gearbeitet werden. Alles, was dieser Praxis seit Beginn des vergangenen Jahrhunderts gedient hatte, waren vom heutigen Standpunkt aus lediglich theoretische Scheinsicherheiten, bestenfalls vermeintlich praxisrelevante Erfahrungssicherheiten. Für die Praxis selbst hatte es bis dato keine geeignete Orientierungsgrundlage gegeben, die aus heutiger Sicht folgende Kriterien erfüllen soll: Sie muss den Prozess des Spracherwerbs einbeziehen, durch empirische Untersuchungen abgesichert sein und einen Beitrag zum Verständnis der Frage leisten, inwieweit sich der „normale Spracherwerb" von einem gestörten bzw. auffälligen Spracherwerb unterscheidet. Dies gilt für alle Bereiche: Erziehung und Unterricht, Diagnostik und Therapie sowie für die Beratung. Diese geeignete Orientierungsgrundlage wurde mit verstärkten Forschungsaktivitäten vor allem in den psycholinguistisch ausgerichteten Wissenschaften möglich, die seit längerem eine Reihe interessanter Ideen zur Lösung der theoretischen Probleme beim kindlichen Grammatikerwerb hervorgebracht hatten. So wurde es seit den 1980er Jahren zunehmend auch seitens derjenigen, die in der Praxis tätig waren, möglich, bei der Suche nach psychologischen oder linguistischen Modellen von Grammatik, Grammatikerwerb und grammatischer Erwerbsstörung den Blick auf die grammatischen Besonderheiten der kindlichen Sprache zu lenken. Erst hierdurch wurden auch die Mechanismen für ihren Erwerb genauer betrachtet, sodass diese in Erziehung und Unterricht, Therapie und Beratung eine spezifische, erwerbstheoretisch orientierte Betrachtung erfahren konnten (z. B. Clahsen 1982).

Probleme der Praxis als „Triebmittel": So haben sich Praxisprobleme gleichsam als eine Art Triebmittel für die Weiterentwicklung der Sprachbehindertenpädagogik erwiesen, weil die alten Lösungen nicht mehr den neuen Aufgaben entsprachen, sodass sich die Sprachbehindertenpädagogik gleichsam auf die Suche nach neuen Lösungen für diese Probleme begeben musste. Diese fanden sich vornehmlich in anderen Disziplinen – die erst in jüngerer Zeit eine neue Qualität als Bezugsdisziplinen der Sprachbehindertenpädagogik erhalten und hier zu eigener Forschung führen (Schöler/Welling, in Vorb.).

eigenes Interesse der Bezugswissenschaften

Die Sprachbehindertenpädagogik bedient sich der Ergebnisse von Bezugswissenschaften, die allerdings – das ist sehr wesentlich – in der Regel zu ganz anderen als sprachbehindertenpädagogischen Zwecken gewonnen wurden. So verfolgt bspw. die Linguistik ihre Fragen mit linguistischem, die Neurologie mit neurologischem Erkenntnisinteresse, und beide natürlich nicht mit einem sprachbehindertenpädagogischen Erkenntnis- und Veränderungsinteresse. Dennoch können und müssen die Grundlagen des Wissens und der Hypothesen dort wichtige Bestandteile der Theoriebildung hier sein, um zu einem Konzeptansatz von Sprachbehindertenpädagogik zu gelangen, der vor allem auch den Praxisanforderungen genügt und im Idealfall zu eigener Hypothesenbildung als pädagogische Disziplin beiträgt.

Je nach Frageweisen, Gegenstands- und Themenfeldern kommen die Bezugsdisziplinen mehr oder minder ausführlich zur Geltung. So spielen Bezüge zu Spracherwerbstheorien etwa bei Fragen der Aphasie (neurologisch bedingter Verlust von sprachlichen Fähigkeiten) im Erwachsenenalter naturgemäß keine herausragende Rolle. Es werden daher lediglich ausgewählte Bezugsdisziplinen unter wiederum ausgewählten Teilaspekten vorgestellt. Damit wird der Zweck verfolgt, für Studierende der Sprachbehindertenpädagogik initiale Zugänge zu dem einen und anderen Feld auf diesem Gebiet zu schaffen: eher terminologisch, zumeist nur phänomenologisch und oberflächenhaft definitorisch und deshalb noch ohne Nähe zum inhaltlichen Detail. Zu diesem Zweck soll hier deutlich werden, dass ein bestimmter Fachausdruck einem bestimmten wissenschaftlichen Feld zuzuordnen ist, das Sach- und Wirkungszusammenhänge auf einen bestimmten wissenschaftlichen Begriff zu bringen versucht. Für das Studium bezugswissenschaftlicher Grundlagen selbst sei auf die jeweilige Fachliteratur verwiesen.

2.1 Linguistische Aspekte

Am Anfang dieses Kapitels wurde darauf aufmerksam gemacht, dass Begriffe zum Themenfeld „Sprache" zu den Kernbegriffen der Sprachbehindertenpädagogik gehören. In diesem Abschnitt werden einige dieser Begriffe und ihre Hauptaspekte erläutert, hier zunächst aus linguistischer Sicht. Dies geschieht in der Absicht, eine Art „Handwerkszeug" zusammenzutragen, das drei Hauptzwecke erfüllt: Erstens ermöglicht es bereits zu Beginn des Studiums eine gewisse Gegenstandsorientierung im Rahmen von Vorlesungs-, Seminar- oder Übungsveranstaltungen; zweitens verhilft es initial zu einem Zugang in der Auseinandersetzung mit der einschlägigen Fachliteratur, vor allem in ihren linguistischen Grundlagen; drittens ist dieses Handwerkszeug hilfreich für das Verständnis der folgenden Kapitel dieser Einführung und insbesondere bei der Rekonstruktion in Kapitel 3 (Darstellung der speziellen sprachpathologischen Grundlagen bzw. der sprachbehindertenpädagogischen Konstrukte).

Die menschliche Sprache ist ein System von Zeichen. Die Semiotik, die Lehre dieser sprachlichen Zeichen, gehört zur Tradition der europäischen Philosophie. Schon im antiken Griechenland, bei Aristoteles, findet man ihren heutigen Namen: Er ist abgeleitet vom griechischen Wort semeion, Zeichen.

Linguistik und Sprachwissenschaft

Semiotik

Semiotik bezeichnet die allgemeine Wissenschaft von den Zeichen. Sie macht Aussagen darüber, was Zeichen zu Zeichen macht, sie beschreibt die unterschiedlichen Zeichenarten und Zeichensysteme, und sie beschäftigt sich mit dem Gebrauch, den Zeichenbenutzer (Menschen und Tiere) von den ihnen zur Verfügung stehenden semiotischen Ausdrucksmöglichkeiten machen. Dieser weite Fragehorizont ist kennzeichnend für das heutige Verständnis der Semiotik." (Linke et al. 1996, 17).

Ansätze zu semiotischen Fragestellungen hat es immer auch in anderen Bereichen gegeben, etwa in der philosophischen Ästhetik, die sich mit Musik, Malerei und bildender Kunst beschäftigt. Aber erst als die Arten der Zeichen in ihrer Eigenartigkeit und Verschiedenheit gesehen werden konnten, konnte sich mit übergreifender Fragestellung eine Wissenschaft von den Zeichen etablieren, die in sprachlicher Hinsicht besonders mit dem Genfer Sprachwissenschaftler Ferdinand de Saussure verbunden ist.

De Saussure (1916/1967) legte in seinen Studien einen zweifachen Zeichenbegriff zugrunde, der einerseits das Zeichen von dem Zeichengebrauch abgrenzt (also etwa das Wort von seinem Gebrauch). Andererseits machte er deutlich, dass das sprachliche Zeichen immer auch in einer Beziehung zu anderen Zeichen steht (also das Wort zu anderen Wörtern). Besonders mit dieser zweiten Annahme war die Idee geboren, dass die Zeichen untereinander systematisch miteinander verknüpft sind. Damit war die Grundlage der modernen Semiotik als eigenständige Disziplin, von der die Sprachwissenschaft eine Teildisziplin darstellt, entstanden. Mithilfe des so genannten semiotischen Dreiecks lassen sich die Bezüge zwischen Zeichen, Bezeichnetem und den Zeichenbenutzern schematisch darstellen (Abb. 4).

Das Zeichen steht in Bezug zum Bezeichneten, bspw. das Wort *Stuhl* zu dem Stuhl als einem Sitzgegenstand. Zu beiden tritt der Zeichenbenutzer in Beziehung. Die durchbrochene Linie soll anzeigen, dass von einem Bezug zwischen Zeichen und Bezeichnetem nur die Rede sein kann vor dem Hintergrund der Aktivität des Zeichenbenutzers, der diese Beziehung herstellt: Kraft seines Wissens um die Zeichen und kraft seiner Bezugnahme (mithilfe des Zeichens) auf das Bezeichnete. Reflexionen auf den Zeichenbegriff gehören zum festen Bestandteil linguistischer Arbeit. Diese liefern den Ausgangspunkt sprachwissenschaftlicher Aufgaben und Methoden (Linke et al. 1996, 17).

Abb. 4: Semiotisches Dreieck nach Morris (1938; hier adaptiert von Linke et al. 1996, 26)

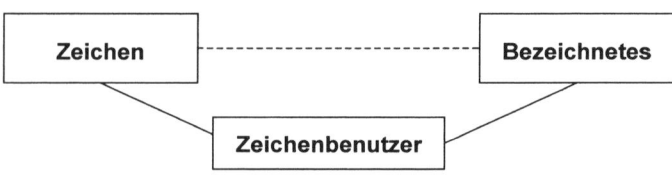

Die Ausdrücke Linguistik und Sprachwissenschaft werden im vorliegenden Zusammenhang synonym verwendet und in der weiteren Darstellung nicht differenziert. Beiden gemeinsam ist das Merkmal der Systematik mit der zentralen Charakteristik, dass deren gemeinsame Basiseinheiten die sprachlichen Zeichen sind. Mit diesen können die Zeichenbenutzer in kommunikativem Austausch operieren. Aus diesen Basiseinheiten lassen sich komplexe Einheiten aufbauen.

In einem jeweils gegebenen Reflexionszusammenhang von Wissenschaft und Praxis lassen sich spezielle Zeicheninventare bündeln: Phonologie, Grammatik (Syntax und Morphologie), Semantik und Lexikon, Pragmatik und Kommunikation. Anders ausgedrückt: Alle diese Bereiche stellen Bündelungen bestimmter Eigenschaften von Zeichensystemen dar, die als so genannte *linguistische Ebenen* oder *linguistische Komponenten* zusammengefasst werden. Eine sehr systematische „Einführung in die germanistische Linguistik" stellt das von Meibauer et al. (2002) herausgegebene Lehrbuch dar, das während des gesamten Studiums benutzt werden kann. Ebenfalls hilfreich, besonders für den Beginn des Studiums, ist das „Elementarbuch der Phonetik" von Pétursson und Neppert (2002), ebenfalls ein Lehrbuch, das besonders auf die Grundfragen (von Studierenden) im Bereich der Sprachbehindertenpädagogik bzw. des sonderpädagogischen Studienschwerpunkts Sprache ausgerichtet ist.

Die übliche Einteilung in linguistische Ebenen spiegelt die linguistischen Kerngebiete wider, mit denen viele Studierende bereits während ihrer Schulzeit in Berührung gekommen sind: Phonologie, Syntax, Semantik und Pragmatik. Allerdings wird schon im Grundstudium der Sprachbehindertenpädagogik deutlich, dass das linguistische Schulwissen allenfalls eine erste Grundlage darstellt, um das Fachwissen zu Beginn des Studiums weiter gehend zu vertiefen, zu systematisieren und zu spezialisieren. Dabei zählt naturgemäß zu einem pädagogischen Erkenntnisinteresse, dass dieses Wissen keineswegs einem Selbstzweck dient, sondern funktionalen Wert für die pädagogische Praxis besitzt, um die Formen und Funktionen des Sprachgebrauchs bei Kindern, Jugendlichen und Erwachsenen beschreiben und analysieren zu können. Auch für ein fachliches Verständnis und eine selbstständige Analyse des kindlichen Spracherwerbs ist ein linguistisches Grundlagenwissen erforderlich, das die Unterschiede zwischen dem sprachsystematischen und dem spracherwerbstheoretischen Bereich einbezieht. *Systematisch* geht es um das System von Eigenschaften, dessen Gebrauch bestimmten Regeln unterliegt (Meibauer 2002). *Erwerbstheoretisch* geht es um Fragen nach den Voraussetzungen und Bedingungen, wie ein Kind zur Sprache kommt (Zimmer 1996; Rothweiler 2002). Solche Fragen sind

Linguistische Ebenen

von denen eines sprachwissenschaftlichen Interesses verschieden und deshalb scharf zu trennen. Denn, wie weiter oben angedeutet, beschäftigt man sich sprachwissenschaftlich eher nicht mit Fragen des Spracherwerbs, also etwa damit, wie ein Kind seine eigene Sprache aufbaut, wenn es sich vom Säuglingsalter an mit einer sprachlichen Umgebung auseinander setzt und auf diese Weise seine Sprache entwickelt. Sprachwissenschaftlich geht es vielmehr um den „Stoff" linguistischer Theorien, also um das System der sprachlichen Zeichen und um das sprachliche Zeichen im System der Sprache. Sprachwissenschaftliche Theorien erheben folglich den Anspruch, die Eigenschaften von Grammatiken und Sätzen natürlicher Sprachen und die linguistischen Intuitionen eines Sprechers bzw. Hörers hinsichtlich ihrer Systemeigenschaften zu beschreiben und zu erklären. Aus Sicht der Sprachbehindertenpädagogik werden hier dennoch im Folgenden wiederholt Beispiele von so genannten Kindersprachäußerungen präsentiert. Denn es ist eine zentrale Aufgabe der Professionsausübung im Rahmen der Sprachbehindertenpädagogik bzw. der Sprachbehindertenpädagogen, das systematisch Zeichenhafte dieser Äußerungen genau beschreiben und illustrieren zu können.

Anders ausgedrückt: Es ist allgemein bekannt, dass ein Kind zu Beginn seiner sprachlichen Entwicklung viele Beispiele produktiver Sprachäußerungen zeigt, die zunächst nur entfernt und dennoch gewiss mit der Erwachsenen- bzw. der Zielsprache in Beziehung stehen. Normalerweise haben solche Äußerungen deshalb etwas mit der Zielsprache zu tun, weil diese die Umgebungssprache darstellt, die das Kind in seinem Prozess des Spracherwerbs zu Aktivitäten wie Imitationen der sprachlichen Umgebung anregt. Dies ist eindeutig eine erwerbstheoretische Frage. Rein sprachwissenschaftlich betrachtet könnte man dem gegenüber in einem bewussten Erkenntnisakt von den produktiven *Prozessen* des Kindes absehen und dann nur seine sprachlichen *Produkte* betrachten. Diese werden dann systematisch zugänglich, etwa mit Hilfe der *Phonetik* und *Phonologie,* der *Grammatik,* der *Semantik* oder der *Kommunikation und Pragmatik.*

2.1.1 Phonetik und Phonologie

Phonetik
und Phonologie

Das Wort Phonetik leitet sich vom griechischen Wort *phone* ab, das Laut, Stimme bedeutet. Als Wissenschaftsdisziplin befasst sich die Phonetik mit den lautlichen Aspekten des Kommunikationsvorgangs (z. B. als artikulatorische, akustische oder auditive Phonetik). Als linguistische Teildisziplin beschäftigt sich die *Phonologie* im weitesten Sinne ebenfalls mit den lautlichen Aspekten der

Sprache. Systematisch gilt sie den Äußerungen einer Sprache und ihren Eigenschaften, soweit sie für das Lautsystem der Sprache relevant sind, bspw. dem Phonemsystem (Ramers 1998; 2002).

[hʊn bɛlə]

Auch der wissenschaftliche Gegenstand der Phonetik ist aus Sicht der Sprachbehindertenpädagogik in besonderer Weise zu erfassen. Für viele Studierende des Faches bilden die Erfahrungen im reflexiven Umgang mit Sprache, die meist auf langjährigem Schulunterricht und ersten Erkenntnissen im Studium beruhen, bei der Auseinandersetzung mit dieser Frage gewissermaßen ein Hindernis. In nahezu jeder Anfangsveranstaltung (und zuweilen noch in höheren Semestern) zur Frage nach dem Gegenstand der Phonetik tritt die Erfahrung der alphabetischen Literarisierung der Seminarteilnehmer deutlich zutage. So wird häufig direkt oder indirekt geäußert, beim Sprechakt realisiere man „Buchstaben". Für die wissenschaftliche Reflexion ist es hier unabdingbar und eine bedeutsame Erfahrung, aus der gewohnten Erfahrungssituation des alltäglichen Umgangs mit dem Sprachgeschehen „herauszutreten" und nun als externer Beobachter den phonetischen Gegenstandsbereich zu erfassen. Diese Reflexion bedarf der Kenntnis wissenschaftlicher Kategorien und Begriffssysteme ebenso wie einer reflexiven Grundhaltung gegenüber sich selbst, hier genauer gegenüber dem eigenen Erfahrungshorizont und dem eigenen Sprachgebrauch.

Ein erster Blick auf dieses Beispiel zeigt bereits, dass das gewohnte lateinische Alphabet für eine lautgerechte Verschriftung von Gesprochenem nicht ausreicht. So würde man [hʊn bɛlə] zwar <Hun belle> schreiben. Mit diesen Schriftzeichen aber ließe sich nicht differenziert genug darstellen, dass das <u> in [hʊn] und das <e> in der ersten Silbe von [bɛlə] kurz und offen gesprochen werden und das <e> am Ende desselben Wortes unbetont. Es gibt im Deutschen und in den meisten existierenden Sprachen kein 1:1-Verhältnis von geschriebener und gesprochener Sprache. Auch deshalb sind für die geschriebene Sprache die Buchstaben (notiert in spitzen Klammern < >) und für die gesprochene Sprache ein spezielles Zeichensystem hilfreich und gebräuchlich, das Zeicheninventar des IPA *(International Phonetic Alphabet),* das von der Fachgesellschaft im Bereich der Phonetik, der *International Phonetic Association,* laufend weiter entwickelt wird. Die phonetischen IPA-Zeichen sind in eckige Klammern [ ] gesetzt. Die phonologischen Zeichen befinden sich, sofern es sich um eine breite Transkription handelt, zwischen Schrägstrichen / / (Richter 1993; Ramers 2002, 75ff). Die breite Transkription verzichtet auf die Verschriftung einiger Details (z. B. die Stellung der Lippen bei den Konsonanten), um die Angaben nicht zu überfrachten. Die enge Transkription hingegen kennzeichnet die Phone in möglichst vielen und feinen Lautnuancen.

IPA – International Phonetic Alphabet

Phonetik nach
Pétursson/Neppert

In ihrem „Elementarbuch der Phonetik" definieren Pétursson und Neppert (2002) die Phonetik folgendermaßen:

„Die Phonetik ist die Wissenschaft, welche die Frage danach stellt, wie die sprachliche oder linguistisch-kommunikative Funktion in der Sprache durch die Lautsubstanz erfüllt wird." (Pétursson/Neppert 2002, 15).

In dieser Definition wird deutlich, dass die Autoren die Phonetik als eine sprachwissenschaftliche Disziplin einordnen. Der Funktionsbegriff wird dabei nicht eng im Sinne der „distinktiven Funktion" (=bedeutungsunterscheidende Funktion) aufgefasst, sondern umgreift darüber hinaus auch die Funktion von Sprache und Sprechen im Kommunikationsprozess. Hier ist sowohl die pragmatisch-kommunikative Seite als auch die semantische Seite der Sprache (Seite der Bedeutung) angesprochen. „Absolute Abgrenzungen" halten die Autoren hier weder für möglich noch für wünschenswert, denn nach ihrer Meinung würde die Festsetzung enger Grenzen die Entwicklung der Disziplin nur hemmen (Pétursson/Neppert 2002, 16). Die Bezüge zu den linguistischen Komponenten des Sprachgebrauchs sind allerdings durch den Gegenstandsbereich eingegrenzt, der „durch die Lautsubstanz" erfüllt ist. Thema der Phonetik ist demnach, was durch lautliche Elemente „übertragen" werden kann (z. B. semantisch oder kommunikativ-pragmatisch).

Die Untersuchung der lautlichen Erscheinungen der menschlichen Sprache erfolgt unter verschiedenen Gesichtspunkten, die in phonetischen Teildisziplinen systematisch bearbeitet werden. Ohne Anspruch auf Vollständigkeit werden hier einige dieser Gebiete genannt, die auf besondere Fragestellungen der „phonetischen Wissenschaften" verweisen (im Folgenden in Orientierung an Pétursson/Neppert 2002, 17f).

Phonetische
Teildisziplinen

Die *allgemeine* Phonetik untersucht allgemeine Eigenschaften der Lautgestalt der Sprache, unabhängig von Einzelsprachen. Die *vergleichende Phonetik* vergleicht „Lautsubstanzen" von Sprachen und geht hierbei diachronisch (historisch) und synchronisch (kontrastiv) vor. Die *artikulatorische Phonetik* beschreibt Aufbau und Wirkungsweise des Sprechapparates sowie organische Voraussetzungen des Sprechens (der Artikulation und der zugehörigen Funktionen der Atmung und Stimmerzeugung). Die *akustische Phonetik* behandelt die akustische Struktur des Sprachschalls als Träger des sprachlichen Kodes (Produktion beim Sprecher, Rezeption beim Hörer). Die *auditive Phonetik* (Hörwahrnehmung) und *perzeptive Phonetik* (Wahrnehmungsphonetik) beschreiben auditive Wahrnehmungsgegebenheiten des lautlichen Ereignisses beim Hörer bzw. beim Wahrnehmenden selbst. Die *psychologische Phonetik* geht auf die erkennende und deutende Verarbeitung des Sprachschalls ein, einschließlich der Planung des Sprech- und Sprech-Selbstwahrnehmungsprozesses. Die *Neuropho-*

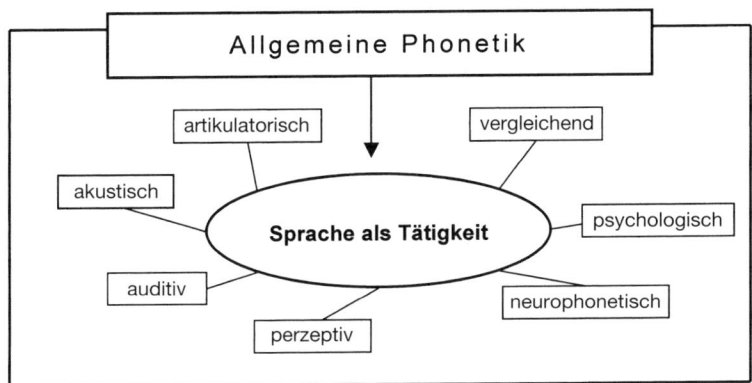

Abb. 5: Allgemeine Phonetik im Kreis der zu ihr gehörigen Teildisziplinen (in der Abbildung unvollständig illustriert)

netik thematisiert die Steuerung des Sprechprozesses durch das zentrale und das periphere Nervensystem (Hörnerv, Nervenbahn, Verarbeitung in der Großhirnrinde). Die folgende Abbildung illustriert die Vielzahl der Teildisziplinen unter dem Gesichtspunkt, wie die sprachliche oder linguistisch-kommunikative Funktion in der Sprache durch die Lautsubstanz erfüllt wird (Abb. 5).

Man sieht, dass die phonetischen Teildisziplinen eine Vielzahl von Einzelaspekten der Sprache als Tätigkeit des sprechenden und Sprache verstehenden Menschen untersuchen. Hierbei ist die Phonetik selbst wiederum interdisziplinär geprägt. Sie ist durch die *Physiologie* als Grundlagendisziplin mitbegründet (Lehre von den natürlichen Lebensvorgängen, von Aufbau und Funktion der Organe und Organgruppen), von der *Anatomie* (Form und Körperbau der Lebewesen), der akustischen *Physik* (etwa bei der akustischen Phonetik) oder von der *Psychologie* (als Tätigkeitsaspekt bei der Hervorbringung von Sprechschall).

Interdisziplinarität

Die Sprachbehindertenpädagogik verfolgt in der Beschäftigung mit Untersuchungsgegenständen und Aufgabenbereichen der Phonetik eigene Ziele. Ihr geht es darum, gestörte Formen von Aussprache und Ausspracheformen bei Kindern, Jugendlichen und Erwachsenen fachgerecht beschreiben zu können, etwa um festzustellen, was bei den Phonationsvorgängen Sprechen und Singen alles geschieht, warum dies so geschieht und wie sich die beteiligten Abläufe gestalten. Hier können bereits Grundlagenkenntnisse der Phonetik helfen, wenn man sich im Rahmen von sprachbehindertenpädagogischen Fragen mit unauffälliger wie mit pathologischer Realisierung von Sprache und Sprechen befasst. Wichtig sind in diesem Zusammenhang besonders Kenntnisse der artikulatorischen, auditiven und akustischen Phonetik.

Bedeutung phonetischen Wissens für die Sprachbehindertenpädagogik

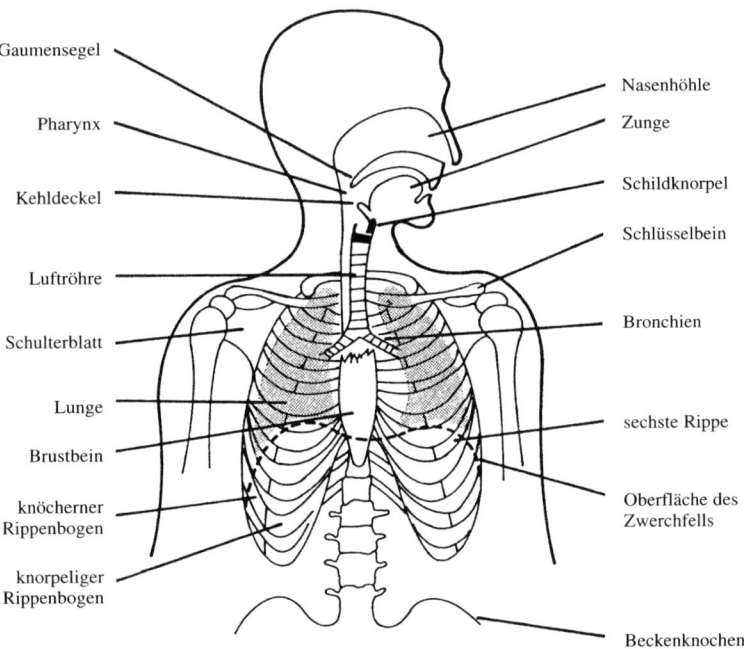

Gaumensegel

Pharynx

Kehldeckel

Luftröhre

Schulterblatt

Lunge

Brustbein

knöcherner
Rippenbogen

knorpeliger
Rippenbogen

Nasenhöhle

Zunge

Schildknorpel

Schlüsselbein

Bronchien

sechste Rippe

Oberfläche des
Zwerchfells

Beckenknochen

Abb. 6: Der Brustkorb
von vorn (Pétursson/
Neppert 2002, 49)

Bedingung und Voraussetzung für die Ausführung von Sprechbewegungen ist das koordinierte Zusammenspiel einer Vielzahl
von Organen als funktionelle Einheiten. Drei große Funktionsgruppen wirken bei der Erzeugung lautsprachlicher Zeichen zusammen: (Sprech-) Atmung (Respiration), Stimmerzeugung
(Phonation) und Lautbildung (Artikulation und Resonanz). Die
Phonetik erlaubt unter sprechmotorischen Gesichtspunkten
nähere Aufschlüsse über das Zusammenspiel bestimmter Organe in bestimmten Organstellungen, um einen oder mehrere
Sprachlaute mit bestimmten Schalleigenschaften hervorbringen
zu können.

Respiration

Hauptorgan für die Respiration (Atmung) sind die Lungen,
gleichsam das Endorgan des Atemtraktes (von der Mund- und
Nasenhöhle über den Kehlkopf, die Luftröhre, die Bronchien
und Bronchiolen bis in die Alveolen der Lunge). Als Organ
für den Gasaustausch des Organismus an sich passiv, liegen
die für die Aktivierung der Atembewegungen notwendigen
Muskelgruppen außerhalb der Lunge (für die „Bauchatmung"
z. B. vor allem das Zwerchfell [Einatmung] bzw. die Muskulatur der Bauchwand [Ausatmung]; für die „Brustatmung" vor al-

lem die Zwischenrippenmuskeln). „Bauch- und Brustatmung"
lassen sich zwar im Experiment getrennt beobachten, treten aber
in Wirklichkeit immer kombiniert nach dem Prinzip der physiologischen Zweckmäßigkeit auf. Die Atmungsorgane selbst
erzeugen keinen Sprechschall, sie liefern dafür aber die notwendige Energie in Form von Luftdruckdifferenzen und/oder Luft-
strömungen.

Zur Phonation (Stimmgebung) wird die von der Atemmusku-
latur in Bewegung versetzte Luftsäule (Luftströmung) im Kehlkopf (Glottis) in Schwingung versetzt. Dabei müssen die Stimmlippen die Stimmritze schließen oder so weit einengen, dass der
Luftdruck unterhalb der Glottis (=subglottal) steigt und die so
genannten primären Klänge erzeugt werden können.

Unter Artikulation (gelenkige Verbindung) wird dann die
Tätigkeit der an der Lautbildung beteiligten supraglottalen Organe verstanden. Die Artikulation wird im so genannten Ansatzrohr realisiert, im Gesamt der Hohlräume oberhalb des Kehlkopfes: Pharynxhohlraum (Schlund), Mundhohlraum, Nasen-
hohlraum. Die Artikulationsorgane (oder: Artikulatoren) werden
in solche unterteilt, die aktiv bewegt werden (Unterkiefer, Mund-
lippen, Zunge, das Gaumensegel als Fortsetzung des harten Gaumens nach hinten) und solche, die zum Produzieren von Sprachlauten allein durch ihre Existenz beitragen.

Bei der Vokalbildung müssen Bewegungen vollzogen werden,
um bestimmte Hohlraumformen zu erreichen. Entsprechend
können Vokale grob nach den Kriterien Artikulationsstelle, Öff-
nungsgrad und Rundung klassifiziert werden. Konsonanten werden als solche Sprachlaute definiert, die durch ein Hindernis im
Ansatzrohr oder in der Glottis gebildet werden (Pétursson/Nep-
pert 2002). Während die Vokale durch die „Überformung" der
im Kehlkopf im Zusammenwirken mit der Atmung erzeugten
primären Klänge erzeugt werden (vokalisches Prinzip), werden
bei den Konsonanten mit Hilfe des Luftstroms weitere, sekundä-
re Schallquellen gebildet (konsonantisches Prinzip), wobei sich
bei den stimmhaften Konsonanten beide Prinzipien miteinander
verbinden.

Den Funktionen der am Sprechvorgang beteiligten Organe
sind jeweils bestimmte Muskeln oder Muskelgruppen und zentrale Systeme für die Steuerung, Koordination und Kontrolle der
Bewegungen zugeordnet, die zum Sprechen nötig sind. Es genügt
hier lediglich festzuhalten, *dass* es neuromuskuläre, funktionelle
Leistungen gibt, dass die notwendigen Funktionen ausgeübt werden und dafür folglich Funktionsmuster im Zentralnervensystem
vorhanden sein müssen. Auf weiterführende Literatur in diesem
Bereich wird im Anschluss an diesen Abschnitt hingewiesen.

Phonation

Artikulation

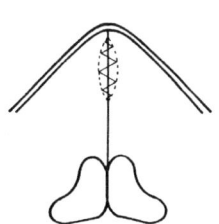

Abb. 7: Dorsaler
Querschnitt durch
den Kehlkopf
(Pétursson/Neppert
2002, 65)

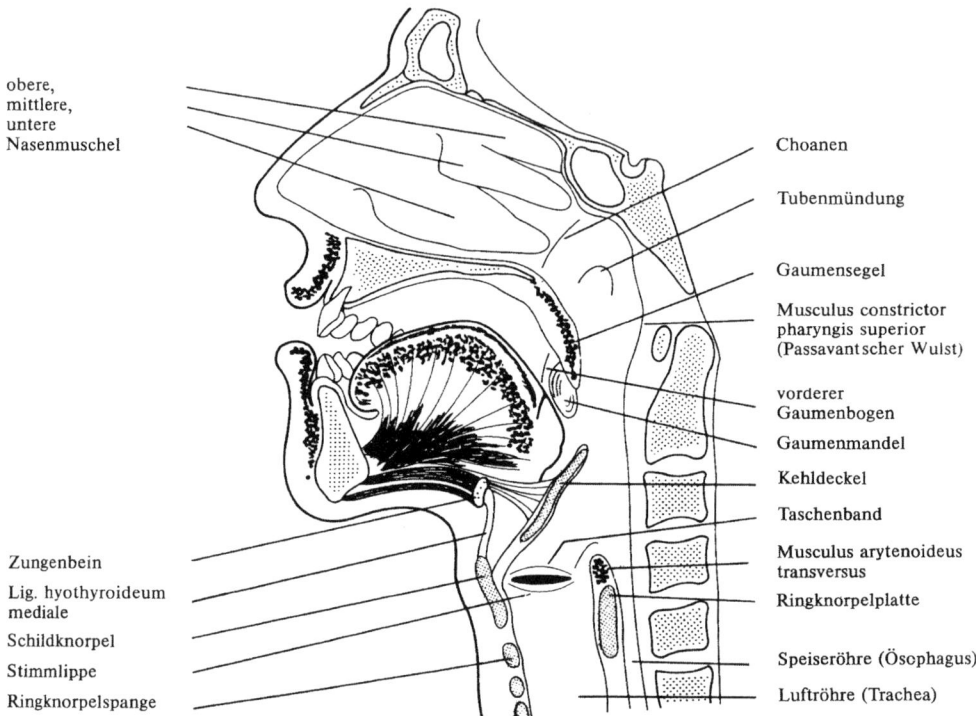

obere,
mittlere,
untere
Nasenmuschel

Choanen

Tubenmündung

Gaumensegel

Musculus constrictor
pharyngis superior
(Passavantscher Wulst)

vorderer
Gaumenbogen

Gaumenmandel

Kehldeckel

Taschenband

Zungenbein

Lig. hyothyroideum
mediale

Schildknorpel

Stimmlippe

Ringknorpelspange

Musculus arytenoideus
transversus

Ringknorpelplatte

Speiseröhre (Ösophagus)

Luftröhre (Trachea)

Abb. 8: Das Ansatzrohr mit Hohlräumen (Pétursson/Neppert 2002, 77)

Phylogenetische Bedeutung und biologische Funktion

Auf zwei weitere Aspekte der Phonetik soll hier noch kurz eingegangen werden. Bekanntlich erfüllen die am Sprechgeschehen beteiligten Organe ursprünglich (phylogenetisch) und *neben* der Funktion der Produktion lautsprachlicher Zeichen biologisch wichtige Funktionen des menschlichen Organismus. So müssen bspw. die Organe der Atmung auch während der Sprechtätigkeit den Sauerstoffbedarf befriedigen. Interessanterweise entwickelte sich in der Evolution der Kehlkopf zum Stimmorgan, seine Stimmfunktion kann jetzt als seine Hauptfunktion angesehen werden. Als Teil des Atemtrakts sorgt der Kehlkopf aber auch dafür, dass der Eingang zur Luftröhre immer dann, wenn geatmet werden soll, auch geöffnet ist, sonst aber, wenn Nahrung in die Speiseröhre befördert wird, fest verschlossen ist. Nahrungsaufnahme, Nahrungszerkleinerung und Nahrungseinspeichelung durch die vornehmlich in der Mundhöhle befindlichen Organe bilden schließlich ein Beispiel für die biologische Funktion der Artikulatoren. Notwendigerweise müssen die Organe bei der Ausübung der biologischen Funktionen wie auch beim Sprechgeschehen koordiniert, kontrolliert und automatisiert zusammenwirken, wenn auch nicht im gleichen Umfang wie bei der Ausführung sprechmotorischer Aktivitäten.

Die „Bühnenaussprache" ist ein Beispiel für eine Aussprachenorm, wie sie „idealerweise" zu realisieren ist. Tatsächlich handelt es sich bei dieser Beschreibung um eine Bezeichnung, die identisch ist mit der „reinen Hochsprache" als Normbeschreibung, die man von Sprechern auf der Bühne oder Nachrichtensprechern erwartet. Erwartungen an deren Aussprache sind im so genannten „Siebs", einem Aussprachewörterbuch, kodifiziert (de Boor et al. 1969). 1969 wurde diese Fassung um einen Teil über die „gemäßigte Hochlautung" ergänzt, da es sich bei der reinen Hochsprache um eine Abstraktion handelt, die realiter variantenreich ist und eher nicht gesprochen wird, bspw. wenn man die Vielzahl der deutschen Mundarten, landschaftlichen Umgangssprachen und Eigentümlichkeiten der Aussprache berücksichtigt. Innerhalb der sprachlichen Förderung im Aufgabenbereich der Sprachbehindertenpädagogik geht es ja nicht um eine „auf Vereinheitlichung zielende Pflege der deutschen Aussprache" (de Boor et al. 1969, 1), sondern vielmehr um die Förderung bzw. Therapie der individuellen Aussprache, bestenfalls also um die individuell verwirklichte Ideallautung, die die Möglichkeit der Variabilität der Aussprache des Einzelnen immer einschließt. — *Aussprachenorm*

Die Phonetik beschäftigt sich mit Sprache als Tätigkeit des sprechenden und Sprache verstehenden Menschen, also mit der konkreten Sprachäußerung (frz. parole), den akustischen Eigenschaften des Sprechschalls, mit den anatomischen, physiologischen und nervalen Voraussetzungen für die Produktion dieses Schalls, ihrer wahrnehmbaren, hör- und beobachtbaren Realität (Ramers 1998; 2002; Wängler 1983; Scholz 1990; Pétursson / Neppert 2002). Die Phonologie als linguistische Disziplin beschreibt das System der kleinsten Elemente der Sprache als Sprachgebilde (frz. langue, de Saussure 1916 / 1967), das der Phoneme und ihrer (distinktiven) Merkmale. Nach Auffassung von Meinhold und Stock (1982) sind Phonetik und Phonologie so eng aufeinander bezogen, dass man ihr Verhältnis als einander ergänzend oder komplementär bezeichnen könnte (Maas 1999). — *Phonetik versus Phonologie*

Das ist sein Buch – Das ist dein Buch
/das ɪst zaɪn buːx / – /das ɪst maɪn buːx /

Es kommt darauf an, drei Ebenen zu unterscheiden, 1. die Ebene der konkreten, variablen Laut-Individuen, 2. die Ebene der abstrahierten, invarianten und überindividuellen Laut-Typen und schließlich 3. eine Ebene, die auf den Begriff des Phonems und des Phonemverbandes hinzielt. Anhand des Beispiels (B 3) der sprachlichen Äußerungen soll dieser Zusammenhang erläutert werden.

1. Laute, auch wenn sie von demselben Sprecher stammen, können physikalisch nie völlig identisch sein. Vielmehr sind reale Sprechabläufe vielfältigen kontextabhängigen Variabilitäten unterworfen. Bestimmt man den Begriff „Kontext" phonetisch, dann lassen sich hierunter z. B. alle koartikulatorischen Gegebenheiten subsumieren. In den Beispieläußerungen (B 3) werden sich das [z] in /zaɪn/ und das [d] in /daɪn/ aufgrund des jeweils nachfolgenden Mittelzungenvokals [a] im Diphthong [aɪ] ähnlicher sein als das [z] in /zɪː/, das sich aufgrund des nachfolgenden Vorderzungenvokals unterscheidet vom [d] in /duː/ (nachfolgender Hinterzungenvokal), das „weiter hinten" gebildet wird. Der Kontextbegriff lässt sich noch weiter fassen und zusätzlich mit den kommunikativ bedeutsamen Merkmalen des Sprechers, seinem von der Situation abhängigen Gefühlszustand, seiner Geschlechtszugehörigkeit und anderen Gegebenheiten in Verbindung bringen, wie in tätigkeits- und kommunikationstheoretischen Ansätzen vorgeschlagen wird (Meinhold / Stock 1982, 23). Sprechen darf also keinesfalls als eine lineare Aneinanderreihung von Einzellauten verstanden werden (Begriff der Ko-Artikulation bzw. des Kontextes). Eine erste Bedeutung des phonetischen Laut-Begriffs beinhaltet also das Individuell-Konkrete, die kontextabhängigen Variabilitäten einer jeden mündlichen Sprachäußerung (Phone im Sinne von Lautindividuen).

2. In den beiden sprachlichen Äußerungen *Das ist sein Buch* und *Das ist dein Buch* lässt sich leicht erkennen, dass, abgesehen vom phonetischen und situativen Kontext, die lautlichen Einheiten [z] in /zaɪn/ und [d] in /daɪn/ den unterschiedlichen Bedeutungsgehalt der beiden sprachlichen Äußerungen /dasɪstzaɪnbuːx/ und /dasɪstdaɪnbuːx/ gewährleisten. Je nachdem also, welchen Denkinhalt der Sprecher im lautsprachlichen Kommunikationsprozess äußern will (*sein* oder *dein*), wird er bemüht sein, das entsprechende Ensemble der Merkmale sprachlicher Zeichen „im Geiste" zuzuordnen und als Schall mit dem adäquaten [z] bzw. [d] zu produzieren, womit die Wortkörper wahrnehmbar werden. Wie weiter oben ausgeführt, gelten die Prozesse, die diesem realen Geschehensablauf der Sprechschallproduktion und -rezeption unterliegen, gemeinhin als Gegenstand der Phonetik. So lässt sich segmentalphonetisch der Laut [z] als stimmhafter, alveolar-prädorsaler Reibelaut, und der Laut [d] als stimmhafter, alveolar-coronaler Verschlusslaut bestimmen (s. Kasten). Diese mit Hilfe der phonetischen Analyse so typisierten und klassifizierten Segmente stellen gegenüber der konkreten Sprechwirklichkeit (siehe 1.) eine Abstraktion dar; in der Sprechwirklichkeit erscheinen diese Laute (Phone im Sinne von Lauttypen) als solche also nicht.

Alveolar-prädorsaler Reibelaut betrifft die Alveolen (Zahntaschen bzw. Riffelungen am vorderen harten Gaumen direkt hinter den Schneidezähnen) als Artikulationsstelle und den vorderen Zungenrücken als artikulierendes Organ

Alveolar-coronaler Verschlusslaut betrifft die Alveolen als Artikulationsstelle und den Zungenkranz als artikulierendes Organ

3. Die Ermittlung derjenigen Einheiten, die in einer bestimmten Sprache die bedeutungsdifferenzierende Funktion gewährleisten, beruht auf einer noch höhergradigen Abstraktion. Es existiert kein definierbarer Zusammenhang zwischen der Gestalt des sprachlichen Zeichens und seiner Bedeutung. Dadurch können minimale Veränderungen in der Gestalt des sprachlichen Zeichens (z. B. bei mein, dein und sein) eine vollkommene Veränderung in der Bedeutung bewirken. Solche zahlreich existierenden Worte, die sich nur in einem Phonem unterscheiden, werden als *Minimalpaare* bezeichnet. Zu fragen ist hierbei nach den Merkmalen, denen die Möglichkeit zugesprochen wird, beim Minimalpaarvergleich /zaɪn/ und /daɪn/ distinktiv wirksam zu sein, sodass sich die sprachlichen Ausdrücke unterscheiden lassen. So ist den beiden Phonemen /z/ und /d/ gemeinsam, dass sie beide vorn gebildet werden, also das Merkmal +vorn besitzen (gesprochen: plus vorn), dass beide +konsonantisch (plus konsonantisch) und –vokalisch (gesprochen: minus vokalisch) sind etc. (nach der Merkmalsmatrix von Meinhold / Stock 1982, 141). Einzig das Merkmal +frikativ (bei /z/) gegenüber – frikativ (bei /d/) bietet die Möglichkeit der Distinktion, sodass Sprecher und Hörer bei der Verwendung der beiden sprachlichen Äußerungen *Das ist sein Buch* und *Das ist dein Buch* in der Kommunikation die inhaltliche und intentionale Eindeutigkeit herstellen können (s. Kasten). Beim abstrahierenden Vorgehen dieser Art bleiben also nur noch diejenigen invarianten Lauteigenschaften als Merkmale, die potenziell eine distinktive Funktion erfüllen.

Der (phonologisch geprägte) Phonembegriff ist also nicht mit den phonetisch geprägten Begriffen des materiell gegebenen konkret-akustischen Laut-Individuums und des aus der Abstraktion hervorgegangenen Laut-Typus oder der Lautklasse zu verwechseln. Die Tabelle 2 ermöglicht abschließend eine zusammenfassende Übersicht.

Laut	Laut	Phonem
Laut-Individuum, konkreter Einzellaut, Allophon, Variante oder Phonoid	Lautklasse, Lauttypus, Allophonklasse	kleinste Einheit des Sprachgebildes mit bedeutungsunterscheidender Funktion
konkret-akustisch	Abbildung nur der lautlichen Eigenschaften	Abbildung nur der (potentiell) distinktiven Eigenschaften bzw. Merkmale, die u. U. mehreren verschiedenen Lautklassen angehören können
	abstrahiert von allen individuellen, zufälligen Eigenschaften	abstrahiert von den nicht-distinktiven, nur lautunterscheidenden Eigenschaften
variabel und idiolektisch geprägt	invariant und überindividuell	invariant und überindividuell gesamtsprachlich

Tab. 2: Unterscheidung von phonetisch bestimmten Lauten (Laut im Sinne von Laut-Individuum, Laut im Sinne von Lautklasse) und phonologisch bestimmtem Phonem (nach einer Vorlage von Meinhold/Stock 1982, 36f, gekürzt)

Gegenstand und Methoden der Phonologie

Es sollte deutlich geworden sein, dass sich die linguistische Teildisziplin Phonologie, grob formuliert, auch mit lautlichen Aspekten der Sprache befasst (Ramers 2002), allerdings hat sie es mit konkreten mündlichen Äußerungen zu tun, die in Datenkorpora mit den Methoden der Segmentierung und Klassifizierung erfasst werden (Ramers 2002, 70f). Hierbei wird vorausgesetzt, dass sich eine Äußerung in einzelne Segmente mit klaren Grenzen gliedern lässt und dass sprachliche Einheiten eine Struktur bilden. In der segmentalen Phonologie wird eine lineare Kette von Merkmalsbündeln angenommen, sodass man bei Definitionsfragen der Phonologie vorsichtig sein muss. Denn es existiert keinesfalls *die* Phonologie als solche, sondern es gibt immer verschiedene Ansätze der Phonologie mit verschiedenen Gegenstandsbereichen und Untersuchungsmethoden.

Der Gegenstand der (linearen) Phonologie sind die kleinsten Einheiten der gesprochenen Sprache, die Phoneme. Dieser Ansatz der Phonologie liefert Kenntnisse und Erkenntnisse darüber, welche sprachlichen Elemente die Unterscheidung sprachlicher Ausdrücke (Wörter, Wortgruppen, Sätze) im Hinblick auf ihre bedeutungsgebundene inhaltliche Verschiedenheit gewährleisten. Eine andere Richtung stellt die prosodische Phonologie dar (Ramers 2002, 103ff). Hierzu gehört die Untersuchung der Nicht-Linearität und der Silbenstruktur.

Phonologie

Mit diesem knappen definitorischen Hinweis sei angedeutet, dass sich der Untersuchungsgegenstand über die Grenzen des einzelnen Segments (kleinste Einheit) hinaus auf größere Domänen wie Silbe und Wort erstreckt.

In der Sprachpathologie wird von *phonologischer und phonetischer Störung* bzw. von *phonologischer und phonetischer Entwicklungsstörung* gesprochen, wenn eine Störung der Aussprache des erwachsenen Sprechers bzw. des Kindes gemeint ist. Das heißt, dass neben der Phonetik auch die Phonologie als Bezugssystem bemüht wird, um das Besondere dieser Aussprachestörung eines Sprechers zu rekonstruieren. Diese Ebene der Betrachtung scheint in der Praxis zuweilen noch vernachlässigt zu werden, wenngleich die theoretische Sprachbehindertenpädagogik auf diesem Gebiet in den letzten Jahren eine Reihe wichtiger Forschungs- und Praxisbeiträge vorzuweisen hat (Hacker/Wilgermein 2002 a; 2002 b; Übersicht bei Welling/Grümmer, in Vorb.).

Gegenwärtig ist innerhalb der Sprachbehindertenpädagogik die segmentale Phonologie die bedeutendste phonologische Bezugsdisziplin. Hier erfüllen die einzelnen Segmente (wie die Phoneme /d/ in *dein* und /z/ in *sein* die zentralen Funktion der Bedeutungsdifferenzierung (distinktive Funktion). Mit dieser Funktion bilden sie zudem die kleinsten, aufeinander folgenden Einheiten. Phoneme erfüllen ihre Funktion nur in Opposition zu anderen Phonemen (/d/ in *dein* gegenüber /z/ in *sein*), wobei diese Phoneme innerhalb eines Minimalpaars /daɪn/ versus /zaɪn/) kontrastieren. Die Lauteinheiten sind allerdings nicht statisch, sie unterliegen der Variation. So endet bspw. die Singularform von *Hund* mit [t] als finalem, stimmlosem Obstruenten (s. Kasten). In der Pluralform *Hunde* wird der entsprechende Obstruent im Wortinnern stimmhaft ausgesprochen. Diese Eigenschaft des phonologischen Systems kann mithilfe einer *phonologischen Regel* etwa folgender Art beschrieben werden: stimmhafter Obstruent → (gesprochen: wird realisiert als) stimmloser Obstruent im Kontext Wortauslaut.

„Alternationen wie die zwischen stimmhaften und stimmlosen Obstruenten werden in der Phonologie als *phonologische Prozesse* bezeichnet (…). Allgemein formuliert stellen phonologische Prozesse eine Beziehung her zwischen den Lautformen verwandter Wörter und Sätze." (Ramers 2002, 95).

Distinktive Merkmale

> **Obstruent:** Oberbegriff für Plosive, Frikative und Affrikate
>
> **Plosiv:** Sprachlaut, bei dem es zu einem vollständigen Abschluss des Luftstroms durch die Artikulationsorgane kommt und dann die Luft plötzlich „gesprengt" wird

Frikativ: Sprachlaut, bei dem sich die Artikulationsorgane so stark annähern, dass der Luftausstrom verwirbelt wird

Affrikat: Sprachlaut, der aus zwei segmentellen Teilen besteht, einem Plosiv und einem nachfolgenden Frikativ, im Deutschen z. B. /pf/ in *Kopf* oder /ts/ in *Mütze*

Bedeutung phonologisch-phonetischen Wissens für die Sprachbehindertenpädagogik

Für die Praxis der Sprachbehindertenpädagogik sind Kenntnisse im phonologisch-phonetischen Bereich der Linguistik unabdingbar, um den therapeutischen und unterrichtlichen Gegenstand in seiner linguistischen Komplexität zu erfassen, das heißt zu beschreiben und als Teilaspekt einer Sprachverwendung zu analysieren. Die hiermit implizierte Kompetenz des fachgerechten Umgangs (Beschreibung, Analyse, Einordnung) ist Teil professionellen Handelns einer unterrichtenden bzw. sprachtherapeutischen Fachkraft (Welling/Kracht 2002). Wie weiter unten (Abschnitt 4.5) gezeigt wird, kann dieses Wissen zwar niemals *direkt* in ein praktisches Können im Umgang mit einem Kind, Jugendlichen oder Erwachsenen überführt werden. Dieses Wissen bildet jedoch eine Voraussetzung, um die Problemsituation auf diesem Gebiet unterrichts- bzw. therapiedidaktisch erfassen und interpretieren zu können und sie mit den lebensweltlichen Bedingungen der sprachlichen Entwicklung der Beteiligten in Beziehung zu setzen (Welling 1998a; 2004a; Welling/Grümmer, in Vorb.).

2.1.2 Morphologie und Syntax

Gegenstand der Syntax sind die Regeln einer Sprache, die festlegen, wie die Wörter dieser Sprache zu grammatischen Sätzen kombiniert werden können. Die weiter oben analysierte Beispieläußerung [hʊn bɛlə] (Beispiel B 2) lässt sich auf den ersten Blick ansatzweise entschlüsseln und dahingehend deuten, dass *ein Hund bellt*, vor allem wenn man kontextuell weiß und berücksichtigt, dass diese Äußerung von einem kleinen Kind stammt, das auf einen bellenden Hund zeigt. Unter phonetischem Klassifikationsaspekt wäre diese Äußerung leicht als auffällig eingeordnet. Wie aber fiele eine syntaktische Bewertung dieses Satzes aus? Klassifiziert man diesen Satz formal nach der Verbposition, handelt es sich um einen Verbzweitsatz oder auch um einen Verbendsatz. Je nachdem wie man die Verbposition interpretiert, handelte es sich hiernach um eine syntaktisch korrekte Äußerung. Ungrammatisch wäre der Satz *bellt Hund der (wie üblicherweise durch einen Stern vor dem Satz markiert). Die Wörter, aus denen grammatisch korrekte Sätze bestehen, müssen also in einer geordneten Folge an bestimmten Positionen eines Satzes stehen.

Die Verbposition des Deutschen ist besonders wichtig für die Beschreibung einer Struktur. In einem Satz wie Beispiel 4 (B 4) befindet sich das Verb *bellt* an der zweiten Stelle des Satzes (Verbzweitstellung, V 2). Das darauf folgende Beispiel (B 5) *weil der Hund bellt* stellt einen Satz mit dem Verb in der Verbletztstellung (VL) dar:

der Hund bellt

Im folgenden Beispiel 5 befindet sich das Verb am Ende des Satzes (Verbendstellung):

weil der Hund bellt

Nach klassischer Auffassung ist der Gegenstand der Grammatik durch die Lehre vom Wort und die Lehre vom Satz bestimmt. In der Lehre vom Wort geht es in erster Linie um Wortklassen, die anhand formaler Eigenschaften differenziert werden (die Konjugation von Verben) und solche, die sich aus den syntaktischen Beziehungen der Wörter ergeben (die Wortklasse der Konjunktionen). Die Lehre vom Satz umfasst die Regeln, nach denen Wörter zu Wortgruppen (Phrasen oder Satzgliedern), zu einfachen Sätzen oder zu komplexen Satzgefügen geordnet werden. Sie meint auch die Unterscheidung von Satzbauplänen und Satzarten. Beide Lehren berühren sich in der Frage von Syntax und Morphologie, der Lehre von den formalen Wortausprägungen und Wortbildungsprozessen. Geht es in der Phonologie um die bedeutungsunterscheidenden Elemente, segmentiert die Morphologie die Wortformen einer Sprache in so genannte Morpheme, die kleinsten grammatisch relevanten Elemente, inventarisiert und klassifiziert sie. Als Lehre von den Formen unterscheidet sie die Flexion (im Deutschen vorwiegend durch Endungen), die Derivation (Ableitung) und die Komposition (Zusammensetzung) von Wörtern. Da diese wiederum die syntaktischen Verwendungsmöglichkeiten der Wörter prägen, spricht sie hier von „syntaktischen Wörtern" und kennzeichnet somit die in diesem klassischen Begriffsverständnis von Grammatik bestehende Interdependenz von Syntax und Morphologie.

Gegenstand der Grammatik

Grammatik

Die Grammatik ist ein großer Bereich der Sprachwissenschaft, der Sprache als System betrachtet. In diesem System gibt es ein Grundinventar von minimalen Zeichen und Regeln ihrer Kombination zu komplexeren Gebilden. Die Grammatik untersucht die Regularitäten der Kombination sprachlicher Einheiten, bildet die *Lehre vom regelhaften Bau einer Sprache* (deskriptive = beschreibende Grammatik) und formuliert *Regeln für den Gebrauch einer Sprache* (präskriptive = vorschreibende Grammatik). Der moderne Ansatz der generativen Grammatik versteht sich demgegenüber als Teil der kognitiven Linguistik und betrachtet die Sprache als Teil des menschlichen Wissens. Hier geht es um die Fähigkeit des Individuums, Sprache zu gebrauchen, folglich um Sprachkompetenz und Spracherwerb als Resultat eines komplexen Zusammenspiels mehrerer kognitiver (geistiger) Fähigkeiten des Menschen.

grammatische Teildisziplinen

Die grammatischen Teildisziplinen bilden zunächst die *Phonologie* (1) und die *Phonetik* (2). Sie befassen sich mit der Lautsprache als System abstrakter, funktionaler (bedeutungsunterscheidender) Einheiten (1) und mit der Umsetzung dieser Einheiten in konkrete Äußerungen sowie deren Beschreibung und Analyse (2). Die *Morphologie* ist die Lehre von den formalen Wortausprägungen und Wortbildungsprozessen, die in enger Verbindung mit der *Syntax* steht, der Lehre von der Anordnung der Wörter zu Sätzen. Die *Semantik* befasst sich mit der Lehre von der Bedeutung der Wörter, während die *Pragmatik* Sprache handlungsbezogen betrachtet und untersucht, wie sie als Mittel der Kommunikation eingesetzt wird.

Bedeutung grammatischen Wissens für die Sprachbehindertenpädagogik

In den Praxisfeldern der Sprachbehindertenpädagogik ist grammatisches Wissen elementarer Bestandteil des Wissens, dass für die fachgerechte und individuumsspezifische Einschätzung einer sprachlichen Beeinträchtigung oder Sprachstörung erforderlich ist. Die Teildisziplinen der Grammatik differenzieren die Bereiche, die auch in der Beschreibung und Analyse einer individuellen sprachlichen Beeinträchtigung oder Sprachstörung betrachtet werden müssen, und stellen hierfür einen genauen Begriffsapparat zur Verfügung. Diese Art grammatischen Wissens hat nur geringe Bezüge zu dem Schulwissen aus dem Deutsch- und Fremdsprachenunterricht: In der Praxis sprachbehindertenpädagogischer Arbeit geht es um die genaue Erfassung bspw. einer Äußerung, die nur partiell verständlich ist. Durch die genaue phonetische oder syntaktische Analyse mittels der Begriffe und Verfahren, die aus diesen Bereichen der Sprachwissenschaft bekannt sind, können im Einzelfall Schwierigkeiten und ihre Ursachen erkannt und exakt beschrieben werden. Erst danach ist die Entwicklung eines durchdachten therapeutischen Konzepts möglich, das der Aufgabe einer Therapiedidaktik genügen kann.

2.1.3 Lexikon und Semantik

Der Begriff *Lexikon* wird in jüngeren Grammatiktheorien verwendet wie bspw. in der generativen Grammatik. Er schließt neben der grammatischen Wortlehre das gesamte Wortmaterial ein, also sämtliche mögliche Ausdrücke einer Sprache. Das so verstandene Lexikon einer Sprache enthält als Wortliste alle syntaktischen Wörter, d. h. alle Wortformen mit ihren grammatisch relevanten Merkmalen, die zur Bildung von Sätzen in dieser Sprache verwendet werden. Die *Lexikologie* meint analog eine Lehre vom Wort, die Formen, Bedeutungen und die syntaktische Verwendbarkeit umfasst und damit über das oben ausgeführte Begriffsverständnis von Syntax und Morphologie hinausgeht, indem der Bedeutungsaspekt hineingenommen ist. Dieser Aspekt wird wiederum durch die Semantik erfasst und differenziert. Sie beschäftigt sich mit der Bedeutung sprachlicher Zeichen, ist als sprachwissenschaftlicher Begriff jedoch sehr umstritten und vielfältig definiert. Besondere Schwierigkeiten zeigen sich in der Abgrenzung zur Pragmatik, die der bedeutungstragenden Funktion von Sprache unter kommunikativem Aspekt gewidmet ist.

Das Lexikon enthält als Einträge sowohl die Ableitungsmorpheme zur Wortbildung, Grundbestandteile als auch einzelne syntaktische Wörter ebenso wie idiomatische Wendungen (fest stehende Wendungen eigener Bedeutung).

geh-, -en, -e, -st, -t; -gang-; ging

durch die Lappen gehen

Nach sprachwissenschaftlichem Begriffsverständnis meint die Semantik die je spezifische Bedeutung eines sprachlichen Ausdrucks. Da bereits jedem Morphem als der kleinsten bedeutungstragenden Einheit dieser Aspekt zugewiesen wird, kann die Frage der Bedeutung von hier ausgedehnt werden auf die Semantik des Wortes, der Phrase, des Satzes, des Textes. Während Wörterbücher die Bedeutung von Wörtern verzeichnen, sind komplexere Ausdrücke nicht vollständig erfassbar, da sie in unendlicher Vielfalt produziert werden können. Die Semantik untersucht daher das so genannte Kompositionalitätsprinzip, also die Regeln, nach denen sich die Bedeutung eines komplexen Ausdrucks formt, wobei sie Erkenntnisse aus der Syntax einbezieht. In einem zweiten Bereich geht es mit dem von de Saussure (1916/1967) geprägten Begriff um die Arbitrarität, die nichtvorhersagbare Bedeutung sprachlicher Zeichen und die defini-

Gegenstand der Semantik

torische Zuordnung von Bedeutungen zu Ausdrücken. So kann bspw. das Kompositum „Holzschuppen" nur aus dem Kontext der Äußerung in seiner Bedeutung erfasst werden: Ein aus Holz gebauter Schuppen oder ein Schuppen zur Lagerung von Holz. Insgesamt betrachtet die Semantik den Sinn, der sich aus den Relationen der Zeichen, Wörter, Sätze untereinander im System der Sprache ergibt, und die Bedeutung, die aus der Relation zwischen den Zeichen und unserem Weltwissen resultiert.

Aufgrund der Vielfalt der Begriffsverständnisse kann die Semantik nur auf der Basis dessen definiert werden, was als Minimalkonsens gilt: „eine in bestimmter Weise feste, über die konkreten Verwendungen hinaus fixe Bedeutsamkeit sprachlicher Zeichen" (Linke et al. 1996, 136).

Semantik

Teildisziplinen der Semantik

Die *lexikalische Semantik* befasst sich mit der Bedeutung von sprachlichen Zeichen auf der Ebene der Morpheme und Wörter. Die *Satzsemantik* untersucht, wie aus der Bedeutung einzelner Wörter durch den Zusammenschluss in neuen syntaktischen Verbindungen wie Phrasen und Sätzen neue Bedeutungen entstehen. Die *Textsemantik* analysiert die Bedeutungen von Sätzen bspw. in beschreibenden, erzählenden oder argumentierenden Texten. Die *Diskurssemantik* gilt Fragen der früheren Diskursanalyse. Ihr Gegenstand ist das Gespräch, der gesprochene Text bspw. im Rahmen einer Diskussion.

Bedeutung semantischen Wissens für die Sprachbehindertenpädagogik

Semantisches Wissen ist für die Praxis der sprachbehindertenpädagogischen Arbeitsfelder von besonderem Interesse, weil sich hier der Bedeutungsaspekt von Sprache primär aus dem syntaktischen Kontext erschließt. Über die Frage nach konzeptuellen Bedeutungen sprachlicher Zeichen kann jede sprachliche Äußerung auf der Ebene von Morphemen, Wörtern, Phrasen, Sätzen und Texten exakt beschrieben und analysiert werden. Für die Diagnose und nachfolgende Therapie einer sprachlichen Beeinträchtigung oder Sprachstörung kann es sehr hilfreich sein zu erkennen, wo etwa syntaktische Spezifika die erwartete Bedeutungsfunktion verhindern. Im Ergebnis kann an geeigneter Stelle die therapeutische Intervention damit beginnen, die Produktion von Bedeutungen über syntaktisch funktionale Elemente einzuüben und unter der Berücksichtigung der Bedingungen von Kommunikation und Pragmatik fortzuführen.

2.1.4 Kommunikation und Pragmatik

Die linguistische Beschäftigung mit Kommunikation und Pragmatik ist jünger als die traditionellen Arbeitsfelder der Linguistik (Phonologie, Syntax, Morphologie, Semantik, Lexikon). Nach Pafel (2002, 208) gehören zur Pragmatik „genau betrachtet

– die Aspekte der Interpretation von sprachlichen Äußerungen, die vom Kontext der Äußerung abhängen,
– die (kommunikativen) Funktionen, die sprachliche Äußerungen haben, sowie
– strukturelle Aspekte von Texten und Gesprächen".

Die Wurzel des Wortes *Pragmatik* ist das griechische Wort *pragma* und bedeutet *Sache, Ding,* aber auch *Tun, Handeln.* Über die strukturalistischen Anregungen und Definitionen de Saussures (1916/1967) hinausgehend haben sich Linguisten in der zweiten Hälfte des vergangenen Jahrhunderts darauf konzentriert, nicht nur die Struktur der Sprache aufzudecken, sondern auch den *Kontext, in dem eine Äußerung* erfolgt. Mit der Pragmatik, die sich aus verschiedenen linguistischen, psychologischen, sozialwissenschaftlichen und philosophischen Traditionen heraus entwickelte, wurde die Beziehung zwischen Sprache und ihren spezifischen Verwendungszusammenhängen zu einem Untersuchungsgegenstand der Linguistik (Linke et al. 1996, 170ff).

Trotz der damit verbundenen großen Vielfalt von Phänomenen teilen die angesprochenen Wissenschaften einige gemeinsame theoretische Grundannahmen und Ziele, die aus dem allgemeinen Interesse an den *funktionalen* Determinanten der Sprachverwendung erwachsen. Hiernach prägen soziale *Kontexte* das Verständnis einer sprachlichen Äußerung, zum Beispiel in einem linguistischen Kontext.

Gegenstand der Pragmatik

… das wird ihr wohl nicht gelingen

Das Beispiel B8 kann demnach verschiedene Bedeutungen haben, je nachdem welche Äußerung ihm vorausgeht (etwa *Das Pferd will sie ohne Longe führen…, das…* oder *Mit dem Fahrrad den Berg hoch fahren…, das…* Auch die Betonung, also der paralinguistische Kontext kann eine Rolle spielen, wie bspw. in dem schönen Beispielpaar von Maas (1992; B9 und B10):

Er hatte in Moskau liebe Genossen

Er hatte in Moskau Liebe genossen

Schließlich kann auch der außersprachliche Rahmen, also der extralinguistische Kontext, den Hintergrund für die Deutung einer sprachlichen Äußerung bilden.

Kühl hier drinnen

Diese Beispieläußerung (B 11) versteht man wohl als Ironie, wenn sie in einer heißen Sauna fällt.

Darüber hinaus wird in der Pragmatik der Umstand gewürdigt, dass mittels Sprache kommunikative Handlungen wie *bitten, feststellen* oder *sich entschuldigen* vollzogen werden. In der Sprechakttheorie werden Bedingungen beschrieben, die das Gelingen derartiger Sprechakte ermöglichen (Grice 1975; Searle 1976; Panther 1977).

Pragmatik

Wenn also Pragmatik allgemein definiert wird als Studium sprachlicher Handlungen und ihrer sozialen und textuellen Funktion, wird zum Ausdruck gebracht, dass die Sprachwissenschaft ihr Interesse nicht nur auf die Systemaspekte der sprachlichen Zeichen richtet, sondern auch auf die *Regeln und Regularitäten des kommunikativen Umgangs mit Sprache*. In diesem Sinne ist Pragmatik also die linguistische Lehre vom sprachlichen Handeln und gehört somit in die Reihe der kommunikativ-funktionalen Ansätze der Linguistik.

Unterscheidung funktionaler Ansätze von formalen Theorien

Eine wichtige Grundannahme kommunikativ-funktionaler Ansätze besagt, dass der Sprecher Formen und Funktionen einer Sprache einander anpassen und sich dessen bewusst sein muss, welche Ausdrücke einer Gebrauchssprache in welchen Verwendungszusammenhängen funktional welche kommunikativen Zwecke erfüllen. Vor diesem Hintergrund ist die Annahme plausibel und empirisch gesichert, dass der Sprecher mehr und anderes „wissen" muss, als mit der Beschränkung etwa auf die grammatikalischen Strukturen dieser Sprache gegeben ist. Deshalb unterscheiden sich wegen ihrer unterschiedlichen Grundannahmen funktionale Ansätze von formalen, oder anders ausgedrückt, Performanzmodelle von Kompetenzmodellen, wobei letztere die Sprache unabhängig von ihren Funktionen im sozialen Kontext definieren (Chomsky 1981).

Theoretische Grundannahmen über die pragmatische Sprachentwicklung im Kindesalter beinhalten dementsprechend Fragen nach der Art und Weise der zunehmenden Diskursbeherrschung, die Möglichkeit des Aufbaus und der Vermittlung von Informationen an den Gesprächspartner, die Fähigkeit der Differenzierung und Anpassung der Sprachverwendung an verschiedene Rollenbedürfnisse (z. B. Höflichkeit), der Beherrschung von Argumentations- und Modalitätsformen, die es einem Sprecher erlauben, unterschiedliche Einstellungen (Attitüden) zum Ausdruck zu bringen (z. B. den Unterschied zwischen der Beschreibung und der Bewertung von Fakten; siehe auch Hickmann 2000). Hierzu gehört auch die Berücksichtigung der Tatsache, dass der Prozess der Sprachentwicklung stets mit seinem sozialen Kontext verflochten erscheint, von dem dieser affiziert ist.

Empirische Befunde, die für diese These sprechen, werden durch sprachpsychologische Studien bestätigt, die die Wirkungen unterschiedlicher sozialer Umwelten auf die Sprachentwicklung thematisieren. So stellt Ritterfeld (2000) Befunde dar, die verdeutlichen, unter welchen Umständen der an Kinder gerichtete so genannte sprachliche Input bzw. die Inputsprache die sprachliche Entwicklung fördert. In Abgrenzung zu einem mechanistisch verkürzten Modell, das eine direkte Wirkung der Inputsprache auf das Sprachlernen behauptet, folgert die Autorin, dass das Angebot der Erwachsenensprache stets einen Rahmen bildet, innerhalb dessen sich das Kind sprachlich entwickeln kann. Hoff-Ginsberg (2000) zeigt anhand zahlreicher empirischer Untersuchungen auf, was und wie die soziale Umwelt zu dem beiträgt, was für die Sprachentwicklung erforderlich ist, wie verschiedene Umgebungen in unterschiedlicher Weise dazu beitragen, und ob dies Konsequenzen für die kindliche Sprachentwicklung hat. Die Autorin geht von zwei Tatsachen aus, die durch die Datenbeschreibung näher erklärt werden: Eine Tatsache besagt, dass alle entwicklungsunauffälligen Kinder „in normaler Umgebung" Sprache erlernen. Aus Sicht der Sprachbehindertenpädagogik lautet hier die Anschlussfrage: Was sind dann notwendige und hinreichende soziale Verhältnisse, die den Spracherwerb überhaupt erst ermöglichen? Eine zweite Tatsache ist, „daß normale Kinder in normaler Umgebung sowohl im Verlauf als auch in der Geschwindigkeit des Spracherwerbs variieren". Hier lautet die Frage: Was sind dann die Unterschiede zwischen den sozialen Umwelten, die diese Variation mit erklären (Hoff-Ginsberg 2000, 463f)? Zu den beschriebenen sozialen Umwelten, in denen die Kinder aufwachsen, sowie zu den Wirkungen dieser Umwelten auf die Sprachentwicklung, in denen Kinder aufwachsen, trägt Hoff-Ginsberg Untersuchungsergebnisse zusammen, aus denen hervorgeht, dass Kinder in ihren Sprachfähigkeiten und in ihrem kommunikativen Sprachgebrauch variieren. Hierzu zählt sie Befunde aus kulturellen Besonderheiten, aus sozioökonomischen Verhältnissen, aus der Art der Kinderbetreuung, aus den Merkmalen der Inputsprache, dem Geschlecht des Kindes sowie seiner Geschwisterstellung.

Diese Einflussfaktoren der sozialen Umwelt verweisen auf die Notwendigkeit, den universalen Spracherwerb nach der Spezifität menschlicher Gemeinschaften genau zu entschlüsseln. So sind diese Faktoren bspw. in einem didaktischen Zusammenhang zu berücksichtigen. Hier wäre bezogen auf sprachdidaktisches Interesse (Sprachunterricht, Sprachförderung und Sprachtherapie) danach zu fragen, inwieweit derartiges Hintergrundwissen erforderlich ist, um zur Entwicklung der sprachlichen Handlungsfähigkeit von Schülerinnen und Schülern optimal beitragen zu können. Die Bedeutung der sozialen Umwelt auch im Kontext der Lehr-/Lernsituation wird in der Grundannahme deutlich, dass ein handlungsorientierter Unterricht und eine handlungsorien-

> Bedeutung pragmatisch-kommunikativen Wissens für die Sprachbehinderten-pädagogik

tierte Sprachtherapie Erfolg versprechen. Die psycholinguistischen und sprachpsychologischen Befunde dort sind in der Perspektive dieser Zielsetzung zu interpretieren. Erst unter dieser theoriebildenden Voraussetzung können diese Befunde für die einzelnen Betroffenen Sinn erlangen und in den didaktischen Kontexten von Unterricht und Sprachtherapie Bedeutung gewinnen. Die Antworten auf Fragen nach diesen Sinn- und Bedeutungsstrukturen sind identisch mit den Antworten auf die didaktische Frage (Welling, in Vorb.). Das Fazit aus diesen Überlegungen kann hier lauten: Obwohl die Grundvoraussetzungen des Spracherwerbs in allen „sozialen Umwelten" gegeben sind, können die Sprachlernumgebungen, die Quantität und die Qualität der Spracherfahrung durch die soziale Interaktion unterschiedlich basiert sein, wodurch sie einen konkreten lebensweltlichen Bezug erhalten. Die pädagogische, didaktische und diagnostische Aufgabe besteht darin, methodisch im Sinne einer biografischen Analyse zu erkunden, welche sprachlichen oder außersprachlichen Förderbedürfnisse bei den beteiligten Schülerinnen und Schülern bestehen. Hierbei ist ebenso zu analysieren, welche gesellschaftlichen Bedingungen den Erwerb ihrer sprachlichen Handlungsfähigkeit gegenwärtig behindern und welche sozialen Bedingungen geschaffen werden müssen, unter denen Kooperations- und Kommunikationsfähigkeit entstehen kann, auch und besonders unter Verwendung und Weiterentwicklung der sprachlichen Mittel.

Dannenbauer (2000): Sprachwissenschaftliche Grundlagen – Demske (2002): Sprachwandel – Hickmann (2000): Pragmatische Entwicklung – Hoff-Ginsberg (2000): Soziale Umwelt und Sprachlernen – Hoffmann (Hrsg.) (1996): Sprachwissenschaft – Linke et al. (1996): Studienbuch Linguistik – Meibauer et al. (Hrsg.) (2002): Einführung in die germanistische Linguistik – Ritterfeld (2000): Welchen und wieviel Input braucht das Kind?

2.2 Psycholinguistische und entwicklungspsycholinguistische Aspekte

Psycholinguistische Aspekte

Die Linguistik verfolgt wie andere wissenschaftliche Disziplinen das Anliegen, ihren Gegenstand objektiv, systematisch und widerspruchsfrei darzustellen. Hierzu gehört die Erfassung von Daten, die Überprüfung und Realisierung von Hypothesen, die Entwicklung von Modellen und Konstruktion von Theorien. Dieser Gegenstand ist jedoch einzigartig: Einerseits überschneidet er sich mit naturwissenschaftlich „strengen" Disziplinen wie der Physik und der Anatomie, andererseits mit geisteswissenschaftlichen

Fächern wie der Philosophie und der Literaturwissenschaft (Crystal 1995, 412).

Diese Bandbreite des Faches Linguistik ist bedingt durch den Gegenstand selbst, aber auch durch die Fragestellungen, die in der Linguistik und ihren Teildisziplinen aufgeworfen werden. Die Klinische Linguistik bspw. fragt nach der linguistischen Struktur gestörter Sprache und wendet Theorien und Methoden bei der Untersuchung von Sprachstörungen an. Die Neurolinguistik geht der Frage nach, wie das Gehirn die Vorgänge beim Sprechen und Verstehen steuert und erforscht in diesem Zusammenhang die neurowissenschaftlichen Grundlagen der Entwicklung und Verwendung von Sprache beim Menschen (siehe Abschnitt 2.4).

Die Psycholinguistik ist einerseits der Psychologie, andererseits der Linguistik verpflichtet. Sie fragt zum einen nach den psychologischen Hintergründen von Sprache, ihren psychischen Prozessen (z. B. kognitiv, emotional, sozial, motorisch, kommunikativ) und kommt zu Ergebnissen und Hypothesen etwa zu den Themen „Erinnerung" oder „Aufmerksamkeit beim Sprachgebrauch". Zum anderen untersucht sie die formalen Eigenschaften einer Sprache und stellt diese mit den psychologischen Gegebenheiten in einen Zusammenhang (Bronckart/Sinclair 1978; Clahsen 1991; Crystal 1995).

Untersuchungen zur Psycholinguistik sind also in erster Linie von zwei Quellen inspiriert, wie eine ältere Darstellung von Bronckart und Sinclair veranschaulicht. Zum einen lassen sie sich von Grundgedanken und theoretischen Ausführungen der Psychologie leiten, zum anderen von Aussagen der modernen Linguistik: „Die Beziehung zur Linguistik erklärt sich aus der Notwendigkeit, zwischen sprachlichem und anderem menschlichen Verhalten eindeutig zu differenzieren; umgekehrt erfolgt die Ausrichtung auf die Psychologie in der Absicht, Ähnlichkeiten zwischen der Entwicklung des Sprachverhaltens und der anderer Verhaltensweisen hervorzuheben und ihre Interaktion zu beto-

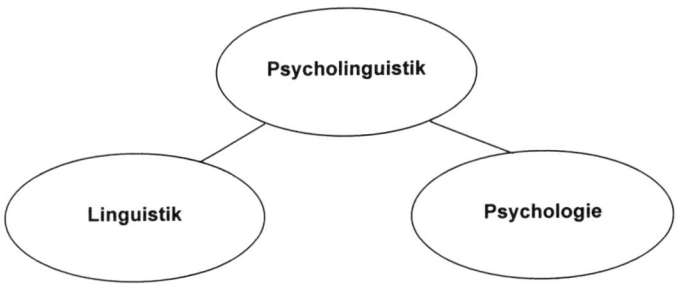

Abb. 9: Psycholinguistik als Disziplin mit Bezug zu Linguistik und Psychologie

nen" (Bronckart/Sinclair 1978, 975). Die Autoren bestätigen zugleich die Tatsache, dass die psycholinguistischen Forschungen mit dem Einbezug der Theorien und Modelle ihrer „Mutterdisziplinen" ihre eigenen Fragestellungen spezifizieren (genauer formulieren) und vertiefen. Dieser Zusammenhang wird im Folgenden am Beispiel der so genannten Genfer Psycholinguistik verdeutlicht.

Die Genfer Psycholinguistik gründet sich auf Fragen und Hypothesen des Schweizer Forschers Jean Piaget (1896–1980), der bis zu seinem Tod in Genf lebte und arbeitete. Noch zu seinen Lebzeiten wurde Piaget als einer der größten Entwicklungspsychologen des Jahrhunderts gefeiert. Er war ein ungewöhnlicher Forscher, der es sich zum Ziel gesetzt hatte, die Entwicklung zentraler Kategorien des Denkens zu klären. Sein ehrgeiziges Programm, Kants „Apriori" auf empirischer Basis zu rekonstruieren, zwang ihn zu intensivem Austausch mit unterschiedlichsten Disziplinen: der Biologie, Psychologie und Soziologie, der Wissenschaftstheorie und Wissenschaftsgeschichte, der Logik und Mathematik. Auf einzigartige Weise hat Piagets „genetische Epistemologie" (= Erkenntnistheorie) das Verständnis der modernen Wissenschaft auf neue Grundlagen gestellt. Zugleich eröffnen seine Arbeiten einen theoretischen Zugang zu Lernprozessen bei Kindern und Jugendlichen, die immer noch richtungsweisend für die pädagogische Praxis sind.

Einer der häufigsten Kritikpunkte an dem Piaget'schen Werk besteht darin, die Bedeutung von Sprache und Kultur für menschliches Denken und Handeln vernachlässigt zu haben. Als einer der Ersten hat 1934 Lev Wygotsky, ein russischer Psychologe, auf diesen „blinden Fleck" in der Theorie Piagets aufmerksam gemacht (Wygotsky 1934/1977). Piaget selbst hatte sich zwar in einem seiner Frühwerke (1923) eingehend mit dem Feld der Sprache befasst (Piaget 1923/1976 a), aber mit deutlich anderem Interesse als Wygotsky und viele spätere Sprachpsychologen bzw. Psycholinguisten ihm unterstellt haben (z. B. Piaget 1976 b). Er selbst setzte sich 1962 im Vorwort der englischsprachigen Ausgabe eines Werkes von Wygotsky (1934/1977) mit dessen Vorwürfen auseinander. Dort fasst Piaget wie folgt zusammen: „Wenn Wygotsky zu dem Schluss kommt, dass die frühe Funktion der Sprache der globalen Kommunikation des Kindes dient und dass die spätere Sprache aufgeteilt wird in egozentrische und kommunikative Sprache, dann glaube ich, mit ihm einer Meinung zu sein. Wenn er aber meint, dass diese zwei linguistischen Arten gleich sozialisiert sind und nur in ihrer Funktion differieren, dann kann ich nicht mit ihm einer Meinung sein, weil das Wort „Sozialisierung" in diesem Zusammenhang doppeldeutig ist: Wenn ein Individuum A versehentlich glaubt, dass ein Individuum B genauso denkt wie es selbst, und wenn es nicht den Unterschied zwischen den beiden Meinungen versteht, dann ist dies sicherlich soziales Verhalten in dem Sinne, dass zwischen beiden Kontakt besteht. Ich nenne dies ein unangepasstes Verhalten aus der Sicht der intellektuellen Kooperation. Dieser Blickpunkt ist der einzige Aspekt des Problems, das mich beschäftigt hat, das aber Wygotsky nicht interessiert hat."

Piaget (1962, 11) schlägt etwas weiter im Text vor, den egozentrisch verstandenen Ausdruck in seinen Schriften „Das Kind spricht *zu sich selbst*" zu ersetzen gegen „*… gemäß sich selbst*" („*… according to himself*"). Er bringt damit die Hauptthese der Genfer Psycholinguistik zum Ausdruck, dass das Kind in seiner Sprachverwendung stets *nach Maßgabe seiner kognitiven Möglichkeiten* verfährt. Dieser entwicklungstheoretische Grundgedanke hatte die Forschungen im Rahmen dieses psycholinguistischen Ansatzes jahrzehntelang beherrscht (Welling 1990, 244 – 301).

Eine lesenswerte Sicht auf die Genfer Entwicklungspsychologie als „Forschungswerkstatt" zeigt der Beitrag von Inhelder (1988). Grundsätzlich wird der Name Piaget auch mit allgemeinen und speziellen Fragen zu Bildung und Erziehung in Verbindung gebracht („Psychologie und Pädagogik"; Piaget 1965/1977). Die Aufsatzsammlung „Über Pädagogik" (Piaget 1999) enthält Beiträge Piagets aus der Zeit von 1930 bis 1957, die einige Themen aus verschiedenen Fachgebieten behandeln. Soweit sich Piaget zum Theorie- und Praxisfeld der Pädagogik explizit äußert, wird zentral die Erkenntnisperspektive des Subjekts eingenommen. Diese Perspektive ist in verschiedenen Ansatzpunkten der Pädagogik und Didaktik der Praxis bei Kindern und Jugendlichen mit Sprachbehinderungen konzeptionell als *handlungstheoretischer* Zugang ausgewiesen (z. B. Welling 1990; 2004 a; in Vorb.) und von großer Bedeutung.

Die Psycholinguistik ist für die Sprachbehindertenpädagogik in den vergangenen Jahren zu einem Kern der Bezugstheorien im therapeutischen und diagnostischen Förderschwerpunkt Sprache geworden. So sprechen einige Autoren allgemein bereits von der „psycholinguistischen Wende" der Sprachbehindertenpädagogik. Dabei ist jeweils zwischen den gewählten Zugängen der theoretischen Psycholinguistik zu unterscheiden, denn es haben sich theoretisch zum Teil sehr unterschiedliche Zugänge herausgebildet (z. B. Clahsen 1990; Dijkstra/Kempen 1993; List 1973; Miller 1993; Slobin 1973; Wode 1988). Verfahren der Korpusanalyse (wissenschaftlich-linguistische Analyse von Sprachmaterial) im Feld der grammatischen (Clahsen 1986; Motsch 2000; 2006) oder der phonologisch-phonetischen Entwicklungsstörung (Hacker/Wilgermein 2002 b) gründen in der Regel auf psycholinguistischen Hypothesen zum Sprachlernen. Daher ist die Psycholinguistik eine wichtige Bezugsdisziplin, deren Theorien bereits im Grundstudium der Sprachbehindertenpädagogik Bedeutung erlangen.

Darüber hinaus sind psycholinguistische Kenntnisse bereits vor Jahrzehnten zur Grundlegung sprachbehindertenpädagogischer oder logopädischer Fragestellungen herangezogen worden, so bspw. von Ihssen (1977) zur Bedeutung von Linguistik, Psycholinguistik und Soziolinguistik für die Sprachbehindertenpädagogik, von Braun (1980) zum Verhältnis von Sprachtherapie und Sprachunterricht, von Scholz (1983; 1990) zu Fragen der Fundierung des Sprachlernens bei phonologischer, von Hansen (1994) bei grammatischer Entwicklungsstörung, von Jeuk (2000) bei Fragen der Analyse bei kindlicher Mehrsprachigkeit oder von Fox (2002) zur Identifizierung von Sprachstrukturen bei Aussprachestörungen.

Entwicklungspsycholinguistische Aspekte

Die Entwicklungspsycholinguistik stellt von einem (sprachbehinderten) pädagogischen Standpunkt aus eine Art Engführung der Psycholinguistik dar, indem lediglich der Konstruktcharakter von Sprache ohne Rekurs auf lebensweltliche Eigenarten des kindlichen Sprachgebrauchs thematisiert wird. Gleichzeitig handelt es sich bei der Entwicklungspsycholinguistik um eine Erweiterung der Psycholinguistik, indem erwerbstheoretische Gesichtspunkte thematisiert werden. Sie macht zwei Voraussetzungen für die sprachliche Entwicklung deutlich und formuliert hier zwei wichtige psychologische Funktionen von Sprache (Abb. 10).

Mittel der Kommunikation und Repräsentation

Erstens ist Sprache ein Mittel der Kommunikation (mit anderen) und der Repräsentation von Wissen (Darstellung von Wissen, soweit das sich entwickelnde Kind hierüber verfügt). Unter dieser Voraussetzung fragt die Entwicklungspsycholinguistik nach der Art und Weise, wie sich die Sprache in ihren psychologischen Funktionen der Kommunikation und der Repräsentation beim Kinde entwickelt (Crystal 1995).

Zweitens ist Sprache auch immer etwas, worauf sich das kindliche Interesse und seine Aufmerksamkeit seit Beginn seiner Entwicklung richten. In diesem Sinn ist Sprache auch für das Kind ein „Beobachtungsgegenstand". Dies beginnt mit der Wahrnehmung der Stimme seiner engsten Bezugspersonen, vor allem sei-

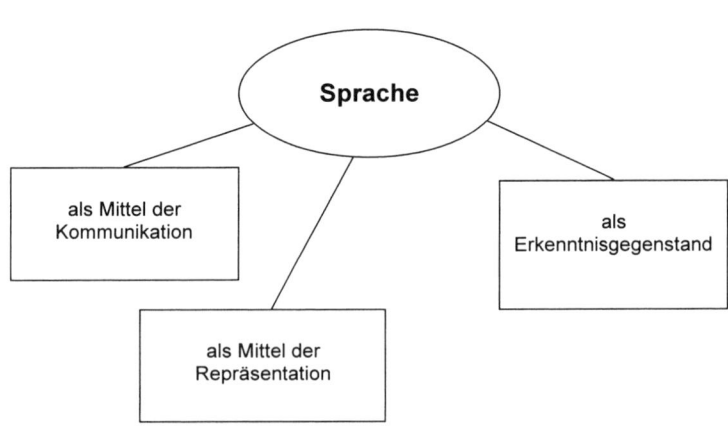

Abb. 10: Sprache in ihrer zweifachen psychologischen Funktion als Mittel der Kommunikation und Repräsentation und als Gegenstand des sich entwickelnden Erkennens des Kindes

ner Mutter, und schreitet fort, je nach Lebensalter und individuellen Möglichkeiten, mit der zunehmend bewussten Wahrnehmung von Qualitäten der Sprache seiner Umgebung, ihren
charakteristischen sprachlichen Strukturmerkmalen und der Vielfalt der Besonderheiten einer bestimmten Einzelsprache (z. B.
grammatisch, semantisch).

Zum Erlernen der Sprache sind entwicklungspsycholinguistisch
bestimmte Voraussetzungen notwendig. Hierzu gehört die Annahme des Spracherwerbsmechanismus als Teil der biologischen
Ausstattung des Menschen. In dieses Feld gehört auch die Frage
nach der Bedeutung der *Symbolfunktion*. Damit ist die kognitive
Fähigkeit des Kindes gemeint, anstelle des Gegenstandes selbst
(z. B. Auto) dessen symbolische oder zeichenhafte Darstellung
(Wort Auto) zu verwenden und damit zu operieren. „Operieren"
heißt hier: Das Kind hat sich eine Wissensgrundlage über einen
Sachverhalt (Gegenstand, Ereignis oder Situation) angeeignet
und kann hierüber *kognitiv* verfügen. Es kann dann dieses Wissen mithilfe etwa von Spielsymbolen oder Sprachzeichen differenzieren und darstellen und ist in der Lage, dieses Wissen über
einen Sachverhalt von dem anderen dargestellten Sachverhalt,
den es bezeichnet, zu unterscheiden.

Als weitere wichtige Voraussetzung zum Erlernen der Sprache
wird entwicklungspsycholinguistisch die *Symbolbewusstheit* angenommen. Diese drückt sich als Wissen des Kindes aus, dass ein
(sprachliches) Zeichen von dem Bezeichneten unterschieden ist.
Hierzu gehört auch die Fähigkeit, sprachliche Regeln zu erkennen und anzuwenden, die *Regelbewusstheit*. Hierunter wird die Möglichkeit des Kindes verstanden zu erkennen, dass der Aufbau zeitlich strukturierter Gebilde wie Sprache in ihrer gesprochenen
oder geschriebenen Form bestimmten Regeln folgt (Jetter 1988;
Neisser 1974; Piaget 1975; Piaget/Inhelder 1979; Sinclair-de Zwart
1977; 1978).

Symbolfunktion

**Symbol- und
Regelbewusstheit**

Butzkamm (1989): Psycholinguistik des Fremdsprachenunterrichts –
Clahsen (1993): Die Untersuchung des Spracherwerbs in der Grammatik
– Dijkstra/Kempen (1993): Einführung in die Psycholinguistik – Grimm
(1976): Entwicklungspsycholinguistische Forschung in der BRD – Hansen
(1994): Zur Wirksamkeit und Effizienz einer psycholinguistisch begründeten Methode der Sprachtherapie bei kindlichem Dysgrammatismus – Jeuk
(2000): Psycholinguistische Theorien zum Zweitspracherwerb – List (1975):
Wie kann Psycholinguistik zur Sprachrehabilitation beitragen? – Miller
(1993): Wörter. Streifzüge durch die Psycholinguistik – Rickheit/Strohner
(1992): Psycholinguistische Modelle der Sprachverarbeitung – Sinclair-de
Zwart (1978): Entwicklungspsycholinguistik – Tanenhaus (1988): Psycholinguistics: An Overview – Wode (1993): Psycholinguistik. Eine Einführung
in die Lehr- und Lernbarkeit von Sprachen

2.3 Sprachpsychologische Aspekte

Die Sprachpsychologie sieht Sprache im Blickpunkt des *psychologischen* Interesses (Grimm 2000 a). Dies betrifft sowohl ihre *äußere* Qualität, die die Sprache – im Falle der Lautsprache als hörbare und im Falle der Schriftsprache als lesbare Mitteilung – unter Menschen besitzt, als auch ihre *innere* Qualität, „in der Sprache als Instrument von psychischen Organisations- und Kontrollprozessen auch dann wirksam ist, wenn kein Wort hörbar und kein Schriftzeichen zugegen ist – also auch nicht allein ihre Eigenschaft als Bestandteil der subjektiven Handlungsfähigkeit. Das sprachpsychologische Interesse gilt vielmehr *beidem zugleich und dem wechselwirksamen Zusammenhang,* in dem es miteinander steht" (List 1981, 7). Und die Autorin fährt fort, dass die Sprachpsychologie ein Arbeitsbereich ist, „der vom Gegenstand der Sprach*fähigkeit* und Sprach*tätigkeit* her bestimmt wird, und damit Bestandteil genuin psychologischer Forschung" (List 1981, 8).

Die Aspekte der Sprachpsychologie, der es um die Aufklärung der Wechselwirkung von innerer und äußerer Sprache geht, sind naturgemäß von großer Vielfalt. Einige dieser Themen werden im Folgenden illustrierend ausgeführt.

Psychologische
Funktionen

So fragt die Sprachpsychologie nach den psychologischen Funktionen (wie z.B. Kommunikation, Repräsentation) sowie den dynamischen psychischen Prozessen (wie z.B. Lernen, Wahrnehmung, Motivation), die der Sprachtätigkeit zugrunde liegen.

Sprach-
verarbeitung und
Sprachbenutzung

Dieser weitere Aspekt der Sprachpsychologie richtet den Blick auf spezifische Erkenntnisse der Kognitionspsychologie. Hier fragt die Sprachpsychologie nach den Charakteristika der Prozesse, durch die der sprachlich-sensorische Input (Sprachwahrnehmung, sprachliche Erfahrungen) im menschlichen Organismus verarbeitet („verrechnet") und benutzt wird (Grimm 1987; Tracy 1991).

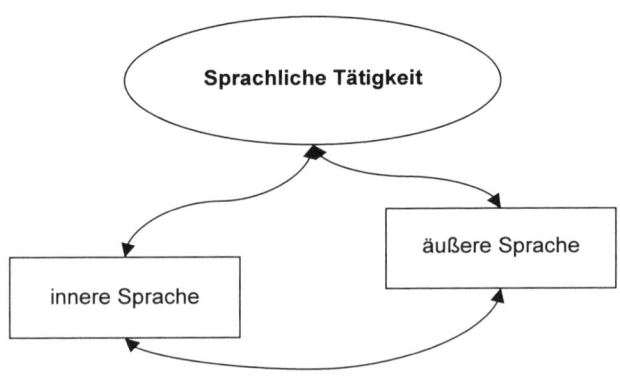

Abb. 11: Sprachliche
Tätigkeit in der
Wechselwirkung von
innerer und äußerer
Sprache

Im Nachtrag zur Entwicklungspsychologie und in der psychologischen Spezifizierung fragt die Sprachpsychologie nach den Voraussetzungen, Bedingungen, Prinzipien und Prozessen der Entwicklung, die von einem Zustand relativer Globalität (und fehlender Differenziertheit) zu einem Zustand wachsender Differenziertheit fortschreitet, welcher Gliederung und hierarchische Integration einschließt (Montada et al. 1983; Trautner 1991).

Sprachentwicklung

Indem sich die Sprachpsychologie für die Bedingungen der äußeren Realität des Sprachgebrauchs des Individuums interessiert, betrachtet sie die je spezifischen sozialen Situationen und Verhältnisse. Hierbei kommt sie zu Aussagen, *wie* und *wozu* Sprache *gelernt* und *verwendet* wird (Hoff-Ginsberg 2000; Ritterfeld 2000; Trautner 1991). Sie fragt danach,

Sprachlernen und Sprachverwendung

– wie der (menschliche) Organismus Sprache (spontan) erzeugt oder produziert,
– wie er Sprache wahrnimmt und verarbeitet (Sprachwahrnehmung: Empfang, Entschlüsselung und Deutung sprachlicher Symbole und Zeichen),
– wie er – unter Einbeziehung von Sprachwahrnehmung und sprachlicher Produktion – Sprache erlernt (Wahrnehmung und Verarbeitung des Sprach-Input; Tracy 1990).

Dijkstra/Kempen (1993): Einführung in die Psycholinguistik – Grimm (Hrsg.) (2000 a): Sprachentwicklung – Grimm (2000 b): Entwicklungsdysphasie: Kinder mit spezifischer Sprachstörung – Knobloch (1984): Sprachpsychologie – List (1981): Sprachpsychologie

2.4 Neuropsychologische und neurolinguistische Aspekte

Die Neurowissenschaft fragt nach den gegebenen oder zu entwickelnden hirnstrukturellen Voraussetzungen (Zentralnervensystem), aufgrund derer Sprache sich entwickeln und ausbilden sowie sprachliche Fähigkeiten ausgeübt werden können (Kandel et al. 1996) und sich entwickeln (Friederici/Hahne 2000). Die Basiseinheit des Nervensystems ist die Zelle (gr. *neuron*). Im gegebenen Kontext werden neurowissenschaftliche Aspekte auf die linguistische und psychologische Betrachtung menschlicher Sprachfähigkeit eingeschränkt.

Die Neurologie ist eine medizinische Disziplin. Als Lehre von den Krankheiten des Nervensystems beschäftigt sie sich mit seinem Aufbau, seinen Funktionseinheiten und Funktionsweisen (Gehirn, Rückenmark, Hirn- und Rückenmarkshüllen, peripheres und autonomes Nervensystem). Historisch und inhaltlich ist

Neurologie

die Neurologie der Psychiatrie, der inneren Medizin, der Neurochirurgie und der Neuropathologie eng verbunden. Darüber hinaus ergeben sich zahlreiche Berührungspunkte mit der Orthopädie, Ophthalmologie, Hals-Nasen-Ohren-Heilkunde und im chirurgischen Bereich besonders mit der Traumatologie. Zahlreiche Probleme lassen sich nur in enger Zusammenarbeit mit diesen Fachdisziplinen erschließen (Soyka 1991; Kandel et al. 1996, 727).

Läsionen, also Verletzungen, von Hirnarealen führen in der Regel dazu, dass bestimmte komplexe Leistungen beeinträchtigt werden. Hierzu gehören Sprechen, Schreiben, Rechnen, die Fähigkeit zu zweckmäßiger, planvoller Bewegung von Körperteilen, zum bewussten Erkennen von Sinneseindrücken, zur Orientierung am eigenen Körper. Das Beispiel der Studentin (B 1) weiter oben zu Beginn dieser Einführung (Bliesener 2003) illustriert wichtige Aspekte dieser Phänomene, die bei einer neurologischen Schädigung bestimmter Art eintreten können. Allerdings zeigt das Beispiel der Lage dieser Person in ihrer unverwechselbaren Lebenssituation auch, dass sich ihre persönliche Lerngeschichte sehr viel komplexer darstellt als ein neurologischer Zugang je würde begreifen können. Andererseits hätte ihr nicht in dieser Weise geholfen werden können, wäre das neurologische Problem dieser Schädigung nicht mit der genügenden medizinischen Fachgenauigkeit beobachtet worden.

Neuropsychologie   Die *Neuropsychologie* fragt nach dem *Zusammenhang* zwischen hirnphysiologischen und psychischen Prozessen. Die Grundannahme der Neuropsychologie besteht darin, dass hirnorganische und psychische Funktionen sich wechselseitig beeinflussen und somit voneinander untrennbar sind (Friederici 1984; Lurija 1992). Neuropsychologische Positionen relativieren damit die traditionelle Lokalisationslehre (wie etwa Liebmann 1993), nach der bspw. für eine Leistungsstörung bei einer „Broca-Aphasie" ein begrenzter Ort einer Schädigung verantwortlich erscheint. Lokalisationstheoretische Hypothesen auf der einen, komplexere Modelle auf der anderen Seite, dies sind die beiden Pole, die den Arbeitsbereich der Neuropsychologie bis heute bestimmen. Hierzu führte List zu Beginn der 1990er Jahre aus: „Als besonders produktiv erscheint die neuropsychologische Forschung zumal der letzten Jahre (…), wo sie sich im komplexen Spannungsfeld *zwischen* den Polen bewegt" (List 1993, 31). Diese „Produktivität" der Forschung rührt daher, dass den physiologisch-anatomischen Beobachtungen immer differenzierte psychologische Konzepte über die Strukturen menschlicher Tätigkeiten entgegengestellt werden. „Die *Kooperationen* der Hemisphären bei der Anleitung und Kontrolle von Tätigkeiten, nicht so sehr ihre jeweiligen einzelnen Spezialisierungen, stehen im Zentrum des aktuellen Interesses" (List

1993, 35). Auch die Annahmen im Falle einer Aphasie im Kindesalter wandeln sich durch den Einbezug neuropsychologischer Erkenntnisse auf dem Gebiet der Entwicklung der Lateralität. Hierzu fasst List (1993, 38) zusammen: „Soviel lässt sich beim Stand der Dinge sagen: Eine volle Übernahme der Sprachfunktionen durch die rechte Hemisphäre scheint an zwei Bedingungen geknüpft zu sein: eine sehr frühe Verletzung (während der Geburt oder in den ersten Lebensmonaten) und weit ausgedehnte linksseitige Läsionen. Bei kleineren Verletzungen der sprachdominanten Hemisphäre oder bei Läsionen ab etwa dem zweiten Lebensjahr scheint es eher zu einer Umorganisation der Sprachfunktionen innerhalb dieser Hemisphäre zu kommen. Dabei ist der genauere Ort der Verletzung (vorn oder hinten im sprachdominanten Hirn) in Abhängigkeit vom Erkrankungsalter offenbar ein bedeutsamer Prognosefaktor, weil sich innerhalb dieser Hemisphäre die Sprachregionen nicht zur gleichen Zeit ausbilden, manche hinteren nämlich später als manche vorderen."

Die *Neurolinguistik* kann ganz allgemein als Lehre des Zusammenhangs zwischen Sprachverarbeitung und Gehirntätigkeit beschrieben werden. Als Teilgebiet der Neuropsychologie thematisiert sie die Sprache und deren Repräsentation im Gehirn, wozu u. a. Störungen des Sprechens und der Sprache untersucht werden (Sprachproduktion und Sprachverständnis, Schreiben und Lesen). Störungen auf diesem Gebiet sind durch pathologische bzw. durch experimentell hervorgerufene abnorme Hirnfunktionen entstanden (Friederici 1984). In neueren Arbeiten wird stärker die Zugehörigkeit der Neurolinguistik zum Kanon der Kognitiven Wissenschaft *(Cognitive Science)* betont (Kandel et al. 1996). Im Zentrum dieser Betrachtung steht das Interesse an der menschlichen Intelligenz und Kognition, die mit der Sprache als wichtigster und äußerst komplexer kognitiver Leistung engst verbunden ist. Der interdisziplinäre Charakter der Neurolinguistik zeigt sich daran, dass sie Wissensbestände aus Neurologie, Psychologie und Linguistik umfasst. Die pathologische Sprache vorwiegend bei Aphasien, aber auch bei Demenzen, Schizophrenie und affektiven Psychosen gehört zu ihren Themenbereichen, weshalb die meisten Erkenntnisse über das Verhältnis von Sprache und Gehirn auf die Aphasieforschung zurückgehen (kurze Übersicht bei Dittmann/Tesak 1993; Ender 1994): Demenzen z. B. mit der Symptomatik bei Alzheimerscher, Parkinsonscher oder Huntingtonscher Erkrankung, Schizophrenie z. B. mit der Symptomatik der Störungen von Denken und Wahrnehmung sowie der fehlenden Kohärenz der sprachlichen Äußerungen), affektive Psychosen z. B. als Veränderung der Stimmung und der Affektivität (Kemper/Kliegl 2000; Kliegl/Kemper 2000).

Neurolinguistik

Entwicklungs-
neurolinguistik

Die Aspekte des gesunden Gehirns und normaler Sprachverarbeitung schließt die Neurolinguistik insgesamt weitgehend aus. Nach dem wechselwirksamen Zusammenhang von Gehirn- und Sprachentwicklung fragt die *Entwicklungsneurolinguistik*, die somit für das Praxisfeld der Sprachbehindertenpädagogik besonders interessant ist. Denn ihre Hinwendung zur Entwicklung von Sprachfähigkeit berührt u. a. die Frage, ob Sprachfähigkeit angeboren (genetisch determiniert) oder erlernt ist. Die Diagnose von Sprachstörungen und einer gestörten Sprachentwicklung bedarf unbedingt des spezifischen neurolinguistischen Wissens. Dies ist vor allem relevant bei Fragen der Sprech- und Sprachtherapie bei Kindern mit zerebraler Bewegungsstörung. In diesem Praxisfeld, bei dem es u. a. auch um das Verhältnis von Grob- und Feinmotorik geht, muss eine Sprech- und Sprachtherapie neurologisch fundiert werden, was allgemein bedeutet, in der Therapie die Beziehung zwischen Gehirntätigkeit und kognitiven Vorgängen zu berücksichtigen. Diese Beziehung gründet auf dem zentralen neurowissenschaftlichen Grundsatz, dass eine Reihe von Funktionen ein mehr oder weniger komplexes Verhalten wie Essen, Laufen, Sprechbewegungen hervorbringt, reguliert und steuert. Insofern ist auch die Ausführung einer Bewegung ein kognitiver Vorgang.

Dennoch ist die Annahme, dass auch die Bewegungsausführung einen kognitiv-aktiven Prozess darstellt, jüngeren Datums – was ebenso für den Sprechvorgang gelten kann (Friederici/Hahne 2000, 291). Über Jahrzehnte beherrschten andere Ideen von der Funktionsweise des Gehirns die wissenschaftliche Diskussion (Übersicht bei Kandel et al. 1996). Tabelle 3 ermöglicht einen Überblick über zwei verschiedene Modellannahmen, über das so genannte hierarchisch-deterministische (1) und das systemisch-ökologische Modell (2) der motorischen Funktionen des Zentralnervensystems (ZNS).

Nach dem **hierarchisch-deterministischen Modell** bedeutet eine Schädigung des ZNS, dass die Kontrolle durch kortikale Regionen gestört ist und tiefer liegende Reflexe und Reaktionen freigesetzt werden, die zu pathologischen Bewegungsmustern führen.

Nach dem **systemisch-ökologischen Modell** organisiert sich das Gehirn in Form funktioneller Systeme. Diese interagieren netzwerkartig (= systemisch). Auf dieser Grundlage wird Bewegungskontrolle möglich. Jedoch ist Bewegung nie im Sinne der Bewegung als solche zu verstehen, sondern immer als Bewegung in Funktion zur Umwelt (ökologisch); denn in Auseinandersetzung mit dieser passt sich das ZNS an (= Adaptation). Dieses Modell geht von der Annahme aus, dass das ZNS *ein Organ der Aktion* ist (Lurija 1992), das nicht von außen stimuliert werden muss

	Hierarchisches Modell	Systemisches Modell
Funktion des ZNS	– Kontrolle von Muskeln und Bewegungsmustern	– Verwirklichen von Zielen, Lösen von Aufgaben
Funktionelle Einheit	– Reflexe und automatische Reaktionen – Stufenweise Entwicklung von niedrigem zu hohem Niveau	– motorisches Programm – Koordination von Bewegungen
Funktionsweise des ZNS	– reagierend – aktivierend – vorherbestimmt	– bewertend – vorhersehend – kreativ erschaffend – autopoietisch
Bewegungsbestimmender Reiz	– sensorische Zufuhr *(input)*	– Zweck, Absicht – motorisches Programm in Verbindung mit sensorischer Zufuhr
Willkürbewegung	– Summation von Reflexen	– angeborene und erlernte Programme
Aufbau des ZNS	– hierarchische Organisation – Kontrolle niedriger Zentren durch höhere	– Netzwerk von Subsystemen – dynamisches Zusammenspiel der verschiedenen Subsysteme – Arbeit mit Funktionseinheiten *(modular approach)*
Schädigung des ZNS	– gestörte Hemmung tiefer liegender Reflexe und Reaktionen	– Einschränkung des ZNS in seiner Funktion als aktiver Problemlöser

Tab. 3: Gegenüberstellung von hierarchisch-deterministischem und systemisch-ökologischem Modell der motorischen Funktionen des ZNS

Die Tabelle 3 beruht auf Ausführungen von Hirschfeld (Vortrag 1995 gehalten im Rahmen eines dreitägigen Seminars in Augsburg). Die Zusammenfassung hat Grafmüller-Hell besorgt (2004). Eine überarbeitete Fassung ist in Hoehne (1998, 29) abgedruckt. Die hier abgebildete Vorlage wurde in Zusammenarbeit mit Ritter geringfügig verändert und erweitert (Ritter/Welling, in Vorb.).

(Friederici/Hahne 2000, 291; Feivogel 1997, 189; 1998; dagegen Jackson 1873; zu physiotherapeutischen Hintergründen Hoehne 2004; Forst 2004; Ritter 2004; Welling 2004 b).

Folgerungen für eine sprachtherapeutische Konzeptbildung

Aus Sicht der Sprachbehindertenpädagogik und ihrer beruflichen Praxis ist das Wissen um die entwicklungsneurologischen Hintergründe vor allem hilfreich, um Sprech- und Sprachtherapiekonzepte bei Fragen der Entwicklungsdysarthrophonie oder der Anarthrie zu entwickeln und angemessen zu begründen (s. Kasten). Die neurologische Grunderkenntnis, dass das Gehirn nichts von einzelnen Muskeln „weiß", sondern von Bewegungen, sollte konsequent auch in der Therapie bei sprachlichen Störungen der verschiedenen Arten der Entwicklungsdysarthrophonie oder Anarthrie umgesetzt werden. Dieser Schritt dürfte zur Abkehr von der jahrzehntelang verbreiteten therapeutischen Praxisauffassung führen, Spastizität etwa sei ein lokales Phänomen und müsse deshalb lokal behandelt werden, das heißt einzelne Gelenke müssten „durchbewegt" oder einzelne Muskeln gekräftigt werden (siehe den völlig veralteten Ansatz von Crickmay, 1967/1994). Vielmehr lautete die Konsequenz aus diesem neurologischen Grundgedanken, Haltungs- und Bewegungsmuster in ihrer Ganzheit zu studieren, physiotherapeutisch den ganzen Körper zu betrachten und therapeutisch zu beeinflussen.

Entwicklungsdysarthrophonie: Störung der Sprechbewegungsausführung durch Schädigung des Nervensystems

Anarthrie: Unvermögen verständlichen Sprechens trotz vorhandener Sprache

Aktuelle neurophysiologische Entwicklungen ermöglichen die Weiterentwicklung dieser therapeutischen Schwerpunkte. Auch diese Forschung kann hier nicht detailliert zusammengefasst werden und ist durch weiterführende Literatur zu erarbeiten. Deshalb wird die Darstellung hier auf die tabellarische Darstellung einiger Hauptpunkte der gegenüber gestellten zwei diskutierten Modelle anhand des Kriteriums *Therapiekonzept* (Physiotherapie) beschränkt (Tab. 4). Dabei sei hinzugefügt, dass die therapiekonzeptionellen Aspekte modellartig einer neuen Bestimmung zugeführt werden. Dies geschieht deshalb, weil sich in den vergangenen Jahrzehnten die neurologisch grundlegenden Annahmen weiter entwickelt haben und entsprechend die therapiekonzeptionellen Elemente neue Bedeutung gewinnen.

Therapiekonzept	
Hierarchisches Modell	**Systemisches Modell**
– Bahnung „normaler" Bewegungsmuster mit propriozeptivem Input (Wahrnehmungen aus dem eigenen Körper vermittelnd). – Hemmung von abnormalem Muskeltonus und primitiven Reflexen durch die therapeutische Fachkraft	– Anwendung von Therapietechniken durch die therapeutische Fachkraft bezogen auf die Aufgabenorientierung und problemlösende Zugangsweise des Kindes
– Situations- und Umfeldgestaltung bezogen in erster Linie auf die Hilfsmittelversorgung	– Situations- und Umfeldgestaltung bezogen in erster Linie auf die Aufgaben und Problemlösungen des Kindes
– Erfordernis einer Bewegungsanalyse durch die therapeutische Fachkraft, bezogen eher auf tonische Reaktionen sowie Haltungs- und Bewegungsmuster	– Erfordernis einer Bewegungsanalyse durch die therapeutische Fachkraft, bezogen auf Aspekte der statischen und dynamischen Haltungskontrolle
– Bestimmung der für die Bewegungsfähigkeit kritischen Merkmale und Bedingungen	– Bestimmung der für die Bewegungsfähigkeit kritischen Merkmale und Bedingungen
– Motorisches Lernen in Form der Erlangung sensomotorischer Erfahrung. – Verhindern des „Lernens" abnormaler Bewegungsmuster durch das ZNS seitens der Therapeutin	– Motorisches Lernen bzw. Wiedererlernen des Kindes in Auseinandersetzung mit seinem Umfeld
– Motorische Kompensationen als „Gefahr" für die Entwicklung „normalerer" Haltung und Bewegung	– Ermöglichung wirksamer Kompensationen beim Kind

Tab. 4: Gegenüberstellung von hierarchisch-deterministischem und systemisch-ökologischem Modell der motorischen Funktionen des ZNS in Orientierung am Kriterium *Therapiekonzept* (Physiotherapie)

Im Gegensatz zu der Inputhypothese des hierarchischen Modells, nach dem das ZNS von außen beeinflusst werden kann und damit durch Handanlegen (gleichsam durch eine Be-Hand-lung von außen) auf die Haltungs- und Bewegungskontrolle eingewirkt werden kann, steht das systemische Modell der Selbstorganisation (Tabelle 4). In diesem Modell, so wird angenommen, organisiert sich das Kind selbst seinen Zugang zur Umwelt und zum situativen Umfeld, wobei der therapeutischen Fachkraft die Aufgabe zufällt, die Bedingungen der Möglichkeit dieses Zugangs zu reflektieren und praktisch zu gewährleisten, indem sie diese Bedingungen optimiert. Die utopische Zielsetzung für die Therapie (von Kindern mit zerebralen Bewegungsstörungen), annähernd „normale" Haltungs- und Bewegungsmuster erzielen zu wollen, wird aufgegeben zugunsten eines anderen Ansatzes: Das Ziel der Therapie besteht darin, dem Kind mithilfe seiner eigenen Problemlösestrategien Möglichkeiten zur Auseinandersetzung mit seinem Umfeld zu eröffnen, um motorisches (Wieder-)Lernen zu initiieren, weiter zu entwickeln und dadurch auf seine Haltung und Bewegung einzuwirken. Die Aufgabe und der Anspruch der Therapie auch im sprachlichen Bereich liegen folglich darin, zunächst dafür zu sorgen, dass das Kind selbst auf die Qualität seiner Haltung und Bewegung einwirkt, indem es aufgabenbezogen und so eigenständig wie möglich ein System von Strategien zur motorischen Problemlösung aufbaut. Das Kind selbst setzt somit seinen eigenen Qualitätsmaßstab und wird in der Verbesserung dieser Qualität von der Therapeutin unterstützt. Dies ist auch die Grundlage für Kompensationen gestörter Bewegungsabläufe durch den aktiven Organismus.

Für die Therapieplanung im sprachlichen Bereich gilt im Detail, dass die Sprachtherapeutin im interprofessionellen Austausch mit der Physiotherapeutin die Bewegungsstruktur und Bewegungsfähigkeit des betroffenen Kindes möglichst umfassend analysiert hat. Dadurch versetzt sie sich in die Lage, Merkmale der Bewegung zu identifizieren, die einen bewegungsmäßigen und damit möglicherweise Sprechzugang zu den Aufgaben ermöglichen, erschweren oder begünstigen, und Bedingungen zu erkunden, die die Weiterentwicklung der Bewegungsfähigkeit wie der Sprach- bzw. Sprechfähigkeit betreffen. So dient das Ergebnis dieser Bewegungsanalyse der therapeutischen Fachkraft als wichtiger Bezugspunkt für die Art der Umfeld- und Situationsgestaltung, die sie zu planen und zu realisieren hat, damit die Anpassungsleistungen des Kindes an das Umfeld therapeutisch gesichert sind. Dieser bewegungstherapeutische Zusammenhang wurde jüngst im Rahmen einer Pilotstudie zum physiotherapeutischen Bobath-Konzept belegt (Welling 2004 b; 2004 c).

Breidbach (1997): Die Materialisierung des Ichs – Düweke (2001): Kleine Geschichte der Hirnforschung – Kandel et al. (1996): Neurowissenschaften – Lurija (1992): Das Gehirn in Aktion – Lurija (1993): Romantische Wissenschaft – Obler/Gjerlow (2000): Language and the Brain

2.5 Spracherwerbstheoretische Aspekte

Spracherwerbstheorien beschreiben allgemein Fragen des Verlaufs, der Voraussetzungen und Bedingungen des sprachlichen Entwicklungsprozesses im frühen Kindesalter (Tracy 1991; Tracy 2000; Hirsh-Pasek/Golinkoff 1996).

Nach den Bedingungen, unter denen der Spracherwerb erfolgt, unterscheidet man folgende Spracherwerbstypen: Den primären Spracherwerb (Muttersprache), den bilingualen Erstspracherwerb (Erwerb zweier oder mehrerer Muttersprachen), den frühen Zweitspracherwerb mit Beginn im Alter von drei bis sechs Jahren, den Zweit- oder Fremdspracherwerb, der durch Unterricht gesteuert oder ungesteuert erfolgen kann, sowie den Wieder-Erwerb von Sprache bei Aphasie (neurologisch bedingtem Verlust von sprachlichen Fähigkeiten). Wenn sich der Spracherwerbsprozess nicht im Rahmen der als möglich bekannten Abweichungen vollzieht, werden so genannte *spezifische Sprachentwicklungsstörungen* (Leonard 1998) diagnostiziert, was bedeutet, dass spezifische Voraussetzungen beeinträchtigt sind, die die Sprachfähigkeit und den Spracherwerb an sich betreffen (besonders in den Bereichen der Phonologie und der Grammatik). | Spracherwerbstypen

Der kindliche Spracherwerb, der im Mittelpunkt dieses Abschnitts steht, ist ein komplexer Vorgang: „Das Kind muss | komplexer Vorgang

- erkennen, dass die lautlichen Äußerungen seiner Umgebung absichtsvoll und bedeutungsvoll sind, (…)
- den akustischen Lautstrom segmentieren und analysieren, um darin sprachrelevante Einheiten (Phoneme, Morpheme, Wörter und Sätze) zu identifizieren, (…)
- komplexe artikulatorische Pläne zur Lautproduktion erwerben, (…)
- grammatische Regularitäten auf der phonologischen, morphologischen und syntaktischen Ebene erwerben, (…)
- Wörter und Morpheme in sein Lexikon aufnehmen und dabei
- Wortformen mit den dazugehörigen Bedeutungen assoziieren, (…)
- lernen, wie sich die Bedeutung komplexer sprachlicher Ausdrücke aus ihren Bestandteilen und weiteren kontextuellen Faktoren ergibt, (…)
- all die verschiedenen kommunikativen Funktionen von Sprache durchschauen (…)." (Rothweiler 2002, 252ff).

Die Zeiträume für den Spracherwerb konnten in der bisherigen Forschung nur grob eingegrenzt werden, da hier eine große interindividuelle Variabilität besteht. Es gibt zwar etwa seit den 1920er Jahren eine große Vielfalt von Untersuchungen aufgrund unterschiedlicher Forschungsansätze, aber eine umfassende Spracherwerbstheorie fehlt noch. Sprachliche Entwicklung beginnt bereits im ersten Lebensjahr, der Einstieg in die Syntax beginnt im Alter von 1,5 bis 2 Jahren durch die Produktion kürzerer Sätze. Es erfolgt eine rasche Erweiterung des Wortschatzes und eine Ausdifferenzierung des phonologischen Systems, sodass am Ende des vierten Lebensjahres in der Regel das phonologische System und die grammatische Struktur deutscher Sätze erworben sind. Der produktive Wortschatz in dieser Altersphase liegt bei etwa 1000 bis 2000 Wörtern.

lebenslanges Lernen

Spracherwerb ist ein lebenslanger Prozess, die Wahrnehmung von Sprachlauten ist ein pränatales Ereignis. Für den *Verlauf des Spracherwerbs* wird grundsätzlich davon ausgegangen, dass sprachliches Verständnis der Sprachproduktion vorangeht. Vor der ersten Wortproduktion im Alter von 10 bis 14 Monaten kann nach dem 6. Monat die Lallphase beobachtet werden (einfache wiederholte Silben mit einem Verschlusslaut und einem zentralen Vokal, meist [e] und [a] wie *bababa*). Ihr folgen die Phase der ersten 50 Wörter, dann erste syntaktische Strukturen, Zweiwortäußerungen, dann längere Sätze.

Erlernen des phonologisch-phonetischen Systems

Hierbei vollzieht sich der phonologische Erwerb zunächst im Rahmen der Produktionsbeschränkungen durch die kanonischen Formen (Menn/Stoel-Gammon 1996): Die phonetischen Formen der meisten Wörter entsprechen in dieser frühen Phase wenigen, festen Mustern. Zu den genauen Zusammenhängen weiß man allerdings nur sicher, dass es in den frühen Erwerbsphasen eine Interaktion zwischen dem phonologischen Wissen und phonetisch-artikulatorischen Fähigkeiten gibt. Im phonologischen Erwerbsprozess gestaltet sich der Aufbau des Phoneminventars (Plosive, dann Nasale, dann Vokale), Silben- und Wortstrukturen, der Erwerb phonotaktischer Regeln und prosodischer Aspekte wie Wortakzent und Satzintonation (s. Kasten). Begrifflich ist der Erwerbsprozess hier deskriptiv zu verstehen, indem die Abweichungen von den Zielwörtern der Erwachsenensprache unterschieden werden: Mit dem Ausbau des phonologischen Systems gibt es auch immer weniger Abweichungen vom System der Zielsprache. Bei der Analyse des Erwerbsprozesses geht es daher um die Frage, inwieweit das Kind bereits über die zielsprachlich relevanten Unterscheidungsmerkmale verfügt, d. h. inwieweit bspw. die Phoneme noch unterspezifiziert sind (*Tasse* und *Kasse* sind für das Kind zunächst homophon [gleichklingend] und identisch repräsentiert). Abhängig von der jeweiligen theoretischen Perspektive gilt hier der phonologische Erwerb als Erwerb phonologischer Regeln und Repräsentationen oder als Ergebnis des Abbaus phonetischer Produktionsbeschränkungen (Welling/Grümmer, in Vorb.).

Nasal: Sprachlaut, bei dem die Luft durch die Nase entweicht

Prosodisch: umfasst phonetische wie phonologische Gestaltungselemente wie Akzent, Melodie und Betonung

homophon: gleichklingend

Im Aufbau des kindlichen Lexikons vollzieht sich eine bedeutende Entwicklung: Der erwachsene Sprecher des Deutschen verfügt über 20.000 bis 50.000 Wörter im aktiven und 50.000 bis 250.000 Wörter im passiven Wortschatz. Der Lexikoneintrag umfasst dabei das Wort und seine zugehörige Information (phonologisch-phonetische Form, Wortstruktur, Flexionsklasse, Wortart, Bedeutung). In der so genannten *semantic bootstrapping-Hypothese* (Pinker 1984) geht man davon aus, dass Kinder früh ein Wissen über Objekte, Lebewesen, Ereignisse und Handlungen und Eigenschaften aufbauen. Da sprachliche Äußerungen auf grammatischen Kategorien beruhen, die dieses Wissen reflektieren, können Kinder diesen Zusammenhang in ihrem Spracherwerbsprozess nutzen und anwenden. Gegen Ende des 1. oder im 2. Lebensjahr erfolgt die entscheidende kognitive Entwicklung im Bereich der Symbolisierungsfähigkeit und der Klassifikationsfähigkeit, beides in Verbindung mit dem phonologischen und syntaktischen Erwerb. Im so genannten Wortschatzspurt erweitert sich das kindliche Lexikon um 8 bis 10 neue Wörter täglich. Im Alter von 6 Jahren verfügt das Kind über einen aktiven Wortschatz von 3.000 bis 5.000 und einen passiven Wortschatz von 14.000 Wörtern. Interessant sind die Phänomene der Übergeneralisierung (Das Kind bezieht *Hund* auf alle vierbeinigen Tiere) bzw. Untergeneralisierung (Das Kind bezieht *Hund* nur auf Dackel) beobachtbar. Welche lexikalischen Erwerbsstrategien generell oder individuell zu Grunde liegen können, wird kontrovers diskutiert. Im *fast mapping* (Carey 1978) übernimmt das Kind markante Wortformmerkmale und bildet rasch grobe Hypothesen über die Wortbedeutung, als erste lexikalische Repräsentation, zunächst unvollständig und ungenau. Das Kind kann das Wort wiedererkennen, und die Repräsentation wird mit jedem neuen Kontext ergänzt, in dem das Wort erscheint. So wird es (zunächst) in den passiven Wortschatz übernommen.

Zentral ist in dieser Perspektive die Hypothesenbildung über den Bezug und die Bedeutung eines Wortes und die Erkennung lexikalischer Prinzipien als Basis unbewusster Erwerbsstrategien. Doch erst mit der oben bereits angesprochenen Symbolisie-

Aufbau des kindlichen Lexikons

rungsfähigkeit, der Fähigkeit zu kategorialem Denken und zur Begriffsbildung, wie sie in unterschiedlichen semantiknahen Theorien (Furth 1976; Piaget 1983; Sinclair 1987; Szagun 1983) formuliert wird, kann die so genannte Intension als Wortbedeutung im engeren Sinn erfasst werden.

Kinder zeigen kreativen Umgang mit den Wortbildungsmustern des Deutschen, mit Komposition und Derivation. Sie bilden neue Lexeme: Wörter, die korrekt gebildet sind, aber nicht im Erwachsenenlexikon vorkommen *(*Brennlicht)*, neu gebildete Wörter in abweichender Bedeutung (*Müller* für Müllmann), Wörter, die gegen zielsprachliche Bedingungen und Beschränkungen verstoßen *(*Polizisterin)*. Auch dieser kreative Umgang zeigt den Erwerb syntaktischer Strukturen in Verbindung mit Person, Numerus, Tempus (Verben) oder Genus, Numerus, Kasus (Nominalphrase), was auch als Morphosyntax bezeichnet wird.

Erwerb syntaktischer Fähigkeiten

Der Erwerb der Syntax ist im Vergleich zu anderen Bereichen des Spracherwerbs gut erforscht, weil er leicht zugänglich ist und etwa im Unterschied zu den Bedeutungen, die Kinder Wörtern zuordnen, gut beschrieben werden kann.

Erwerb pragmatisch-kommunikativer Fähigkeiten

Ein weiterer Bezugspunkt des Spracherwerbs ist die *Pragmatik*. Sie meint die Funktion von Sprache als Medium der Kommunikation (Hickmann 2000) und gilt damit den komplexen Funktionsweisen von sprachlichen Äußerungen, die neben der Struktur erlernt werden müssen. Behauptungen, Fragen, Bitten, Versprechen sind so genannte *Sprechakttypen* (siehe Abschnitt 2.1.4), wobei auch eine einzige Äußerung je nach ihrem Kontext viele Sprechakte realisieren kann. Für das Erlernen der Sprechakttypen ist das *turn-taking* grundlegend. Es beginnt schon im 2. bis 3. Lebensjahr, wenn das abwechselnde Sprechen eingeübt wird. Schon Zweijährige nutzen etwa 12 verschiedene Sprechakte: Aufforderung, Zurückweisung, Feststellungen, Absichtserklärungen, Fragen. Jedoch erst im Grundschulalter wird das Erzählen von Geschichten möglich, die besondere Anforderungen stellen an den Aufbau, die Integration von einzelnen Ereignissen, die Verwendung direkter und indirekter Rede, Passivkonstruktionen und den Konjunktiv einschließen ebenso wie Informationen zu Raum und Zeit, wobei die Perspektive des Zuhörers besonders zu berücksichtigen ist. Der Erwerb pragmatischen Wissens gilt daher als ein vielseitiger Prozess unter Verknüpfung sozialer, kognitiver und sprachlicher Fähigkeiten. Teilfertigkeiten verlangen metasprachliches Wissen, also ein Wissen über die eigene Sprache und die Reflexion über die eigene Sprachproduktion, das erst mit dem Schuleintritt gesteuert erworben wird.

Seit etwa Mitte des 20. Jahrhunderts werden die Erklärungsansätze in der Spracherwerbsforschung geprägt durch die Entwicklungspsychologen Piaget und Wygotsky mit einer Art „Gegenprogramm" zum Behaviorismus, der Sprache als eine Form von Verhalten versteht.

Theoretische Ansätze

Behavioristischer Ansatz: In dieser Perspektive galt das Interesse der Untersuchungen des generellen Verlaufs der Sprachentwicklung mit der Erhebung großer Datenmengen. Derartige quantitativ orientierte Studien untersuchten möglichst viele Kinder im Hinblick auf die Größe des Wortschatzes, die durchschnittliche Satzlänge und die Aussprache. Erst 1957 veröffentlichte Skinner (1972; 1974) die behavioristische Lerntheorie zum Spracherwerb. Sprachliches Verhalten ist demnach wie jedes Verhalten ein Ergebnis von Konditionierung. Kinder hören sprachliche Äußerungen (= *stimulus*), imitieren sie (= *response*) und produzieren diese Äußerungen dann verstärkt (= *reinforcement*), vor allem solche, die sie als korrekt wahrnehmen.

Nativistischer Ansatz: Der Nativismus geht mit dem Begriff des Sprachinstinkts (Pinker 1996) davon aus, dass jeder Mensch von Geburt an über ein grammatisches Programm verfügt. Chomsky spricht hier von einer Universalgrammatik, die angesichts der Vieldeutigkeit sprachlicher Äußerungen für den Grammatikerwerb erforderlich sei (Clahsen 1996).

Kognitivistischer Ansatz: Diesem Ansatz steht der Kognitivismus entgegen, der maßgeblich auf den jahrzehntelangen Forschungen Piagets und seines Teams fußt (Gruber/Vonèche 1995): Der Spracherwerb erfolgt auf der Basis kognitiver Strategien, mit deren Hilfe Formen und Strukturen entschlüsselt werden. Spracherwerb gründet hier ganz wesentlich auf die bereits angesprochene Symbolisierungsfähigkeit und die allgemeine kognitive Entwicklung des Kindes, dessen Verarbeitungsstrategie die angenommene Korrelation zwischen Agens und grammatischem Subjekt nutzt (*semantic bootstrapping*). Aber auch dieses Konzept ist umstritten, u. a. weil sich Kinder mit geringeren kognitiven Fähigkeiten sprachlich durchaus normal entwickeln können – und umgekehrt.

Interaktionistischer Ansatz: Interaktionistische Ansätze (Bruner 1978, 1987) gehen davon aus, dass die an das Kind gerichtete Sprache (*motherese*) ganz auf seine Bedürfnisse und Fähigkeiten abgestimmt ist und sich auf dieser Grundlage seine Kommunikationsfähigkeit entwickelt (Messer 1995). Das Kind lernt also unterstützt durch syntaktische und semantische Vereinfachungen. Da in dieser Auffassung der Erwerb der syntaktischen Struktur im Vordergrund steht und das Kind lernt, von der syntaktischen

Struktur auf die Bedeutung zu schließen, wird dieser Vorgang als syntactic bootstrapping (Gleitman 1990) bezeichnet. Bisher konnte allerdings lediglich die Einflussnahme des motherese in unterschiedlichen Muttersprachen vergleichend nachgewiesen werden (Hoff-Ginsberg 2000).

Umgreifende Spracherwerbstheorie?

Im Ergebnis ist festzuhalten, dass eine umfassende Spracherwerbstheorie bisher fehlt. Ihre Anforderungen wären ebenso komplex wie der Spracherwerb selbst: Sie müsste sowohl das Generelle als auch das Individuelle erfassen, da die Bedingungen von Spracherwerb individuell stark variieren und je nach kulturellen und sozialen Hintergründen ausgeprägt werden. Die hier erläuterten Teilbereiche des Spracherwerbs wären in ihren wechselseitigen Fortschritten genau zu analysieren, um die Verbindungen zwischen Sprache und Spracherwerb sowie sprachlicher und kognitiver Entwicklung besser zu verstehen.

Bruner (1987): Wie das Kind sprechen lernt – Grimm (1995 a): Sprachentwicklung allgemein theoretisch und differentiell betrachtet – Grimm (Hrsg.) (2000 a): Sprachentwicklung – Meibauer et al. (Hrsg.) (2002): Einführung in die germanistische Linguistik – Meibauer/Rothweiler (Hrsg.) (1999): Das Lexikon im Spracherwerb – Pinker (1996): Der Sprachinstinkt – Szagun (1983): Bedeutungsentwicklung beim Kind – Tracy (2000): Sprache und Sprachentwicklung: Was wird erworben? – Weinert (2000): Beziehungen zwischen Sprach- und Denkentwicklung

2.6 Zusammenfassung

Die Sprachbehindertenpädagogik als pädagogische Handlungswissenschaft ist auf Differenzierungen durch die Zusammenarbeit mit anderen Disziplinen unbedingt angewiesen. Interessiert ist sie naturgemäß besonders an solchen Sachverhalten, in denen der Gegenstandsbereich der sprachlichen Tätigkeit des Menschen unter jeweils speziellen sprachtheoretischen und sprachpathologischen Fragestellungen wissenschaftlich thematisiert oder behandelbar ist. Bei den in diesem Zusammenhang befragten Bezugswissenschaften handelt es sich um Disziplinen mit jeweils unterschiedlicher Herkunft, mit unterschiedlicher Geschichte, mit anderen als pädagogischen Frageweisen und anderen inhaltlichen Schwerpunkten als dies im sonderpädagogischen bzw. behindertenpädagogischen Studien- und Praxisschwerpunkt Sprache erwartet würde. Denn, so die durchgängig gehaltene These in diesem zweiten Kapitel, jede Disziplin, so auch die Sprachbehindertenpädagogik, definiert naturgemäß ihren Gegenstandsbereich selbst und sucht nach eigenen Lösungswegen für ihre Probleme und Aufgabenstellungen.

Da sich die Sprachbehindertenpädagogik, so wird im voraus-gegangenen Text erläutert, zu ihrer eigenen „Bereicherung" und Konstituierung auf fremde Disziplinen und Wissenschaftszweige beziehen muss, werden Ansatzpunkte dieser Bezugsdisziplinen bzw. Bezugswissenschaften abrissartig behandelt und teilweise problematisiert, um im Rahmen eines eigenen Erkenntnis- und Praxisinteresses handlungsfähig zu sein. Als Beispiele werden lin-guistische, (entwicklungs-) psycholinguistische, psychologische und neurowissenschaftliche Gebiete behandelt. Exemplarisch wird gezeigt, wie die Beschäftigung mit bezugswissenschaftlichen Grundlagen zu interessanten Differenzierungen, Kategorisie-rungen und Generalisierungen von einzelnen Sachverhalten führt, die so den eigenen Standpunkt als Pädagogik differenzierter entwickeln und definieren lassen. Soweit es in diesem Zusam-menhang um Fragen sich entwickelnder Sprachkompetenz im Kindesalter geht, sind sprecherwerbstheoretische Grundlagen von einem besonderen Erkenntnisinteresse.

Definire kommt aus dem Lateinischen und heißt „abgrenzen". Ist etwas „abgegrenzt", gilt dieses als *definiert*. Wissenschaftliches Arbeiten setzt voraus, dass der Gegenstand, der befragt und er-forscht wird, genügend von anderen Bereichen „abgegrenzt" ist. Man bringt mündlich oder schriftlich zum Ausdruck, was zum ge-wählten Bereich gehört, was hierzu gehören soll, was nicht, was noch nicht, was nicht mehr. Sind solche Abgrenzungsaufgaben befriedigend gelöst, ist ein eingegrenzter Gegenstandsbereich be-stimmt und damit von anderen abgegrenzt, ist die Frage der Ei-genart dieses Gegenstands – zumindest vorläufig – für einen aus-gewiesenen Projektzusammenhang beantwortet. Dann möchte man gegebenenfalls auch wissen, wie man ihn befragen und er-forschen kann.

> Definitionen als wissenschaftlich notwendige Abgrenzungen

So stellt sich die Frage nach den angemessenen Forschungs-methoden. In diesem Zusammenhang gilt folgende Maßgabe: Me-thoden sind dem Gegenstand logisch *nach*geordnet. Das heißt mit anderen Worten, dass Methoden vom Gegenstand abhängen – und nicht umgekehrt. Je nach Eigenart des gewählten Untersu-chungsgegenstands (etwa in einer Wissenschaftlichen Hausarbeit bzw. „Examensarbeit") sind diejenigen Methoden zu wählen oder zu entwickeln, die dem definierten Gegenstand entsprechen und mit deren Hilfe sich der gewählte Gegenstand erforschen lässt. Möchte man bspw. ein Unterrichtskonzept erforschen und da-nach fragen, ob es auch so wirksam ist, wie seine Begründer von diesem Konzept behaupten, dann dürften zu den Methoden der Wahl etwa die Befragung der Lehrperson oder die Prüfung der Leistungsergebnisse bei den nach diesem Konzept unterrichte-ten Schülerinnen und Schülern gehören. Das Umgekehrte gilt

> Forschungs-methoden als wissenschaftliche Verfahren des Erkenntnisgewinns

dagegen nicht, etwa dass der Gegenstand, den man erforscht, von den Methoden abhänge, die man einsetzt. Jedenfalls sollte dieses nicht der Fall sein, wenn man sich vor dem Vorwurf bewahren möchte, „schlampig" gearbeitet zu haben.

Übungsaufgaben

Aufgabe 3

Legen Sie dar, inwiefern die einzelnen linguistischen Ebenen aus analytischen Gründen einerseits getrennt werden, aus Gründen der Realisierung des Sprachgebrauchs durch den Sprecher andererseits zusammen gehören. Nennen Sie hierfür Beispiele.

Aufgabe 4

Definieren Sie zusammenfassend jede der genannten linguistischen Ebenen und finden Sie für jede der Betrachtungsebenen selbst Analysebeispiele.

Aufgabe 5

Was im Kompositum „Psycholinguistik" bedeutet „Psychologie", was „Linguistik", und wie ist ihr Zusammenhang definiert?

Aufgabe 6

Finden Sie Bedeutungen und Begründungen, weshalb der Zusatz „Entwicklung" in Entwicklungspsycholinguistik für die Bearbeitung sprachpädagogischer Aufgabenstellungen besonders produktiv und herausfordernd sein kann.

Aufgabe 7

Der Begriff des *sprachlichen Lernens* ist ein ursprünglich sprachpsychologischer Begriff. *Sprachliches Lernen* (oder Sprachlernen) wird charakteristischerweise auch in sprachpädagogischen Diskussionszusammenhängen verwendet. Worin liegt der Bedeutungsunterschied dieses Begriffs in einem sprachpsychologischen und in einem sprachpädagogischen Sinne begründet?

Aufgabe 8

Überlegen Sie, weshalb bei Kindern mit zerebralen Bewegungsstörungen physiotherapeutische und sprachtherapeutische Überlegungen in einem engen interprofessionellen Zusammenhang gesehen werden müssen.

Aufgabe 9

Versuchen Sie, verschiedene Spracherwerbstypen und verschiedene sprachtheoretische Ansätze hinsichtlich ihrer spezifischen Unterschiedlichkeit differenziert darzustellen.

3 Spezielle Grundlagen – Sprachbehindertenpädagogische Konstrukte

Das differenziert klassifizierte, heterogene Gebiet der sprachbehindertenpädagogischen Konstrukte wird in diesem Kapitel nach und nach aufgeschlüsselt. Die Darstellung beginnt mit der Reihe spezifischer Formen von Sprachentwicklungsverzögerungen (Abschnitt 3.1, einschließlich ihrer Unteraspekte). Es schließen sich Erläuterungen neurolinguistischer und neurophonetischer Sprach- und Sprechstörungen im Kindesalter an (Abschnitt 3.2), ergänzt durch die Darstellung peripher-organisch bedingter Sprach- und Sprechstörungen (Abschnitt 3.3), ehe das Feld der Stimmstörungen im Kindesalter (Abschnitt 3.4), der Störungen der Redefähigkeit (Abschnitt 3.5) und der Redegestaltung (Abschnitt 3.6) skizziert wird.

3.1 Sprachentwicklungsverzögerung – Sprachentwicklungsstörung – Spezifische Sprachentwicklungsstörung

Begrifflich ist die *Verzögerung* der Sprachentwicklung von der *Störung* dieser Entwicklung zu unterscheiden.

Im Falle der *Sprachentwicklungsverzögerung* (SEV) handelt es sich um eine zeitlich charakterisierbare Verlangsamung oder Verspätung der Sprachentwicklung des Kindes gegenüber den Leistungen sprachlich unauffälliger Kinder einer altersgleichen Gruppe. [Sprachentwicklungsverzögerung]

Im Falle der *Sprachentwicklungsstörung* (SES) ist auf qualitativ beschreibbare sprachstrukturelle Besonderheiten der Sprachverwendung des Kindes verwiesen, die verschiedene sprachliche Komponenten betreffen, die das Kind in seiner Entwicklung nicht mehr von selber wird aufholen können. In dieser Hinsicht wird die Sprachentwicklung als „gestört" angesehen. [Sprachentwicklungsstörung]

Neueren Datums ist der Begriff der *Spezifischen Sprachentwicklungsstörung* (SSES, engl. *SLI, specific language impairment;* Leonard 1998), mit dem das Phänomen sprachlicher Veränderungen im Kindesalter von der Gruppe der erstgenannten Verzögerungs- bzw. Störungsformen abgegrenzt wird. In beiden letztgenannten Begriffsbestimmungen wird davon ausgegangen, dass sich eine Stö- [Spezifische Sprachentwicklungsstörung]

rung auch in Form einer Verzögerung zeigen kann. Definitionsgemäß ist allerdings festgelegt, dass bei dem Konstrukt einer SSES das eigenständige Bild einer Entwicklungsbeeinträchtigung vorliegt und andere Krankheitsbilder ausgeschlossen sind (Ausschlusskriterium). Neurologische oder neurophonetische Störungen wie Aphasie, verschiedene Formen von Dyspraxien oder Dysarthrien im Kindesalter (Entwicklungsdysarthrophonie) dürfen nicht bestehen (s. Kasten).

Dyspraxie: Störung des Planens und Programmierens zur Hervorbringung von Lauten, Lautsequenzen und Wörtern

Dysarthrie: älterer Terminus; Störung der Sprechbewegungsausführung durch Schädigung des Nervensystems. Bei Dysarthrie sind, anders als bei Dysarthrophonie, phonetische Fragen der Respiration und Phonation sowie, anders als bei Entwicklungsdysarthrophonie, Fragen der Entwicklung von Sprechen nicht angesprochen.

Darüber, wie viele Kinder von einer Verzögerung oder Störung ihres Sprachgebrauchs welcher Art auch immer betroffen sind, gibt es widersprüchliche Aussagen. So bestehen Unstimmigkeiten etwa im Hinblick auf die Sicherheit statistischer Angaben zum Vorkommen dieser sprachlichen Beeinträchtigung für den Zeitraum des Vorschulalters. Heinemann und Höpfner (1992) kamen nach Durchführung eines Screening-Verfahrens zur Erfassung von Kindern mit Sprachentwicklungsstörung im Mainzer Raum zu dem Ergebnis, dass bei 25 % der Dreieinhalb- bis Vierjährigen eine „hochgradige bzw. mittelgradige" und gar bei 50 % dieser Altersgruppe eine „leichte" Sprachentwicklungsstörung vorliegt. Bezogen auf solche Ergebnisse warnt Grimm (1997, 51) davor, „weiterhin wissenschaftlich nicht haltbare Phantasiezahlen zu verbreiten". Zusammen mit Doil, Müller und Wilde konnte die Autorin (Grimm et al. 1996) Untersuchungen aus dem amerikanischen Sprachraum auch für deutsche Verhältnisse bestätigen, dass etwa 10 % der dreijährigen Kinder eine persistente Sprachentwicklungsstörung aufweisen, die mit zusätzlichen kognitiven und sozialen Beeinträchtigungen verbunden ist: „Daß 10 % der Vorschulkinder aus dem Bereich der Normalität fallen, sollte alarmierende Wirkung zeigen. Warum aber manche Autoren meinen, von 30 % oder sogar noch mehr reden zu müssen, bleibt nicht nur unverständlich, sondern ist vor allem auch unsolide und gefährlich" (Grimm 1997, 50). Fromm et al. (1998, 25ff) referieren Untersuchungen über die epidemiologische Verbreitung von Sprachentwicklungsauffälligkeiten im deutschsprachigen und anglo-amerikanischen Raum, die von

Häufigkeiten zwischen drei und über 20 % in einer Population ausgehen, je nach überprüften Leistungsbereichen und zugrunde gelegten Definitionskriterien. Die Autorengruppe fasst ihr eigenes Forschungsergebnis wie folgt zusammen (1998, 28): „Unsere Untersuchungen bestätigen die aktuell verbreiteten Angaben über die rapide Zunahme von Sprachentwicklungsauffälligkeiten in Deutschland nicht. Nach unserer Schätzung sind etwa 3 % der Kinder eines Jahrgangs als sprachentwicklungsgestört zu betrachten (…).“ Grimm (2003) spricht mit Blick auf den deutschsprachigen Raum realistisch von 6–8 %. Ein Drittel davon wird als „Spezifische Sprachentwicklungsstörung“ eingestuft. Dabei sind die Jungen immer etwa dreimal so häufig betroffen wie die Mädchen. Leonard (1998) referiert mit Blick auf die USA 7 %.

Das folgende Beispiel (B 12) illustriert eine Form von sprachlicher Entwicklungsveränderung, auf die die möglichen Beschreibungen zutreffen: „verzögert“, „gestört“, „spezifisch gestört“.

Zum Verständnis des Hintergrundes dieses Beispiels (Welling 1990, 419) sei Folgendes vorausgeschickt: Mark (5 Jahre, 2 Monate, kurz: 5;2) hat sich mit dem Sprachtherapeuten die Sequenz einer Bildergeschichte („Was geschieht?“, Abb. 12) angeschaut, die dargestellten Szenen einzeln und in ihrer Sequenzialität beschrieben.

B₁₂

Anschließend dialogisieren Mark und seine Mutter sein Verständnis der Bildergeschichte wie folgt:

Mark: *Da, da da da apa tite* (Etwa: Da sitzt jemand auf der Kiste).
Mutter: *Hm, die sitzt auf der Bank.*
Mark: *Di dant pi, die un da, da da, data* (Etwa: Die spielt im Sand und die fällt ins Wasser).
Mutter: *Wer fällt da ins Wasser?*
Mark: *Puppe.*
Mutter: *Die Puppe?*
Mark: *Un die ne. Ne ho* (Etwa: Und die schnell holen)
Mutter: *Schnell rausholen, nich? Das ist richtig!*

Abb. 12: Bilderserie „Was geschieht“ (entnommen: Welling 1990, 453)

Zum Verständnis der Aufgabenstellung sei erläuternd hinzugefügt: Die Aufgabe besteht unter anderem darin, die mithilfe von (ungeordnet vorgelegten) drei Zeichnungen dargestellte Handlungsfolge zunächst zu ordnen (also inhaltlich zu sequenzieren), so dass eine erzählbare Geschichte entsteht. Trotz eines dem Beobachter lexikologisch-semantisch, morphologisch-syntaktisch und phonologisch-phonetisch unverständlich benutzten Vokabulars des Kindes scheint es die Folge und die Gesamtsituationen der Bilderserie angemessen zu deuten: Die „langsam" im Wasser versinkende Puppe setzt der Junge mit den nun notwendig werdenden schnellen Bewegungsabläufen (Frau, Kind, Hund) in eine Beziehung. Diese Erkenntnis beschreibt Mark mithilfe der „Geschwindigkeitsadverbiale" ne (etwa: schnell), die seine Mutter nun modelliert, indem sie diesen Ausdruck semantisch expandiert (Schnell rausholen, nich!). Insgesamt gesehen zeigt sich das Kind trotz der ihm zur Verfügung stehenden rudimentären Beschreibungsformen in der Lage, die bildlich dargestellte Chronologie zu rekonstruieren, ihre erwartbaren Ereignisse (Puppe versinkt im Wasser) gedanklich aufzurollen, sie schließlich vorwegzunehmen und sie dialogisch darzustellen.

In älteren, in erster Linie medizinisch orientierten Klassifikationsversionen wurde von einer SEV oder SES dann gesprochen, wenn drei Voraussetzungen in der Kindersprache gegeben waren: *Dyslalie* („Stammeln"), *Dysgrammatismus* und *Wortschatzdefizite* („Wortschatzschwäche", „Wortschatzschwierigkeiten"; z. B. Luchsinger/ Arnold 1970). Die Verwendung dieser Terminologie ist in der Praxis heute noch verbreitet, allerdings uneinheitlich im Gebrauch. In der Theoriebildung in den letzten zwei Jahrzehnten setzt sich eine vereinheitlichende Tendenz der Hypothesenbildung aufgrund neuerer empirisch gewonnener Erkenntnisse durch. Die klassischen Bezeichnungen sind deshalb obsolet, weil diese keinen Bezug zum verbreiteten Paradigma der Sprachentwicklung herstellen.

Das Thema „Sprachentwicklungsverzögerung" ist seit Beginn der wissenschaftlichen Sprachheilkunde Ende des 19. Jahrhunderts (Kussmaul 1877) ein vorherrschendes Gebiet dieser Disziplin. Aspekte dieser Betrachtungsweise werden in den folgenden Abschnitten im Zusammenhang mit der Darstellung der Subgruppen der untergliederten Sprachentwicklungsstörungen thematisiert (3.1.1 – 3.1.4). Deshalb findet sich hier lediglich ein Einzelhinweis. Man findet eine Reihe von Belegen der alten Nomenklatur auch noch in theoretisch „jüngerer" Literatur, in der die genannten Beschreibungen teilweise bis in die jüngere Zeit verwendet werden. So wird noch bei Wurst (1980) in den 1980er und bei Offergeld (1994) in den 1990er Jahren deutlich, wie diese ältere sprachentwicklungsferne Begrifflichkeit und ihre zugrunde liegenden Annahmen genutzt werden. Zuweilen werden „ältere" mit „neueren" sprachsystematischen Terminologien nomenklatorisch vermengt, ohne genügend auf die Bedeutungsunterschiede der zugrunde liegenden Ansätze, ihrer Hypothesen und empirischen Annahmen zu achten, also darauf, ob die Ansatzpunkte zur Erklärung theoretisch überhaupt miteinander „harmonieren" und auf vergleichbaren Grundansätzen beruhen. Die genannten Literaturbeispiele illustrieren überdies, dass die Einteilungen und definitorischen Abgrenzungen dieser Störungsbilder bis in die 1980er Jahre sehr uneinheitlich, teilweise widersprüchlich verwendet wurden. Diesen Befund bestätigt eine von Häring, Schakib-Ekbatan und Schöler (1997) vor wenigen Jahren ausgewertete Fragebogenerhebung in 250 sprachbehindertenpädagogischen und logopädischen Einrichtungen im deutschsprachigen Raum: Die Erhebung förderte den Gebrauch völlig uneinheitlicher Definitionskriterien zutage, was unter dem Begriff einer Sprachentwicklungsverzögerung und Sprachentwicklungsstörung verstanden wurde.

Was die sprachbehindertenpädagogische Praxis betrifft, kann vermutet werden (ursachenbezogene Analysen hierüber liegen nicht vor), dass die Anwendung mikroanalytisch genutzter Sprachprüfmethoden wie beispielsweise AVAK (Hacker/Wilgermein 2001; 2002 a; 2002 b; 2003), ESGRAF (Motsch 2000), TOGA (Kracht et al., in Vorb.) oder Anwendungen nach Glück (2000) und Grimm (2003) eher nicht zu den standardmäßig angewandten Verfahren gehören. Hierbei wird in Rechnung gestellt, dass diese Verfahren nach eigenem Anspruch zur Gruppe der entwicklungs- bzw. erwerbstheoretisch fundierten Methoden gehören, mit deren Einsatz ein sehr viel genaueres Bild von einer auffälligen Sprachentwicklung gezeichnet werden kann. Denn solange man in der Praxis auf den Einsatz entwicklungsorientierter Verfahren verzichtet, dürfte die Neigung größer sein, von SES oder SEV in dieser wenig differenzierten Betrachtung global zu sprechen. Im Zuge der stärker psycholinguistischen, entwicklungspsycholinguistischen sowie sprach-(erwerbs-)theoretischen Verankerung der Sprachbehindertenpädagogik (siehe Kapitel 2) setzt sich seit den 1980er, 1990er Jahren dagegen mehr und mehr die Erkenntnis durch, dass der Sprachgebrauch von Kindern mit Sprachentwicklungsbeeinträchtigungen durch *qualitative* Schwierigkeiten sprachstruktureller Art gekennzeichnet ist (siehe Beispiel B 12; zusammenfassend Leonard 1998).

Neuere Orientierungsgrundlagen und Entwicklungen

In der neueren deutschsprachigen Literatur (Schulz, in Vorb.) wird versucht, Phänomene der Sprachentwicklungsstörung anhand der Kategorien der psycholinguistischen Teildisziplinen und der erwerbstheoretischen Unteraspekte deskriptiv darzustellen und zu erfassen. Dabei greifen verschiedene Entwürfe auf Aspekte der Phonologie und Phonetik, der Lexikologie und Semantik, der Morphologie und Syntax zurück. Hierbei geht es darum, Sprache als ein System, also als ein in sich strukturiertes Gebilde zu betrachten, welches prinzipiell nach bestimmten Regeln aufgebaut ist, vom Sprechen lernenden Kind entwickelt wird, aber im Erwerb und im Gebrauch nicht erwartungsgemäß „funktionieren" muss. Sie werden ergänzt durch Entwürfe zur Pragmatik, deren Ziel es ist, die grundsätzlichen Regeln, nach denen Sprache in kommunikativen Redesituationen eingesetzt wird, also die Regeln des Sprachgebrauchs in seiner psycholinguistischen Perspektive aufzudecken. All diese Phänomene können dann Sprachentwicklungsverzögerungen und quantitative Auffälligkeiten im Sprachgebrauch zur Folge haben (z. B. Grimm 1999; Grimm 2000 b; Rothweiler 2001).

Es wird angenommen, dass Formen der SSES Verzögerungen in der Sprachentwicklung vorausgehen, bevor eine mögliche SSES ab einem Alter von etwa vier Jahren diagnostiziert wird. Eine Sprachentwicklungsverzögerung in diesem frühen Stadium (bis zu diesem Alter) zeichnet sich nach Schulz (in Vorb.) durch drei Typen aus:

1. Kinder als so genannte späte bzw. langsame Wortlerner (dem Englischen entlehnt: *Late Talker*). Hierzu werden Kinder gerechnet, die mit zwei Jahren über einen aktiven Wortschatz von weniger als 50 Wörtern verfügen oder noch keine Mehrwortäußerungen produzieren.
2. Kinder mit spätem Sprechbeginn, die aber im Verlaufe des Sprachlernens diese Verzögerung aufholen *(Late Bloomer)*.
3. Kinder mit einer spezifischen Sprachentwicklungsstörung.

Ergebnisse differenzialdiagnostischer Verfahren, also Verfahren, die eine Entscheidung zwischen verschiedenen Gruppen oder Merkmalen ermöglichen sollen, sind oftmals nicht so schlüssig, wie man sich dies in der Praxis wünschte. Als allgemeine Richtschnur dürfte gelten: Benötigen die Kinder länger als zwei Jahre, vermutet man eine Sprachentwicklungsstörung. Diese Kinder benutzen nach 24 Monaten und später noch keine 50 Wörter und entwickeln ihren Wortschatz dann nicht „explosionsartig", wie dies bei sich unauffällig entwickelnden Kindern im Sinne ihres so genannten *Vokabelspurts* erwartet wird. Aber einschränkend wird hervorgehoben: „Auch in diesem Sinne sehen Sprachentwicklungsstörungen in der Regel zunächst wie Sprachentwicklungsverzögerungen aus" (Schecker et al., in Vorb.).

Im Falle des Sprachgebrauchs des Kindes Mark (siehe oben, B 12) ist dieses Phänomen offenbar: Wie eine biografische Analyse der Lebensgeschichte dieses Kindes zeigt, hat die sprachliche Entwicklung erst sehr spät eingesetzt, nach Erinnerung der Mutter etwa erst mit gut drei Jahren (beginnender produktiver Wortgebrauch). In allen regelmäßig durchgeführten ärztlichen Untersuchungen (U 1 – U 9, Bruggemann 1991) sind ärztlicherseits keine sonstigen Auffälligkeiten neurologischer oder anderer Art bemerkt und erkannt worden. Dies könnte auf eine SSES schließen lassen.

Von einer SSES spricht man, wenn es sich um Störungen der Sprachentwicklung handelt, die nicht Folge einer anderen Beeinträchtigung sind. Im deutschen Sprachraum (SSES) und auch international *(SLI)* werden Störungen dieser Art übergreifend als *umschriebene Entwicklungsstörungen des Sprechens und der Sprache* zusammengefasst. Schecker et al. (in Vorb.) stellen Ausschlusskriterien zusammen, die darlegen, wann *nicht* von einer SSES gesprochen werden kann:

SSES: Ausschlussdefinition

Hierzu „gehören

Differenzialdiagnostische Betrachtungen

- Sensorische Schädigungen: Das heißt, dass die periphere auditive und visuelle Verarbeitung (Auge und Ohr) ungestört sein müssen bzw. Störungen der peripheren Verarbeitung allein nicht die vorhandene Symptomatik erklären können.
- Schwerwiegende neurologische Erkrankungen bzw. strukturelle oder funktionelle Hirnschädigungen beispielsweise durch Tumore, Infarkte oder epileptische Störungen, die ursächlich für die Symptomatik sind. Emotionale Schädigungen: Ausgeschlossen sind damit u. a. kindliche Depressionen, paranoide Symptombilder und auch das *Aufmerksamkeitsdefizit und Hyperaktivitätssyndrom* (ADHS, siehe auch Schecker 2000), soweit diese bereits die Symptomatik erklären.
- Geistige Behinderungen, soweit diese für sich bereits die sprachlichen Defizite erklären. Üblicherweise schließen wir Kinder mit einem nonverbalen IQ von 80 (= zwei Standardabweichungen unter dem Mittelwert unauffälliger gleichaltriger Kinder) aus.
- Mangelnde Anregung und Förderung: Ein Kind, das beispielsweise bei taubstummen Eltern aufwächst, wird vermutlich erhebliche Defizite in den gesprochen-sprachlichen Fähigkeiten aufweisen, ohne dass dann von einer SSES gesprochen werden kann. Dies betrifft auch die oben aufgeführte Problematik (Einfluss sozialer und kultureller Faktoren).

Zusammengefasst zielt damit die Rede von einer Spezifischen Sprachentwicklungsstörung darauf ab, dass wir es einmal mit einem eigenständigen ‚Krankheitsbild‘ zu tun haben. Zum anderen wird dessen Selektivität betont – betroffen sind im Wesentlichen nur sprachliche Leistungen" (Schecker et al., in Vorb.).

Wie die Autorengruppe selbst (Schecker et al., in Vorb.) problematisieren auch andere Fachleute die Vorstellung von der selektiven Störung (Fromm et al. 1998, 23). Kauschke (1998) macht auf die individuelle Variation der Symptomatik aufmerksam und auf die Heterogenität der Störungsbilder bei Kindern aus dieser Gruppe, bei denen gleichzeitig niedrige nonverbale Intelligenz, sensorische Beeinträchtigungen, neurologische Schädigungen (kindliche Aphasie, Entwicklungsdysarthrophonie), starke sozial-emotionale Auffälligkeiten (bei unauffälligem neurologischem Befund) oder bei pervasiven Störungen (Autismus u. a.) festgestellt werden.

Gegenwärtig ist der Begriff *Sprachentwicklungsstörung* in zweierlei Hinsicht differenziert und gebräuchlich: in einem weiten Sinn und im Sinn der „Spezifischen Sprachentwicklungsstörung". In diesem Sinn wird damit jene Gruppe von Symptomatiken und Hintergründen bezeichnet, die aufgrund möglicherweise sehr verschiedener Ätiologien (Krankheitsursachen) und Entwicklungshintergründe auf Verzögerungen bzw. Beeinträchtigungen der kindlichen Sprachentwicklung verweisen (Grimm 1999). Solche Hintergründe sind „unspezifisch" und können sehr vielfältig sein. So ist beispielsweise ein Sprachgebrauch unter den Bedingungen der peripher-organischen Schädigung wie bei der Lippen-Kiefer-Gaumen-Segel-Fehlbildung, einer frühkindlichen zentralen Läsion oder Funktionsstörung wie bei zerebraler Bewegungsstörung, sensorischer Beeinträchtigung wie bei Gehörlosigkeit, Schwerhörigkeit oder Blindheit anders zu bewerten als bei einer so genannten *sprachlich-spezifischen* Störung. Was die Formen der Sprachentwicklungsstörung und ihre Symptomatik anbelangt, so sind, wie bei der „normalen" Lernentwicklung, inter- und intraindividuelle Variationen der Ausprägungsformen ein verlässliches Charakteristikum.

Mit dem Begriff der SEV, d. h. mit den Fragen einer verlangsamten und verspäteten Sprachentwicklung während der ersten drei Lebensjahre beschäftigt sich Schulz (in Vorb.). Was das Bild der SSES betrifft, so wird von der Annahme einer „spezifischen" Beeinträchtigung sprachlich-struktureller Lernfähigkeiten des Kindes ausgegangen. Die Sprachentwicklung beginnt verzögert, verläuft inkonsistent und desynchronisiert, bei durchschnittlicher nonverbaler Intelligenz (Grimm 1999; 2000 a). Für den deutschsprachigen Raum referieren Schöler et al. (1998) „Erscheinungsbilder, Verlauf und Folgerungen für Diagnostik und Therapie", so der Untertitel des Herausgeberbandes. Leonard (1998) gibt einen Überblick über den internationalen Forschungsstand bis zu den 1990er Jahren. Ein aktueller Überblick über den Forschungsstand, über das Leistungsprofil der SSES, über Erklärungsansätze zu ihrer Entstehung findet sich bei Schecker et al. (in Vorb.). Hiernach habe eine Vielzahl der betroffenen Leistungsbereiche bislang noch nicht zu schlüssigen Erklärungen für eine differenzialdiagnostische Differenzierung geführt, so auch nicht für die SSES. Was Letzteres betrifft, sehen die Autoren in der zunehmenden Nutzung neuer Methoden (z. B. bildgebende Verfahren und elektrophysiologische Untersuchungsmöglichkeiten) Chancen, um das Bedingungsgefüge bei SSES detaillierter analysieren und erklären zu können.

3.1.1 Phonologisch-phonetische Entwicklungsstörung

Eine SEV, SES oder SSES wird häufig unter Rückgriff auf verschiedene linguistische Komponenten des Sprachgebrauchs beschrieben und analysiert (siehe Abschnitte 2.1 und 2.2). Einen ersten Zugang zum Verständnis einer Entwicklungsstörung, die phonologisch-phonetisch charakterisiert ist, liefern die theoretischen Bezugssysteme Phonologie und Phonetik (siehe Abschnitt 2.1.1). Dabei richtet die *Phonologie* ihre Aufmerksamkeit wie gesagt auf die kleinsten bedeutungsunterscheidenden Einheiten der gesprochenen Sprache, auf die Phoneme. Diese ermöglicht Kenntnisse darüber, welche sprachlichen Segmente die Unterscheidung sprachlicher Ausdrücke (Wort, Wortgruppe, Satz) im Hinblick auf ihre bedeutungsrelevante, inhaltliche Verschiedenheit gewährleisten. Die (artikulatorische) *Phonetik* befasst sich mit den (artikulatorischen) Bedingungen und Voraussetzungen für die Ausführung von Sprechbewegungen und sieht diese im koordinierten Zusammenspiel einer Vielzahl von Organen als funktionellen Einheiten gegeben. Hierbei, also bei der Erzeugung lautsprachlicher Zeichen, wirken drei große Funktionsgruppen zusammen: Atmung (Respiration), Stimmerzeugung (Phonation) und Lautbildung (Artikulation).

In der einschlägigen Fachliteratur wurden und werden die Fragen einer phonologischen und/oder phonetischen *Entwicklungsstörung* übergreifend auch als *Aussprachestörung* des Kindes charakterisiert. So sind als Betrachtungshintergrund die Bezugssysteme Phonologie und Phonetik notwendig, insofern es um die Beschreibung von *Aussprache* geht. Geht es jedoch um die Beschreibung oder Erklärung der *Entwicklung* dieser Aussprache, ist dies mit den Mitteln der Phonologie und Phonetik nicht möglich, denn ihr Gegenstand ist ein systematischer, kein entwicklungstheoretischer. Auch für ein tieferes Verständnis ihres Charakters als *Störung* dieser Entwicklung genügen diese Disziplinen nicht. Denn um eine Störung als solche zu verstehen, bedarf es einer entwicklungstheoretischen Vergewisserung, die eine grobe normbezogene Orientierung an einer Vergleichsgruppe erfordert.

veränderte Aussprache des Kindes

Jede gestörte oder ungestörte Aussprache wird an einer *Norm* gemessen, die den Gedanken der Entwicklung impliziert

– sei es unter dem Gesichtspunkt eines Alltagsverständnisses von „guter Aussprache" eines Kindes in einem bestimmten Alter bzw. in einer bestimmten Region mit einer bestimmten Mundart,

- sei es hinsichtlich der allgemeinen Normen für eine korrekte und einwandfreie Aussprache der betreffenden Einzelsprache, festgelegt etwa durch Aussprachewörterbücher (wie „Siebs Deutsche Aussprache", de Boor et al. 1969),
- sei es unter expliziter Verwendung eines phonologischen Bezugssystems, um jene für den Systemzusammenhang relevanten Eigenschaften der Einzelsprache zu beschreiben, die den Phonemsystemen anderer Sprachen kontrastiv gegenüber steht,
- sei es unter Verwendung phonologisch-phonetischer Entwicklungstheorien, in denen Modelle entwickelt sind, anhand derer über Hypothesen, Prinzipien und Mechanismen des phonologischen Spracherwerbs gemutmaßt wird (Welling/ Grümmer, in Vorb.).

phonologisch-
phonetische
Entwicklungsstörung

Eine phonologisch-phonetische Entwicklungsstörung ist als Störung definiert, die aus dem Spannungsverhältnis zwischen der realisierten Aussprache eines Kindes und der verallgemeinerten Aussprachenorm resultiert. Im Rahmen unterschiedlicher Konzepte wird dieses Spannungsverhältnis verschieden interpretiert: normorientiert unter Verwendung von „richtig-falsch"-Dichotomien (so die klassische *Pathologiehypothese*) oder im Sinne von Angemessenheitseinschätzungen nach dem Kriterium „mehr-oder-weniger-angemessen" (so die relationale *Konstruktionshypothese*, die das Phänomen aus der Sicht des Kindes zu charakterisieren versucht).

Probleme
der statistischen
Erfassung

Angaben zur statistischen Häufigkeit dieser Störung gehen von einem Anteil von etwa 5 % eines Jahrgangs aus (Dupuis 2000; Fox 2003). Knura (1974) referiert die Zahlenangabe von circa 3 % „Artikulationsstörungen" aus den fünfziger Jahren, die von der ASHA stammt, der *American Speech (Language) and Hearing Association*. Diese Zahl gilt für eine Population von 40 Mio. Schulkindern. Solche Quantifizierungen gelten gemeinhin aber als ungenau; denn sie beruhen eher auf groben Schätzungen als auf genauen statistischen Erhebungen zu diesem Phänomen. Genauere Zahlen würden erforderlich machen, die Beurteilungskriterien hinsichtlich der zugrunde liegenden Störungsform transparent zu machen, die Untersuchungsstichproben gegebenenfalls zu erhöhen, die Spezifität der ausgewählten altersabhängigen Teilabschnitte und die Toleranzbreite gegenüber einer gestörten Aussprache zu objektivieren (Fox/Dodd 1999). Auch wäre zu entscheiden, welcher Personenkreis erfasst ist, Personen mit Störungen „lediglich" auf der phonetischen oder auch auf der phonologischen Ebene, ob mit funktionellen oder entwicklungsbedingten Aussprachestörungen (Dannenbauer 2000b, 1).

Phonetische Entwicklungsstörung: Sven (6;9) befindet sich zum Zeitpunkt der ersten Begegnung mit zwei Praktikantinnen in der Klasse 1 einer Sprachheilschule in NRW. Aus dem Praktikumsbericht dieser beiden Studierenden wird hier zusammenfassend berichtet (Wächter/Wiegand 2003): Der Kontakt zu Sven und seiner Schule wird von den beiden Studentinnen hergestellt, um ein so genanntes Individualkonzept dieses Kindes im Rahmen des Praktikums zu entwickeln. Das Individualkonzept enthält beschreibende und interpretierende Angaben sprachanalytischer, sprachdiagnostischer, unterrichts- und therapiedidaktischer Art. Dieses stellt im Rahmen des Praktikums für unterrichts- und therapiedidaktische Tätigkeiten eine Orientierungsgrundlage dar. Gemäß der Auflage seitens ihrer Studienstätte umfasst das Konzept die Beschreibung und Analyse mehrerer Aspekte der Entwicklung des Kindes Sven:

1. Aspekte einer biografischen Analyse
2. Aspekte einer phonetischen Analyse
3. didaktische Folgerungen für die Planung und Durchführung des Unterrichts mit Sven in seiner Klasse
4. didaktische Folgerungen für die Planung und Durchführung der Sprachtherapie mit Sven im Rahmen der schulischen Organisation.

1. Biografisch ist für den gegebenen thematischen Zusammenhang hier besonders der Hinweis von Interesse, dass Sven seine Aussprache im Vorschulalter zeitweise unter der Bedingung einer vorliegenden Schallleitungsschwerhörigkeit entwickeln musste. Aufgrund von Belüftungsstörungen der Eustachischen Röhre („Tube", Verbindung des Mittelohres mit dem Nasenrachen) waren diverse Operationen nötig gewesen, die zu Vernarbungen des Trommelfells und damit zu Hörbeeinträchtigungen geführt hatten. Überdies waren Auffälligkeiten orofacialer Art im Sinne von Störungen des perioralen und intraoralen Muskelgleichgewichts zu beobachten, so dass Sven myotherapeutisch (myo- gr. = Muskel) behandelt wurde (s. Kasten).
2. Es wurde eine Analyse der Aussprache dieses Kindes erstellt, die vor allem die aktuellen phonetischen Bedingungen seines Sprachgebrauchs im Detail beinhaltete. Diese umfasste einen Aufschluss seiner artikulatorischen Lautrealisationen, einschließlich seiner mundmotorischen Fertigkeiten (siehe Tab. 5).
3. Schließlich sollte in diesem Bericht herausgestellt werden, wie die phonetischen Realisationsfähigkeiten des Kindes unter der Anforderungsstruktur verschiedener schulischer Lernbereiche wie sprachlichem Anfangsunterricht und Sachunterricht didaktisch gesichert sein können.

orofacial: zum Gesicht gehörig

perioral: um den Mund herum

intraoral: innerhalb des Mundes

Zur Erstellung eines Sprachkorpus wurde mit Sven in der Schule ein Handlungskontext erarbeitet (Rollenspiel mit Spielfiguren) und spontansprachlich dialogisch zwischen Therapeutin und Kind produziert. Dieser Handlungskontext wies inhaltlich folgenden Ablauf auf: Zwei Kinder (Spielfiguren Junge und Mädchen) „wandern über Berge" und erblicken eine „Insel". Sie bauen unter Zuhilfenahme diverser Hilfsmittel eine „Brücke" über einen Wasserlauf und „betreten die Insel". Dort gibt es viele fremde Tiere, denen man zunächst einen Namen gibt. Zur Begrüßung werden die „Tiere gefüttert", wobei das ausgegebene Futter ebenfalls zu benennen ist. Danach spielen die Tiere auf der Insel „Verstecken".

Das Sprachkorpus, das sich durch dieses Rollenspiel ergeben hatte, wurde transkribiert und schrittweise einer Analyse unterzogen, die eine Rekonstruktion über phonetische Regelhaftigkeiten in seiner Aussprache erlaubte. Für die Korpusanalyse wurde folgende Wörtersammlung aus der Spontansituation des Sprachgebrauchs durch Sven verwendet: *Apfel, bergab, Ding, Ente, Grab, hoppla, Küken, oben, runter, schwimmen, Vogel, Babywagen, Blumen, drinnen, Eule, Hase, Hund, manchmal, Pflanzen, Salat, Stein, Wasser, Banane, damit, echten, Fleisch, hineingeplumpst, Katze, Maus, Popo, Schaf, Stroh, Ziegenbock, Baum, dicker, Eisstiel, Frosch, Holz, klettert, Muschel, Rabe, Schinken, verteilen, zurück.*

Tab. 5: Zusammenfassung des Analyseergebnisses (phonetische Korpusanalyse) der Aussprache des Kindes Sven (6;9) (nach Wächter/Wiegand 2003)

Plosive	werden wortinitial, wortmedial und wortfinal größtenteils gebildet, zuweilen noch mit „nasalem Durchschlag"; reduziert bei Konsonantenverbindungen, z.B. Grab → [gr–], teilweise ersetzt durch den Hauchlaut [h]
Frikative	werden erwartungsgemäß nicht gebildet bei [f], [v], [ʃ], [z], [ç]; Doppelkonsonanten werden/Doppelkonsonanz wird reduziert oder ersetzt
Affrikate	werden nicht gebildet bei [pf], [ts]
Nasale und Liquide	werden erwartungsgemäß gebildet

Die Korpusanalyse beinhaltete neben der Transkription

- eine Auswertung der Oberflächenbeschreibung ausgewählter Segmentmuster (Realisationen wortinitialer, wortmedialer und wortfinaler [am Anfang, in der Mitte, am Ende des Wortes] Segmentpositionen),
- eine Darstellung der Typologien (typische Aussprachemuster, differenziert nach Artikulationsmodus, Artikulationsort, artikulierendem Organ, Überwindungsmodus [enthält die Frage, auf welche Art und Weise der Lautstrom das Ansatzrohr „überwindet", z. B. stimmhaft oder stimmlos]),
- eine Zusammenfassung der phonetischen Regelhaftigkeiten, die der Aussprache des Kindes Sven zugrunde lag,
- schließlich eine Bestimmung des Gegenstands, der Zielsetzung und der möglichen Inhalte der phonetischen Therapie mit diesem Kind.

Phonologisch-phonetische Entwicklungsstörung oder Aussprachestörung? Wie immer dieses Phänomen genannt wird – in jedem Fall dienen Phonologie und Phonetik sowie Theorien der phonologischen und phonetischen Sprachentwicklung als Bezugshintergrund, wenn es um die Beschreibung von Störungen auf diesem Gebiet geht. In dem einen Fall geht es im Sinne veränderter Sprechbewegungsabläufe um Verstöße gegen die Aussprachenorm der betreffenden Einzelsprache (phonetisch), in dem anderen Fall um Verstöße gegen das Sprachsystem (phonologisch). Im ersten Fall „verstößt" der Sprecher gegen ein phonetisches Gesetz, der Kommunikationszweck wird in der Regel aber nicht in Frage gestellt. Im zweiten Fall „verstößt" der Sprecher gegen ein sprachsystematisches Gesetz der Zielsprache, z. B. Deutsch, wobei die Kommunikation erheblich beeinträchtigt sein kann.

Zur Nomenklatur

Selbstverständlich waren Phonetik und Phonologie und die angesprochene entwicklungstheoretische Grundorientierung nicht immer und nicht in derselben Gründlichkeit Bezugssysteme für Beschreibung und Verständnis der Aussprachestörung des Kindes im Vergleich zu heute. Als Schultheß im Jahre 1830 daranging, die „Krankheit Stammeln" (Dyslalie, gr. *dyslalia*) von der „Krankheit Stottern" (Balbuties, lat. *balbutio*) zu trennen, konnte er sich auf nichts anderes berufen als auf die seinerzeit anerkannte ärztliche Heilkunst. Und so war es später im letzten Viertel des 19. Jahrhunderts von Vorteil, dass die medizinische Praxis zunehmend auch durch die *Sprachphysiologie* (s. Kasten) als Bezugssystem bereichert wurde (Rothschuh 1978). Im hier gegebenen Zusammenhang fanden sprachphysiologische Erkenntnisse besonders im „Gesetz" von Schultze (1880, 27f) ihren historischen Kristallisationspunkt, der davon ausging, „dass die Sprachlaute im Kindermund hervorgebracht werden, die von den mit der ge-

ringsten physiologischen Anstrengung zu Stande kommenden Lauten allmählich übergeht zu den mit größerer, und endet bei den mit größter physiologischer Anstrengung zu Stande gebrachten Lauten". Dabei verstand
Schultze unter „physiologischer Anstrengung" das „Maß der Nerven- und
Muskelarbeit, welche nötig ist, um die zur Hervorbringung eines Sprechlau-
tes notwendige Stellung der Stimmwerkzeuge herbeizuführen". Dieses
physiologische Gesetz galt bis Mitte des vergangenen Jahrhunderts neben
anderem als Grundlage der wissenschaftlichen Sprachheilkunde (z. B. Liebmann 1901; Fröschels 1913; Gutzmann 1924; Nadoleczny 1926 b), ja, es
findet sich noch bis in die 1990er Jahre im Literaturgut der Sprachbehindertenpädagogik wieder, beispielsweise in Form der Terminologie von den
„leichten" und „schweren" Lauten (Überblick bei von Knebel/Welling
2002). In dem Maße aber, in dem die Phonetik im Zuge des historischen
Wandels ein zunehmend interessantes und wichtiges Bezugssystem für
die Beschreibung lautsprachlicher Gegebenheiten wird, wird sie auch
wichtig bei der Frage nach der Spezifik kindlicher Aussprachestörungen:
Nicht mehr (nur) das physiologische „Kraftmaß von leicht und schwer",
sondern die phonetische Spezifik der Einzellaute und ihrer koartikulatorischen Bedingungen bei der Hervorbringung von phonetischen Kontexten
steht in Betracht (Gutzmann 1911, 67ff; Wängler/Bauman-Wängler 1983
– 1986; Schlenker-Schulte/Schulte 1990).

Zum Bemühen in den 1960er und vor allem in den 1970er Jahren,
sprachbehindertenpädagogisches Denken weitergehend bezugstheore-
tisch zu fundieren, gehören die frühen Vorschläge von Jussen (1964) und
vor allem von Scholz (1969; 1974) seit Ende der 1960er Jahre. Diese
Autoren postulierten nicht nur phonetische, sondern weitergehend *linguistische Grundlegungen,* wenn es um ein im Sinne des Wortes „tiefer
greifendes" Verständnis von gestörter Aussprache ging. Denn mit dem
Einbezug linguistischer bzw. sprachwissenschaftlicher Erkenntnisse ging
es nicht mehr nur um Oberflächenphänomene, sondern weiter greifend
um strukturell beschreibbare Tiefenphänomene des Sprachsystems. Die
Phonologie gewann zunehmend an Bedeutung, die Phonetik aber behielt
ihre Funktion als Bezugsdisziplin.

> **Sprachphysiologie:** Lehre von den „natürlichen" Lebensvorgän-
> gen, dem Aufbau und der Funktion von Organen und Organgrup-
> pen, die der Sprachverwendung dienen

Sprach-
entwicklungs-
theorien als
Grundlage

Doch nicht nur sprachsystematisches, auch sprachentwick-
lungstheoretisches Wissen wird im deutschsprachigen Raum
der Sprachbehindertenpädagogik besonders seit Anfang der
1980er Jahre immer wichtiger. So wurde das Verständnis der
kindlichen Aussprachestörung vor allem durch den Einbezug
phonologischer Erwerbsaspekte grundlegend erweitert (vor al-

lem Hacker/Weiß 1986; Hacker/Wilgermein 2002 b; Romonath 1991).

Um auf die begriffliche Seite dieser Entwicklungsstörung zurückzukommen – was bedeutet phonologisch-phonetisch? Um ein Wort aussprechen und diese Aussprache analysieren zu können, bedarf es der Berücksichtigung von zunächst zwei Aspekten: Phonetisch betrachtet wird das Wort respiratorisch, phonatorisch und artikulatorisch, also letztlich *motorisch* die Sprechbewegungsabläufe betreffend realisiert. Phonologisch gesehen setzt dies ein sprachsystembezogenes phonologisches Regelwissen des Sprechers voraus, das diese sprachlichen Realisierungen in der Sprachentwicklung von Anfang an begleitet. Deshalb wird die kindliche Aussprachestörung zunehmend als *phonetisch-phonologische* bzw. als phonetische *und/oder* phonologische Entwicklungsstörung verstanden. Die in diesem Einführungsband vorgeschlagene Bestimmung *phonologisch-phonetisch* ist durch Auffassungen über die phonologische Sprachentwicklung motiviert, wonach es die Aneignung des *phonologischen* Systems ist, das den phonetisch beschreibbaren Sprachlautproduktionen und -rezeptionen erst ihre phonologisch abgeleitete sprachliche Ordnung verleiht – und nicht umgekehrt. Phonologische und phonetische *Entwicklung* stehen, so eine kognitionstheoretische Hypothese, in einem engen Wechselwirkungsverhältnis, mit Betonung der phonologischen Seite. Bei der *Störung* dieser Entwicklung handelt es sich folglich um eine *phonologisch-phonetische Störung* (Ingram 1976; Macken/Ferguson 1983; Stoel-Gammon 1991).

Terminologisch sind in der deutschsprachigen Literatur verschiedene Bezeichnungen für diese Störungsform gebräuchlich, die sich auf die phonetische Seite der Sprachverwendung beziehen. Die historisch gebräuchlichen Beschreibungstermini „Stammeln" oder „Dyslalie" (Schulthheß 1830) dienten von Anfang an der Bezeichnung in der Perspektive *physiologisch* veränderter Ausspracheformen (Physiologie als Paradisziplin der Phonetik). *Ätiologisch* (= die Ursachen betreffend) werden organisch fassbare Merkmale zur Bestimmung der Ursachen beschrieben (etwa eine Hörbeeinträchtigung; Auffälligkeiten in der Zungen- oder Lippenbeweglichkeit, bei bestimmten Zahnstellungsformen, bei Formen motorischer Koordination von Artikulationsstelle und Artikulationsmodus, artikulierendem Organ und Überwindungsmodus etc. *Symptomatologisch* (= die Kennzeichen der Aussprache betreffend) begnügt man sich damit, die Darstellung einer phonetischen Störung auf phonetisch beschreibbare Merkmale zu beschränken und einzugrenzen.

Phonologisch-phonetisch oder phonetisch-phonologisch?

Phonetische Entwicklungsstörung

Klassifikationen

Klassifikatorisch (die Klassenbildung von Gruppen von Auffälligkeiten betreffend) erstrecken sich die Beschreibungen von phonetischen Störungen auf verschiedene Parameter:

1. Quantitätsbezogen: Hier begnügt man sich mit Beschreibungen wie „partiell" (betrifft einen Teil von Sprachlauten), „multipel" (betrifft viele Sprachlaute) oder „universell" (betrifft alle oder nahezu alle Sprachlaute). Diese Klassifikationen gelten als höchst unspezifiziert, sind allesamt viel zu ungenau und *lediglich von historischem Interesse*. Erklärungshintergründe – die Annahmen des so genannten Schultze'schen Gesetzes sind hierfür paradigmatisch (Schultze 1880) – lieferte bei allen Ordnungsgesichtspunkten ausschließlich die Physiologie.

2. Fehlerartenbezogen: Etwas weiter greifend sind die Beschreibungen phonetischer Entwicklungsstörungen anhand der Kriterien „Fehlerarten". So werden Fehlbildungen durch Anhängen des Semems *-ismus* an die griechische Buchstabenbezeichnung beschrieben, z. B. *Sigmatismus* (von gr. *Sigma* = <s>), wenn die Gruppe der Sibilanten betroffen ist. Weitere fehlerbezogene Beispielbeschreibungen sind Elisionen (Auslassungen von Sprachlauten, z. B. *Knete* → [kneːtə] oder *Haus* → [haʊ]), Substitutionen (Ersetzungen, z. B. *Tulpe* → [tʊtə]), Adjunktionen (Hinzufügungen, z. B. *Schüssel* → [slʏtsəln]) oder Permutationen (Umstellungen, z. B. Schatz → [tʃas]). Qualitative Differenzierungen dieser Beschreibungen wie lautliche Fehlbildung, Auslassung, Ersetzung, Hinzufügung oder Umstellung genügten den Ansprüchen bis etwa in die siebziger Jahre des vergangenen Jahrhunderts (Luchsinger/Arnold 1970; Becker/Sovák 1975). Sie werden auch heute noch bemüht, etwa für Korpusanalysen bei Fragen der phonetischen Entwicklungsstörung (z. B. Schlenker-Schulte/Schulte 1991; Franke 2001).

In enger Verbindung mit der phonetischen Beschreibung (wie hier in Beispiel B 13 beschrieben) diente das physiologische Paradigma jahrzehntelang als wichtigste Orientierungsgrundlage in Therapie und Korpusanalyse, bis im deutschen Sprachraum etwa in der zweiten Hälfte des vergangenen Jahrhunderts, besonders in den 1980er Jahren, die bis dato vorherrschende phonetische Betrachtungsweise durch die phonologische Sicht auf die Aussprache ergänzt wurde (hier initial durch Scholz 1969; 1974; Hacker/Weiß 1986; zur Übersicht: von Knebel/Welling 2002). In stärkerer Orientierung am wissenschaftlichen Diskurs innerhalb der anglo-amerikanischen Forschung wurden Auffälligkeiten in der Aussprache von Kindern in der Folge auch zunehmend strukturologisch im Sinne einer phonologisch-phonetischen Entwicklungsstörung gesehen.

In diesem historischen Kontext ist erkenntnistheoretisch von Interesse: Ob eine Aussprachestörung als Stammeln (Dyslalie), als artikulatorisch-phonetische, phonetisch-phonologische oder phonologisch-phonetische Entwicklungsstörung gefasst wird, ist

Ausdruck einer bestimmten konzeptionellen und theoretischen Position, die zu entsprechend unterschiedlichen Ergebnissen in der Analyse von Ausspracheformen und Aussprachestörungen sowie zur Festlegung von Therapiezielen führt, letztlich also auch zu unterschiedlichen Benennungen. Ob man die Aussprache als Realisierung von Sprechbewegungsabläufen betrachtet (unter Einbezug etwa der artikulatorischen Phonetik), als Ausdruck der Reflexion aussprachebezogenen „Wissens" im Rahmen der Annahme phonologischer Prozesse oder Regeln (in Orientierung etwa an Grundlagen des phonologischen Spracherwerbs bestimmter Prägung; Welling/Grümmer, in Vorb.) oder hinsichtlich der spezifischen Wechselbezüge von phonetischen und phonologischen Gegebenheiten, die gegebenenfalls eher die phonetische oder eher die phonologische Seite betont, ist Ausdruck eines hypothetischen Verständnisses, das der theoretischen Fundierung und der empirischen Prüfung anheim zu stellen ist.

Diese Interpretation ist „absolut". Sie bemisst die Aussprache des Kindes an der Zielsprache (gutes, richtiges Aussprachedeutsch) und kommt zu dem Schluss, dass die Formen der Aussprache dieses Kindes „defizitär" (falsch) sind – gemessen an der Norm. Diese Normvorstellung enthält allerdings ein Kriterium, das lediglich das *Ausspracheprodukt* in Betracht zieht und zu entsprechenden Schlussfolgerungen kommt, etwa dass die Aussprache „falsch" im Sinne des Kriteriums ist.

Pathologie-hypothese

Diese Interpretation ist dagegen „relational" (in Beziehung setzend). Sie bemisst die Aussprache des Kindes an dessen sich entwickelnden Kompetenzen, an dessen eigenen Lernleistungen und kommt zu dem Schluss, dass die Formen dieser Aussprache „mehr" oder „weniger" angemessen sind. Der Maßstab, der benutzt wird, hat hier eine andere Quelle als nach der Pathologiehypothese, denn hypothetisch wird hier die *konstruktive Aktivität des Kindes* in seiner Anpassung an eine dynamische sprachlich-soziale Umgebung vorausgesetzt. Die entsprechende Schlussfolgerung lautet: Die Aussprache enthält bereits viele Momente, die man phonologisch-phonetisch analysieren muss, damit man in der Lehre bezogen auf Therapie und Unterricht hieran anknüpfen kann.

Konstruktions-hypothese

Alles in allem setzt der Begriff der phonologisch-phonetischen Entwicklungsstörung die Annahme eines Spannungsverhältnisses voraus, das sich auf dem Kontinuum zwischen den individuellen Prozessen des Erwerbs phonetischer und phonologischer Gegebenheiten des sprachlichen Systems einerseits und der verallgemeinerten sozial gültigen Aussprachenorm andererseits erstreckt. Die Frage hierbei ist dann nicht, *ob* ein Theorieansatz im Rahmen der Auseinandersetzung mit dem Problemfeld Aussprachestörung zugrunde gelegt ist, sondern *welcher Ansatz* zur Rekonstruktion *welcher Phänomene* führt, welche Ergebnisse die Prüfung hervorbringt und was sich hieraus für die Aufgaben von Diagnostik, Unterricht und Therapie sowie der Beratung schlussfolgern lässt.

Betrachtet man für diesen Anwendungskontext die Konstruktionshypothese etwas genauer und fragt nach den Phänomenen der Entwicklungserscheinungen in der Aussprache, mit denen zu rechnen ist, so kann man vier „Wahrheiten" (Bernhardt/Stemberger 1998) phonologisch-phonetischer Sprachentwicklung unterscheiden.

Vier „Wahrheiten"

Nach Ansicht der beiden amerikanischen Forscher Bernhardt und Stemberger (1998, 11ff) muss jeder Versuch, die phonologisch-phonetische Sprachentwicklung zu beschreiben und empirisch abzusichern, einer Reihe allgemein anerkannter „Wahrheiten" Rechnung tragen. Diese „Wahrheiten" beanspruchen vor allen einzeltheoretischen Annahmen eine gewisse Gültigkeit. Die Autoren nennen in diesem Zusammenhang vor allem vier Phänomene, die die phonologisch-phonetische Sprachentwicklung kennzeichnen:

1. Kinder- und Erwachsenensprache: Die Form der Wörter, die die Kinder gebrauchen, unterscheidet sich systematisch von denen der Erwachsenen. In der Regel zeigt sich dieser Unterschied in einer Art segmentaler und prosodischer „Vereinfachung" der Kindersprache gegenüber der Erwachsenensprache.
2. Entwicklung und Entwicklungsstörung: Die kindlichen Produktionen verändern sich im Laufe der Zeit, schneller oder langsamer, abhängig vom „Grad der Gestörtheit" des Systems, das vom Kind aufgebaut und verwendet wird. Im Fall der Entwicklungsstörung ist der Verlauf durch länger anhaltende Lernplateaus gekennzeichnet, die eine gewisse „Stabilität" (im Sinne von Unveränderlichkeit des Systems), aber auch Variationsarmut des jeweils Erworbenen anzeigen.
3. Variation und Variabilität: Obschon die phonologisch-phonetische Sprachentwicklung unter dem Gesichtspunkt bestimmter Trends der individuellen Kindersprache verallgemeinert werden kann, ist Variabilität sprachlicher Äußerungen ein sprachübergreifend beobachtbares Merkmal. Variabilität ist inter- und intraindividuell zu beobachten und zeigt sich an und für sich in variantenreichen Gebrauchsformen. Während sich Variation auf die Formen der tatsächlich vorhandenen Abwandlung verschiedener Sprachverwendungsweisen bezieht, meint Variabilität die Möglichkeit der Veränderung, insbesondere die Verschiedenartigkeit des sprachlichen Erscheinungsbildes, etwa durch Umweltbedingungen. Variabilität zeigt sich im Erscheinungsbild des Sprachgebrauchs als Verschiedenheit innerhalb (intra-) und zwischen (inter-) den verschiedenen Individuen.
4. Perzeption und Produktion: Das Kind nimmt die Segmente des Gesprochenen zeitlich früher wahr (Perzeption), als dass es diese erwartungsüblich selbst hervorbringen kann (Produktion). Perzeption „geht

also vor" Produktion. Es nimmt die Äußerungen von Erwachsenen „normgerecht" wahr, ist sich des Unterschieds zwischen den eigenen Produktionen und denen der Erwachsenen oftmals nicht bewusst.

Lassen sich diese vier Phänomene bzw. Phänomengruppen in der Aussprache eines jungen Schulkindes wieder finden? Dies wird anhand einer Beschreibung des Jungen Ranga (6;3) illustriert (nach Welling/Grümmer, in Vorb.)

B₁₄

Oberflächlich betrachtet können diese vier Phänomene am Korpusbeispiel der Sprachentwicklung des Kindes Ranga illustriert werden:

1. Ranga „vereinfacht" silbische Strukturen durch die Auslassung von Konsonanten; silbeninitial (Anfang der Silbe) wird *Schlange* als [laɲə], silbenfinal (Schluss der Silbe) *Löffel* als [lœfə] realisiert.
2. Auch nach mehrmonatiger sprachtherapeutischer Förderung Rangas durch Präsentation der verschiedenen Reduktionssilbentypen zur Erweiterung bzw. Komplettierung der Silbenstruktur lässt er die Coda (Silbenschluss) wie bei [lœfə] weiterhin aus. Eine Veränderung der Silbenstruktur gelingt ihm lange Zeit nicht und wenn, dann zuerst bei schriftsprachlichen Anforderungen (Lesen und Schreiben).
3. Intraindividuell zeigt das phonologische System von Rangas Äußerungen Variationen auf, etwa wenn er das Zielwort *Klammer* mal erwartungsüblich als [klamɐ], mal erwartungswidrig als [hamɐ] realisiert.
4. Fragt man Ranga nach der Aussprache eines Wortes, von dem er selbst „weiß", dass er dieses nicht erwartungsüblich realisieren kann, fordert er Anwesende, beispielsweise die Lehrerin auf: „Sag' du mal!". Er scheint

Prozess, bezogen auf ein Aussprachemuster	Beispiel		
Reduzierung von komplexen Silbenanfangsrändern (engl. *onset cluster*)	*Schlange*	→	[laɲə],
	Schnecke	→	[nɛkə],
	Schwein	→	[vaɪn]
Substitution der Liquide /l/ und /r/ durch den Reibelaut /v/	*Schlaf*	→	[vaː],
	renn	→	[vɛn]
Auslassung finaler Konsonanten im Silbenendrand (engl. *coda*)	*Baum*	→	[baʊ],
	Zaun	→	[taʊ],
	Clown	→	[laʊ],
	Apfel	→	[apfə],
	Schnecke	→	[nɛkə]
Plosivierung von Frikativen	*Schaf*	→	[taː],
	Sieb	→	[tɪː]

Tab. 6: Zusammenfassung des Analyseergebnisses (phonologische Korpusanalyse) der Aussprache des Jungen Ranga (6;3) (nach Welling/Grümmer, in Vorb.)

sich also fallweise seiner gegenüber der Erwachsenensprache anders-
artigen Aussprache bewusst zu sein und scheint dann davon auszugehen, dass nicht er, sondern „nur ein Erwachsener" ein bestimmtes Wort
aussprechen kann. Oder, wie zu einem anderen Zeitpunkt gesehen, er
vermeidet selbst gerade Wörter mit solchen Sprachlauten, die er nicht
realisieren kann. Zuweilen bemerkt er seine eigenen Versprechungen
und versucht sich dann selbst zu korrigieren.

Im Verlaufe des vergangenen Jahrhunderts wurde eine Reihe von
phonologischen Hypothesen darüber aufgestellt, wie ein Sprache
lernendes Kind das System seiner Umgebungssprache erwirbt, welche Mechanismen hierfür angenommen werden können und
nach welcher Systematik schließlich ein Kind verfährt, um die Regeln einer Aussprache zu erwerben.

Einer der Zwecke phonologischer Theorien ist die Beschreibung der Grammatik einer Sprache einschließlich des phonologisch-phonetischen Spracherwerbs. Naturgemäß existieren hierüber verschiedene theoretische Ansätze. Wie von Bernhardt und
Stemberger (1998, 18ff) in vielen Details ausgearbeitet ist, liegen
jeder phonologischen Erwerbstheorie im Ganzen vier Kernfragen zugrunde, auf die jede Theorie eine Antwort geben muss.
Demnach handelt es sich um folgende vier kriteriale Kernfragen,
die in diesem Unterabschnitt referiert werden:

Kernfragen
1. Welche Rolle spielen Regeln, Prozesse oder Beschränkungen,
   denen eine phonologisch-phonetische Ausspracheform unterliegt (Frage nach den Ableitungen von Aussprachevariatio-
   nen)?
2. Handelt es sich um Merkmale von Phonemen oder um Sil-
   bensegmente (Frage nach der Wesensart der basalen Einheiten)?
3. Speichert das Kind Informationen über Wörter, oder wird eine
   wortunabhängige Speicherung von allgemeinen Regeln angenommen (Frage nach der Art der Speicherung)?
4. Ist der Spracherwerb angeboren (Frage nach dem Ursprung
   des Sprachsystems)?

Diese vier Kernfragen waren in der Vergangenheit von besonderem linguistischem, psycholinguistischem und entwicklungs-
psycholinguistischem Interesse, weil vor dem Hintergrund ihrer
Aufklärung eine Reihe von zentralen spracherwerbsorientier-
ten Antworten in der phonologisch-phonetischen Sprachdo-
mäne erwartet wurden. Für eine eher „anwendungsorientierte",
also eine pädagogische und didaktische Problemstellung wie
die Sprachbehindertenpädagogik verspricht die Lösung vor allem der beiden erstgenannten Komplexe einen Erkenntnisge-

winn, weil man sich Hinweise auf die Eigenart möglicher Therapie- und Unterrichtsgegenstände bei phonologisch-phonetischer Entwicklungsstörung erhofft. Vor allem auf die beiden erstgenannten Kernfragen, die Frage nach den Bedingungen der Variationen in der Aussprache des Kindes und nach der Wahl der Einheiten, welche eine besondere Relevanz für didaktische Entscheidungen haben, sollte man sich unter der anwendungsorientierten Perspektive gut vorbereiten (Übersicht bei Vihman 1996, 13ff).

Fox (2003): Kindliche Aussprachestörungen: Phonologischer Erwerb, Differenzialdiagnostik, Therapie – Fox/Dodd (1999): Der Erwerb des phonologischen Systems in der deutschen Sprache – Hacker/Wilgermein (Hrsg.) (2001): Aussprachestörungen bei Kindern – Hacker/Wilgermein (2002): Aussprachestörungen – Piske (2001): Artikulatorische Muster im frühen Laut-und Lexikonerwerb

3.1.2 Morpho-syntaktische Entwicklungsstörung

Wie bereits gezeigt, ist Sprache ein komplexes Gebilde, das hierarchisch aufgebaut ist. Phoneme, die kleinsten bedeutungsunterscheidenden Bestandteile gesprochener Sprache, sind die Bausteine für Morpheme, die kleinsten bedeutungtragenden Bestandteile der Sprache. Morpheme sind die Bausteine von Wörtern, den kleinsten selbstständigen Bedeutungseinheiten der Sprache. Wörter verbinden sich zu Satzteilen (Phrasen), Satzteile verbinden sich zu Sätzen, den grundlegenden grammatischen Gefügen von Sprache.

Sprachliche Äußerungen haben eine *Form,* auf der Wort- wie auf der Satzebene. Die Morphologie ist die „Lehre von den Wortarten", die Syntax die „Lehre vom Satz". Die *Lehre von den Wortarten* thematisiert jene Wortformen und Wortklassen, die nach grammatischen Kriterien gebildet werden: Wortbildungsmöglichkeiten, morphologische Ausprägungsmöglichkeiten (wie Flexion), syntaktische Verwendungsmöglichkeiten. Die *Lehre vom Satz* umgreift die Lehre von den Regeln, nach denen in einer Sprache aus den Wörtern größere Einheiten geformt werden: Phrasen, einfache Sätze und schließlich komplexe, aus mehreren Teilsätzen zusammengesetzte Satzgefüge. Syntaxregeln beinhalten Aussagen über die Kombinatorik von syntaktischen Wörtern zum Bau von Sätzen. Mit dem Terminus *morpho-syntaktisch* ist also ein enger Form-Funktionszusammenhang zwischen Morphologie und Syntax zum Ausdruck gebracht (Linke et al. 1996, 47f).

„Lehre von den Wortarten"– „Lehre vom Satz"

Morpho-syntaktische Entwicklung

Die meisten Kinder erwerben die wesentlichen grammatischen Strukturen ihrer Muttersprache bis zum Alter von etwa vier Jahren. Was die Aneignung dieses sprachlichen Teilbereichs der Sprache durch das Kind betrifft, geht man von der allgemein akzeptierten Tatsache aus, dass der Form-Funktionszusammenhang in der sich entwickelnden Kindersprache von Anfang an mit dem der Erwachsenensprache nicht gleich ist; denn bestimmte Erkenntnissysteme des Kindes werden erst allmählich für Grammatik spezialisiert. Zudem gilt es bei dieser Frage zu berücksichtigen, wie viel Erfahrung das Kind mit Sprache in seinem Umfeld macht (Szagun, in Vorb.).

morpho-syntaktische Entwicklungsstörung

Die morpho-syntaktische Entwicklungsstörung verweist auf den Grundansatz einer veränderten Sprachentwicklung (gegenüber der „normal", also sich unauffällig entwickelnden Kindersprache) und beinhaltet Form-Funktionszusammenhänge zwischen Morphologie und Syntax. Die Bezeichnung *morpho-syntaktisch* beinhaltet den inhaltlichen Überlappungsbereich zwischen diesen beiden Komponenten der Sprachverwendung, der jeweils analytisch im Hinblick auf die eigentlichen Schwerpunkte dieser Störung zu präzisieren ist.

Ausschlusskriterien

Aufgrund der Forschungshypothesen wird das Störungsbild in einer gewissen übereinstimmenden Tendenz definitorisch folgendermaßen eingeengt:

- Die Sprachentwicklung setzt verzögert ein und verläuft verlangsamt;
- die so genannte nonverbale Testintelligenz liegt mindestens im Normalbereich;
- so genannte Primärdefizite wie allgemeine geistige Retardierung, Sinnesschädigungen oder psychische Beeinträchtigungen werden ausgeschlossen;
- die sprachlichen Schwierigkeiten der betroffenen Kinder liegen vornehmlich im morpho-syntaktischen Bereich;
- das Erscheinungsbild dieser Störung ist meist auch durch phonologisch-phonetische Auffälligkeiten gekennzeichnet.

Gegenwärtig kann das Erscheinungsbild im Ganzen weder einheitlich beschrieben noch vorläufig abschließend erklärt werden. Daher ist es auch (noch) nicht möglich, die morpho-syntaktische Entwicklungsstörung positiv und explikativ zu definieren. Der Sachverhalt wird infolgedessen dadurch bestimmt und abgegrenzt, dass diejenigen Faktoren genannt werden, die auszuschließen sind, wenn es sich um die hier gemeinte Störung der Sprachentwicklung handelt. Die wenig gesicherten Erkenntnisse hinsichtlich des Erscheinungsbildes und der Entstehungsbedingungen spiegeln sich in der Heterogenität der Auffassungen und in der Uneinheitlichkeit der Terminologie bezüglich dieser Störung besonders krass wider.

Beispieläußerungen von Lena (4;6), deren Korpuswiedergabe hier von phonetischen und phonologischen Auffälligkeiten bereinigt ist, sind folgende (Kracht/Welling 2001):

- wo denn die katze ist
- jetzt du wieda alles hinlegen
- du mal sagen
- wo noch eine birne
- das geld hier reinkommt.

Zusammenfassend zeigen sich auf der Ebene der Beschreibung dieser Ergebnisse einige Auffälligkeiten im Sprachkorpus von Lena (siehe Tab. 7).

Mikroanalytische Betrachtungen zu Teilaspekten des Sprachgebrauchs machen offenbar, dass Lenas Sprachgebrauch in unterschiedlichen Bereichen auffällig ist – auffällig, wenn ihr Sprachgebrauch an einer interindividuellen Entwicklungsnorm „gemessen" wird. So werden in bestimmten Spielsituationen, z.B. beim Einkaufspiel, Einschränkungen im lexikalischen Bereich sichtbar, zielsprachgemäße Bezeichnungen für bestimmte Gegenstände und Sachverhalte zu finden; Lexeme werden hier oft übergeneralisiert. In der Aussprachetätigkeit des Kindes zeigen sich phonetische Auffälligkeiten in Form von Veränderungen der s-Laut-Bildung mit beidseitigem Luftausströmen an den Wangen vorbei, also in Form eines so genannten Sigmatismus bilateralis, sowie als phonologische Besonderheiten im Sinne noch nicht überwundener phonologischer Prozesse (vor allem der Prozess der Alveolarisierung, etwa durch Vorverlagerung hinterer Konsonanten, und der Plosivierung, etwa durch Ersatz von Frikativen und Affrikaten durch Plosive). Besonders im grammatischen Bereich, auf den hier etwas detaillierter eingegangen wurde, lassen sich Unausgewogenheiten erkennen (siehe Tab. 7). Zu Beginn der Therapie mit Lena wurden die Analyseergebnisse dahingehend interpretiert, dass hier der Gebrauch von Modalverben im Kontext zusammengesetzter verbaler Elemente einen zu bearbeitenden grammatischen Therapiegegenstand darstellt.

wo denn die katze ist *wo noch eine birne*	Verbendstellung und Auslassung von Kopulae im Fragesatz
jetzt du wieder alles hinlegen	Verbendstellung von Partikelverben oder Auslassung von Modalverben
das geld hier reinkommt	Verbendstellung eines flektierten Partikelverbs

Tab. 7: Zusammenfassung des Analyseergebnisses (grammatische Korpusanalyse) des Sprachgebrauchs des Kindes Lena (4;6) (nach Kracht/Welling 2001)

Analyseschritte

Wie an diesem Beispiel exemplarisch illustriert ist, wird in der gegenwärtigen sprachpathologischen Analyse eine Tendenz verfolgt, die sich in fünf Schritte untergliedern lässt:

1. Anwendung der linguistischen Terminologie zur Beschreibung von Morphologie und Syntax (Grammatik)
2. Analyse der sich entwickelnden morpho-syntaktischen Strukturen in der Kindersprache und vergleichende In-Beziehung-Setzung zu Hypothesen über grammatische Entwicklung
3. Markierung der Störungen unter Berücksichtigung entwicklungstheoretischer Bezüge
4. Qualifizierung und Einordnung dieser Störung
5. Hypothetische Festlegung erster Therapiegegenstände, Therapieziele und Therapieinhalte

In diesem Prozess können historisch sehr verschiedene Terminologien für dieses entwicklungstheoretische Konstrukt verwendet werden, mit beschreibender, teilweise gleicher, teilweise sehr unterschiedlicher Bedeutung. Sie reichen von „Dysgrammatismus" oder „Entwicklungsdysgrammatismus" über „Entwicklungsdysphasie" (engl. *developmental dysphasia;* Wyke 1978) bis zu „Störungen der Grammatik", um nur einige aktuelle Beispiele zu nennen.

Ein historisches Verdienst kommt in diesem Zusammenhang besonders Liebmann (1901) zu. Als Spracharzt hatte er vor über hundert Jahren maßgeblich zur Überwindung der in erster Linie an Erwachsenen ausgerichteten aphasiologischen Betrachtung von gestörter Kindersprache beigetragen. In seinem gleichnamigen Aufsatz über *agrammatismus infantilis,* also über den „kindlichen Agrammatismus" stellte er verschiedene „Arten" (Syndrome) zusammen, wobei er in besonderer Weise die grammatische Seite des auffälligen Sprachgebrauchs beim Kind reflektierte. In der sprachheil- bzw. sprachbehindertenpädagogischen Praxis wurden diese „Arten" danach über Jahrzehnte allerdings fälschlicherweise im Sinne von „Schweregraden" interpretiert. Dannenbauer, der sich seit den 1980er Jahren als einer der ersten und renommiertesten Vertreter innerhalb der Sprachbehindertenpädagogik mit der Theoriebildung auf diesem Gebiet auseinander gesetzt hatte, kommt in seiner Analyse zu folgendem Schluss: „Im Grunde ist das Kriterieninventar der Einteilung nach Schweregraden als ein Sammelsurium vager Anhaltspunkte zu betrachten, das der Erwachsenengrammatik entnommen ist, und das weder über die individuelle Ausprägung der grammatischen Störungen noch über die Verständlichkeit der Sprache – geschweige denn über die sprachliche Handlungskompetenz des einzelnen Kindes – irgendetwas aussagen kann" (Dannenbauer 1983, 98). Die Gründe für das langjährige Stagnieren der Forschung auf dem Gebiet der morpho-syntaktischen Entwicklungsstörung sieht Dannenbauer unter anderem darin, dass die kritiklose Verwendung des von Liebmann (1901) dargestellten *agrammatismus infantilis* in den medizinischen oder medizinisch orientierten Ansätzen einen gesicherten Kenntnisstand suggerierte. Damit sei historisch über die eigentlich bestehende Unsicherheit und Unwissenheit auf diesem Gebiet hinweggetäuscht worden.

Der klassische Dysgrammatismusbegriff ist unter anderem das Ergebnis der unpräzise formulierten Bezugssysteme einer „präskriptiven Erwachsenengrammatik" (Scholz 1981; präskriptiv = vorschreibend). Wird in der sprachbehindertenpädagogischen Praxis eine solcherart außerindividuelle Bezugsgröße der Sprachgemeinschaft zugrunde gelegt, sind diagnostische und therapeutische Fehlurteile vorprogrammiert. Denn präskriptive, also vorschreibende und Normen setzende Grammatiken haben mit der sprachlichen Wirklichkeit des Kindes nichts gemein und verfehlen diese, weil sich diese Grammatiken eher an der Duden-Sprache als an den variantenreichen Formen lebendigen Sprachgebrauchs des sich entwickelnden Kindes orientieren. Bis in die 1980er Jahre implizierte die Zugrundelegung einer präskriptiven Grammatik eine kritiklose Vorgehensweise in Diagnostik und Sprachtherapie (z. B. Frank/Grzivotz 1978). Erst die systematische Beachtung und Berücksichtigung von Forschungsergebnissen vor allem aus dem anglo-amerikanischen Raum (beispielsweise unter Berücksichtigung der Bezugssysteme der Linguistik, Sprachpsychologie sowie diverser Modelle der Spracherwerbsforschung; siehe Kap. 2) haben die inhaltliche Unzulänglichkeit, die sprachdiagnostische, sprachtherapeutische und letztlich auch sprachunterrichtliche Untauglichkeit dieser hier auch häufig aus klassisch-medizinischer Perspektive verfolgten Ansätze offenkundig gemacht.

Präskriptive Erwachsenengrammatik

Für den deutschsprachigen Raum wären in diesem Zusammenhang vor allem die Forschungsgruppen um Clahsen, Grimm, Schöler und Tracy zu würdigen (eine Literaturauswahl hierzu: Clahsen 1988; Dannenbauer 1997; Grimm 1999; Schöler et al. 1998; Tracy 1991). Zentrales Bestreben neuerer Forschungsarbeiten ist die detaillierte und systematische Beschreibung der Erscheinungsformen. Diese dient als Grundlage für das Generieren (Entwickeln) von Hypothesen, anhand derer man etwas über die Normalentwicklung kindlicher Sprache erfahren und gegebenenfalls auch das Zustandekommen derartiger Störungen erklären kann. Studien zur kindlichen Grammatikentwicklung bilden also eine spracherwerbstheoretische Bezugsgröße als Zugang zu einem Verständnis der grammatischen bzw. morpho-syntaktischen Entwicklungsstörung. Mit diesem Bezugsrahmen ist für auffällige Kindersprache ein Bewertungsrahmen abgesteckt, der sich an der unauffälligen kindlichen Sprachentwicklung orientiert. Dieser Rahmen bietet in Therapie und Unterricht eine Orientierungsgrundlage für das entwicklungstheoretische Verständnis des Sprachgebrauchs eines Kindes.

Kindergrammatik als Orientierungsgrundlage

Aspekte kindlicher Grammatikentwicklung

Im Folgenden werden zwei verschiedene Ansätze (die Modularitätshypothese und die Hypothese der Epigenese) zum kindlichen Spracherwerb bzw. zur kindlichen Sprachentwicklung unter besonderer Berücksichtigung grammatischer Strukturen zusammengestellt.

Beispiel Verbstellung im Deutschen

Besonders gut lässt sich die Veränderung der Entwicklung des kindlichen Sprachgebrauchs am Beispiel der Verbstellung im Deutschen aufzeigen. Hierzu zunächst folgende systematische Vorbemerkung: Die Verbstellungstypen im Deutschen (End-, Zweit- und Anfangsposition) führen zu einer topologischen Beschreibung der deutschen Satzstruktur, die veranschaulicht, dass die Verbteile den übrigen Satz einrahmen (z. B. *Petra möchte gerne mit den Bällen spielen*). Die Formen des finiten Verbs (konjugiert hinsichtlich Person, Numerus, Tempus, Modus und Genus) haben in diesem Zusammenhang eine besondere Bedeutung. Dazu führt Grewendorf (1991, 19) aus: „Diese diskontinuierliche Positionierung des finiten Verbs und der von ihm abhängigen Teile des Verbalkomplexes gibt Anlaß zu einer Strukturierung des deutschen Satzes, die sich zwar keiner besonderen theoretischen Fundierung verdankt, die nichtsdestoweniger als deskriptive Generalisierung eine wichtige Rolle in der deutschen Syntaxforschung spielt."

Grammatikentwicklung

Wie lässt sich die kindliche Grammatikentwicklung angemessen beschreiben? Wie Szagun (in Vorb.) zusammenfasst, lässt sich die Frage nach dem Grammatikerwerb unter Vernachlässigung weiterer Detailfragen vor allem auf einen Hauptpunkt beschränken: modular oder epigenetisch? Zunächst zur Hypothese der Modularität.

Modularitätshypothese

Bei dieser Frage geht es zentral darum, ob Grammatik eine Fähigkeit des Menschen ist, die angeboren ist, funktionell und anatomisch autonom. Eine derartige Organisationsstruktur wird in den kognitiven Wissenschaften auch als *modular* bezeichnet (Pinker 1996), die hiermit verflochtenen erwerbstheoretischen Annahmen als *Modularitätshypothese* (auch Autonomiehypothese). Demnach besteht eine Organisation im Gehirn (mentale Organisation) aus unterscheidbaren Fähigkeiten (Module), die jeweils einen bestimmten Typ von Informationen verarbeiten und unabhängig voneinander funktionieren. Sprache stellt demnach ein spezialisiertes mentales Organ dar (Kandel et al. 1996, 449). Es wird angenommen, dass es im Kind einen genetischen Plan gibt, der das sprachliche Verhalten modular steuert. Modular gesteuertes Verhalten ist zumindest teilweise angeboren und muss nicht gelernt werden. Innerhalb einer „sensiblen Phase", so wird weiter angenommen, entsteht Sprache, die durch die Umwelt lediglich ausgelöst und in *Phasen* beschreibbar wird. Das Modell der modularen Organisation von sprachlichen Fähigkeiten basiert auf einer genetischen Grundlage (Zusammenfassung nach Szagun, in Vorb.).

Für den deutschsprachigen Raum sind vor allem die Forschungsergebnisse von Clahsen relevant, der ein Phasenmodell zur differenzierten Beschreibung des Grammatikerwerbs im Deutschen vorschlägt. Clahsen beansprucht, einen modularitätshypothetischen Beschreibungs- und Erklärungsrahmen für den Erwerb des grammatischen Systems der Einzelsprache Deutsch zu entwickeln. Dieser soll gültig für alle diejenigen Kinder sein, die den Grammatikerwerb unter unauffälligen Bedingungen vollziehen. Dieses Modell des Grammatikerwerbs orientiert sich an ursprünglich fünf Entwicklungsphasen (Clahsen 1986), die der Autor später (1988) auf vier Phasen reduziert hat. Im Folgenden werden die dominanten Merkmale der vier Phasen kurz skizziert (Clahsen 1988; zusammenfassend auch Rothweiler 2002).

Phasenmodell nach Clahsen

Erste Phase: Die erste Phase ist durch Einwortäußerungen gekennzeichnet, die Satzbedeutungen ausdrücken können. Es werden Nomen, deiktische Elemente, Verbpartikel und das Negationswort *nein* benutzt.

Zweite Phase: In der zweiten Phase dominieren Zwei- und Mehrwortäußerungen. Das Kind bildet elementare Satzstrukturen, in denen die syntaktischen Beschränkungen des Deutschen vereinzelt berücksichtigt werden. Die verwendeten Wortarten erweitern sich bei den Verben auf Vollverben, Modalverben, Auxiliare und Kopula (s. Kasten), dazu kommen Adverbien und Adjektive. Konstituenten können in satzperiphere Positionen gebracht werden, zum Beispiel in Satzerststellung (Topikalisierung) von Adverbialen und Satzendstellung von Partikelverben (Verbstellungsrestriktion I). Die Verben werden mit der Stammform oder mit den Flexiven *-n, -t, -e* markiert. Es treten erste Subjekt-Verb-Kongruenzmarkierungen auf (vor allem für die 3. Person Singular); Subjekte werden oft noch ausgelassen. Unter Kongruenz wird hierbei die formale Übereinstimmung syntaktischer Kategorien hinsichtlich grammatischer Merkmale verstanden, etwa die Kongruenz zwischen Finitum und Subjekt (z. B. *Ich gehe in den Garten*).

Dritte Phase: In der dritten Phase wird die Verbzweitstellung des finiten Verbs obligatorisch (Verbstellungsrestriktion II). Partikelverben und zusammengesetzte verbale Elemente (z.B. Modalverb und Vollverb) können getrennt werden. Adverbiale (Umstandsbestimmungen, etwa Modifizierungen des Verbs) können satzintern zwischen finitem Verb und Objekten platziert werden, ebenso das Subjekt (z. B. bei der Fragebildung). Das Flexiv *-st* wird zuletzt erworben. Das Kind markiert nun durchgängig Subjekt-Verb-Kongruenzen.

Vierte Phase: In der vierten Phase wird die Nebensatzstruktur des Deutschen mit Endstellung des Verbs erworben. Während des Erwerbs der Kasusformen für Akkusativ und Dativ werden häufig Übergeneralisierungen produziert. Dabei werden zunächst Nominativformen in Akkusativkontexten verwendet, und mit dem Erwerb von Akkusativformen werden diese auf Dativ fordernde Kontexte übergeneralisiert, bevor Dativformen auftreten.

> **Modalverben:** Verben, die eine Modalität ausdrücken, z. B. *dürfen, können, sollen*
>
> **Auxiliare:** Hilfsverben, die der Tempusbildung dienen, z. B. *haben, sein, werden*
>
> **Kopula:** finite Form von sein und werden

Man sieht die Bedeutung des Erwerbs der Verbstellungsregeln. Die Sprachbehindertenpädagogik verwendet solche Hinweise bezüglich des grammatischen Strukturerwerbs im Deutschen als eine Art Hintergrundfolie für ein Verständnis der Kindersprache. Im deutschsprachigen Raum wurde in den 1980er Jahren zunächst den Forschungsergebnissen von Clahsen (1982, 1986, 1988) eine erhöhte Aufmerksamkeit zuteil. Auf deren Grundlage wurden seit den 1990er Jahren Zugänge zur grammatischen Analyse auffälliger Kindersprache genutzt (Clahsen/Mohnhaus 1985; Clahsen/Hansen 1991; Dannenbauer 1999; Motsch 2000; Rothweiler et al. 1995).

Problem der Betrachtung der interindividuellen Variation

Dieses Modell der Einteilung in Phasen orientiert sich an den unveränderlichen Merkmalen des Spracherwerbs in Bezug auf die grammatischen Aspekte (invariante Merkmale), die nicht durch Unterschiede zwischen verschiedenen Kindern gekennzeichnet sind (interindividuelle Variation). Für diese beansprucht Clahsen eine prinzipielle Gültigkeit für jedes Kind, das Deutsch als Erstsprache erwirbt. Doch gerade was das Zusammenspiel von Variabilität und Entwicklungsunterschieden zwischen einzelnen Kindern in der Aneignung der grammatischen Kompetenzen betrifft, zeigen weitere Studien, dass das Clahsen'sche Modell diesen Variationsaspekt vernachlässigt. So beobachtet zum Beispiel Kaltenbacher (1990) verschiedene Entwicklungslinien in der Kindersprache, im Rahmen derer sich die Verbzweitstellung im Deutschen herausbilden kann. Auch Tracy (1991) bestätigt durch ihre Entwicklungsstudie die Notwendigkeit der Berücksichtigung von Variationen. Zwar unterstützen ihre Ergebnisse im Großen und Ganzen das von Clahsen erstellte Bild von der kindlichen Grammatikentwicklung. Aber die von Tracy ermittelten Verläufe lassen sich nicht im Sinne „voneinander separierbarer Phasen" (Tracy 1991, 410) interpretieren, da als entscheidendes Merkmal vieler Beobachtungszeiträume immer wieder das Ausmaß intraindividueller Variation festgestellt wird. Bezüglich der Entwicklung der Verbzweitstellung finiter Verben macht Tracy (1991, 421) deutlich, dass viele Kinder in diesem

Prozess nach und nach über alternative *Strukturen nebeneinander* verfügen, die gewissermaßen durch eine „Reibung" aneinander weitere Re-Analysen des Kindes vorantreiben. So entwickeln Kinder nach Auffassung der Autorin auf unterschiedlichen Wegen vergleichbare grammatische Fähigkeiten. Tracy (1991; 2000) verfolgt in diesem Sinne eine andere theoretische Linie als Clahsen.

Die Sprachentwicklung ist, so eine theoretische Schlussfolgerung aus diesen Überlegungen, immer mit anderen, weiteren Entwicklungsvorgängen verbunden, als auf der Grundlage der Modularitätshypothese angenommen wird. An erster Stelle ist die kognitive und soziale Entwicklung des Kindes zu nennen, die als Paten der Wortentwicklung und später auch der Grammatikentwicklung auftreten. Um erfahrbare Welt in Sprache zu verarbeiten und darzustellen, konstruiert das Kind einen kognitiven Plan, ein Konzept, mit dessen Hilfe es die Welt verstehen kann. Demnach ist der allmähliche Weg zur Sprache ein kultureller Prozess, durch den ein Kind in eine auch über Sprache bestimmte Kultur hineinwächst. Hierzu wird angenommen, dass Veränderungen in der Entwicklung unbedingt *in Abhängigkeit von der Umwelt* (Erfahrung) stattfinden, sodass sich neue Strukturen entwickeln, die auf den vorhergehenden aufbauen. An seine Umwelt, so die Hypothese der Epigenese, passt sich das kindliche Subjekt an, ohne dass die genetischen Voraussetzungen des Subjekts für die Erklärung seiner Neubildungen vernachlässigt werden müssten. Dies ist die Bedeutung von Epigenese (Piaget 1983 b, 15ff; Tracy, 2001).

Hypothese der Epigenese

Vor diesem Hintergrund favorisiert Tracy statt eines Phasenmodells ein *Schichtenmodell* der grammatischen Entwicklung, sozusagen einen „Schichtenbau der Hypothesen", den das sprachlich sich entwickelnde Kind in Auseinandersetzung mit seiner Umwelt nach und nach aufbaut. Die von der Autorin untersuchten Entwicklungsverläufe deutet sie als Abfolge von drei großen Entwicklungsschichten wie folgt: „Idealerweise entsteht in jeder Schicht eine Repräsentation, die sich in ihren Vorgängern durch zunehmende Analysetiefe und strukturübergreifende Generalisierungen unterscheidet. Am Rande dieser Schichten zeichnen sich aber zugleich die Entwicklungskrisen ab, die zu einer Restrukturierung des Ganzen führen" (Tracy 1991, 431). „Repräsentation" meint in diesem Zusammenhang den Aufbau von Repräsentationen der Realität durch das Kind. Bei diesem Aufbau bilden sich sprachliche Formen umweltbedingt heraus und stellen zugleich ein Werkzeug in der Auseinandersetzung mit der Umwelt dar.

Schichtenaufbau nach Tracy

Erste Schicht: Als erste Schicht nennt die Autorin die *Ausbildung elementarer Strukturdomänen.* Hier entstehen erste syntaktische Beziehungen zwischen lexikalischen Köpfen und Argumenten (z. B. Verben) oder Modifikatoren (z. B. Partikelverb als zusammengesetztes Verb, das aus einem Vollverb und einem wortfähigen Morphem besteht, z. B. *auf*machen, *weg*laufen). Formelhafte Ausdrücke kennzeichnen hier den Sprachgebrauch. Eine besondere Bedeutung für die Entwicklung der Verbzweitstellung in der nächsten Schicht misst Tracy in dieser Schicht dem Gebrauch von Kopula in Gleichsetzungssätzen zu (z. B. Beate *ist* Pferdeliebhaberin). Sie ermöglichen durch das Erproben der Verbzweitstellung in einem begrenzten sprachstrukturellen Rahmen den Erwerb der Verbzweitstellung auch für andere Verbarten, zum Beispiel für Vollverben. Eine Weiterentwicklung elementarer Sprachstrukturen kündigt sich durch die Variation der Flexion verbaler Elemente oder die Variation in den formelhaften Ausdrücken an.

Zweite Schicht: Als zweite Schicht nennt Tracy die *Stabilisierung der Satzklammer.* Darunter fasst sie die Ausbildung der Positionen der linken Peripherie (Vorfeld und Verberst- sowie Verbzweitstellung), die auf der Grundlage der schon vorhandenen rechten Peripherie ermöglicht wird (Verbendstellung). Bei der Verbzweitstellung kann das Vorfeld durch das Subjekt oder durch ein Adverb besetzt sein (z. B. *Merle steigt ins Auto* oder *Gleich steigt Merle ins Auto*); bei der Verberststellung ist das Vorfeld unbesetzt (z. B. *Steig ins Auto*). Mit der Subjekt-Verb-Kongruenz werden erste Kongruenzbeziehungen entdeckt. Tracy (1991, 431) hierzu: „Als Konsequenz treten alle Verben flektiert in V1/V2- Positionen auf. Damit steht die Struktur des einfachen Satzes". Weiter entwickelt wird diese Schicht unter anderem durch den parallelen Gebrauch von Konjunktionen oder durch die Ausdifferenzierung des Artikelsystems.

Dritte Schicht: Als dritte Schicht nennt Tracy die *Ausbildung komplexer Satzstrukturen und kongruenter Form-Funktions-Zusammenhänge.* Hierunter fallen das systematische Auftreten von satzeinleitenden Konjunktionen, die zur Verbendstellung im Nebensatz führen, und der Erwerb von Kasusmarkierungen. Auf dieser Grundlage erfolgt unter anderem eine weitere Ausdifferenzierung des Kasusparadigmas und der Erwerb sämtlicher zielsprachlicher Nebensatzeinleiter mit verschiedensten Nebensatztypen (siehe auch Rothweiler 2001).

Phasenmodell und Schichtenmodell: Die beiden dargestellten Modelle unterscheiden sich. Anders als das Phasenmodell nach Clahsen geht das Schichtenmodell nach Tracy von der Annahme *individueller Spielräume* bei der grammatischen Entwicklung des Kindes aus. Dabei werden so genannte grammatische Meilensteine angenommen (Satzklammer und komplexe Syntax), die das Kind nach und nach „erreicht".

Die detaillierte Darstellung dieser beiden Hypothesenmodelle soll Studierenden möglichst früh im Rahmen ihres Studiums die Erkenntnis vermitteln, dass Hypothesen und Modelle nur Werkzeuge sind, um die sprachbehindertenpädagogische Praxis zu meistern. Das heißt realistisch, dass sich mit ihrer Hilfe ein Wirklichkeitsbereich immer nur ausschnitt- und anmutungsweise (hypothetisch) darstellen lässt, nie objektiv. Es handelt sich um Annahmen (Hypothesen) über die Sprachentwicklung, die auf verschiedenen theoretischen Voraussetzungen und verschiedenen früheren Hypothesen beruhen und entsprechend auch verschiedene Modelle der grammatischen Entwicklung hervorbringen. Für die praxisbezogene Verwendung dieser Hypothesen ist wichtig zu erkennen, dass beispielsweise auch die verschiedenen Verfahren zur Diagnostik in der Regel auf verschiedenen theoretischen Annahmen beruhen, so dass man sich immer auch mit diesen beschäftigen muss, um den Wert der diagnostischen Verfahren einschätzen zu können.

Clahsen (1982): Spracherwerb in der Kindheit – Clahsen (1990): Die Untersuchung des Spracherwerbs in der generativen Grammatik – Deutsch/El Mogharbel (in Vorb.): Thema Sprachentwicklung: Ein einführender Rundblick – Kracht et al. (2006 in Vorb.): TOGA – Therapieorientierte grammatische Analyse – Tracy (1991): Sprachliche Strukturentwicklung – Tracy (2000): Sprache und Sprachentwicklung: Was wird erworben? – Tracy (2001): Spracherwerb durch Epigenese und Selbstorganisation

3.1.3 Semantisch-lexikalische Entwicklungsstörung

Sprachliche Äußerungen implizieren nicht nur morpho-syntaktische Formen, sondern auch Inhalte, womit ein weiteres zentrales Charakteristikum der Sprache zum Ausdruck kommt:

Ohne inhaltlichen Kern einer Aussage hätte ein Sprachgebrauch keine sozial-kommunikative Bedeutung und liefe ins Leere. So verfehlte das sprachliche Zeichen seinen eigentümlichen kommunikativen Zweck, auf den es entwicklungsgeschichtlich verwiesen ist. Zudem hätte dieses Zeichen keine Funktion für den Menschen, für den die Kommunikation mittels Zeichen ein Bedürfnis ist. *„Lehre von der Wortbedeutung"* – *„Lehre vom Wortschatz"*

Im Rahmen der Entwicklung von Wortbedeutung (Semantik) und Wortschatz (Lexikon) baut das Kind im Zusammenhang mit seiner sich ausdifferenzierenden Sprache einen Umfang von Wortformen, lexikalischen Einheiten (z. B. Anteil der verschiedenen Wortarten) und sprachlichen Bedeutungen auf, die ihm nach und nach in seiner lebenslangen Entwicklung als Muster im- Entwicklung von Wortbedeutung und Wortschatz mer komplexerer Neubildungen und Neuschöpfungen von Sprache dienen. Die Basis hierfür sind entwickelte Regeln der Wortbildung und der Wortbedeutungen, die sich in der Individualsprache variantenreich aufbauen (Rothweiler/Kauschke, in Vorb.; Kauschke/Rothweiler, in Vorb.).

Semantisch-lexikalische Entwicklungsstörung: Wie bei der morpho-syntaktischen ist auch im Fall der semantisch-lexikalischen Entwicklungsstörung die gegenwärtige Diskussionslage nicht einheitlich und bezüglich der Theorie zum Teil unbefriedigend. Dannenbauer (1997, 14) etwa kommt zu der Feststellung, dass die Frage der „Wortfindungsprobleme" bei Kindern „ein sehr vernachlässigtes Thema der Sprachpathologie in den deutschsprachigen Ländern" ist. Und Füssenich (1997, 80) urteilte gar: „Das Problem der Bedeutungen und vor allem das der Bedeutungsentwicklung ist ungelöst."

Deshalb ist es vielleicht hier wie dort der beste Weg, sich verstärkt mit Forschungsrichtungen (z. B. linguistisch, psychologisch, entwicklungspsychologisch) und Forschungsansätzen (z. B. behavioristisch-lerntheoretisch, kognitionstheoretisch, psycholinguistisch) kritisch auseinander zu setzen, die die Entwicklungsprobleme von Wortbildung und Wortbedeutung und deren semantisch-lexikalischer Beschreibung thematisieren (Braun 1991; Kauschke/Rothweiler, in Vorb.; Rothweiler/Kauschke, in Vorb.; Seiler/Wannenmacher 1983; 1985; Szagun 1991; Wannenmacher/Seiler 1981). Begrifflich lässt sich das Feld der semantisch-lexikalischen Entwicklungsstörung wie folgt definieren:

semantisch-
lexikalische
Entwicklungsstörung

Die semantisch-lexikalische Entwicklungsstörung ist eine Form der Störung kindlichen Sprachgebrauchs, die sich auf der Ebene entwickelter Wortbedeutungs- (Semantik) und Wortschatzstrukturen (Lexikon) zeigt. Diese Sprachstrukturen werden psycholinguistisch im Vergleich zu sich unauffällig entwickelnder Sprache beschreibbar. Soweit vom Kind entwickelte Regeln der Wortbedeutung und Wortbildung hierfür als Basis angenommen werden, die sich variantenreich in der Individualsprache aufbauen, lässt sich die Störung dieser Entwicklung anhand verschiedener psycholinguistischer Schwerpunkte identifizieren (sprachliche Rezeption, sprachliche Produktion, sprachliches Regelwissen usw.). Diese verschiedenen Komponenten können individualsprachlich zusammenwirken und beim einzelnen Kind unterschiedlich gewichtet sein.

Wahrscheinlich ist, dass das Kind mit semantisch-lexikalischer Entwicklungsstörung über ein bestimmtes Maß an *sprachlicher Variabilität* nicht erwartungsüblich verfügen kann und hinsichtlich des erwarteten Variantenreichtums des semantischen Systems von Wortformbildungs- und Wortbedeutungsstrukturen auf den verschiedenen Ebenen beeinträchtigt sein dürfte:

- Umfang des rezeptiven und/oder produktiven Wortschatzes,
- Qualität der gespeicherten semantischen und syntaktischen Informationen,
- Organisation des mentalen Lexikons,
- Qualität der phonologischen Repräsentation der Wortformen,
- Aktivierung gespeicherter Worteinträge (Kauschke/Rothweiler, in Vorb.).

„Generalisierung" wird als bedeutende Lernstrategie des Kindes verstanden, zu der auch die „Übergeneralisierung" gehören kann, etwa wenn das Partizip *gegangen* auf die irreguläre Form des Partizips *geschwimmt* übergeneralisiert wird (Crystal 1995, 234ff). Generalisierung/
Übergeneralisierung

Quantitativ wird das Feld der semantisch-lexikalischen Entwicklungsstörung üblicherweise wie bereits bei der morpho-syntaktischen Entwicklungsstörung in der Perspektive des Konstrukts der SEV, SES oder SSES gefasst, liegt also bei ca. 5–7% altersgleicher Kinder (siehe 3.1). Probleme der
statistischen
Erfassung

Eine Möglichkeit der Überprüfung semantisch-lexikalischer Produktions- und Rezeptionsleistungen und der zugrunde liegenden Bedeutungen besteht darin, das Kind in ein Frage- und Antwortspiel zu verwickeln, bei dem Differenzierungen in semantisch-lexikalischer Hinsicht notwendig werden. So ist das Kind im folgenden Beispiel herausgefordert, Sachverhalte hinsichtlich räumlicher und zeitlicher Parameter zu rekonstruieren, sie voneinander zu trennen und entsprechend verschieden zu benennen. Herauszufinden ist dabei, wie Veränderungen in Zeit und Raum vom Kind beschrieben werden, ob also ein Sachverhalt aufgrund zeitlicher Veränderungen mit „räumlichen" Bedeutungen versehen wird oder mit „zeitlichen" und umgekehrt. In den folgenden Beispielen kommen zwei Kinder zu Wort, denen vergleichbare Fragen gestellt und die zu Antworten herausgefordert werden. Es bietet sich hier an, den Mechanismus dieser Antwortentypen bei den Aufgabenlösungen und die Unterschiedlichkeit der Niveaus dieser Typen zu studieren. Das folgende Beispiel (B 16) verweist auf eine semantisch-lexikalische Entwicklungsstörung als Komponente einer SES:

Martin (5;4) wird vom Verfasser (AW) in einer Erzählsituation gefragt, wie alt er ist. Martin hält fünf Finger hoch.

AW: *Wie viel ist das?*
Martin: *Danz viel.*
AW: *Und Christian, dein Bruder, wie alt ist der?*
Martin: *Lisian ist so* (zeigt zwei Finger).
AW: *Wie viele Jahre alt ist Christian?*

Martin: *Sechs.*
Im weiteren Verlauf der Gesprächssituation zu Fragen nach den Lebensaltern der beiden Brüder kommt es zu folgenden Beschreibungen Martins: Beim Vergleich mit seinem jüngeren Bruder Christian *(Lisian)* soll dieser „zuerst geboren", „aber jünger" sein. Mal schätzt Martin sich als „älter" ein, mal als „jünger" im Vergleich mit seiner Mutter.
AW: *Warum ist deine Mama älter?*
Martin: *Weiß ich noch nicht.*
AW: *(…) Wer ist denn zuerst geboren, Mama oder du?*
Martin: *Ich!*
AW: *Du bist also zuerst geboren?* (Martin nickt.)
AW: *Und, wer ist zuerst geboren, Papa oder Christian?*
Martin: *Christian, und dann Papa und dann Mama.*

Martins Äußerungen in dieser Situation lassen auf ein Zeitverständnis schließen, das räumliche (körperliche Größe) und zeitliche Parameter (Reihenfolge nach Alter) proportional noch nicht zu deuten scheint (keine direkten Proportionen zwischen Lebensalter und körperlichen Größen), wie dies üblicherweise bei Kindern im Vorschulalter erwartet werden kann (Welling 1990, 143ff). Entsprechend verfügt Martin weder produktiv noch rezeptiv über die Beschreibung mithilfe lexikalischer Zeitpartikel (zuerst, später usw.), wobei vielleicht noch nicht erwartet werden kann, dass das Kind seine Beurteilungen durch zeitliche Alterangaben auch metrisch genau treffen kann.

Ein weiteres Beispiel (B 17) zeigt einen bereits viel bewussteren, kognitiv und sprachlich sichereren Umgang mit den Verhältnissen von Raum und Zeit, als beim Kind Martin (5;4) beobachtet werden kann.

B 17 Bastian (6;8) werden vergleichbare Fragen gestellt wie Martin und er kommt zu viel klareren Antworten als Martin (B 16). Im Verlauf der Befragung äußert sich Bastian bezüglich der Tatsache des Altersunterschieds zwischen seiner Mutter und seinem Vater zunächst korrekt. Dann, beim Vergleich des Alters von seinem Vater und seinem Großvater (= Opa Theo) zeigen sich Unsicherheiten in seiner sprachlichen Darstellung:

AW: *Wer ist älter, Papa oder Theo?*
Bastian: *Theo.*
AW fragt zur Sicherheit nach: *Theo ist älter? Und wenn dein Papa ein Opa ist, wer ist dann älter?*
Bastian: *Ehm, Papa.*
AW: *Warum?*
Bastian: *Weil der dann schon ganz alt ist.*
AW: *Und Opa bleibt so jung?*

Bastian: *Ja!*
AW: *Ja? Bist du dir da sicher?*
Bastian: *Ja.*
AW: *Schau mal, wenn Papa ganz alt ist, ein Opa (…), ist er dann älter als Theo oder jünger?*
Bastian: *Ja, älter.*
AW: *Papa ist also älter?*
Bastian: *Mhm.*
AW: *Das habe ich nicht verstanden, warum das so ist!* (Es folgt ein kurzer Disput darüber, wer was gesagt haben soll.)
AW: *(…) Und dann hab ich gefragt, wenn dein Papa Opa ist: Wer ist dann älter von beiden?*
Bastian: *Papa.*
AW: *Und Theo, bleibt der so jung, wie er jetzt ist?*
Bastian: *Nein, er wird noch ein bisschen älter. Er wird immer älter. Der kann ja nicht so jung bleiben, wie er ist.*
AW: *Nein?*
Bastian: *Dann würde er sterben.*
AW: *Ja, wenn Theo sterben würde, wer ist dann älter, Papa oder Theo?*
Bastian: *Ehm, Papa.*
AW: *Ja?*
Bastian: *Nee, Theo.*
AW: *Theo, sagst du, und wenn dein Papa ein Opa ist, ganz alt also, wer ist dann älter?*
Bastian: *Papa.*
AW: *Gut, dann bleibst du also dabei!*

Dieses zweite Beispiel (B 17) spricht bereits für sich. Obwohl sich dieser Junge der Tatsache des Altersunterschieds zwischen seinem Vater und seinem Großvater („Theo") voll bewusst zu sein scheint, zentriert er Person und Alter seines Vaters unter Vernachlässigung anderer wichtiger Variablen: Offensichtlich kann sich das Kind in der vorstellungsmäßigen Anschauung dieses Verhältnisses noch nicht vom Alter eines Einzelnen lösen und verleiht dem einen eine Vorzugsstellung gegenüber dem anderen. Die Widersprüche, in die er sich verwickelt, erscheinen ihm nicht so schwerwiegend, um ihretwegen die einzelnen Altersangaben zu korrigieren und zu einem einheitlichen Konzept zu kommen.

Die hier aufgeworfenen Gesichtspunkte semantisch-lexikalischer Entwicklung (Bastian) und Entwicklungsstörung (Martin) sind von besonderem Interesse. Die beiden Beispielgruppen von Kindersprachäußerungen verweisen darauf, dass die Kinder eine systematische Beziehung zwischen den sprachlichen Zeichen, dem Wort (Zeitpartikel), und dem aufbauen, was sie als Sprecher mit diesem bezeichnen. Mit dieser Frage beschäftigen sich die Semantik, die *Lehre von den Bedeutungen* sprachlicher Äußerungen, und die Lexikologie, die *Lehre von den lexikalischen Eigenschaften* der Wörter (Linke et al. 1996, 131ff). Offenbar machen diese Beispiele auch deutlich, dass der Gebrauch semantisch-lexikalischer Äußerungen immer auch ein begriffliches Verständnis erfordert. Ein wesentliches Differenzierungsmerkmal, um sich mit dem Thema zu befassen, liegt also in der Unterscheidung von *Wort, Begriff* und *Bedeutung*.

In der sprachheilkundlichen Literatur wurde schon früh das *Wort* und seine *Bedeutung* mit dem *Begriff* zusammengeführt. Das Wort wurde zunächst noch nicht semantisch, also sprachgebunden betrachtet, aber auch nicht (mehr) sensualistisch, also sinnenbezogen. Erste Unterscheidungen dieser Art – Worte als Zeichen für einen „Begriff" – finden sich bei Kussmaul (1877, 13), dem Klassiker der Sprachheilkunde: „Worte sind uns mehr als nur in Laute umgesetzte Bilder der Dinge, wie sie in den Sinnen sich abspiegeln, sie sind uns *Bilderzeichen* für die Dinge, wie wir sie durch Abstraction mit hinter dem ewigen Wechsel ihrer Erscheinungen *begriffen* haben, d.i. *Begriffszeichen*". In dieser Definition wird das Wort nicht mehr nur als „Spiegel rein sinnlicher Anschauungen" gesehen, wie es ebenfalls bei Kussmaul (1877, 12) heißt, das man sich möglichst häufig „sinnlich" (durch Hören, Sehen, Tasten usw.) zugänglich machen kann, um gewissermaßen einen „Wortschatz" anzuhäufen. Wörter sind nach Kussmaul vielmehr „Zeichen für die Vorstellung" (1877, 23), wobei „Vorstellung" zu jener Zeit, wie bei Preyer nachzulesen, als „Assoziationsverknüpfung" oder „Erinnerungsverknüpfung" gesehen wird. Die „Vorstellung" ist demnach identisch mit „Begriff", wie Preyer am Beispiel Milch erläutert (Preyer 1923, 347): „Das oft empfundene süße, warme Naß, das mit dem Saugen associiert ist, bildet nunmehr eine relativ klare Vorstellung und zwar eine der ersten, wenn nicht die erste. Entsteht diese Vorstellung oft, so verknüpfen sich die zu ihrer Bildung notwendig gewesenen Einzelwahrnehmungen immer fester." Wörter als Mittel der Äußerung von Vorstellungen bilde das Kind, so in gleicher Weise bei Kussmaul und Preyer, hauptsächlich durch Schallnachahmung, Begriffe durch Assoziationen, verbunden durch die Bedeutung, die die Erwachsenen den Wörtern geben bzw. die in den Dingen selbst liegen. Dieses Verständnis von Wort, Begriff und Bedeutung lag, vorbehaltlich einer genaueren Prüfung, dem Entwicklungs- und Sprachpathologiegedanken der sprachheilkundlichen Theoriebildung jahrzehntelang zugrunde. Nach Treitel (1894, 6) lerne das Kind „im Laufe von drei bis vier Jahren die Sprache seiner Heimat, (...) den Schall und die Bedeutung der Worte (...)". Für Erscheinungen, die dieser Norm nicht genügen, findet man daraufhin im Sinne phoniatrischer Begriffsbildung (Luchsinger 1959) Ausdrücke wie „Wortschatzschwäche", „Wortschatzstörung", „verminderter Wortschatz", „eingeschränkter Wortschatz", „undifferenzierte Begriffsbildung", „Sprechscheuheit", „Ausdrucksarmut", „Wortfindungsstörung" und weitere mehr.

Sogar Veröffentlichungen jüngeren Datums verzichten aus ätiologischen Erwägungen für ein Verständnis von „Wortschatzschwäche" nicht auf diese klassisch-phoniatrischen Beschreibungen wie „angeborener, familiärer Schwachschwächetypus" (Böhme 1983, 55) oder „allgemeine Sprachentwicklungsschwäche" (Grohnfeldt 1991, 7), auch wenn sie, wie letztere, terminologisch als „Störungen der Semantik" (Grohnfeldt 1991, 7) gefasst werden, wie Jürgens (1996) analysiert. Wortbegriff, Bedeutungsbegriff und Begriffsbegriff sind innerhalb der wissenschaftlichen Sprachheilkunde und der jüngeren Sprachbehindertenpädagogik theoretisch noch unzulänglich differenziert.

Neuere Orientierungen thematisieren das Feld der Bedeutungsforschung unter Berücksichtigung der Spezifitäten der bezugswissenschaftlichen Gegenstandsbereiche wie linguistisch, psychologisch, entwicklungspsychologisch und psycholinguistisch (siehe Kapitel 2).

Dabei sind verschiedene Forschungsrichtungen entstanden, die dem Forschungsfeld je nach beforschtem Gegenstandsbereich verschiedene Sachverhalte abgewinnen. **Forschungsrichtungen**

Die **linguistische** Bedeutungsforschung erklärt sozusagen das Wort durch das Wort. Sie versucht durch Annäherung an andere Wörter (Worterklärungen im Lexikon), durch Gleichheits- oder Kontrastbeziehung zur Bedeutung eines anderen Wortes zu kommen und die Bedeutung eines Wortes als Summe „semantischer Merkmale" zu definieren.

Die **psychologische** Bedeutungsforschung erklärt das Wort durch den Begriff. Dies unternimmt sie durch Rückgriff auf allgemein gebräuchliche Bedeutungsinterpretationen eines Wortes, indem sie Verwendungsarten und Verwendungsrestriktionen von Wörtern und Sätzen in alltäglichen Sprachgebrauchssituationen bestimmt. Weiter bezieht sich dieses Forschungsgebiet auf begriffliche Strukturen oder Repräsentationen, also auf das entsprechende Wissen und Verstehen, das den Bedeutungen eines „semantischen Feldes" unterliegt.

Die **entwicklungspsychologische** Bedeutungsforschung erklärt Wortentwicklung durch begriffliche Entwicklung, also durch Rückgriff auf die sich entwickelnden begrifflichen Strukturen oder Repräsentationen. Die Beispieläußerungen weiter oben (B 16 und B 17) und ihre Beschreibungen zeigen Beispiele aus dem Forschungsgebiet der entwicklungspsychologischen Wortbedeutungsforschung (Szagun 1991). So sind die Äußerungen des Kindes Martin (B 16) ein Beispiel dafür, dass seine „Zeitorientierung" in diesem Fall noch keine Orientierung in der Zeit als solcher beinhaltet, sondern immer auch weitere Handlungsdimensionen mit einschließt: *räumliche* (z. B. „körperliche Größe" bei Personvergleichen bedeutet frühe bzw. *späte* Ereignisse), *kausale* (Ursache-

Wirkungsverhältnisse, etwa wenn die Ursache der Wirkung voraus geht, und die Wirkung dann wiederum Ursache für weitere Wirkungen ist, so dass z. B. *etwas von selbst kommt* oder *etwas von selbst geht*), *gegenständliche* (in einem Bezug auf Gegenständliches, z. B. bei der Zeitbestimmung mittels Uhr oder anhand von Bildergeschichten bei Geschehnisfolgen) (Welling 1990, 420ff). Bei allen diesen Prozessen werden die Wahrnehmungsgegebenheiten des Kindes durch sein komplexes System von Begriffen interpretiert, die den Vorgängen Bedeutung verleihen. So beinhalten die zeitlichen Wortausdrücke immer auch kognitive oder soziale Orientierungen. Nach einer Beurteilung Brauns (1991, 196) erscheint dieses Modell der begriffsorientierten Wortbedeutungsforschung „hinreichend theoretisch fundiert und empirisch nachvollziehbar belegt", sodass ihm „große semantikdidaktische Bedeutung" zukommt. Nach diesem Forschungsansatz liegen semantisch-lexikalische Entwicklungsstörungen keineswegs im begrifflichen Bereich allein begründet, sondern in einer Asynchronität von begrifflicher Strukturiertheit und Wortgebrauch.

Neben der begriffsorientierten Wortbedeutungsforschung wird in der **Psycholinguistik** gegenwärtig das Konzept des mentalen Lexikons und seine Einbindung in die Prozesse der Sprachproduktion diskutiert. Einträge in dieses Lexikon werden als Gedächtniseinheiten aufgefasst, die spezifisch-sprachlich allgemeinen kognitiven Mechanismen unterliegen (Dannenbauer 1997; Glück 2000). Zentrale Elemente dieses Lexikons ist der Erwerb von Wörtern und anderen lexikalischen Einheiten (Wörter, Wurzeln, Affixe wie Wortbildungsmorpheme und Flexive). In diesem Lexikon, so wird angenommen, ist das sprachliche Wortwissen netzwerkartig in organisierter Form aktiv gespeichert, und zwar ist zu jeder lexikalischen Einheit eine Reihe von Informationen gespeichert, die in ihrer Gesamtheit als Lexikoneintrag bezeichnet werden. Rothweiler und Kauschke (in Vorb.) fassen hierzu erwerbstheoretisch zusammen: „Zu den Informationen, die mit einer Einheit gelernt und gespeichert werden müssen, gehören u. a. Aussprache, Silbenzahl und Wortakzent (Phonetik, Phonologie), Informationen zu Wortstruktur und Flexionsklasse (Morphologie), zu Wortart, Argumentstruktur, Genus (Syntax), die Bedeutung, z. B. die semantischen Merkmale der Kernbedeutung sowie Angaben darüber, welche semantischen Rollen (Agens, Patiens usw.) die syntaktischen Argumente eines Verbs tragen (Semantik), zur Verwendung der lexikalischen Einheit (z. B. umgangssprachlich versus gehobener Stil; Pragmatik) und nach erfolgtem Schriftspracherwerb orthografische Informationen. Außerdem werden die Regeln zur Bildung neuer Wörter im Lexikon lokalisiert."

Speicherungswirksamkeit und Abrufkapazität formaler und inhaltlicher Sprachelemente können in spezifischer Weise beeinträchtigt sein und zu entsprechenden Worterkennungs-, Wortbenennungs- und Wortfindungsschwierigkeiten führen.

Dannenbauer (1997): Mentales Lexikon und Wortfindungsprobleme bei Kindern – Glück (2000): Kindliche Wortfindungsstörungen – Glück (2003): Semantisch-lexikalische Störungen bei Kindern und Jugendlichen – Gopnik et al. (2000): Forschergeist in Windeln – Kauschke/Rothweiler (in Vorb.): Lexikalisch-semantische Entwicklungsstörungen – Rothweiler/Kauschke (in Vorb.): Lexikalischer Erwerb – Szagun (1991): Psychologische Perspektiven zum Erwerb von Wortbedeutungen

3.1.4 Kommunikativ-pragmatische Entwicklungsstörung

Die kommunikativ-pragmatische Seite des Sprachgebrauchs ist in erster Linie Gebrauch von Sprache, und damit ist dieses linguistische Interesse an Sprache vornehmlich hinsichtlich ihrer sozialen und textuellen Funktion zum Ausdruck gebracht.

Damit richtet die Sprachwissenschaft ihr Interesse nicht nur auf die Systemaspekte der sprachlichen Zeichen, sondern auch auf die *Regeln und Regularitäten des kommunikativen Umgangs mit Sprache* und ihrer Entwicklung (Bruner 1987; Messer 1995). Richtet die Sprachbehindertenpädagogik ihr Interesse auf die Pragmatik, konzentriert sie sich auf die kommunikativ-funktionalen Ansätze dieses Erkenntnissystems, also auf die linguistische Lehre vom „sprachlichen Handeln" (in seiner linguistischen Relevanz). Die weiter oben genannten Komponenten des Sprachgebrauchs – phonologisch-phonetisch, morphologisch-syntaktisch, semantisch-lexikalisch – werden hierdurch ergänzt, sodass die Fülle des linguistischen Spektrums um die kommunikative Seite des Sprachgebrauchs erweitert wird (siehe 2.1.4). *„Lehre vom Sprachgebrauch"*

In dem Sinne, dass das sprachliche Erwachsenenangebot stets einen Rahmen bildet, innerhalb dessen sich das Kind sprachlich entwickelt, können verschiedene Umgebungen in unterschiedlicher Weise zu dem beitragen, was für die Sprachentwicklung erforderlich ist, und sich auf die kindliche Sprachentwicklung unmittelbar auswirken. So können ungünstige soziale Verhältnisse (beispielsweise aufgrund kultureller Besonderheiten, sozioökonomischer Verhältnisse, der Art der Kinderbetreuung, der Merkmale der Inputsprache, des Geschlechts des Kindes oder seiner Geschwisterstellung) zu Variationen in der Sprachentwicklung führen (beispielsweise hinsichtlich ihres Verlaufs oder ihrer Geschwindigkeit), die den individuellen Sprachgebrauch gemessen an normativen Bezügen als gestört erscheinen lassen. *Kommunikativ-pragmatische Entwicklungsstörung*

kommunikativ-
pragmatische
Entwicklungsstörung

Die kommunikativ-pragmatische Entwicklungsstörung ist eine Form der Störung kindlichen Sprachgebrauchs, die sich auf der Ebene entwickelter sprachlicher Kommunikationsformen zeigt. Diese Sprachstrukturen werden psycholinguistisch im Vergleich zu sich unauffällig entwickelnder Sprache beschreibbar. Soweit vom Kind entwickelte Muster und Formate als Basis angenommen werden, die sich variantenreich in der dynamischen kommunikativen Interaktion mit anderen Personen aufbaun, lässt sich die Störung dieser Entwicklung anhand verschiedener psycholinguistischer Schwerpunkte identifizieren:

− Grad einer altersangemessenen Diskursbeherrschung
− Möglichkeit des Aufbaus und der Vermittlung von Informationen an den Gesprächspartner
− Fähigkeit zur altersangemessenen Differenzierung und Anpassung des Sprachgebrauchs an verschiedene Rollenbedürfnisse (wie Höflichkeit)
− Beherrschung von Argumentations- und Modalitätsformen, die es einem Sprecher erlauben, unterschiedliche Einstellungen (Attitüden) zum Ausdruck zu bringen (wie das Verstehen der Unterscheidung zwischen Fakten und der Bewertung dieser Fakten) usw.

Verschiedene Komponenten dieser Art können individualsprachlich zusammenwirken und beim einzelnen Kind unterschiedlich gewichtet sein, vor allem im sprachsystematischen Kontext mit anderen Komponenten sprachlicher Entwicklungsverzögerung (phonologisch-phonetisch, morphologisch-syntaktisch und/oder semantisch-lexikalisch). Wahrscheinlich ist, dass das Kind mit kommunikativ-pragmatischer Entwicklungsstörung über ein bestimmtes Maß an *sprachlicher Variabilität* nicht erwartungsüblich verfügt und hinsichtlich des erwarteten Variantenreichtums des semantischen Systems von Wortformbildungs- und Wortbedeutungsstrukturen auf den verschiedenen Ebenen beeinträchtigt sein dürfte.

Probleme der
statistischen
Erfassung

Aufgrund der engen Verschwisterung kommunikativ-pragmatischer Entwicklungsstörung mit anderen Störungen auf den Ebenen des Sprachgebrauchs lässt sich eine quantitative Aufschlüsselung dieser Ausprägungsform noch weniger als in den anderen Beispielen zusammenfassen. Deshalb wird eine kommunikativ-pragmatische Entwicklungsstörung in der Perspektive des Konstrukts der SEV, SES oder SSES altersgleicher Kinder gefasst (siehe 3.1).

Das folgende Beispiel (B 18) ist einem Text von Füssenich und Heidtmann (1995, 112ff)) entnommen und verweist auf Merkmale einer kommunikativ-pragmatischen Entwicklungsstörung, die hier von den Autorinnen als Komponente einer SES bzw. SEV im Kontext weiterer Auffälligkeiten des Sprachgebrauchs im Bereich phonologisch-phonetischer, morphologisch-syntaktischer und semantisch-lexikalischer Störungen beschrieben werden.

Mirco besucht einen „Sonderschulkindergarten für Sprachbehinderte". Zu Beginn der Sprachtherapie ist der Junge sechs Jahre und vier Monate (6;4) alt. Bereits mit 3;1 wird er hinsichtlich seiner Sprachentwicklung als „verzögert" in Verbindung mit den Komponenten einer phonologisch-phonetischen („universelles Stammeln") und morphologisch-syntaktischen Entwicklungsstörung („Dysgrammatismus") klassifiziert. Obwohl seine individuelle Spielbereitschaft als „ausdauernd" gekennzeichnet wird, werden in Rollenspielen neben den sprachsystematischen Komponenten im Bereich seiner Aussprache und seines Grammatikgebrauchs vor allem auch Auffälligkeiten hinsichtlich seines Zusammenspiels im sozialen Kontext mit anderen Kindern und mit Erwachsenen berichtet.

In dem Therapiebericht wird rückblickend betont, dass Mirco neben den bzw. im Kontext der Realisierung phonologisch-phonetischer und morphologisch-syntaktischer Therapiegegenstände auch Fortschritte im kommunikativ-pragmatischen Bereich der Therapiesituationen gemacht hatte. Diese hatten sich durch die zunehmende Entwicklung der „Strategie des Nachfragens" (Mirco: *Schild/kein Schild. Wie noch mal das heißen?* Therapeutin: Schilf. Mirco: Schilf) ebenso wie der Anwendung „elizitierter (hervorgerufener) Selbstkorrekturen" (Therapeutin: *Laub?* Mirco: *Laus*) gezeigt.

Es scheint die „Crux" der Pragmatik zu sein, dass mit diesem Themengebiet noch keine „große Geschichte" der Sprachbehindertenpädagogik verbunden wird.

In den 1950er Jahren herrschte der behavioristisch-lerntheoretische Forschungsansatz zum Sprachlernen vor (Skinner dt. 1974). In den 1960er Jahren hatte Chomsky mit „Syntactic Structures" (Chomsky dt. 1978) hierauf bereits „seine Antwort" gegeben, mit der er alles, was die amerikanischen Linguisten vor 1957 für gegeben gehalten hatten, in Frage stellte. Die vornehmlich an der Syntax interessierte Sprachforschung schien dem Sprachentwicklungsforscher Bruner, einem der bedeutendsten Vertreter des Interaktionismus jener Zeit, „(...) zu wenig einladend, von zu geringer funktionaler Kraft, um aktiv mitzumachen" (1987, 117). Denn aus der Sicht Bruners bewegte sich der Chomskysche Ansatz in einem „Formalismus ohne Funktion", wobei die „Funktion" aus der sozialen, interaktiven Begegnung von Sprache gebrauchenden Menschen herrührt. Erst als sich zu Beginn der 1970er Jahre allgemein eine Akzentverschiebung der Forschung hin zu mehr funktionalen Gesichtspunkten der Sprachentwicklung einsetzte, wandte sich Bruner dem Studium der Sprachpsychologie zu, um den kommunikativ-pragmatischen Forschungsansatz auch empirisch zu fundieren. Bruner erklärte die „Funktion der Sprache" zum Motor bzw. Stimulator der Entwicklung (Bruner 1978, 83). Zweifellos erschloss eine Reflexion der pragmatischen Basisstruktur eine wesentliche Dimension vorsprachlicher und sprachlicher Entwicklung des Kindes.

Der Einbezug pragmatischer Ideen in ein umfassendes Sprach- bzw. Sprachentwicklungsmodell sollte von beträchtlichem Nutzen auch für die Sprachbehindertenpädagogik sein. Füssenich und Heidtmann gehörten zu denjenigen Autor(inn)en innerhalb der Sprachbehindertenpädagogik, die den Wert dieses Forschungsansatzes für diese Disziplin schon früh gesehen hatten. Die folgenden Titel aus den 1980er Jahren können für diesen interaktionistischen bzw. kommunikativ-pragmatischen Einfluss stellvertretend für andere stehen: „Der neue Terminus: Pragmatik, linguistische" (Füssenich 1983); „Kommunikation trotz ‚Sprachstörungen' (Osnabrücker Beiträge zur Sprachtheorie" (Füssenich/Heidtmann 1984a); „Der Einfluß der linguistischen Pragmatik auf die Beschreibung gestörter Kindersprache und ihre Bedeutung für die Frühförderung" (Füssenich/Heidtmann 1984b); „Gestörte Kindersprache aus interaktionistischer Sicht. Fragestellungen, methodische Überlegungen und pädagogische Konsequenzen" (Füssenich 1987).

Heterogenität sprachlicher und sozialer Umwelten: Hoff-Ginsberg (2000) zeigt anhand zahlreicher empirischer Untersuchungen auf, inwieweit die soziale Umwelt zu dem beiträgt, was für die Sprachentwicklung erforderlich ist, wie verschiedene Umgebungen in unterschiedlicher Weise dazu beitragen, und ob dies Konsequenzen für die kindliche Sprachentwicklung hat. Die Autorin geht von zwei Tatsachen aus, die durch die Datenbeschreibung näher erklärt werden: Eine Tatsache besagt, dass alle entwicklungsunauffälligen Kinder „in normaler Umgebung" Sprache erlernen. Was sind dann notwendige und hinreichende soziale Verhältnisse, die die Sprachentwicklung überhaupt erst ermöglichen? Eine zweite Tatsache ist, „daß normale Kinder in normaler Umgebung sowohl im Verlauf als auch in der Geschwindigkeit des Spracherwerbs variieren". Was sind dann die Unterschiede zwischen den sozialen Umwelten, die diese Variation mit erklären (Hoff-Ginsberg 2000, 463f)? Zu den beschriebenen sozialen Umwelten, in denen die Kinder aufwachsen, sowie zu den Wirkungen dieser Umwelten auf die Sprachentwicklung, in denen Kinder aufwachsen, trägt Hoff-Ginsberg empirische Daten zusammen, aus denen hervorgeht, dass Kinder in ihren Sprachfähigkeiten und in ihrem kommunikativen Sprachgebrauch variieren. Hierzu zählt die Autorin beispielsweise Befunde aus kulturellen Besonderheiten, aus sozioökonomischen Verhältnissen, aus der Art der Kinderbetreuung, aus den Merkmalen der Inputsprache, dem Geschlecht des Kindes sowie seiner Geschwisterstellung.

Für ein Verständnis sprachpathologischer Phänomene lässt sich zusammenfassen, dass die kommunikativ-pragmatische Seite der Sprachbetrachtung wesentliche Züge der Sprachverwendung Einzelner in Produktion und Rezeption offen legt (Andersen-Wood/Smith 1999). So hat eine kindliche Redefähigkeitsstörung (so genannte „Logophobie" oder so genannter „Mutismus") eindeutig eine kommunikativ-pragmatische Komponente, wenn man unter „Sprechängstlichkeit" oder „Schweigen" eine Störung der Sprachentwicklung im Kontext sozialen Handelns versteht (siehe 3.5). Die Entwicklung der dialogischen Interaktion in der möglichen Vielfalt von rezeptiven und produktiven Sprachverwendungssituationen ist in diesem Fall eher nur erwartungswidrig entfaltet. Auch ist anzunehmen, dass die Entwicklung der Realisierung von Sprechakten wie Feststellen und Auffordern, Hinweisen und Bitten, Fragen und Protestieren nicht diejenigen Mittel darstellen, über die die Betreffenden sicher und dynamisch in der sozialen Situation verfügen. Besonders augenfällig ist eine mangelnde Beherrschung der pragmatischen Seite der Sprachentwicklung bei „Autismus" (Kusch/Petermann 1990), bei dem es dem Sprecher sprachlich und sozial oft nicht gelingt, sich an die Situation anzupassen und sich konstruktiv an der Produktion und Aufnahme von Äußerungen zu beteiligen.

Bruner (1987): Wie das Kind lernt, sich sprachlich zu verständigen – Bruner (1990): Das Unbekannte denken – El Mogharbel/Deutsch (in Vorb.): Pragmatik: Sprachentwicklung im Kontext sozialen Handelns – Hickmann (2000): Pragmatische Entwicklung – Hoff-Ginsberg (2000): Soziale Umwelt und Sprachlernen – Miller (1976): Zur Logik der frühkindlichen Sprachentwicklung – Ritterfeld (2000): Welchen und wieviel Input braucht das Kind?

3.2 Neurolinguistische und neurophonetische Sprach- und Sprechstörung im Kindesalter

Aufgrund von Schädigungen hinsichtlich gegebener oder zu entwickelnder hirnstruktureller Voraussetzungen (Zentralnervensystem) kann es zu einer Reihe neurologisch fassbarer, in einem engeren Sinne neurolinguistischer und neurophonetischer Beeinträchtigungen von Sprach- und Sprech-, Stimm- und Schluckfähigkeit kommen.

Bei der Betrachtung dieses Gebietes patholinguistischer Konstrukte bewegt man sich naturgemäß sehr nah am Feld der medizinischen Betrachtungsweise, und zwar formal und inhaltlich; formal, weil die Neurologie eine medizinische Disziplin ist (siehe 2.4), inhaltlich, weil die Ätiologie, Symptomatologie und Cha-

Sprache als System – Sprechen als Realisation

rakteristik dieser Störungen in der Regel immer eine fachmedizinische Befunderhebung, Unterstützung und Begleitung erfordern. Wie gesehen, können Aufbau, Funktionseinheiten und Funktionsweisen des Nervensystems Ursache von Störungen sein. Bestimmte komplexe Leistungen können so beeinträchtigt sein, dass Sprechen, Schreiben, Rechnen, die Fähigkeit zu zweckmäßiger, planvoller Bewegung von Körperteilen, zum bewussten Erkennen von Sinneseindrücken oder zur Orientierung am eigenen Körper betroffen sind. Der Begriff *neurolinguistisch* zielt auf die systematische Seite der Sprachverwendung (Sprache als System ist betroffen). Der Ausdruck *neurophonetisch* verweist dabei auf das Insgesamt der Sprechrealisation, also einschließlich der zentralen Stimmstörungen, der durch Hirnläsion bedingten Störungen der Artikulation, der Sprechatmung und der Prosodie.

Neuroanatomisch betrachtet finden sich im zentralen Cortex der angenommenen „dominanten" Hemisphäre (bei Rechtshändern die linke Hemisphäre, bei Linkshändern meist umgekehrt) ausgedehnte Hirnareale, deren Läsion Sprachstörungen zur Folge hat (Liebmann 1993, 105ff). Hierzu werden zunächst einige Beispiele vorgestellt (Aphasie, Dysarthrophonie, Apraxie, Agnosie), um zwischen Erwachsenen- und Kindesalter eine enge Verwandtschaft dieser Störungen zu dokumentieren.

Aphasie

Mit der Bezeichnung **Aphasie** wird eine Beeinträchtigung sprachsystematischer Fähigkeiten (Sprechen, Verstehen, Lesen, Schreiben) bezeichnet, also eine multimodale Störung des Sprachsystems. Hierbei können verschiedene phonetische und phonologische, morphologische und syntaktische, semantische und lexikalische, ja auch kommunikative und pragmatische Bereiche der Sprache betroffen sein. Symptome können je nach Aphasietyp zu verschiedenen aphasischen Hauptsyndromen gruppiert sein, aus denen hervorgeht, um welche Art Sprachstörung es sich bei einer Aphasie handelt (Huber et al. 1997).

Bei der *Aphasie* (*a* = nicht, *phattein* = sprechen; Unfähigkeit, Informationen in Form von Laut- oder Schriftsprache zu verstehen und hervorzubringen) werden klassisch zwei grundlegende Typen unterschieden: motorische Aphasie (betroffen ist die so genannte „Broca-Region") und sensorische Aphasie („Wernicke-Region"). Obwohl im ersten Fall die Kehlkopfmuskulatur intakt ist, ist der Betroffene nicht in der Lage zu sprechen. Zwar weiß er, was er sagen will, aber das Einzige, was er hervorbringen kann, sind verzerrte Töne oder immer wieder aufs Neue wiederholte Wörter. Im zweiten Fall hört bzw. sieht der Betroffene die Töne oder Geräusche, aber sie haben für ihn keine Bedeutung (Sachs 1901). Liebmann (1993, 108) vergleicht diesen Zustand mit einem Europäer, der versucht, chinesische Schrift zu lesen: Er sieht

nur Linien ohne bestimmte Bedeutung (im Falle der geschriebenen Sprache) und nimmt auditiv wahr, als würde um ihn herum nur in einer fremden Sprache gesprochen (im Falle der gesprochenen Sprache). Naturgemäß wirft eine Läsion im Kindesalter andere Fragen auf. Im Kindesalter würde eine Schädigung
neurologisch viel günstigere Lernbedingungen eröffnen (Frie-
derici/Hahne 2000; Keimer, in Vorb.), indem das Kind bei neuem Sprachlernen die „nicht dominante" Seite nutzte (dies gilt allerdings nur unter der Bedingung einer frühen Verletzung; List
1993, 39).

Bei der *Dysarthrophonie* handelt es sich nicht, wie bei der Apha-   Dysarthrophonie
sie, um eine neurolinguistische Störung, sondern um eine neurophonetische, also um eine Störung des Sprechens und mithin
der Resonanz, der Sprechatmung und der Phonation, so dass es
hierbei also nicht um eine reine Artikulationsstörung geht (Huber 1997). Deshalb ist häufig auch – statt von Dysarthrie – von
Dysarthrophonie die Rede. Beeinträchtigungen im motorischen
System zeigen sich in Form von Schwächungen, Verlangsamungen,
Dyskoordinationen und Tonusveränderungen der betroffenen
Muskulatur, aber nicht nur in Störungen der Sprechmotorik, sondern auch in weiteren motorischen Subsystemen wie Kauen,
Schlucken und Mimik (Ziegler et al. 1998).

„Einer Beeinträchtigung der Sprache können die verschiedenartigsten Läsionen zugrunde liegen. Am klarsten liegen die Verhältnisse dann, wenn
periphere Innervationsstörungen der für die Sprache maßgeblichen Muskulatur bestehen, etwa eine Lähmung der Zunge, des Gaumensegels, der
Kehlkopfmuskeln. Das Sprechen wird verwaschen oder nasal oder apho-
nisch" (Soyka 1991, 63f).

Da neurologisch in der Regel immer auch die Phonation (Stimmgebung) und die Respiration (Atmung) mit betroffen sind, wird
bei allen diesen durch Veränderungen der Sprechmuskulatur
oder Beeinträchtigungen der motorischen Feinabstimmung bedingten Störungen des Sprechens der Ausdruck *Dysarthrophonie
im Kindesalter* oder *Entwicklungsdysarthrophonie* verwendet. Während diese Störungen eher das Sprechen als Tätigkeit betreffen,
ist bei anderen Läsionen, z. B. bei Aphasie, die Sprache als Ge-
samtsystem betroffen (Giel, in Vorb.).

Bei der *Apraxie* (gr. *a-* = nicht, *praxein* = handeln, tun) handelt   Sprechapraxie
es sich um die Unfähigkeit, erlernte willkürliche Bewegungen ent-
schlossen auszuführen. Liebmann (1993, 109) vergleicht die Apraxie mit einer sprachfernen Handlung: „Wenn der Patient aufge-
fordert wird, den Schlüssel herauszunehmen und die Tür aufzu-
schließen, wird er unter Umständen eine Münze oder einen
Kamm herausholen und versuchen, ihn in das Schlüsselloch zu

stecken." Eine vergleichbare Symptomatik zeigt sich im Bereich der Realisation von Sprache als *Sprechapraxie*. Diese betrifft ausschließlich die Fähigkeit, gesprochene Sprache zu äußern, das heißt genauer, die Sprechbewegungsabläufe in ihren räumlich-zeitlichen Aspekten zu planen (zu „programmieren"). Insofern sind nur phonologisch-phonetische Leistungen beeinträchtigt. Im Gegensatz zur Aphasie als einer multimodalen Störung ist die (reine) Sprechapraxie als (reine) Outputstörung unimodal betroffen, wenn auch häufig inkonstant. Die semantische und syntaktische Verarbeitung kann unauffällig sein (Ziegler/von Cramon 1989). Da aber eine Sprechapraxie im Erwachsenenalter selten ohne Aphasie vorkommt, muss auch mit Beeinträchtigungen in den sprachsystematischen Fähigkeiten gerechnet werden (Sprachverständnis, schriftsprachliche Leistungen).

Agnosie

Und schließlich in dieser Reihe von Beispielen für neurologische Störungen als Folgen von Läsionen das Beispiel der *Agnosie* (gr. *a-* = Verneinung, *gnoscein* = erkennen). Allgemein kann diese Störung umschrieben werden als „Unfähigkeit, Dinge zu erkennen, obwohl man sie sehen kann. Wenn der betroffene Patient auf der Straße geht und Glasscherben vor sich sieht, dann wird er um sie herumgehen. Wenn man ihn jedoch fragt, um was er herumgegangen ist, dann weiß er es nicht" (Liebmann 1993, 109; siehe auch Sacks 2004).

Im Folgenden wird auf die so genannte kindliche Aphasie bzw. auf die erworbene Aphasie im Kindesalter, auf Verbale Entwicklungsdyspraxie und auf Entwicklungsdysarthrophonie vertiefend eingegangen.

3.2.1 Aphasie im Kindesalter

Wie Aphasien im Erwachsenenalter zählen auch die Aphasien im Kindesalter zu den *neurologisch* bedingten Sprachstörungen.

Funktionelles Versagen einer Tätigkeit

Der Name *Aphasie* meint auch in diesem terminologischen Fall die neurologisch bedingte Beeinträchtigung des Kindes, Sprache zu verwenden, verweist aber nicht eigentlich auf einen Sprach*verlust* im Sinne von Sprachlosigkeit oder auf einen *ursächlichen* Mangel im Hinblick auf einen rezeptiven und produktiven Sprachgebrauch, sondern zunächst einmal auf ein *funktionelles Versagen einer Tätigkeit* (eigentlich: in der Ausübung einer Tätigkeit (Kandler 1959).

Erwachsenen- und Kindesalter

Genau wie bei den vorherigen Klassifikationsbeispielen von Sprachstörungen kommt es hier noch weniger auf die vernehmbare *Sprech*äußerung als solche an; denn die Aphasie im Kindesalter ist wie im Erwachsenenalter als *Sprach*störung klassifiziert. Trotz gewisser gemeinsamer Merkmale ist die Betrachtung dieser Störungsform in beiden Altersgruppen zu unterscheiden.

In der klassischen Aphasiologie wird unter Aphasie üblicherweise eine erworbene Störung *nach vollzogenem Spracherwerb* verstanden, die infolge einer organischen Hirnschädigung auftritt und alle Sprachmodalitäten (Sprachproduktion, Sprachrezeption, Lesen und Schreiben) betrifft. Deshalb ist nicht nur theoretisch, sondern möglichst auch empirisch zu rechtfertigen, wie „Aphasie im Kindesalter" unter dieser Voraussetzung definiert ist, wenn Kinder in den ersten Lebensjahren von einer Aphasie betroffen sind, also wenn ihre Sprachentwicklung *in statu nascendi* (in Entstehung begriffen) ist. In diesem Punkt sind die Definitionsgrundlagen nicht zufrieden stellend eindeutig. Von dieser Festlegung hingen unter anderem nicht nur wesentliche konzeptuelle Aspekte der Diagnostik ab, sondern auch solche der therapeutischen Förderung der Betroffenen und ihrer Angehörigen.

Der folgende Definitionsvorschlag, der ältere und jüngere Überlegungen einbezieht, muss aus Forschungserwägungen deshalb zweischichtig sein, ohne im Ergebnis eindeutig abgrenzen zu können (Satz/Lewis 1993, 646f; Wallesch/Kertesz 1993, 99; Loew et al. 2002).

Von erworbener *Aphasie im Kindesalter* spricht man im neurolinguistischen Verständnis dann, wenn nach entwickelter Erstsprache, also etwa nach dem vierten Lebensjahr, die entwickelten Funktionen für Sprachproduktion und Sprachperzeption wieder zerfallen oder eingeschränkt werden. Je nach Einbezug psycholinguistischer und lokalisatorischer Kriterien in die definitorische Klassifikation und Beurteilung der Aphasie im Kindesalter spielt neben dem Alter dieser Kinder zum Zeitpunkt der Schädigung in den ersten Lebensjahren auch der Schädigungsort eine Rolle. So kann der Charakter des Sprachverlusts differenzialdiagnostisch im Kontext der Sprachentwicklungsbedingungen genauer bestimmt werden. Neben den im engeren Sinne sprachlichen Störungen (Sprachverlust nach oder vor „Abschluss" der Sprachentwicklung) werden zudem vor allem perzeptive, kognitive und emotionale Beeinträchtigungen bei diesen Kindern genannt.

Aphasie im Kindesalter

Die statistischen Angaben auf dem Forschungsgebiet der Aphasie im Kindesalter sind nicht eindeutig, weil sich die Angaben in den vergleichsweise wenigen wissenschaftlichen Abhandlungen auf verschiedene Sachverhalte beziehen. So lassen sich die Gruppen der untersuchten Kinder typologisch beispielsweise hinsichtlich *Ätiologie* und *Lokalisation* der Schädigung sowie hinsichtlich *Größe* und *Zeitpunkt* der Hirnläsion nicht konsistent ein-

Probleme der statistischen Erfassung

ordnen, da die klinischen Bilder je nach Alter der Kinder eine andere Ausprägung annehmen (Friederici/Hahne 2000, 287ff; Keimer, in Vorb.). Bezüglich der Häufigkeit dieser eher seltenen Sprachstörung berichtet Grimm (1999, 69) von etwa 2 % der Kinder mit Aphasie, die sich in klinischen Rehabilitationseinrichtungen befinden.

Diese statistischen Angaben werden von Grimm (1999, 69) wie folgt differenzierter aufgeschlüsselt: „(…) So hat man bei Zwei- bis Dreijährigen einen völligen Sprachverlust in Folge von Hirnschädigungen festgestellt; bei Vier- bis Zehnjährigen scheint das klinische Bild immerhin noch einer globalen Aphasie zu ähneln, d.h. daß sowohl die produktiven als auch die rezeptiven Sprachleistungen schwerst beeinträchtigt sind. (…) Erst nach dem zehnten Lebensjahr werden die kindlichen Störungsbilder denen der Erwachsenen immer ähnlicher. So können zwischen dem 15. und 16. Lebensjahr auch Jargonaphasien vorkommen, die durch ungehemmtes Sprechen, die Bildung paraphasischer Einstellungen (d.h. Vertauschen/Entstellen von Wörtern/Lauten in phonetischer und semantischer Hinsicht) und Neologismen, sowie durch Satzabbrüche, morphologische Fehler und durch fehlerhafte Wortkombinationen gekennzeichnet sind."

B 19 Keimer (in Vorb.) berichtet von einem elfjährigen Jungen (Daniel), der sich aufgrund einer Aphasie nach einem Verkehrsunfall in einer Klinik befindet. Im Krankenhaus wird die Diagnose gestellt: „Schädelhirn-Trauma mit Schädelfraktur links parietal; differenzierte Hirnkontusion". Es wird von einem Durchgangssyndrom berichtet, das dem Jungen anfangs den Nachvollzug seiner Situation sehr erschwert. Verständnis und Bewusstsein für den erlittenen Verkehrsunfall und der Grund für seinen Klinikaufenthalt bleiben ihm verschlossen. So ist sich Daniel zunächst nicht klar gewesen, warum er in der Klinik ist, in einem Rollstuhl sitzt und viele Dinge nun „neu erlernen" muss, wird berichtet. Anhand verschiedener Testverfahren werden Daniels sprachliche Leistungen überprüft, aus denen hervorgeht, dass er vor allem semantische Abweichungen zum Zielwort produziert (Tab. 8).

Anhand von Daniels Testergebnissen, von denen hier exemplarisch nur ein Teil wiedergegeben ist (Tab. 8), lassen sich spezifische durch die kindliche Aphasie bedingte sprachliche Auffälligkeiten illustrieren. Wie hier gesehen, greift man in der Regel für die Beschreibung und Interpretation dieser Symptome auf das Begriffssystem der Aphasie bei Erwachsenen zurück; denn einerseits mangelt es an einem eigens für die kindliche Aphasie entwickelten Beschreibungssystem, und andererseits erscheint die Ähnlichkeit der Symptomatik der Aphasie bei Kindern und Erwachsenen tatsächlich augenfällig. In Daniels Sprachgebrauch

Bildkarte	Realisation	Interpretation
Sieb	Schaufel	semantische Paraphasie
Gabel	Messer	semantische Paraphasie
Gelb	Eifleck	semantische Paraphasie
Kran	Trecker	semantische Paraphasie
Bild	Pilz	Perseveration, da Bildkarte Pilz kurz zuvor angeboten wurde
Nest	Hest	phonematische Paraphasie
Zwiebel	Zwin, Zwiebel	phonematische Paraphasie oder conduite d'approche
Briefkasten	Brief	semantische Paraphasie
Duschen	baden	semantische Paraphasie
Ein Mann trägt eine Kiste (1)	ein Mann schleppt Steine	semantische Paraphasie
Ein Mann trägt eine Kiste (2)	ein Mann mit so ein Korb, weggehen	semantische Paraphasie, Dysgrammatismus

Tab. 8: Beispielwörter aus der Überprüfungssituation mit Daniel (11;0) anhand von Bildkarten (entnommen: Keimer, in Vorb.)

sind vor allem semantische Paraphasien (Vertauschung von Wörtern) und einige wenige grammatische Abweichungen dokumentiert.

Satz und Lewis (1993) berichten, dass die Geschichte des Konstrukts *Aphasie im Kindesalter* schon wenige Jahre nach der „Entdeckung" der Aphasie durch Broca und Wernicke beginnt (siehe Kandel et al. 1996). Anfang des 19. Jahrhunderts untersuchten Neurologen und Aphasiologen gestörte Kindersprache ausschließlich unter neurologisch-physiologischen Aspekten. So konzentrierte sich das Interesse der Forschung zunächst auf den Vergleich von gestörter Kindersprache mit gestörter Sprache Erwachsener mit Hirnschädigung. Schon früh wird im sprachpathologischen Schrifttum vor Gleichsetzungen von Aphasie im Erwachsenalter und Kindesalter gewarnt. „Jedenfalls hat man sich den Aphasien der Kinder gegenüber anders als denjenigen der Erwachsenen zu verhalten", resümierte Treitel (1894, 80) bereits Ende des 19. Jahrhunderts das, was er unter „Sprachlosigkeit" im Kindesalter verstand. Seine anatomisch-physiologische Argumentation in diesem Zusammenhang erinnert in gewisser Weise, wenn auch tatsächlich sehr vage, an das, was später „Plastizität des kindlichen Gehirns" genannt wird (Kandel et al. 1996). Dass im 20. Jahrhundert das Interesse der Forschung an Aphasie im Kindesalter spürbar nachlässt, führen Satz und Lewis (1993) vor allem auf die eher geringe Anzahl von Kindern zurück, die relativ eng umschriebene, unilaterale Schädigungen erleiden (zusammenfassend und kritische Würdigung bei Keimer, in Vorb.).

Ätiologie

Ätiologisch können traumatische Hirnschäden, bedingt durch Verkehrsunfälle, Sportunfälle, Stürze, Misshandlungen, infektiöse (z. B. Meningitis) und epileptische Erkrankungen (z. B. Landau-Klaffner-Syndrom), Hirntumore, Gehirnabszesse, Gehirnentzündungen sowie degenerative Erkrankungen des Zentralnervensystems, die häufigste Ursache für eine Aphasie im Kindesalter sein (zum Vergleich: Bei den aphasischen Störungen Erwachsener bilden Hirngefäßerkrankungen mit ungefähr 80 % die Hauptursache; Grimm 1999; für neuere Daten Keimer 2006, in Vorb.).

Symptomatologie

Symptomatisch sind vorwiegend Auffälligkeiten auf der Ebene der Sprachproduktion:

- Reduzierung der Spontansprache bis zu einer Art mutistischen Schweigens,
- nichtflüssiges, stockendes, telegrammartiges Sprechen,
- Auffälligkeiten auf der phonologisch-phonetischen, semantisch-lexikalischen und morphologisch-syntaktischen Ebene,
- Störungen des Schriftsprachgebrauchs (wenn Lese- und Schreibfähigkeiten zuvor angeeignet werden konnten).

Nach einer älteren Betrachtung von Leischner (1987, 272) wird die erworbene Aphasie im Kindesalter wie folgt definiert: „Von kindlichen Aphasien kann man nur dann sprechen, wenn bei Kindern, deren Sprachentwicklung bereits abgeschlossen war, durch eine Hirnerkrankung oder Hirnverletzung ein vollständiger oder teilweiser Verlust der Sprache eingetreten ist." Einen aktuellen Forschungsüberblick über das Feld der Aphasie im Kindesalter gibt Keimer (in Vorb.). Hier sind Hinweise zur Epidemiologie dieser Störung differenziert zusammengetragen. Es findet sich in diesem Beitrag ein Exkurs zur Thema „Ontogenese der Hemisphärenspezialisierung" (s. Kasten). Durch Schädigungen des kindlichen Gehirns und deren Folgen für die sprachliche Entwicklung von Kindern können Rückschlüsse auf Beginn, Verlauf und Vollendung der Spezialisierung der beiden Hirnhälften im Hinblick auf die sprachlichen Leistungen gezogen werden. Diese Hypothesen zum Zeitpunkt und zum Verlauf der Lokalisation von Sprachrepräsentationen werden z. B. relevant, wenn es um medizinische und sprachtherapeutische Behandlungsmöglichkeiten betroffener Kinder geht. Des Weiteren sind aktuelle definitorische, terminologische, ätiologische, symptomatologische und prognostische Argumentationsfiguren zusammengetragen, die das Bild der erworbenen Aphasie im Kindesalter überblicksartig zusammenfasst.

Epidemiologie: Forschungsgebiet, das sich mit der Verbreitung von Krankheiten bzw. Störungen befasst

Ontogenese: Entwicklung des Einzelwesens

3.2.2 Verbale Entwicklungsdyspraxie

Ist von verbaler Apraxie oder Dyspraxie im Erwachsenen- oder im Kindesalter die Rede, dann ist, wie bei Aphasie, immer eine Unterscheidung von Sprache (engl. *language*) und Sprechen (engl. *speech*) impliziert. Diese Unterscheidung ist in diesem Fall besonders sorgfältig zu beachten, weil die hier besprochene Art von gestörter Praxie als „Mittelstellung" zwischen zwei Störungsklassifikationen fungieren, zwischen der Aphasie und Dysarthrophonie.

Sprache als Verstehen und Formulieren von Wörtern und Sequenzen von Wörtern ist grammatisch geordnet und steht im Dienst des verbalen Austauschs von Personen über ihre Gedanken und Gefühle, Ideen und Bedürfnisse. Sprechen, das die Wahrnehmung und Produktion von Einzellauten und Lautsequenzen impliziert und der Ermöglichung dieses sprachlichen Austausches dient, meint diese Realisierung selbst. An eine solche Unterscheidung anschließend beschreiben Darley, Aronson und Brown (1975, 250ff), die im internationalen Raum vor Jahrzehnten bedeutendsten Vertreter dieses neurologischen Konzepts, die Sprechapraxie kurz als *impairment of motor speech programming*. Diese äußert sich bei gezielten artikulatorischen Bewegungsabläufen zur Planung und Hervorbringung von Lauten, Lautsequenzen und Wörtern in einer Art spezifischer Suchhandlungen (Gracco 1991). Mit der Klassifikation dieser Störung der Sprechbewegungskontrolle als *Planungs- und Programmierstörung* ist Sprechapraxie abgegrenzt von Aphasie als *multimodaler Sprachstörung* und von Dysarthrophonie aufgrund geschädigter Innervation der Sprechmuskulatur als *Ausführungsstörung*. Deshalb wird in Fachkreisen auch von einer Art „Mittelstellung der Sprechapraxie zwischen Aphasie und Dysarthrie" gesprochen, „über die im einzelnen noch kein vollständiger Konsens erzielt werden konnte" (Dannenbauer 1999, 138f).

Sprechapraxie als „Mittelstellung"

Noch mehr als die Sprechapraxie im Erwachsenenalter ist die Entwicklungssprechapraxie oder die verbale Entwicklungsdyspraxie im Kindesalter (synonym engl. developmental verbal apraxia bzw. dyspraxia, developmental apraxia of speech) zu einem wissenschaftlich mittlerweile breiter diskutierten Thema im Bereich der kindlichen Sprach- und Sprechstörungen geworden, vor allem im anglo-amerikanischen Sprachraum. Mittlerweile hat sich der Terminus verbale Entwicklungsdyspraxie im deutschsprachigen Raum etabliert und erfährt gegenwärtig zunehmend Aufmerksamkeit (Dannenbauer 1999; Schulte-Mäter 1996; 2001; 2003). Dieser Begriff verweist auf eine Symptomatik, die der erworbenen Sprechapraxie im Erwachsenenalter durchaus vergleichbar ist, und zwar hauptsächlich auf der Ebene der Lautproduktion (Schulte-Mäter/Ziegler 2002).

verbale Entwicklungs-
dyspraxie

Verbale Entwicklungsdyspraxie als eine Form sprachlicher Entwicklungsstörung begleitet die Sprachentwicklung des Kindes von Anfang an und zeigt sich auf der Ebene vor allem seiner sprechmotorischen Auffälligkeiten in Form einer Beeinträchtigung zeitlich abgestimmter Willkürbewegungen. Bei der Produktion von Sprachlauten und Sprachlautfolgen zeigt sich eine neurogen bedingte Planungs- und Programmierungs- sowie Ausführungsveränderung räumlicher und zeitlich-sequenzieller Aspekte der Lautproduktion. Als besonders bemerkenswerte Symptomatik gilt das Merkmal der Variabilität der Lautproduktionen auf der Segment- und Silbenebene (Konsonant- und Vokalbildungen) im spontanen Sprechen des Kindes sowie auf der Ebene der Suprasegmentalia (s. Kasten). Wenngleich sich die Schwierigkeiten des Kindes symptomatisch besonders deutlich auf der Ebene seiner Lautentwicklung und Lautproduktion zeigen (z. B. extrem verspäteter Sprechbeginn), kann das gesamte expressive Sprachsystem mitbetroffen sein (lexikalische und grammatische Entwicklung).

Schulte-Mäter (in Vorb.) referiert eine Reihe von Merkmalen, die das Bild einer verbalen Entwicklungsdyspraxie im Detail genauer illustrieren. Hierzu gehören als Merkmale verbaler Entwicklungsdyspraxie

– langsame Entwicklung der artikulatorischen Geschicklichkeit,
– multiple Lautbildungsfehler,
– idiosynkratische Lautersetzungen,
– inkonsequente artikulatorische Leistungen,
– Silbenreduktionen,
– Vokal- und Diphthongveränderungen,
– begrenztes Phonemrepertoire.

> **Suprasegmentalia:** prosodische Auffälligkeiten; diejenigen Elemente des Sprachgebrauchs, deren Geltungsbereich größer ist als der des Einzelsegments
>
> **Idiosynkratisch:** eigentümlich

Probleme
der statistischen
Erfassung

In der Literatur wird beschrieben, dass auf circa 1–2 von 1000 Kindern (0,125 %) die Diagnose unter der Klassifizierung *verbale Entwicklungsdyspraxie* zutrifft. Allerdings ist diese Zahl angesichts des Kenntnisstandes über das patholinguistische Phänomen statistisch wahrscheinlich zu relativieren. Gesichertes theoretisches und empirisches Wissen hierüber ist erst in Ansätzen vorhanden, vor allem bezüglich des deutschen Sprachraums (Schulte-Mäter 1996; Dannenbauer 1999).

„Mein Mund will nicht mit meinem Gehirn zusammenarbeiten." So gibt Schulte-Mäter (in Vorb.) die Äußerung eines 13-jährigen Kindes wieder, das seine Artikulationsschwierigkeiten beschreibt, denen eine verbale Entwicklungsdyspraxie zugrunde liegt. Einige konkrete Äußerungen von Kindern mit verbaler Entwicklungsdyspraxie sind in einem Aufsatz von Schulte-Mäter (2001, 257) beispielsweise hinsichtlich der sequenziellen Anordnung von Lauten aufgeführt, etwa durch Einschub eines oder mehrerer Laute zwischen zwei Ziellauten (vielfach eingeschobener Schwa-Laut): [bəluːmə] für *Blume* oder [bylətə] für *bitte*. Typisch sind hierfür auch Metathesen (Laut- und Silbenvertauschungen); zum Beispiel [tɛfələnt] für *Elefant* oder [ʃif] für *Fisch*. Eines der prägnanten Merkmale einer verbalen Entwicklungsdyspraxie ist, dass die Lautbildungsauffälligkeiten sehr variabel sind. So realisiert ein 6-jähriges Mädchen für *essen* zum Beispiel [ɛçɪ], [ɛnçə] und [ɛffə] und für *Würfel* [hylfə] und [folap] sowie für *Knopf* [nɔm] und [hɔmp]. Dannenbauer (2000, 16) hat ein Transkript der Aussprache eines vierjährigen Mädchens mit verbaler Entwicklungsdyspraxie zusammengestellt, das diese Variabilität überaus deutlich zeigt (Tab. 9).

Die verbale Entwicklungsdyspraxie ist ätiologisch unbestimmt. Die obigen Beispiele zeigen eine Art Artikulationsstörung mit der Hauptcharakteristik einer auffälligen Sequenzierung von Artikulationsbewegungen. Sie verweisen auf ein Bild von Schwierigkeiten bei der Planung und Ausführung sprechmotorischer Bewegungen, das einem artikulatorisch-tastenden „Suchen" nach dem Ziellaut, der Zielsilbe, dem Zielwort entspricht mit In-

Ätiologie und Symptomatologie

gelb	[ˈbɛlk]
Nikolaus	[ˈnadəˀaɔs]
Kopfkissen	[kʰɔsˈtɪᵊ]
Haus	[ˈˀˀaɔsn], [ˈhaɔt], [ˈhɔdᵊ], [ˈhaɔs]
schreiben	[ˈbadn]
lustig	[lʊˈsɛdᵊ]
Telefon	[ˈfɛtɔ…fɛˈlɔdɔn]
fliegen	[ˈdegŋ]
Bleistfit	[baeˈdɛfᵊ]
schwarz	[ˈvɑʀts], [ˈfaːts]
schwarzes	[ˈfaˈsɛdᵊ]
Teppich	[ˈtʰɛpɪ]
Buch (evtl. Bücher)	[ˈboːdᵊ]

Tab. 9: Beispielartige Zusammenstellung aus einer Spontansprachprobe eines Kindes mit verbaler Entwicklungsdyspraxie (entnommen: Dannenbauer 2000b, 16)

B 20

konstanz der lautlichen Produktionen – dies sind Beispiele für die Symptomatik dieser Sprechstörung, die zudem mit Auffälligkeiten im sprachlichen Bereich (vor allem in der Grammatikalität) einhergehen kann, vor allem bei schwereren Formen (Square 1994).

Erstmals Steinthal hatte 1871 (1881, 458) den Begriff „Apraxie" geprägt, der auf gestörte Bewegungen und Bwegungsfolgen aufgrund einer erworbenen Hirnschädigung angewendet wurde. Der Autor berichtete von einem Kranken „in der Besserung", der „aphatisch und anarthrisch gewesen", doch „bei Verstand geblieben" war: „Als er schreiben sollte, ergriff er die Feder verkehrt; auch Löffel und Gabel fasste er an, als ob er sie nie gebraucht hätte. Er verlangte nach einer Geige, fasste sie aber so ungeschickt an, dass der Gebrauch derselben unmöglich war. (…) Nicht die Bewegung der Glieder an sich ist gehemmt, sondern die Beziehung der Bewegungen auf den zu behandelnden Gegenstand, die Beziehung des Mechanismus auf den Zweck ist gestört. Diese Apraxie ist eine offenbare Steigerung der Aphasie", so schloss Steinthal (1881, 458) diese Fallrekonstruktion ab. Liepmann (1913, 493ff) plädierte bei derartigen begrifflichen Fragestellungen für eine einheitliche Betrachtung der „Praxien" und „Phasien" im Kontext der Sprechbewegungsplanung. Wie Steinthal hinsichtlich der Apraxie im Erwachsenenalter hatte auch Froeschels (1952, 29) noch bis in die 1950er Jahre des vergangenen Jahrhunderts eine Art Extremitätenapraxie zur Zeit des Kindesalters im Sinn. Die Natur der verbalen Enwicklungsdyspraxie hatte er damit aber noch nicht in seinen wissenschaftlichen Fokus genommen, als er auf die Notwendigkeit folgender Unterscheidung aufmerksam machte: „The possibility of the existence of apraxia in a ‚spastic child' should be remembered constantly if his skill is less developed than is to be expected from the degree of paralysis present." Dieses Phänomen der verbalen Entwicklungsdyspraxie beschrieb einige Jahre später Morley (1967, 237ff) genauer. Die Autorin führte aus, die Sprechbewegungsmuskeln erschienen „normal" für unwillkürliche und spontane Bewegungen sowie für willentliche Nachahmungen von Bewegungen, aber für die Ausführung der Willkürmotorik unangemessen, und zwar „(…) inadequate for the complex and rapid movements used for articulation and the reproduction of sequences of sounds used in speech".

Der sprachpathologische Ansatz der verbalen Entwicklungsdyspraxie befindet sich seit nahezu fünf Jahrzehnten in konzentrierterer Diskussion, eher sporadisch zunächst im anglo-amerikanischen Sprachraum (Morley 1965; Darley et al. 1975), in den letzten Jahren bis in die jüngste Zeit verstärkt auch in anderen Ländern und ebenfalls im deutschsprachigen Raum (vor allem Dannenbauer 1999, 2000 b; Schulte-Mäter 1996, 2001, 2002, 2003). Eine Monographie gibt es von Schulte-Mäter (1996) zu dieser Problematik sowie ein Überblickskapitel von Dannenbauer (1999), erste Zusammenfassungen zu Fragen der Differenzialdiagnostik (Dannenbauer 2000 b) und zur Therapie (Schulte-Mäter 2003) bei Kindern mit verbaler Entwicklungsdyspraxie.

Phonologisch-phonetische Entwicklungsstörung? Wie man sieht, erinnert die Symptomatik stark an das Bild der oben beschriebenen phonologisch-phonetischen Entwicklungsstörung. Tatsächlich wird die Charakteristik dieser Perspektive seit Jahren kontrovers diskutiert (Velleman 1994): Inwieweit handelt es sich bei der verbalen Entwicklungsdyspraxie um ein eher phonetisches Problem (mit begleitenden sprachlichen Beeinträchtigungen), inwiefern um ein vornehmlich phonologisches Problem (mit Konsequenzen auf der Ebene der Artikulation)? Im ersten Fall handelte es sich um eine „motorische Programmierungsstörung", die das Kind daran hindert, unter Berücksichtigung der Koartikulationsbedingungen eine Strategie der wortspezifischen zeitkontrollierten „motorischen Programme" zu entwickeln; es hätte Schwierigkeiten, Geschwindigkeit und Dauer der Artikulationsbewegungen innerhalb des Vokaltraktes zu planen und durchzuführen. Im zweiten Fall würden sich günstigstenfalls typische phonologische Prozesse zeigen, beispielsweise als Vereinfachungen von Konsonantenverbindungen, bei regelhafter Veränderung der erforderlichen Artikulationsstellen oder als gegenseitiger Austausch von Artikulationsstellen und Überwindungsmodi, etwa wenn Labiallaute (s. Kasten) gleich häufig ersetzt werden durch Alveolarlaute oder Alveolarlaute durch Labiallaute. Dies würde dann möglicherweise als stabiles Charakteristikum verbaler Entwicklungsdyspraxie gelten, wobei dann auch die spezielle Auffälligkeit dort berücksichtigt werden müsste, dass auch die Vokale und Diphthonge (s. Kasten) betroffen sein können oder dass bei verschiedenen Gelegenheiten des Sprachgebrauchs mit unterschiedlichen Produktionsformen auf der Ebene der Vokale und Konsonanten gerechnet werden müsste (Details siehe Dannenbauer 2000 b).

Als wahrscheinlich erfolgreiche Forschungsperspektive wird eine „phonologisch-phonetische" Orientierung vorgeschlagen, die die Spezifika der phonetischen und phonologischen Seite und ihre wechselseitigen Beziehungen bei dieser Art Dyspraxie berücksichtigt (Glasson 1984, 93f). Allerdings ist diese Perspektive zu allgemein und muss in jedem Einzelfall gemäß der Hypothese Dannenbauers (2000 b, 11) differenzierter beurteilt werden: „Meines Erachtens ergibt die Klassifikation verbale Entwicklungsdyspraxie nur dann einen Sinn, wenn das unterscheidende Charakteristikum zu anderen Sprachstörungen die Lokalisierung auf der Ebene der motorischen Programmierung ist, d. h. die Umsetzung der abstrakten phonologischen Information *(Partitur)* in ein geordnetes Muster von Bewegungsimpulsen *(Orchestrierung)*, nach dem die einzelnen Aktionen erfolgen (d. h. *jedes Instrument seinen Part spielt)*. Man sollte also die Perspektive auf verbale Entwick-

lungsdyspraxie (…) noch mehr verengen und Forschungs-
bemühungen stärker auf den Punkt der sprechmotorischen Programmierung konzentrieren, denn nur hier ist die Entdeckung
eines differenzierenden ‚klinischen Markers' zu erwarten." Im
Ganzen ist die Forschungslage also noch sehr uneinheitlich. Vor
allem gibt es noch keine eindeutigen Kriterien zur Abgrenzung
dieses vielgestaltigen Syndroms entwicklungsbedingter Aussprachestörungen.

> **Labiallaute:** Lippenlaute
>
> **Diphthonge:** Doppel- bzw. Zwielaute wie *au* und *ei*

Dannenbauer (1999): Auf der Suche nach der verbalen Entwicklungsdyspraxie – Dannenbauer (2000b): Probleme der Differenzialdiagnose von verbaler Entwicklungsdyspraxie – Schulte-Mäter (2001): Verbale Entwicklungsdyspraxie – Schulte-Mäter (2003): Verbale Entwicklungsdyspraxie –
Schulte-Mäter (in Vorb.): Verbale Entwicklungsdyspraxie

3.2.3 Entwicklungsdysarthrophonie

Entwicklungsdysarthrophonie (engl. *developmental dysarthria*) ist eine
relativ neue Bezeichnung im Klassifikationssystem kindlicher
Sprach- und Sprechstörungen. Hierbei liegt der Fokus auf Fragen der Entwicklung neurogen bedingter Sprechbewegungsaus-
führungsstörungen im Kindesalter.

Dysarthrie im
Erwachsenen- und
Kindesalter

Die Bedeutung des Begriffs Entwicklungsdysarthrophonie ist
vom Begriff der *erworbenen* neurogenen Sprechstörungen im *Erwachsenenalter* streng zu trennen. „Erworben" ist diese Sprechstörung im Erwachsenenalter deshalb, weil ihr Beginn an ein mit
einer Hirnschädigung verbundenes Ereignis gekoppelt ist. *Erworbene Dysarthrien im Erwachsenenalter* gehören mit zu den häufigsten neurologisch bedingten Kommunikationsstörungen, die,
etwa an neurologischen Kliniken, rehabilitativ behandelt werden.
Bedingt beispielsweise durch einen Schlaganfall oder durch ein
Schädel-Hirn-Trauma bezieht sich Dysarthrie ursächlich auf eine
Schädigung des zentralen oder des peripheren Nervensystems,
die eine Beeinträchtigung der Steuerung und Ausführung von
Sprechbewegungen zur Folge hat. Dysarthrie als Begriff gehört
somit zu den neurologischen Sprechstörungen, die mit neuro-
pathologischen Gegebenheiten der Sprechtätigkeit in Verbindung stehen.

Bei der Dysarthrie als Störung der Ausführung von Sprechbewegungen handelt es sich allerdings um mehr als „nur" um eine *Artikulationsstörung.* Weil die Realisierung von Sprechbewegungen immer auch die Vorgänge der Sprechatmung (Respiration), der Stimmgebung (Phonation) und der Resonanz einschließen und jene mit diesen zusammen wirkt, wurde bereits vor Jahrzehnten eine begriffliche Erweiterung des Fachterminus von Dysarthrie zu „Dysarthrophonie" vorgenommen (Peacher 1950). Aber auch in dieser Option ist Dysarthrophonie definitionsgemäß in erster Linie keine Sprachstörung (obwohl der Sprachgebrauch des Patienten, ob im Erwachsenen- oder Kindesalter, mit betroffen sein kann). *Dysarthrophonie* beinhaltet klarer noch als *Dysarthrie* den funktionellen Zusammenhang von Artikulation, Respiration und Phonation und ist in erster Linie als Sprechstörung charakterisiert. Von Netsell wurde hierfür Mitte der 1980er Jahre sogar der Ausdruck „Dysarthrophonopneumie" vorgeschlagen, um das Zusammenwirken der Gesamtheit dieser neurophonetischen Phänomene terminologisch noch deutlicher zum Ausdruck zu bringen (Netsell 1986). Zusammenfassend zeigen sich bei der Dysarthrophonie neurophonetische Beeinträchtigungen im motorischen System in Form von Schwächungen, Verlangsamungen, Dyskoordinationen und Tonusveränderungen der betroffenen Muskulatur als Sprechstörung. Überdies können auch weitere motorische Subsysteme wie Kauen, Schlucken und Mimik betroffen sein (Ziegler et al. 1998, 1ff).

> **Von der Dysarthrie zur Dysarthrophonie**

Aus theoretischen und aus empirischen Gründen darf eine Entwicklungsdysarthophonie mit einer erworbenen Dysarthrophonie bei Erwachsenen nicht gleichgesetzt werden. Während die Störung im Erwachsenenalter eine neurophonetische Beeinträchtigung *nach* erworbener Sprache betrifft, wird jene ausschließlich dem Kindesalter zugerechnet. Der Grund hierfür wird von von Deuster (1984, 309) erläutert: „Der Unterschied zu den Dysarthrien bei Erwachsenen liegt darin, daß die Motorik beim Eintritt der Störung noch nicht, wenig oder fehlentwickelt ist und dadurch artikulatorische Bewegungsmuster noch nicht genügend erworben werden konnten."

> **Entwicklungsdysarthrophonie**

Als herausragender Bedingungshintergrund für eine Entwicklungsdysarthrophonie gilt nach wie vor das Faktum einer Bewegungsstörung, die kindliche cerebrale Schädigung oder die Infantile Cerebralparese (ICP). Diese wird definiert als bleibende, aber nicht unveränderbare Haltungs- und Bewegungsstörung des Kindes infolge einer cerebralen Funktionsstörung (Ferrari/Lodesani/Muzzini 1998). So unterstreicht der Begriff *cerebrale Funktionsstörung,* dass die Cerebralparese eher durch eine Schädigung

> **Infantile Cerebralparese**

des Funktionssystems als durch ein Defizit einzelner Gehirnabschnitte im Sinne von „Organen" oder „Organstrukturen" (z. B. Großhirn, Kleinhirn, Hirnstamm) hervorgerufen wird. „Infantil" umschreibt dementsprechend nicht nur eine bestimmte Altersstufe, sondern charakterisiert die fehlende Aneignung von *Funktionen* im frühen Kindesalter; „Parese" meint etwa „Verarbeitungsfehler" im Sinne einer „Neuanordnung der Funktionsabläufe des gesamten Systems". Weil eine ICP nur im Säuglings- und Kleinkindalter auftreten kann, in einem Entwicklungsalter also, in dem aufgrund der „Plastizität" des Nervensystems Funktionen gestört werden können, können gestörte Funktionen auch wiedergewonnen werden.

Zeitpunkt der Cerebralparese

Eine Störung des Funktionssystems und damit eine Haltungs- und Bewegungsstörung kann zum Zeitpunkt vor der Geburt (*pränatal*) eintreten, während oder unmittelbar nach der Geburt (*perinatal*) oder in der frühen Kindheit (*postnatal*) und sich in Form einer Entwicklungsdysarthrophonie auswirken. Jeder Zeitpunkt, vor allem der perinatale, kann eine Cerebralparese oder eine andere neurologische Erkrankung im Kindesalter und infolgedessen auch sprechmotorische Störungen hervorrufen, die als Entwicklungsdysarthrophonie bezeichnet werden (Thompson/Robin 1993, 835ff). Thiele (1999) hat nach Durchsicht internationaler Literatur Angaben zu möglichen Ursachen einer ICP verglichen und mögliche Übereinstimmungen überprüft, die im Folgenden tabellarisch zusammengefasst werden (Tab. 10; siehe auch von Arentsschild 1982, 122).

Klassifikation cerebraler Bewegungsstörungen

Die Dynamik der Entwicklung im Kindesalter findet in der Klassifikation von Ferrari (1998, 46) eine angemessene Berücksichtigung, wenn er für die Klassifikation der cerebralen Bewegungsstörung vorschlägt, „bewusst auf Einheitlichkeit der unterschiedlichen Formen, auf eindimensionale Bewertungskriterien und auf eine unveränderbare Betrachtungsweise zu verzichten". Diese Sichtweise geht hier ein in das Verständnis der Art der Cerebralparesen.

Art der Cerebralparesen

Um Phänomene von Paresen zu beschreiben (d. h. also Paresen phänomenologisch zu klassifizieren), greifen Michaelis und Niemann (1999, 88f) auf eine Einteilung anhand der Kriterien „Lokalisation" und „Schwere" des neurologischen Befundes zurück (Abb. 13).

Wenn nun zunächst auf dieses Klassifikationsschema zurückgegriffen wird, das sich auf die Analyse der motorischen Störung (Haltung und Bewegung) und auf ihre körperliche Lokalisierung beschränkt, dann geschieht dies in Kenntnis der Begrenztheit dieser Zugriffsweise und lediglich als Arbeitshypothese.

Pränatale Ursachen	Perinatale Ursachen	Postnatale Ursachen
Anoxie, Anämie, Kohlenmonoxidvergiftung der Mutter, Plazentainfarkt oder -ablösung, Drogen	Atemwegsverschluss, Plazentaablösung oder Placenta praevia	Anoxie aufgrund von Kohlenmonoxidvergiftung
Infektionen der Mutter mit Röteln, Toxoplasmose, Herpes simplex und anderen Viren	Infektionen des Kindes aufgrund von Meningitis, Syphilis etc.	Infektionen aufgrund von Meningitis/ Enzephalitis etc.
mütterliche Toxämie, erblich bedingte, mütterliche Blutung	Hyperbilirubinämie, Kernikterus, hämolytische Störungen	Vergiftungen
Trauma nach Gewalteinwirkung auf die Mutter	Fehllage des Kindes, Sturzgeburt, Sectio der Forcepts	Trauma aufgrund von Hämatomen, Schädelfrakturen, Contusionen, Ertrinkungsunfälle
Verdrehung oder Verknotung der Nabelschnur	Frühgeburtlichkeit (zu klein, zu unreif, Übertragung)	Stoffwechselentgleisungen
pränatale Blutung	Hypo-Hyperglykämie	Tumorerkrankungen des ZNS

Begriffserklärungen:

Anoxie: Sauerstoffarmut
Anämie: „Blutarmut"/Blutmangel
Placenta praevia: Form einer atypischen Lokalisation der Plazenta
   in der Gebärmutter
Toxoplasmose: Form von Infektionskrankheiten
Toxämie: Auftreten von Bakterien im Blut
Hyperbilirubinämie: erhöhter Gehalt von Bilirubin
   (gelbbraun-löslichem Farbstoff) in der Galle
Kernikterus: Einlagerungen von Bilirubin in das Stammhirn
hämolytisch: roten Blutfarbstoff auflösend
Sectio der Forceps: Schnitt durch den Balken des Gehirns
Hyper-/Hypoglykämie: typische Krankheitsbilder beim Neugeborenen:
   pathologische Erhöhung bzw. Verminderung des Blutzuckerwertes
Enzephalitis: Gehirnentzündung
Contusion: Prellung, Quetschung
Hämatom: Ansammlung von Blut außerhalb der Blutbahn

Tab. 10: Zusammenstellung möglicher Ursachen einer Infantilen Cerebralparese (nach Thiele 1999, 16; orthographisch bereinigt)

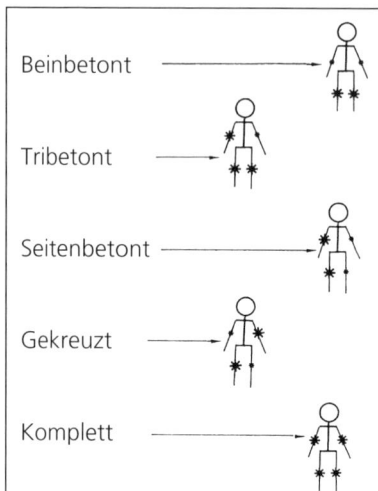

Beinbetont

Tribetont

Seitenbetont

Gekreuzt

Komplett

Abb. 13: Phänomenologische Klassifikation der Paresen nach Lokalisation und Schwere des neurologischen Befundes (nach Michaelis/Niemann 1999, 89)

Ausprägung der Bewegungsstörung

Denn es gibt in der Literatur eine Vielzahl von Klassifikationsvorschlägen für das Phänomen der cerebralen Bewegungsstörung, wodurch auch die Vergleichbarkeit von Studien einschließlich statistischer Angaben erheblich erschwert wird. In Deutschland setzt sich in jüngster Zeit vermehrt das an Hagberg (1973) angelehnte, von Michaelis und Niemann (1999) vorgeschlagene Schema durch, das folgende Teilaspekte enthält:

– Spastische Hemiparese
– Spastische Tetraparese
– Dyskinesie
– Ataxie

Hierbei lässt sich eine allgemeine Definition von Paresen als eine Störung von Haltung und Bewegung beschreiben, die durch eine Schädigung des „unreifen Gehirns" bedingt ist (Michaelis/Niemann 1999, 86ff). Die „spastische Hemiparese" kann armbetont oder beinbetont sein oder es können Arm und Bein etwa gleich schwer betroffen sein. Die „spastische Tetraparese" kann ebenfalls verschiedenartig klassifiziert werden (siehe Abb. 13): beinbetont (die Beine sind schwerer betroffen als die Arme), tribetont (die Beine und ein Arm sind schwerer betroffen als der Arm der Gegenseite), seitenbetont (die Extremitäten einer Seite sind deutlich schwerer betroffen als die der anderen Seite), gekreuzt (die obere Extremität der einen Seite und die untere Extremität der anderen Seite sind schwerer betroffen), komplett (Arme und Beine sind gleich schwer, oder die Arme sind schwerer betroffen als die Beine). Bei der Dyskinesie handelt es sich um eine Bewegungsstörung, meist mit drehenden unwillkürlichen Bewegungen, die bei allen spastischen Krankheitsbildern nachweisbar ist. Bei Ataxie, einer seltenen Form der Cerebralparese, ist eine Störung der Bewegungskoordination und des Gleichgewichts vorherrschend.

In seiner (abstrakten) Form dient dieses Schema in erster Linie als Hilfe bei der Klassifikation. Wie sich die jeweilige Art der Cerebralparese auswirkt und welche Bedeutung sie im Leben des jeweiligen Kindes tatsächlich gewinnt, bedarf einer weiter gehenden, detaillierten Analyse im Einzelnen.

Zur Beurteilung psychosozialer Ausprägungen motorischer Störungen werden Einteilungsvorschläge diskutiert, die neben der Schädigung und Fähigkeitseinschränkung in körperlicher und psychischer Dimension auch die daraus resultierende Beeinträchtigung des Kindes berücksichtigen (WHO 2002; siehe Kapitel 1). Folgende Anhaltspunkte für die Ausprägung einer Bewegungsstörung werden genannt:

– Schwache Ausprägung, durch Fremdbeobachter kaum bemerkbar; nur leichte Beeinträchtigung

- Deutliche Erschwernis und Beeinträchtigung, aber Alltagsbewältigung und Selbstständigkeit ohne Fremdhilfe
- Schwere Beeinträchtigung; trotz Hilfsmitteln keine volle Selbstständigkeit
- Schwerste mehrdimensionale Beeinträchtigung

Auch zusätzliche Komplikationen wie schwere geistige Entwicklungsverzögerung, cerebrale Anfallsleiden u. Ä. bestimmen die Ausprägung einer Bewegungsstörung mit. Wie bereits bezüglich des Klassifikationsschemas zur Cerebralparese ausgeführt, ergibt sich auch hier aufgrund des formalen Charakters dieser Bestimmung zur Ausprägung der Bewegungsstörung die Notwendigkeit einer individuellen Ausdeutung im Einzelnen, um eine Bewegungsstörung als konkrete Einflussvariable für das Alltagsleben des Kindes und seiner Familie einschätzen zu können.

Entwicklungs-
dysarthrophonie

Entwicklungsdysarthrophonie ist eine Störung der Sprechbewegungsausführung, die durch eine Schädigung des Nervensystems hervorgerufen wird und eine bleibende Störung darstellt. Ausgelöst durch eine prä-, peri- oder postnatale cerebrale Funktionsstörung steht diese in einer ursächlichen Verbindung mit einer gesamtmotorischen, nicht unveränderbaren Haltungs- und Bewegungsbeeinträchtigung, weshalb auch eine Reihe von Sub- oder Teilsystemen wie Artikulation, Respiration, Phonation und Resonanz mit betroffen sein kann. Dadurch also, dass als Grundlage ein geschädigtes Funktionssystem angenommen wird, ist nicht ein einzelnes Organ oder eine Summe von Organen der ursächliche Bezugspunkt dieser Störung. Im Sinne des „infantilen Charakters" dieser Störung wird zum Ausdruck gebracht, dass es sich hierbei trotz einer zugrunde liegenden Schädigung um „Funktionen in Entwicklung" handelt. So werden dem Kind mit ICP und infolgedessen mit Entwicklungsdysarthrophonie Entwicklungspotenziale zugesprochen, die ihm ermöglichen, sich seiner Umwelt und die Umwelt sich anzupassen (Adaptation). Eine der Hauptschwierigkeiten bei der therapeutischen Begleitung des Kindes mit einer ICP und Entwicklungsdysarthrophonie besteht darin festzulegen, worin und wie ein Kind in der Auseinandersetzung mit seiner Umwelt therapeutisch unterstützt werden kann.

Nach Göllnitz (1992, 122) liegt eine ICP bei etwa 2–2,5 % aller Lebendgeborenen vor. Bei dieser Zählung ist allerdings eine große Variationsbreite der angewandten Kriterien zu berücksichtigen, die solche Zahlangaben mit Unsicherheiten belastet. Hinsichtlich der Häufigkeit der Entwicklungsdysarthrophonie schwanken die Angaben je nach Beurteilungskriterien, die in die Zählung eingeflossen sind, und nach Alter der genutzten Quel-

Probleme der
statistischen
Erfassung

le. Böhme (1976, 122) beispielsweise fand bei 30 % der von ihm untersuchten Kinder mit ICP eine Entwicklungsdysarthrophonie. Und nach Angaben von Crickmay (1994) aus dem Jahre 1967 (1. Auflage!) wirken sich Haltungs- und Bewegungsstörungen bei circa 65 % aller Kinder mit einer ICP auf die Sprechtätigkeit aus. Abgesehen von dieser eher veralteten Quellenlage – immerhin sind die Daten nahezu vier Jahrzehnte alt – liegen die Gründe für die Heterogenität der Angaben in der Neuropathologie der Verursachung einer cerebralen Bewegungsstörung. Thompson und Robin (1993) verweisen auf die Vielfalt neurologischer Erkrankungen und damit auf die *Vielfalt* ihrer möglichen Ausformungen im Kindesalter, die statistisch immer noch unvollkommen erfasst sei.

Niklas ist zum Zeitpunkt des ersten Kennenlernens im August 2002 fünf Jahre und fünf Monate alt (5;5) und besucht eine integrativ geführte Kindertageseinrichtung (zu Hintergründen seiner Entwicklung Welling 2003, 2004 b, 2004 c).

Auf der Basis des neurologischen Befundes (in der Kita vom August 2002) wird zusammengefasst: Niklas ist mit fünfeinhalb Jahren äußerlich unauffällig. Die Kommunikation mit ihm ist dadurch erschwert, dass er mimisch ein „Nein" durch Vorstülpen der Unterlippe ausdrückt, das „Ja" jedoch je nach Tonushintergrund haucht und es zuweilen undeutlich bleibt. Neurologisch wird ein weich-teigiger Muskeltonus befundet, der sich in Ruhe und Zeit noch erniedrigt. Aktives Hochkommen in höhere Lagen ist nicht möglich. Diagnose des Neurologen: mittelgradige (bis schwere) rechtsbetonte Cerebralparese mit dystoner Athetose, Entwicklungsdysarthrophonie (nahezu Anarthrie). Die Athetose zeigt ein Bild langsamer, arythmischer Bewegungen, die Gesicht, Zunge und Extremitäten betreffen können. Ihre dystone Form bringt eine Störung der körperlichen Spannungszustandes mit sich, der sich im Ruhezustand reduziert, während er sich im Erregungszustand und bei körperlicher Aktivität merklich erhöht.

Bereits Kussmaul (1877) verwendete den Begriff der Dysarthrie zur Bezeichnung neurologisch bedingter Störungen der Artikulation und grenzte die „eigentliche zentrale Dysarthrie" von den „Fehlern der äußeren Sprechwerkzeuge und ihrer motorischen Nerven" ab. Der Autor klassifizierte: „Gewöhnlich aber scheidet man diejenigen, welche durch Fehler der äußeren Sprachwerkzeuge und ihrer motorischen Nerven grob mechanisch bedingt sind, als *Dyslalien* von den eigentlichen oder *centralen Dysarthrien,* die entweder durch organische Läsionen bedingt oder functioneller Natur sind" (Kussmaul 1877, 32). Gutzmann (1924) problematisierte diese Trennung organischer von funkioneller Störung und warb für ihre *hypothetische* Behandlung in der Klassifikation. Denn, so seine auch heute noch berechtigte Analyse, dass „ein prinzipieller Unterschied zwischen *organischer* und *funktioneller Störung* (...) wohl nicht anerkannt werden (darf), haben sich (doch) genug der Krankheitserscheinungen, die man in früherer Zeit als funktionell anzusehen gewohnt war, als organisch bedingt erwiesen" (Gutzmann 1924, 257) und umgekehrt. Klinisch hielt Gutzmann aber an den hiermit einhergehenden Unterscheidungen zwischen „funktionell" und „organisch" fest und erörterte klassifikatorisch und systematisch im Sinne dieser Dualität die erworbene Dysarthrie im Erwachsenenalter.

Eine weitere pathologische Linie, die Orthopädie, ist historisch wichtig. Bereits Mitte des 19. Jahrhunderts hatte sich Sir J. Little, ein englischer Orthopäde, mit der Korrektur von Fußfehlstellungen beschäftigt und mögliche Zusammenhänge von Schwangerschafts- oder Geburtsstörungen und physischen bzw. psychischen Störungen von Kindern dokumentiert, die Gelenkfehlstellungen entwickelten. Im Zusammenhang der Verursachung der Spastizität und Fehlstellungen durch eine Asphyxie (griech.: „Pulslosigkeit"= ein prä-, peri- oder postnatal einsetzender Sauerstoffmangel des Neugeborenen mit Atemstörung und Kreislaufzusammenbruch) oder eine Hirnblutung infolge eines Geburtraumas tauchte „Morbus Little" als Benennung für dieses Krankheitsbild auf.

Zur Verbesserung der medizinischen Arbeitsmethoden in den Jahren nach dem Zweiten Weltkrieg und zur Entwicklung einer neuen Sichtweise des behinderten Kindes und seines sozialen Kontexts wurde 1947 die „Amerikanische Akademie für Zerebralparesen" (AACP, *American Academy for Cerebral Palsy*) als multidisziplinäre Organisation der Forschung gegründet, einschließlich der Behandlung der Fragen der Klassifikation von Infantilen Cerebralparesen (ICP) bzw. Cerebralparesen im frühen Kindesalter (Ferrari/Cioni 1998, 3f).

Damit war Mitte des vergangenen Jahrhunderts der Anstoß für die Verbreitung des Interesses am behinderten Kind gegeben. Die Definition der ICP, die Mitte der 1950er Jahre auf einer Folgekonferenz der AACP verfasst wurde, gilt „noch heute international anerkannt". Sie lautet wie folgt (zit. nach Ferrari/Cioni 1998, 6): „Die *infantile Zerebralparese* ist eine permanente, aber nicht unveränderbare Haltungs- und Bewegungsstörung. Die Störung ist bedingt durch einen zerebralen Defekt oder eine Schädigung, die nicht fortschreitet und vor Abschluß der wichtigsten morphofunktionellen Reifungsprozesse des Gehirns aufgetreten ist. Die motorische Störung ist die vorherrschende, aber nicht die ausschließliche Komponente; sie kann je nach Art und Schweregrad variieren."

Die Bezeichnung „IZP" bzw. ICP bzw. CP *(Cerebral Palsy)* wurde nur dann als berechtigt angesehen, wenn sie zur Kennzeichnung verschiedener Störungen verwendet wird, deren *gemeinsamer Nenner* eine nicht fortschreitende (nicht progrediente) Hirnschädigung ist, durch die die *motorische Schädigung* verursacht ist. So wäre beispielsweise eine „cerebrale Bewegungsstörung" das gemeinsame berufliche Praxisfeld der Physiotherapie („Krankengymnastik"), Ergotherapie („Beschäftigungstherapie") und Logopädie bzw. Sprachbehindertenpädagogik.

Klassische klinische Syndrome

Dadurch, dass ähnlich wie bei der Dysarthrophonie im Erwachsenenalter je nach Verursachung, Zeitpunkt, Ort, Ausdehnung und Charakter der Funktionsschädigung eine Vielfalt von Typen, Syndromen und Erscheinungsformen der Entwicklungsdysarthrophonie besteht, einschließlich der vielfältig möglichen Kompensationen des Kindes, können die im Folgenden skizzierten Sprechproduktionsaspekte nur skizzenhaft begrenzt sein.

Aus Gründen der exemplarischen Darstellung genügt es im Folgenden, sich vornehmlich auf zwei große Formgruppen der Störungen zu konzentrieren, auf die *spastische* und auf die *dyskinetische Entwicklungsdysarthrophonie*, deren Entsprechung im Bereich der Haltungs- und Bewegungsstörungen zu den klassischen klinischen Syndromen gehören.

Spastische und dyskinetische Entwicklungs- dysarthrophonie

Bei den Formen der spastischen Tetraparese betrifft die Störung von Haltung und Bewegung in gleichem Maß die oberen und unteren Extremitäten. Sie ist meist sehr schwer zu erkennen, selten symmetrisch verteilt und nur postnatal sofort deutlich zu erkennen. Bei der spastischen Diplegie sind alle vier Extremitäten von der Haltungs- und Bewegungsstörung betroffen, jedoch in deutlich größerem Ausmaß die unteren Extremitäten. Bei der spastischen Hemiplegie betreffen die Haltungs- und Bewegungsstörungen nur die eine Körperhälfte (Pfanner/Paolicelli 1998, 9ff). Zu den dyskinetischen Formen (motorische Fehlfunktionen) als Oberbegriff zählt zum Beispiel die Athetose (wörtlich: „Unfähigkeit, eine bestimmte Position einzuhalten" wie zum Beispiel bei Niklas (siehe oben); symptomatisch sind die Erzeugung unwillkürlicher Bewegungen, Hyperkinesen (s. Kasten), Unfähigkeit der Symmetrisierung, Veränderung der Aufrichtungsmechanismen u. a. m. (Ferrari et al. 1998, 108). Bei den ataktischen Formen, den weitaus seltensten Formen der ICP, sind Störungen der Bewegungskoordination und des Gleichgewichts dominant. Dystone Formen bringen eine Störung der Tonusregulation mit sich (Pfanner/Paolicelli 1998, 11).

Hyperkinese: Steigerung der Motorik mit teilweise unwillkürlich ablaufenden Bewegungen

Liquide: Oberbegriff für Vibranten (Laute, die durch raschen Verschluss und dessen Auflösung entstehen, z. B. /r/) und Laterale (Verschluss der Zungenmitte, sodass die Luft seitlich entweicht, z. B. /l/)

Artikulation, Phonation und Respiration sind als Einheit der Sprechproduktionssymptomatik bei Entwicklungsdysarthrophonie zu betrachten:

Artikulation

Bei artikulatorischen Vorgängen ist zu beobachten, dass die Aneignung und Produktion von koartikulatorischen Kontexten mit Frikativen, Affrikaten und Liquiden (s. Kasten) – sowohl in

der initialen und finalen Wortposition – den Kindern mit dyskinetischen Paresen (Athetosen) erheblich größere Schwierigkeiten bereiten als Kindern mit spastischen. Dagegen sind Plosive,
Nasale und Gleitlaute (zumindest in der initialen Wortposition)
von diesen leichter zu produzieren als von jenen (Thompson/
Robin 1993, 841ff).

Studien zur Respiration bei Kindern mit Spastik, Athetose und   Respiration
ataktischer Cerebralparese haben auffällige Atmungsmuster zeigen können. Besonders Kinder mit Athetose scheinen von veränderter Atmung betroffen zu sein. Kinder mit dyskinetischer Cerebralparese zeigen verschiedene Grade eines irregulären flachen
und geräuschhaften Atems mit Beeinträchtigungen im Atemvo-
lumen, in der Atemrate und auch im Sprechrhythmus.

Auch auf der Ebene der Phonation sind Kinder mit Athetose   Phonation
stärker betroffen als Kinder mit einer Spastik. Bezüglich der Resonanzverhältnisse und der Artikulation sind ebenfalls auffällige
Symptome zu berichten, weil Kinder mit dyskinetischen Störungsformen über unzureichende Voraussetzung hinsichtlich der ve-
lopharyngealen Funktion verfügen (Thompson/Robin 1993,
839ff).

Diese wenigen Hinweise exemplarisch zur Sprechproduk-   Heterogenität der
tionssymptomatik mögen genügen, um die Richtung zu erken-   Art von Haltungs-
nen, auf welchem Wege hier nach weiteren Ergebnissen gesucht   und Bewegungs-
und geforscht werden muss. Dabei ist zu bedenken, dass, anders   störung
als in einer Reihe deutschsprachiger Veröffentlichungen oft ausgeführt (zum Beispiel von Arentsschild 1982, 145), seit langem
geltend gemacht wird, dass sich spezifische Ausprägungen in der
Gesamtmotorik – schlaff, spastisch, dyskinetisch, ataktisch – nicht
„automatisch" bzw. „linear" als solche auch in der Sprechmotorik wiederfinden lassen und umgekehrt (Hixon/Hardy 1964). Unter dieser Voraussetzung sind Schlussfolgerungen auf die Sprech-
produktionsleistungen von Kindern mit ICP mit Vorsicht zu behandeln.

Dabei ist zum einen mit einer großen Heterogenität zu rechnen. Obwohl die verschiedenen Typen von Entwicklungsdysarthrophonie, die bei Kindern mit neurologischen Störungen auftreten, bisher noch nicht ausgiebig studiert worden sind, können
seitens der klinisch tätigen Therapeuten mit einiger Zuverlässig-
keit Aussagen dazu getroffen werden, inwieweit die Sprechmuskulatur beeinträchtigt ist. Dabei gründen diese Vermutungen auf
Informationen, die den Typ der ICP ebenso betreffen wie das Hal-
tungs- und Bewegungssystem. Bei spastischer Tetraplegie beispielsweise, bei der die oberen und unteren Extremitäten des Körpers beeinflusst sind, ist die Sprechmotorik eher mit betroffen als
bei einer spastischen Diplegie, die nur die unteren Extremitäten

affiziert. Der Grund liegt im topographischen Arrangement der kortikalen Bewegungskontrolle. Das genaue Muster der Sprechstörung gründend auf diesen Informationen vorherzusagen, ist jedoch viel schwieriger. Und weiterhin: Nicht alle Kinder mit neuromotorischen Schwierigkeiten zeigen auch Anzeichen einer Cerebralparese. Das heißt, eine Entwicklungsdysarthrophonie kann bei Kindern auftreten, die eine Reihe von neurologischen Störungen zeigen, dies muss aber nicht immer der Fall sein.

Nicht nur eine Sprechausführungsstörung? Zudem ist meist nicht nur die Sprechtätigkeit betroffen. Beeinträchtigungen finden sich ebenso in den motorischen Subsystemen der Sprechproduktion wie Respiration, Phonation, Resonanz und Artikulation. Obschon es sich bei der Entwicklungsdysarthrophonie im Grunde tatsächlich um eine Beeinträchtigung in den verschiedenen motorischen Systemen handelt, gibt es vereinzelt auch Hinweise auf spezifische Strukturmerkmale der Aussprache, wie phonologische Prozessanalysen gezeigt haben (Hodson 1980; Thompson/Robin 1993 842f).

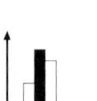

Zur Vollständigkeit dieser Ausführungen seien einige Anmerkungen zum Konstrukt der **Anarthrie** hinzugefügt. Das Praxisfeld der Anarthrie bei Kindern mit cerebraler Bewegungsstörung – konventionell als Unvermögen verständlichen Sprechens trotz vorhandener Sprache unter der Bedingung neurologischer Schädigung definiert (Oskamp 1992) – ist im deutschsprachigen Raum wie die Entwicklungsdysarthrophonie empirisch bisher ebenfalls noch wenig erschlossen. Zwei Hauptgründe aus den Bereichen der Theorie und Methodik dürften hierfür ausschlaggebend sein: Theoretische Probleme ergeben sich, wenn man den Fokus der Betrachtung auf das Sprechen einengt, ohne das weiter greifende Spektrum des kindlichen Sprachgebrauchs im umfassenden Sinne einzubeziehen (z. B. dessen Möglichkeiten zur sprachlichen Rezeption). Der zweite Grund hängt mit diesem ersten zusammen: Da der Gegenstand selbst so wenig erforscht ist, bestehen große Schwierigkeiten seiner methodisch sauberen Erfassung.

In der älteren Fachliteratur wird Anarthrie enzyklopädisch definiert als „Unvermögen verständlichen Sprechens trotz vorhandener Sprache, (unter der Bedingung) schwerste(r) Schädigung der für die Sprechmotorik verantwortlichen zentralen Bahnen und Zentren". Im sonderpädagogischen Sprachgebrauch wird Anarthrie „(…) im Syndromverständnis Zerebraler Bewegungsstörung verwendet. Bedingt durch Spastik oder Athetose in der Mund- und Rachenmuskulatur sowie im Gesicht ist nicht nur das Sprechen gestört, sondern auch das Saugen, Kauen, Schlucken, der Speichelfluß sowie die Mimik, (…) ebenfalls die gestische Mitteilungsmöglichkeit" (Oskamp 1992, 21). Aus zwei Gründen ist diese verbreitete Definition von Anarthrie veraltet: erstens aus Gründen ihrer Beschränkung auf eine einzige Dimension dieses komplexen Sachverhalts, den der Bewegung, zweitens weil die soziale bzw. lebensweltliche Seite des Geschehens nicht einbezogen wird. Was die kognitive Dimension betrifft, sind Kinder mit Anarthrie aufgrund ihrer Bewegungsstörung in der Regel zwar nicht in der Lage, arikulatorische Bewegungsmuster zu produzieren, welche auch sprachliche Bedeutung gewinnen könnten. Aber immerhin bringen sie eine Vielfalt an Bewegungen hervor (mimisch, gestisch usw.), die kognitiv relevant sind und über den rein motorischen Aspekt hinausreichen. Tatsächlich bringen diese Kinder mithilfe ihres Bewegungshandelns häufig lediglich ein individuelles Zeichensystem zum Ausdruck, das sich zwar nicht für Verallgemeinerungen in der Sprachgemeinschaft eignet, aber für sie persönlich und für ihre nahen Bezugspersonen, vielleicht auch nur in bestimmten Situationen bedeutungsvoll ist. Dieser kognitive Zugang konnte anhand einer Reihe von Studien belegt werden (z. B. Bates et al. 1989; Njiokiktjien et al. 2000).

Auch in dieser Hinsicht genügt die oben vorgelegte Definition von Anarthrie den neueren Entwicklungen und Anforderungen im Gesundheitswesen nicht mehr vollends. Denn diese Bestimmung ist noch weitgehend nach Maßstäben von Erwachsenen angelegt, d. h. sie sieht die Störungen ausschließlich als unveränderliche Anlage im Organismus des einzelnen Kindes. Die dynamische Wechselwirkung zwischen einem Gesundheitsproblem und seinen Kontextfaktoren, die sich im Zusammenhang mit den lebensweltlichen Bezügen des Betroffenen ergeben, bleibt hier definitorisch unerschlossen (siehe weiter oben zum Begriff „Adaptation").

Vorläufig wird definiert: Anarthrie im Kindesalter ist die Einschränkung einer Person mit cerebraler Bewegungsstörung, mittels sprachlicher Artikulation zu kommunizieren. Symptomatisch mit betroffen sind in der Regel immer auch die Prozesse der Respiration, Phonation und die Resonanzverhältnisse. Funktional ist diese Sprechstörung mit der Klasse von Befunden und Symptomen der Bewegungsstörung insgesamt zu sehen, denn in der Regel bringt das Kind mit cerebraler Bewegungsstörung einzelne Bewegungen nicht isoliert hervor. Gleichwohl ist es in der Lage, sein Bewegungshandeln so zu gestalten, dass Bedeutungen dargestellt werden, die im lebensweltlichen Kontext des Kindes und seiner Bezugspersonen verständlich sind. Ausgehend von dieser Art „ganzheitlicher" Betrachtung der Einheit der Felder – die Beeinträchtigung des Geschehens im Sprechbewegungsbereich, des gesamtkörperlichen Geschehens und die Möglichkeiten der

Anarthrie

Repräsentation von Bedeutungen mittels Bewegungshandeln – werden die Ausmaße funktionaler Gesundheitserschwerungen des Kindes in seinem Lebenskontext sowie die Möglichkeiten der Veränderungen offenkundig.

Ferrari/Cioni (Hrsg.) (1998): Infantile Cerebralparese – Heinen/Bartens (Hrsg.) (2001): Das Kind und die Spastik – Michaelis/Niemann (1999): Entwicklungsneurologie und Neuropädiatrie. Grundlagen und diagnostische Strategien – Thiele (1999): Infantile Cerebralparese

3.3 Peripher-organisch bedingte Sprach- und Sprechstörung im Kindesalter

Der Beschreibungsterminus peripher-organisch ist eine Verlegenheitsbezeichnung. In Ermangelung einer angemessenen Terminologie, die nicht das Organische, sondern das Linguistische bzw. Phonetische bezeichnen würde, sei er hier verwendet. Zwar hat dieser Begriff eine gewisse Tradition vor allem in der medizinischen und physiologisch-phonetischen Sprach- und Stimmheilkunde, in der zentral-nerval bedingte und peripher-organisch bedingte Sprach- und Sprechstörungen abgegrenzt werden, um auf ätiologische Hintergründe dieser Gruppen von Störungen zu verweisen (z. B. Wängler/Bauman-Wängler 1983–1987). Auch im Einklang mit der auch international bevorzugten Bezeichnung „neurolinguistische und neurophonetische Sprach- und Sprechstörungen" (Blanken et al. 1993) hätte man sich hier einen Oberbegriff gewünscht, der die linguistische Charakterisierung dieser Störungen einschließt. Auch bei Blanken et al. (1993) wird man hier nicht fündig; die folgenden hier nun darzustellenden Konstrukte – *Lippen-Kiefer-Gaumen-Segel-Fehlbildung* (3.3.1) und *Dysgnathie* (3.3.2) – finden sich dort unter der Hauptüberschrift „Pathologies and disorders of language development".

3.3.1 Lippen-Kiefer-Gaumen-Segel-Fehlbildung (LKGS-Fehlbildung)

Das äußere Erscheinungsbild der LKGS-Fehlbildungen bei Kindern ist so umfassend, dass über 100 verschiedene Formen unterschieden werden können. Dieser ungewöhnlich große Formenreichtum setzt sich aus allen Ausprägungsgraden und -formen der Fehlbildung zusammen. Grundsätzlich können Fehlbildungen ein- oder doppelseitig als Mikroformen sowie partiell oder total im Bereich des Oberkiefers auftreten. Es wird bei den Fehlbildungen je nach der betroffenen Region unterschieden: Lippen-, Kiefer-, Gaumen-, Segel- äußere und innere Nase (Vomer). Man spricht von submukösen Fehlbildungen, wenn diese mit Mundschleimhaut verdeckt und somit nicht direkt sichtbar sind.

LKGS-Fehlbildungen entstehen in der embryonalen Gesichtsentwicklung der frühen Schwangerschaft, wenn die Vereinigung der an der Gesichtsbildung beteiligten Nasen- und Oberkieferwülste teilweise oder ganz ausbleibt. Das Ausmaß solcher Fehlbildungen reicht von einer leichten Lippenrotkerbe bis zu einer durchgehenden doppelseitigen Spalte in den anatomischen Regionen der Lippe, des Kiefers, des knöchernen (harten) Gaumens, des muskulären (weichen) Gaumensegels, der Nase und der knöchernen Nasenscheidewand. Als Folge dieser Schädigung ist nicht nur mit einer Hörbeeinträchtigung (Schallleitungsstörung), mit einer Beeinträchtigung der Ess- und Trinktätigkeit des Kindes (aufgrund der offenen Verbindung zwischen Mundhöhle und Nasenrachenraum), seiner Gesichtsmimik (Nasenflügel, Oberlippe, Augenbrauen) und Atmungstätigkeit (Hochatmung) zu rechnen. Die Entwicklung des Sprechens und mithin des Sprachgebrauchs kann aufgrund der veränderten organischen Bedingungen je nach Ausmaß der Schädigung und der Kompensationsmöglichkeiten mehr oder minder beeinträchtigt sein. Was die Entwicklung der Sprechtätigkeit betrifft, so ist die Sprachlautbildung abhängig von den respiratorischen, phonatorischen und vor allem artikulatorischen Möglichkeiten des Kindes unter den Voraussetzungen bestimmter Spaltformen und ihrer operativen Behandlung (Zeitpunkt und Form).

LKGS-Fehlbildungen

Zur Erläuterung dieser definitorischen Kurzfassung sei ergänzt, dass Kinder mit einer LKGS-Fehlbildung zahlreichen Folgebeeinträchtigungen unterliegen können. Diese betreffen die Funktionskreise der Atmung, des Stimmklangs, der Stimmgebung und Lautbildung. Der Ausgangspunkt dieser Folgebeeinträchtigungen ist die Unfähigkeit des Gaumensegels (Velum), einen ausreichenden Abschluss zur Rachenhinterwand zu bilden (Schumacher/Christ 1993, 212ff; Wohlleben 1998). Dieser Verschluss zwischen Nasenrachen und Mundraum wird velopharyngealer Abschluss (VPA) genannt. Funktioniert dieser nicht, liegt eine velopharyngeale Insuffizienz (VPI) vor. Von dieser VPI betroffene Kinder können innerhalb ihrer Schluckfunktion, der Hörentwicklung, des Oberkieferwachstums, der Atmung und der Sprachentwicklung beeinträchtigt sein (ausführlich Neumann 2003 a–c). Fehlen frühzeitige medizinische und sprachtherapeutische Maßnahmen, kommt es zu sekundären Folgebeeinträchtigungen wie Sprech- und Stimmauffälligkeiten, mimischen Mitbewegungen,

Folgebeeinträchtigungen

phonetischen Entwicklungs- und Resonanzstörungen, welche sich zu einer Sprachbehinderung mit Entwicklungsbeeinträchtigungen, gestörter sensorischer Integration (SI) und psychosozialen Auffälligkeiten verschärfen können (Neumann 2001).

Im Einzelnen ausgeführt, entsteht in erster Linie durch den unzureichenden Segel-Rachen-Verschluss eine Hypernasalität. Für unsere Wahrnehmung spricht ein Mensch demnach auffällig zu viel oder zu wenig „durch die Nase". Aufgrund der vielfältigen myofunktionellen Dysfunktionen kommt es zu sekundären Störungen der Artikulationsfertigkeit. Diese äußern sich durch Lautentstellungen/Beigeräusche und/oder durch Lautersetzungen anhand in Richtung Rachen rückverlagerter Lautbildung. Die Verständlichkeit des Kindes kann ein hörbares Luftentweichen durch die Nase *(Nasaler Durchschlag)* erschweren. Ein hörbares, in der Nase gebildetes Reibegeräusch *(Nasale Turbulenz)* kann den gleichen negativen Effekt haben. Aus ständiger artikulatorisch-funktioneller Überforderung des Stimmapparates können sich Stimmstörungen entwickeln – meistens eine Heiserkeit. Die Spitze des myofunktionellen Ungleichgewichts zeigt sich in sprechbegleitenden mimischen Mitbewegungen. Die Kinder bewegen dann ihre Nasenflügel, Oberlippe oder Stirn mit, um nicht hypernasal zu sprechen. Bei diesem länger andauernden Grimassieren kann sich die Muskelanspannung auf den Gesamtkörper ausweiten und auch diesen aus dem Gleichgewicht bringen.

Vor der Gaumensegel-Operation kann der Öffnungsmechanismus der *Tuba auditiva* während des Schluckaktes nicht wirken, da sich das fehlgebildete Gaumensegel vor die Tubenöffnung legt und diese somit abdichtet. Auch hypertrophe Tonsillen bzw. Adenoide (s. Kasten) können die Tubenöffnung verlegen. Eine Mittelohrentzündung *(Otitis media)* entsteht, welche bei Nichtbehandlung chronisch auszureifen droht. Es entwickelt sich eine Schallleitungsschwerhörigkeit, welche eine Beeinträchtigung der Hörbahnreifung bewirken kann (Neumann 2003c). Eine hörbedingte Sprachentwicklungsverzögerung sollte demnach nicht ausgeschlossen werden.

Hypertrophe Tonsillen: durch Zellenwachstum vergrößerte Mandeln

Adenoide: Wucherungen

Angaben
zur statistischen
Erfassung

Eine LKGS-Fehlbildung tritt in Mitteleuropa mit einer Häufigkeit von 1:500 Geburten auf. Bei solitären Gaumenfehlbildungen, welche genotypisch abgegrenzt werden müssen, ist die Auftretenswahrscheinlichkeit 1:1500 Kindern. In Deutschland sind pro Jahr ca. 1900 Neugeborene von einer LKGS-Fehlbildung betroffen. Insgesamt gesehen sind Spaltfehlbildungen nach den angeborenen Herzfehlern die häufigste Fehlbildung beim Menschen. LKGS-Fehlbildungen treten bei Mädchen sehr viel häufiger auf als bei Jungen (Verhältnis 3 : 2) (Andrä/Neumann 1996; Neumann 2003 a – c).

Die wissenschaftlich anerkannteste Theorie zur Entstehung einer LKGS-Fehlbildung geht von einer „additiven Polygenie mit Schwellenwerteffekt" aus. Gemeint ist damit die Kombination von einer erblich bedingten Disposition und von Umweltfaktoren (Honigmann 1998, 27). Ätiologie

Durchschnittlich unterliegen Kinder mit LKGS-Fehlbildung mindestens drei Operationen. Es wird hierbei zwischen den Primäroperationen und den Sekundäroperationen bzw. Korrekturen unterschieden. Die Primäroperationen beinhalten die morphologisch korrekte Erstellung der Lippe, des harten und weichen Gaumens inklusive der inneren Nase. Unter den Sekundäroperationen werden die Kieferspaltosteoplastik und Korrekturen an der Oberlippe bzw. der äußeren Nase zusammengefasst. Bei ca. 5 – 10 % der Kinder muss eine „sprechunterstützende Operation" im Schulalter durchgeführt werden, da nach der Primäroperation kein ausreichender velopharyngealer Abschluss erreicht wird.

Seit Jahrhunderten, auch in den frühen sprachheilkundlichen Schriften, wird diese Schädigung des Organismus immer wieder als „Hasenscharte", „Wolfsrachen" und „Schafsnase" bezeichnet (Gabka 1964). Diese Bezeichnung ist nicht nur unwissenschaftlich; sie ist zutiefst diskriminierend und stigmatisierend. Sie „vollendete" sich in der Zeit des Nationalsozialismus in rassehygienischen Positionen als biologistische Trennung von Minderwertigem und Hochwertigem und führte nicht selten zu Sterilisation und Vernichtung (Uhlemann 1990). Hieran waren auch Vertreter der Sprachheilkunde propagandistisch beteiligt, zum Beispiel Gutzmann jun. (1939).

Wissenschaftlich begann in der ersten Hälfte des 20. Jahrhunderts in Europa die systematische Dokumentation und Auswertung von LKGS-Operationen. Ein bedeutender Name ist in diesem Zusammenhang der des Pariser Kinderchirurgen Veau, auf dessen Operationstechniken die deutsche Spaltfehlbildungschirurgie aufbaute. Deren Weiterentwicklung ist insbesondere mit den Mund-Kiefer-Gaumen-Chirurgen Axhausen, Pichler und Rosenthal verbunden.

Nach dem Zweiten Weltkrieg machte sich besonders Wolfgang Rosenthal zur Aufgabe, Menschen mit LKGS zufriedenstellend zu operieren. Er eröffnete eine spezielle Klinik für Menschen mit LKGS in Thallwitz bei Leipzig. Auf ihn begründet sich auch die Selbsthilfevereinigung von Menschen mit LKGS-Fehlbildung, die „Wolfgang Rosenthal Gesellschaft" (WRG). Fortschritte der Operationstechniken sind in dieser Zeit insbesondere durch den beginnenden internationalen Austausch, die Intubationsnarkose und den möglichen Einsatz von Antibiotika bei Infektionen zu verzeichnen.

Schon Mitte des 20. Jahrhunderts wurde versucht, Menschen mit LKGS-Fehlbildung sprachtherapeutisch zu „behandeln". Bei noch offenen LKGS- oder GS-Spalten wurden Obturatoren (Abdeckplatten) als ständige Prothese eingesetzt, um die Nahrungsaufnahme zu erleichtern und eine generelle Lautbildung zu ermöglichen.

An der Norddeutschen Kieferklinik Hamburg wurde nach 1945 eine „integrierte Sprachschule" für die kleinen Patienten gegründet. Die Leitung übernahm der Direktor der Hamburger Sonderschule für Stimm- und Sprachbehinderte Johannes Wulff. Wulff veröffentlichte unter anderem Übungsblätter zur Sprachbehandlung (speziell zu LKGS), die Sprechfibel (1988) und den „kleinen Sprechmeister" (1974, zusammen mit seinem Sohn). Wulff und Wulff legten besonderen Wert auf eine aktive Gaumensegelgymnastik begleitet durch Stoß- und Druckübungen nach Fröschels bzw. Gutzmann (Wulff 1996). Auch Lach- und Rufübungen galten als Behandlung der Rhinophonie.

Aus der ehemaligen DDR stammt der Ansatz der sprachlichen Früherziehung bei Kindern mit LKG-Spalte von Hochmuth (1975). Hochmuth und Dieckmann verwendeten den Begriff der „Gaumenspaltensprache", welcher wissenschaftlich nicht korrekt ist, da keine übergeordnete Sprachstörung beim Kind vorliegt. Des Weiteren unterschieden die beiden Autorinnen zwei gegensätzliche „Sprachtypen": den unterspannten und den überspannten Sprachtyp, welche sich durch unterschiedliche „Symptome" der „Gaumenspaltensprache" auszeichnen (Dieckmann 1996). Generell ist Hochmuths Ansatz der frühen Förderung von Kindern mit LKGS jedoch als bahnbrechend zu bezeichnen, da dieser erstmalig auch den präventiven Charakter der sprachlichen Förderung hervorhebt.

In den folgenden Jahren gaben Wängler und Bauman-Wängler (Lieferung 6: 1987) sehr detaillierte Informationen zur „Behandlung von Dysglossien" bei Kindern mit LKGS. Außerdem erschien im Jahre 2001 von Parzies und Ptok eine Übersicht über klassische konservative Therapieprinzipien bei Kindern mit LKGS-Fehlbildung.

Neuere Orientierungsgrundlagen und Entwicklungen

Neuere Veröffentlichungen unterstreichen den präventiven Charakter der sprachpädagogischen Förderung von Kindern mit LKGS-Fehlbildung (Neumann 2003a, 2003b). Dabei steht nicht nur die kindzentrierte Förderung im Mittelpunkt der Betrachtungen, sondern auch das Kind in seinem familiären Umfeld. Elternmitarbeit, Elternberatung und Elternbildung werden als unerlässliche Aufgabe dieses sprachpädagogischen Ansatzes angesehen. Durch eine entwicklungsorientierte, lustbetonte und prophylaktische Frühförderung sollen physiologische Funktionsmuster etabliert und es soll der Fixierung artikulatorischer Kompensationen entgegengewirkt werden.

Auf Stoß- und Druckübungen nach Fröschels bzw. Gutzmann sollte generell verzichtet werden, da diese eine faukale Enge (Enge zwischen Mundhöhle und Rachenraum) verstärken und artikulatorisch-kompensatorische Rückverlagerungen verfestigen, statt diese aufzulösen. Zusätzlich kann auch ein Nasaler Durchschlag oder Glottisschlag verstärkt werden.

Zukünftig sind die Aufgaben der sprachtherapeutischen Frühförderung konsequent mit Bezugsdisziplinen wie Mund-Kiefer-Gesichtschirurgie, Hals-Nasen-Ohrenheilkunde und Kieferorthopädie vom Säuglingsalter an zu koordinieren, da nur auf diesem interdisziplinären und interprofessionellen Weg Sprechauffälligkeiten bei Kindern mit LKGS-Fehlbildung präventiv vorgesorgt werden können.

Eine weitere zukünftige Aufgabe der Sprachpädagogik muss darin gesehen werden, ein einheitliches Diagnostikum für Menschen mit LKGS-Fehlbildung zu entwickeln und einzusetzen, um konservative wie operative Therapiemethoden in ihrem Erfolg zu überprüfen. Unabhängig von dem Zeitpunkt der Operation des harten und weichen Gaumens ist eine kontinuierliche Dokumentation der Sprachentwicklung des Kindes unabdingbar für die Früherkennung einer VPI und artikulatorischer Kompensationsmechanismen. Dabei müssen die sprachtherapeutischen Professionen gewissermaßen „lernen", Therapiegrenzen beim Kind zu erkennen, um gegebenenfalls chirurgische Maßnahmen vorzuschlagen, damit jahrelange erfolglose Therapien kein Usus mehr sind.

Andrä/Neumann (Hrsg.) (1996): Lippen-, Kiefer-, Gaumenspalten: Entstehung, Klinik, Behandlungskonzepte – Honigmann (1998): Lippen- und Gaumenspalten – Neumann (2001): Näseln (Rhinophonie) – Neumann (2002): Rhinophonie und Lippen-Kiefer-Gaumen-Segel-Fehlbildung – Neumann (2003 a): Rhinophonie und LKGS-Fehlbildung – Neumann (2003 b): Sprachliche Frühförderung bei LKGS-Fehlbildung – Peterson-Falzone et al. (2001): Cleft Palate Speech – Wohlleben (1998): Grundzüge in der Behandlung von Säuglingen mit Lippen-Kiefer-Gaumenspalten

3.3.2 Dysgnathie

Dysgnathie ist ein Oberbegiff für Gebissanomalie, die auf weiterreichende Aspekte wie Auffälligkeiten in der Zahnstellung, in der Funktion des Kiefergelenks, in den Kieferformen (Ober- und Unterkiefer) und ihren Größen- und Lageverhältnissen zueinander sowie in der Lage des Gebisses im Schädel verweist.

Erscheint der Gebisskomplex *eugnath* (gr. *gnathos*= Kiefer), so gilt er als morphologisch (von der Form her betrachtet) und funktionell (von der Aufgabe her betrachtet) als unauffällig.

Beschaffenheit des Gebisskomplexes

Alle Abweichungen von diesem eugnathen Zustand bezeichnet man in der Kieferorthopädie als *dysgnath*. Hierbei wird in der Regel nicht das Gebiss als solches betrachtet, sondern das gesamte stomatognathe System (Mund und Kiefer betreffend) als Funktionseinheit einschließlich des Gesichtsschädels.

System der
Funktionen

Hierzu gehört auch das folgende System von Funktionen:

– mastikatorische Funktion (auf den Kauakt bezogen)
– Nahrungsaufnahme
– kauende Zerkleinerung
– Bolusbildung (Bolus = Bissen)
– Bolustransport zum Racheneingang
– rezeptiv-sensorische Funktion (Wahrnehmung von Tast-, Geschmacks- und Geruchsempfindung)
– ästhetisch-physiognomische Funktion (Gesichtsausdruck)
– respiratorische Funktion (Mundatmung, Nasenatmung)

Deutlich hervorzuheben ist, dass das stomatognathe System auch eine phonetische Funktion hat, damit eine wichtige Aufgabe für die Sprachlautbildung erfüllt und hierfür eine zentrale Bedingung darstellt. Zu diesem System, das auch *orofaziales System* genannt wird, gehören zusammengefasst nach Clausnitzer (1997, 212f) die knöchernen, muskulären und sensorischen Strukturen der Mimik, Zahnstellung, Atemführung, Gaumenform, Kauorgan, Gaumensegel sowie die Bewegungsabläufe der Zunge und deren Funktionen für die artikulatorischen Prozesse bei der Sprechproduktion.

Dysgnathie

Dysgnathie impliziert die Aufrechterhaltung bzw. Entstehung von Form-Funktions-Veränderungen (skelettal, dental, kombiniert bzw. skelettal-dental) in den komplexen Wechselbeziehungen der Kiefer- und Zahnstellung. Das heißt Veränderung der Formen (Dysgnathien) entstehen durch charakteristische Bewegungsmuster (Dyskinesien der Lippen, der Zunge), welche veränderte Funktionskreise nach sich ziehen und wiederum veränderte Formen hervorbringen. Unterschieden werden exogene (erworbene) von endogenen (vererbte) Dysgnathien, wobei Letztere schwer oder gar nicht beeinflusst werden können.

Probleme
der statistischen
Erfassung

Bei den exogenen (erworbenen) Fehlstellungen geht man von einer Häufigkeit von 35–50 % aus (Schopf 1981; Tränkmann 1997). Eine Mitbeteiligung genetischer (vererbter) Fehlstellungen ist von inneren und äußeren Umwelteinflüssen abhängig. Schopf (1981) konnte eine Mitbeteiligung exogener Faktoren bei 75 % der untersuchten kieferorthopädischen Fehlstellungen nachweisen (Angaben Giel/Korbmacher, in Vorb.).

Zahnstellungsanomalien waren bereits zu Beginn der wissenschaftlichen Sprach- und Stimmheilkunde ein Thema. Kussmaul (1877, 258) klassifizierte die hiermit zusammenhängenden Artikulationsschwierigkeiten als *dyslalia dentalis* und führte aus: „Mangel der Zähne und fehlerhafte Stellung der Zahnreihen hindern namentlich die richtige Bildung des s, sch, englischen th, des f und n, aber auch das t, i und ü klingen nicht rein." Diese Beschreibung eines kausalen Zusammenhangs von Zahnstellung und Sprachlautbildung (ebenso Gutzmann 1892) intensivierte Nadoleczny (1926 b) in seiner Analyse der Folgen für die Artikulation der s-Laut-Bildung. Noch vor der Jahrhundertwende erscheinen aus Sicht des deutschen Anatom Roux die entwickelten „Lehren" von der „funktionellen Anpassung" linear und damit eher unangemessen. Roux postulierte bereits 1883 einen *Zusammenhang von Form und Funktion* und gelangte aufgrund zahlreicher experimenteller Beobachtungen zu dem Ergebnis, „dass allen functionellen Anpassungen entsprechende Veränderungen des materiellen, die Function vollziehenden Substrates zu Grunde liegen müssen und diese können entweder rein qualitative oder quantitative, also formale sein. Im letzteren Falle gehören sie der ‚Morphologie der functionellen Anpassung' zu" (Roux 1883, zit. nach Clausnitzer 1997, 213).

Die Hypothese, dass zwischen *Formen,* beispielsweise des Gebisses, und *Funktionen* des orofazialen Systems, beispielsweise der artikulatorischen Sprachlautbildung, eine enge Wechselbeziehung existiert, ist bis heute grundlegend für das Verständnis von Dysgnathien, ihrer Ätiologie, ihrer Genese, ihrer Morphologie und ihren artikulatorischen Folgen. Balters (1973, 24) hatte weiter gehend Mitte des vergangenen Jahrhunderts (1960) eine grundlegende Kritik an der klassischen Kieferorthopädie formuliert, die mit ihrem „Richten" von dem materiellen Substrat ausging, anstatt, wie er dagegen vorschlug, „dynamisch" die „Ordnung der Bewegung" zu betonen und „so den Neu-Aufbau oder Umbau der Gewebe" zu erreichen. „Weichgewebe formt Hartgewebe" über die Bewegung, oder „zumindest muß eine Wechselbeziehung zwischen Weich- und Hartgewebe in Ruhe und in Funktion angenommen werden", lautet dieser Grundgedanke später bei Tränkmann (1997, 152).

Dies sind Aspekte einer historischen Entwicklung eines Konstrukts, das experimentell geprüft wurde und folgende Bedeutung gewonnen hat: Veränderung der Formen entstehen durch charakteristische Bewegungsmuster, die veränderte Funktionskreise nach sich ziehen und wiederum veränderte Formen hervorbringen. Beispiele für diese Funktionskreise können sein (zusammengefasst nach Tränkmann 1997): Mundatmung, Lippen- und Zungendyskinesien, so genannte Habits („Lutschunarten", Nägelkauen), okklusale Dyskinesien.

Mundatmung formt sich in offener Mundhaltung, beeinträchtigter Lippenkompetenz, kurzer Oberlippe, relativ hohem Untergesicht aus und bedingt dadurch eine skelettale Dysgnathie.

Lippendyskinesien zeigen sich unter anderem in Lippenbeißen und Lippensaugen und verändern dadurch den Zahn- und Kieferbereich, ebenso wie *Zungendyskinesien*. Diese können sich in Form eines Zungenpressens, Zungenbeißens, eines viszeralen Schluckmusters zeigen (Schlucken in Verbindung mit Grimmassieren des Untergesichtes infolge Aktivierung des Kinnmuskels, *musculus mentalis*). Auch die so genannten *Habits* üben einen nachhaltigen Einfluss auf die Entwicklung der Schneidezähne während der Gebissentwicklung und auf die Unterkieferposition während des Kieferwachstums aus. *Okklusale Dyskinesien* (Okklusion = Schlussbissstellung der Zähne) können als Malokklusionen (Zahnfehlstellungen) wirksam werden und beispielsweise in Form einer Prognathie (die oberen Frontzähne stehen nach außen geneigt, dadurch wird in der Regel eine Mundatmung begünstigt) oder Progenie (Frontzahnüberbiss, untere über obere Vorderzähne) in Erscheinung treten (Frischauf/Kregcik 1985; Clausnitzer 1997, 253ff; Giel/Korbmacher, in Vorb.).

Bei den Erscheinungsformen dieser charakteristischen Form-Funktions-Zusammenhänge liegt ein gestörtes Gleichgewicht im stomatognathen bzw. orofazialen System (und darüber hinaus im gesamtkörperlichen Bewegungssystem) zugrunde, das sich mehr oder weniger ausgeprägt auch auf die Sprechvorgänge beim betroffenen Kind auswirkt.

Der postulierte Form-Funktions-Zusammenhang drückt sich immer besonders auch im Muskeltonus (s. Kasten) und in der Muskelfunktion sowie in den Bewegungsabläufen im orofazialen Raum aus. Deshalb sind myofunktionelle Gegebenheiten (*myo-* = Muskel) als ein besonders starker Ausdruck der Wechselwirkungen im orofazialen Komplex von Bedeutung (orofaziale Störungen synonym orofaziale Dysfunktionen, orofaziale Dyskinesien, myofunktionelle Störungen). Diese myofunktionellen Zusammenhänge können mit einer phonetischen Entwicklungsstörung einhergehen, in Form einer Addentalität oder Interdentalität vor allem bei der Bildung der Sibilanten (Kramer 1988; Clausnitzer/Clausnitzer 1989a, 1989b; 1991). Auch bei einem Kind mit einer Lippen-Kiefer-Gaumen-Segel-Fehlbildung (siehe 3.3.1) kann dieses Gleichgewicht gestört sein und folglich neben den organischen Veränderungen auch Folgen für das sprechmotorische Geschehen haben (Graf-Pinthus/Campiche 1994). Ebenso können sich bei neurogen bedingten Sprach- und Sprechstörungen verschiedene Läsionen einzelner Hirnnerven auf die Funktionen der orofazialen Muskulatur beeinträchtigend auswirken. So können bei einer Schädigung des *N. trigeminus* (*N.* = *nervus*; Trigeminusparese) die Funktionen der *Mm. masseter* und *temporalis* (*Mm.* = *musculi*) gestört sein mit der Folge einer Beeinträchtigung des Kauens und Schluckens. Oder bei einer Schädigung des *N. facialis* (Facialisparese) können einzelne Muskelgruppen des Gesichts oder auch die gesamte mimische Muskulatur in ihrer Funktionsweise gestört sein, wodurch nicht nur die Mimik, sondern auch die artikulatorischen Prozesse beeinträchtigt sein können (Schalch 1994). Hier ist offensichtlich, dass auch das Kind mit einer Entwicklungsdysarthrophonie von dem genannten Ungleichgewicht im orofazialen System betroffen sein kann (Wirth 1994).

Muskeltonus: Grundspannung der Muskulatur

Addentalität: an den Zähnen

Interdentalität: zwischen den Zähnen

Sibilanten: Zischlaute

Giel/Korbmacher (in Vorb.): Dysgnathien und orofaziale Dysfunktionen – Hahn/Hahn (2003): Myofunktionelle Störungen – Tränkmann (1997): Ätiologie, Genese und Morphologie dyskinesiebedingter Dysgnathien

3.4 Dysphonie – Stimmstörungen im Kindesalter

Die menschliche Stimme ist nicht nur Sprechstimme; sie ist ebenso ein hochdifferenziertes „Instrument" der Gesangsstimme, der Erzählstimme usw., deren Geschichte von der Rednerschulung der Antike bis zur Erfindung und mannigfachen Handhabung des Lautsprechers und seinem Einsatz als Massenmedium der Gegenwart wiederholt nachgezeichnet wurde (Göttert 1998). Stimme ist medial verstärkbar und ihr Transfer ist veränderbar, etwa um ein breiteres oder ferneres Publikum zu erreichen. Durch Mimik und Gestik, akustische Arrangements, optische Signale lässt sich die gesprochene Botschaft unterstreichen. Auch für das Sprechen selbst ist die Stimme eine Voraussetzung, denn „ohne Stimme erreicht das Sprechen nicht den Grad der Genauigkeit, der die Grundlage für das Verständnis des Gesprochenen im Sinne des Sprechers bildet" (Wängler 1976, 59). Die Stimme ist insbesondere auch Ausdrucksform der Person. Als solche ist sie ein markantes Merkmal des Menschen, ist wirksam in der sozialen

Wahrnehmung, in der Selbstbewertung und hat Einfluss auf das Selbstkonzept der an der Interaktion beteiligten Personen. Die menschliche Stimme ist normalerweise am verbalen Sprachgebrauch beteiligt, weshalb der Stimmgebrauch folglich auch Teil der sprachlichen Identität des Menschen ist. Ihre Bedeutsamkeit tritt in der Regel erst dann in den Fokus der bewussten Wahrnehmung, wenn Störungen sie verändern oder ihren Gebrauch beeinträchtigen.

Dysphonie

Dysphonie (oder Stimmstörung) im Kindesalter ist Ausdruck eines veränderten Stimmklangs oder einer Beeinträchtigung der stimmlichen Leistungsfähigkeit einer Person. Besonders auffällig ist Dysphonie im Rahmen stimmlicher Belastungssituationen, wenn organische Ursachen („organische Dysphonie", z. B. durch Kehlkopfveränderungen) oder, häufiger noch, funktionelle Voraussetzungen („funktionelle Dysphonie") einen günstigen Stimmgebrauch beeinflussen. Je nach Entwicklung der stimmlichen Leistungsfähigkeit und ihrer Bedingungen (Wachstumsgegebenheiten, anatomische Strukturen, hormonelle Faktoren, interpersonelle Kommunikationsmuster, Freizeit- und berufliche Belastungen u. a. m.) können Dysphonien verschiedener Formen, verschiedener Ursachen bis hin zur psychogen bedingten Aphonie (plötzliches Wegbleiben der Stimme) auftreten.

Probleme der statistischen Erfassung

Stimmstörungen treten im Kindes- und im Erwachsenenalter auf. Verschiedene Statistiken kommen zu unterschiedlicher Nennung von Häufigkeiten. Einer der Gründe dürfte in der Unterschiedlichkeit der Definition beispielsweise von Heiserkeit und der Berücksichtigung ihrer Umgebungsbedingungen liegen. Keilmann (in Vorb.) hat eine Reihe von Häufigkeitsuntersuchungen seit 1965 zusammengestellt und die Ergebnisse verglichen. Je nach Alter und Gruppierung der untersuchten Kinder werden Häufigkeiten von circa 6–10 % (bis hin zu 23 % einer Jahrgangsstichprobe) angegeben.

Für Studierende nicht nur der Sprachbehindertenpädagogik kommt es bereits im Rahmen der Vorbereitung auf ihren späteren Beruf darauf an, mögliche Probleme mit ihrer Stimme bereits vor Antritt oder im Verlauf des Studiums rechtzeitig medizinisch abzuklären, organische oder funktionelle Belastungen gegebenenfalls zu identifizieren und mit stimmtherapeutischen Mitteln zu behandeln. So kann ein physiologisch angemessener Einsatz eines der wichtigsten Werkzeuge im Lehrberuf (Unterricht und Therapie) von Anfang der Berufstätigkeit an gewährleistet werden. Der folgende persönliche Bericht einer Studierenden der Universität Hamburg, Frau S. B., ist hier beispielartig:

Eine Studentin rekonstruiert ihre persönliche und professionsvorbereiten-
de Situation: „Im Sommersemester 1996 begann ich mein Studium des
Sonderschullehramtes an der Universität Hamburg mit den Fachrichtungen Sprachbehindertenpädagogik, Körperbehindertenpädagogik, Erziehungswissenschaft und dem Unterrichtsfach Evangelische Theologie. Im
Rahmen der drei vierwöchigen Schulpraktika musste ich eine schnelle
Stimmermüdung mit stark fortschreitender Heiserkeit bis hin zu einer ge-
legentlichen Aphonie feststellen. Eine sich daran anschließende Laryn-
goskopie im Universitätsklinikum Hamburg-Eppendorf ergab die Diagnose einer hyperfunktionellen Dysphonie und die Empfehlung einer logopädischen Therapie. Die wöchentliche ambulante logopädische Behandlung
für den Zeitraum eines halben Jahres bewirkte jedoch keine Verbesserungen bezüglich einer möglicherweise längeren Belastbarkeit der Stimme.

Nach dem Abschluss meines Ersten Staatsexamens fand ich mich zur
Wiedervorstellung im Universitätsklinikum ein. Neben einer Laryngosko-
pie wurde eine umfangreiche Stimmdiagnostik durchgeführt. Der neue
Chefarzt teilte mir nach dieser Untersuchung mit, dass ich an sich gegenseitig bedingenden Problemen einer ‚Refluxlaryngitis' (bei der Magensäure bis in den Rachen und den Kehlkopf vordringt) sowie einer hyperfunktionellen Dysphonie leide, die mir die Berufsausübung als Lehrerin unmöglich machen dürften. Meiner Bitte um eine logopädische Intensivtherapie
wurde entsprochen, dieser wurde aber lediglich eine minimale Erfolg-
schance eingeräumt. Gleich im Anschluss begann meine ambulante Intensivtherapie im Universitätsklinikum mit zwei Therapieeinheiten wöchent-
lich. Leider konnten keine deutlichen Verbesserungen innerhalb von einigen
Monaten erreicht werden, sodass meine Krankenkasse einer stationären
Kurbehandlung zustimmte. Nach nur zwei Kurwochen wurde mir von der
behandelnden HNO-Ärztin diese Prognoseunsicherheit mitgeteilt. Trotz
meiner Stimmproblematik und trotz dieser Prognose entschloss ich mich,
einen Referendariatsplatz anzunehmen. Aber bereits nach kurzer Zeit musste ich beim Personalärztlichen Dienst vorstellig werden, und dieser be-
endete das Referendariat mit einem Gutachten, in dem ich als ausbildungs-
und prüfungsunfähig eingestuft wurde.

Seitdem bin ich wieder in der Universität im Fachbereich Erziehungswissenschaft eingeschrieben, um auf schnellstem Wege wenigstens eine
abgeschlossene Berufsausbildung als Diplom-Pädagogin erwerben zu
können."

Soweit die Rekonstruktion der Studentin. Eine gestörte Stimme beeinträchtigt in erster Linie eine verbale Kommunikationsfähigkeit. Eine solche
Stimmstörung kann nicht nur beim Hörer gewisse Widerstands- und Ab-
wehrreaktionen auslösen, sondern, wie vermutlich in der gegebenen Fallrekonstruktion, in erster Linie einen Stimmeinsatz und damit eine verbale
Verständigung unmöglich machen. Vielleicht war die Studierende von einer
akuten Laryngitis (Kehlkopfentzündung) betroffen, verbunden mit einer
vermehrten Durchblutung der Stimmlippen (Rötung) oder Flüssigkeits-
einlagerung (Ödembildung), die den Schwingungsablauf der Stimmlippe

beeinträchtigen, eine vermehrte Rauigkeit oder eine stärkere Behauchung ihres Stimmklangs bedingt haben, die schließlich gar zu einer Aphonie (Stimmlosigkeit) geführt haben.

Die Unterscheidung zwischen organischer und funktioneller Dysphonie ist seit langem ein Hilfsgerüst für die Dysphonie im Kindes- wie im Erwachsenenalter. Bei *organischer Dysphonie* ist die Ursache einer Stimmstörung phoniatrisch befundet (im gegebenen Beispiel in Form einer Larynxanomalie). Bei der Gruppe der *funktionellen Dysphonien* werden in der Regel eine *hyperfunktionelle* (unökonomischer Stimmgebrauch) von *hypofunktionellen* Dysphonien (Stimmgebrauch mit verminderter Leistungsfähigkeit) unterschieden.

Seit Weiss (1934) werden Stimmstörungen (oder Dysphonien) aus Sicht der Phoniatrie (Spezialgebiet der Hals-Nasen-Ohrenheilkunde, das sich mit Stimm-, Sprech- und Sprachstörungen befasst) in zwei Arten eingeteilt, in funktionelle und in organische. *Funktionell* werden alle diejenigen Stimmstörungen verstanden, für die eine organische Veränderung als Ursache nicht nachweisbar ist; ihnen fehlt das die Störung erklärende organpathologische Substrat. Phonatorische Schwierigkeiten ergeben sich hierbei durch einen physiologisch unökonomischen Gebrauch der ursprünglich leistungsfähigen Stimme über einen längeren Zeitraum hinweg. Bei *organisch* bedingten Stimmstörungen sind dagegen eindeutig organpathologische Prozesse als Primärbedingungen identifizierbar.

Diese sehr abstrakte Aufteilung wird dadurch relativiert, dass funktionelle Störungen bei längerem Bestehen sekundär organische Veränderungen bedingen. So können nervöse Störungen oder starke Angstgefühle zu einer Reizung der Stimmlippen führen, die sich auf Dauer in organischen Symptomen manifestieren. Ebenso können funktionelle Störungen aus organischen Veränderungen resultieren; Stimmbandentzündungen, Stimmbandlähmungen oder Stimmbandverletzungen können beispielsweise der Auslöser sein.

Funktionelle Stimmstörungen können wiederum unterteilt werden in die hyperfunktionelle und hypofunktionelle Form der Störung. Die Vorsilbe *hyper-* („zuviel") verweist auf einen ständig zu hohen Kraftaufwand bei der Stimmgebung, auf eine übermäßige Anspannung der Phonationsmuskulatur; die Stimme klingt dann rau, gepresst, in falscher Tonlage, oder sie ermüdet vorzeitig. Die Vorsilbe *hypo-* („zu wenig") bedeutet das Gegenteil. Hypotonie der Phonationsmuskulatur bedingt einen unzureichenden Stimmlippenschluss; eine schwache, leise, verhauchte Stimme ist die Folge. Funktionelle Abweichungen können als ein

Zuviel oder Zuwenig an Anblasedruck oder glottischem Wider-
stand bezeichnet werden und auf die muskuläre Einstellung des
Ansatzrohres und des gesamten Körpers einwirken (Wirth 1995).
Auch diese Unterteilung ist praktisch zwar hilfreich, aber theoretisch bleibt sie ein Hilfskonstrukt; denn auch hier kann es vorkommen, dass eine primär bestehende hyperfunktionelle Dysphonie sekundär zu einer Hypofunktion führen kann, wenn beispielsweise nach jahrelangem Missbrauch der Stimme der
notwendige Spannungszustand der Kehlkopfmuskulatur nicht
aufrechterhalten werden kann, wie dies nicht nur im Kindesalter, sondern auch bei „Berufssprechern" wie bei Lehrpersonen
der Fall sein kann (Johannsen 1987).

Die Sprach- und Stimmheilkunde hat sich seit Anbeginn dem Thema *Stimme* und *Stimmstörung* gewidmet. Gerade dadurch, dass sie sich die physiologische Vorstellung des Körpers als Materie zunutze machte, gehörten die Stimme und ihre Störung zu einem ihrer Hauptgebiete. Das Verständnis des Stimmorgans und seiner Funktionsstörung führte sie im
Allgemeinen hauptsächlich auf drei physikalische Grundprobleme zurück,
auf die Fragen nach der Frequenz der Stimmlippenschwingungen, nach
deren Mechanismus und nach den Beziehungen, die zwischen dem Kehlkopf und dem Tracheal- und Bronchealtrakt einerseits und zwischen dem
Kehlkopf und dem Ansatzrohr (Resonator) andererseits bestehen (Tonndorf 1929). In dieser Perspektive hat sich die Stimmheilkunde jahrzehntelang nahezu ausschließlich mit messbaren Gegebenheiten des Stimmum-
fangs im Kindesalter und mit Fragen des Stimmwechsels in der Pubertät
befasst (Phasen der Prämutation, Mutation, Postmutation). Als Entwicklungsstörungen der Stimme bei Kindern wurde vor allem das Symptom
der chronischen Heiserkeit (Dysphonie), die völlige Tonlosigkeit (Aphonie)
und alters- und geschlechtsbezogene Mutationsstörungen der Stimme,
beispielsweise in Form eines zeitlich verzögerten Stimmwechsels bei
Mädchen und Jungen thematisiert (Nadoleczny 1926 b, 169ff). Die von
Weiss (1934) vorgeschlagene phoniatrische Unterscheidung der Stimmstörungen (oder Dysphonien) in „organisch" und „funktionell" wurde seit
Jahrzehnten klassifikatorisch genutzt, aber ebenso seit langem kritisiert.

Weitere Angaben zu Klassifikationsmerkmalen und Mischformen
werden im Folgenden zusammengefasst. Zunächst eine Vorbemerkung: Nahezu die gesamte moderne medizinische, sprachpathologische, sprachbehindertenpädagogische und logopädische Fachliteratur legt ein tieferes Verständnis von Stimmstörungen zugrunde, tiefer, als die Betrachtung des Organs oder
seiner Funktion allein es zulässt. Stellvertretend für viele sei hier
Gundermann (1979, 175f) zitiert: „Es ist praktikabel, wenn wir in
Anlehnung an bedeutende amerikanische Stimmpathologen die
Stimme als eine *Gestalt,* d. h. als eine lebendige Struktur- und Funktionseinheit betrachten. Unser diagnostischer Blick darf nicht nur

auf das Einzelteil Kehlkopf gerichtet sein, sondern muß den Verbund von Respiration, Phonation, Resonation, Artikulation als visuellen *und* auditiven Gesamteindruck aufnehmen. Miteinbeziehen müssen wir schließlich die mimischen und gestischen Gestaltungen der Äußerungen. Denn Sprechen ist ein gesamtkörperlicher Vorgang. Die ‚Gestalt' eines Menschen ist im Medium der Stimme abgezeichnet."

In dieser perspektivischen Option werden nun einige Beispiele für Stimmstörungen im Kindesalter dargestellt, wie sie jüngst von Keilmann zusammengefasst worden sind (Johannsen 1993; Keilmann, in Vorb.). Es ist ein disziplinär bemerkenswertes Zeichen, dass von Seiten der Phoniatrie Fragen der *Stimmentwicklung* als Orientierungsgrundlage herangezogen werden, bevor die Pathologie auf diesem Gebiet erörtert wird.

Kindliche Stimmentwicklung

Für die Entwicklung der stimmlichen Leistungsfähigkeit spielen folgende Parameter eine besondere Rolle:

- Wachstum und strukturelle Veränderungen der beteiligten anatomischen Strukturen (Ausbildung einer mittleren Sprechstimmlage, Aneignung neuer Steuerungsmechanismen in der Phase der Postmutation)
- wachsende Übung des Kindes mit den beteiligten Organen (Anforderungen an Stimmumfang, Stimmstärke)
- genetische Faktoren (Stimmlippenwachstum von der Geburt an)
- Zusammensetzung der Nahrung
- hormonelle Faktoren (z. B. Stimmwechsel)

Kindliche Stimmstörungen

Das allseits bekannte Symptom der *Heiserkeit* ist ein „summarischer Begriff für eine Abweichung des Stimmklangs" (Keilmann, in Vorb.) und kann damit als ein Symptom für eine Reihe von Hintergrundgegebenheiten gelten, die medizinisch-phoniatrisch genau beurteilt werden müssen, damit eine Einschränkung der stimmlichen Leistung professionell behandelt werden kann.

Entsprechend der üblichen Einteilung der Dysphonien oder Stimmstörungen in organisch und funktionell ergeben sich etwa folgende Aufschlüsselungen:

Organische Dysphonien

- Larynxanomalien (z. B. Asymmetrien des Kehlkopfes)
- Segelbildungen im Larynx (angeboren oder erworben)
- Stimmlippenzysten (z. B. als flüssigkeitsgefüllte Gebilde, ggfs. mit Einschränkung der Atmung)
- Stimmlippenpolypen (an verschiedenen Stellen der Stimmlippe)
- Akute Laryngitis (Kehlkopfentzündung)
- Larynxpapillomatose (Wucherungen im Bereich des Kehlkopfes)
- Stimmlippenparese (Kehlkopflähmung, angeboren oder erworben)
- Intubationsfolgen (Veränderungen im Kehlkopfbereich infolge von Intubation)

– Laryngopharyngealer Reflux (Aufsteigen von Magensäure bis in den Rachen- und Kehlkopfbereich)
– Hormonell bedingte Stimmstörungen (bedingt z. B. durch Wachstums- oder Geschlechtshormone)

– hyperfunktionelle Dysphonien (mechanische Belastung der Stimmlippen, ständig zu hoher Kraftaufwand, unökonomischer Stimmgebrauch)
– hypofunktionelle Dysphonie (Stimmgebrauch mit verminderter Leistungsfähigkeit, z. B. bedingt durch einen unzureichenden Stimmlippenschluss)

Funktionelle Dysphonien

Bei verändertem Stimmklang oder einer Beeinträchtigung der stimmlichen Leistungsfähigkeit einer Person ist eine Reihe von Maßnahmen indiziert. Veränderungen verweisen in der Regel auf die Notwendigkeit der *phoniatrischen Beurteilung* der medizinischen Voraussetzungen einer vorliegenden Stimmstörung. Sie verweisen auf akut, mittel- oder langfristig angezeigte *stimmtherapeutische Einflussmaßnahmen* sowie auf *stimmhygienische Bedingungen* in einer Kindergartengruppe oder in einem Klassenraum bei Erwachsenen und Kindern.

Behandlung

Insgesamt betrachtet ist das Gebiet der Dysphonien oder Sprachstörungen im Kindes- wie im Erwachsenenalter, trotz ihrer zum Teil unterschiedlichen anatomischen und sozialpsychologischen Voraussetzungen, ein höchst sensibel zu behandelnder Bereich, der medizinisch (phoniatrisch), sprachbehindertenpädagogisch und logopädisch ein entsprechend sensibles Interaktions- und Kommunikationsfeld darstellt.

Gundermann (1991): Heiserkeit und Stimmschwäche – Habermann (1991): Stimme und Sprache – Johannsen (1987): Bevor dem Lehrer die Stimme versagt – Keilmann (in Vorb.): Kindliche Stimmstörungen – Keilmann et al. (1994): Aerodynamische Aspekte der kindlichen Phonation – Nienkerke-Springer (2000): Die Kinderstimme – Ein systemischer Förderansatz – Schulze/Schroeder (1991): Zu einigen sozialen und erzieherischen Verursachungsfaktoren von Dysphonien im Kindesalter – Wirth (1995): Stimmstörungen.

3.5 Störung der Redefähigkeit (Logophobie, Mutismus)

„Das Wort *Reden* wird in der Regel dann gebraucht, wenn jemand *über* etwas Bestimmtes spricht (…). Um über etwas Bestimmtes zu reden, spielt die Einstellung zu den Partnern schon eine Rolle." (Westrich 1986, 12)

Redefähigkeit

Diese Aussage von Westrich ist keinesfalls eine banale Alltagserfahrung, wenn man darüber nachzudenken beginnt, in welcher Beziehung jemand zu Situationen und Personen steht, in denen bzw. mit denen sie oder er redet oder reden soll. Diese theoretische Einordnung stellt die menschliche Fähigkeit zu reden in den situativen, personalen, kommunikativen und kulturellen Kontext des Sprachgebrauchs (aus sprachhandlungstheoretischer Sicht ebenso Bellebaum 1992). Und so ist es nicht verwunderlich, wenn Kinder den Redeanforderungen besonders unter außerfamiliären institutionellen Bedingungen in den ersten Lebensjahren nicht oder nicht immer gewachsen sind, sodass es zu emotionalen und sozialen Störungen im Gebrauch der Sprache kommen kann.

Redefähigkeitsstörung

Obwohl die von einer Redefähigkeitsstörung Betroffenen organisch bzw. physisch in der Regel überdies unauffällig sind, wird angenommen, dass diese Störung ausreichen kann, um die gesundheitlichen, sozial- und emotional-kommunikativen, mithin schulischen und beruflichen Leistungen zu behindern. Diversen Literaturquellen zufolge zeigen sich die frühesten Manifestationen dieses gestörten Sprachgebrauchs in Form von Schüchternheit, Ängstlichkeit. Dies kann sich in der Mehrheit der Fälle bereits im Vorschulalter zeigen (Kolvin/Fundudis 1981).

Logophobie

In einer Redesituation *vor* anderen die eigene sprachliche Identität zu wahren (beispielsweise in Prüfungs- oder Referatsituationen), kann mit „Sprechangst" einhergehen, mit der Angst, sozial zu versagen, sich zu blamieren oder persönlich oder fachlich nicht akzeptiert zu werden. Manifestiert sich diese Sprech- oder Redeangstproblematik und ist sie unabhängig von der konkreten Redesituation bestimmend, wird von *Logophobie* gesprochen (Kriebel 1986, 31f).

Mutismus

Der Begriff *Mutismus* (lat. *mutus* = stumm) teilt eine Reihe von Bestimmungsmerkmalen mit der Logophobie.

Probleme
der statistischen
Erfassung

Kolvin und Fundudis (1993) sowie Scheib (in Vorb.) berichten über eine relativ geringe Auftretenshäufigkeit. Zudem werden in der Literatur von starken Schwankungen der Angaben zur Prävalenz des Mutismus beschrieben. Die Höhe der Anzahl von Kindern mit Mutismus ist demnach stark abhängig von dem Zeitpunkt seiner Erfassung, also der Phase der Entwicklung, in der die Gruppe „schweigsamer" Kinder auffällig und in die Zählung einbezogen wird. So kommt es vor allem bei so genannten „Knotenpunkten der Entwicklung", etwa in der Anfangszeit eines Kindergartenbesuchs oder nach Schuleintritt häufig zu Auffälligkeiten bezüglich der Redefähigkeit. In sozialen Gruppen sprechen diese Kinder oftmals, wenn es von ihnen erwartet wird, wenig oder gar nicht. Diese Auffälligkeiten sind vielfach eher ein Ausdruck persönlicher Schüchternheit oder sozialer Ängstlichkeit, weisen aber noch nicht die Symptomatik eines bleibenden „selektiven Mutismus" auf. Unsicherheiten bei den Zahlangaben erstrecken sich auch auf das Gebiet der Gruppe der Kinder mit Migrationshintergrund. Bei diesen Kindern ist das Verhältnis von Erst- und Zweitsprache meist nicht angemessen berücksichtigt. Dies eingeschlossen berichten Kolvin und Fundudis (1993, 788) von 1 % der Kinder im Alter von 3–4 Jahren (zu Beginn des Kindergartenbesuchs) und 5–7 Jahren (früher Schulbesuch). Diese Angaben finden sich ähnlich auch bei Scheib (in Vorb.).

Melanie (9;4) ist Schülerin in der 3. Klasse einer Sprachheilschule. Ihre Zwillingsschwester besucht eine Schule für Lernbehinderte. Im Zusammenhang mit der Vorbereitung eines Unterrichtsvorhabens („Besuch einer Zeitungsredaktion") führt die Klassenlehrerin (Frau C. G.) mit der Mutter von Melanie ein Gespräch, aus dem die folgenden Aspekte ihrer Fallrekonstruktion hervorgehen: Nach Angabe der Mutter ist „Reden" bzw. „Mitreden" ein bereits seit früher Kindheit ihrer Kinder an auf den engen Familienkreis begrenztes Kommunikationsmittel gewesen. Schwangerschaft, Geburt, ja auch die erste Zeit der Erziehung ihrer beiden Kinder wird von der Mutter als „höchst anstrengend" erlebt. Noch gut erinnerlich ist ihr eine Art von „Geheimsprache" unter den beiden Kindern, die sie und andere Bezugspersonen lange Zeit „nicht richtig verstehen" können. Im alltäglichen Umgang mit der kognitiv „immer unterlegenen" Zwillingsschwester zeigt sich Melanie durchaus dominant, sodass die Mutter Melanie später sogar als „Quasselstrippe" in Erinnerung hat. Eine Vorschuleinrichtung besuchen ihre Töchter nicht. Beide Kinder werden zu Beginn ihrer Schulzeit als „selektiv-mutistisch" klassifiziert. Im familiären Kreis gilt Melanie eher als „willensstark", aber „durchaus unselbstständig". Diese „Unselbständigkeit" Melanies ist für die Mutter oft Anlass für ihre eigene große Fürsorge, die rückblickend möglicherweise auch „eine Art Überbehütung" darstellt. Die Lehrerin fasst ihre Beobachtungen in der Schulsituation dahingehend zusammen, dass Melanie „in der Klasse beliebt" ist, sie in den Pausen sowie in Kleingruppenphasen des Unterrichts mit Mitschülern sprachlichen Kontakt pflegt, sich mit ihnen in der Pause sogar „herumbalgt". Allerdings meldet sie sich in Phasen des Frontalunterrichts nicht unaufgefordert zu Wort. Bei versuchsweise geführten Gesprächen, in die das Mädchen gezielt verwickelt wird, reagiert Melanie mit „auffallend raschen Augenbewegungen", die ihre Unsicherheit oder Ängstlichkeit auszudrücken scheinen. Das vermutlich geringe Selbstbewusstsein des Mädchens zeigt sich auch bei ihrer Beteiligung bei fachbezogenen Problemstellungen im Unterricht. Weitere unterrichtende Lehrpersonen in dieser Klasse bescheinigen Melanie ein vergleichsweise „erschwertes Aufgabenverständnis", das sie selber aufgrund ihrer sprachlichen Zurückhaltung nicht aktiv beeinflusst.

Diese Fallrekonstruktion kann mit Angaben zur mutistischen Thematik in der Literatur aufschlussreich in Verbindung gebracht werden. Der Beginn der Störung zeigt sich meist beim Eintritt in persönlich ungewohnte soziale Gruppen (der Zeitpunkt hierfür wird mit durchschnittlich 4;3 Jahren angegeben). Das Schweigen des Kindes in seiner Familie, der oftmals hoch problematische mütterliche Erziehungsstil in einer Mischung aus Überbehütung und Strenge, das Unbehagen des Kindes in sozialen Situationen, eine gewisse psychomotorische Unruhe, möglicherweise die Ausbildung einer Strategie zur Verhinderung einer wiederholten Erfahrung kommunikativen Misserfolgs (Kolvin/Fundudis 1993; Scheib, in Vorb.).

Das Thema Mutismus hat eine langjährige Tradition. Bevor Tramer 1934 den Terminus „elektiver Mutismus" einführte (1934, 32), hatte bereits Kussmaul (1877, 211) auf das Phänomen des „Schweigens" hingewiesen. Bei dem von ihm benutzten Terminus *Aphrasia voluntaria* (etwa: „Freiwilliges Schweigen", „Freiwillige Stummheit") ging Kussmaul davon aus, dass die betroffenen Personen zwar Sprache gebrauchen „können, aber sie *wollen* nicht reden" (1877, 211). Ähnlich Treitel (1894, 5): „Es giebt Kinder, welche gern und viel sprechen, und andere, welche ‚sprechfaul' und schwer zum Reden zu bewegen sind." Wenige Zeilen später benennt der Autor die Lage dieser vermeintlich „sprechfaulen" Kinder: vor Fremden zu reden, bringe „meist die geschwätzigsten Kinder zum Schweigen". Auch in den folgenden Jahrzehnten, bis in die dreißiger Jahre des vergangenen Jahrhunderts, wurde der Terminus in der Bedeutung von *Aphrasia voluntaria* zur Beschreibung des Phänomens verwendet, dass Kinder durchgängig oder in ausgewählten Alltagssituationen auf den kommunikativen Einsatz ihrer sprachlichen Möglichkeiten „verzichten".

Mit der Einführung des Begriffs „elektiver Mutismus" grenzt Tramer (1934) diesen gegen den „totalen Mutismus" ab, bei dem jegliche verbale Kommunikation und phonische Leistung ausbleibt. Bei der Beschreibung eines Patienten mit Mutismus führt er aus: „Da sich der Mutismus bei A. nur auf den Verkehr mit einem (wenn auch unbewußt) *ausgewählten* umschriebenen Kreis von Personen bezog, möchte ich hierfür den Namen *Elektiver Mutismus* vorschlagen" (Tramer 1934, 32). Wenn sich andernfalls das „Schweigen" nicht auf ein eingegrenztes Umfeld bezieht, sondern allgegenwärtig ist, spricht Tramer von „totalem Mutismus". Weitere Umschreibungen des Mutismus mit bspw. „hysterisch", „neurotisch", „tymogen" oder „ideogen" (Misch 1952, 52) verlängern die Reihe der im Grunde klinisch und merkmalstheoretisch begriffenen Phänomene des Mutismus.

Der Ausdruck *stumm* wird missverstanden, wenn man ihn vordergründig wörtlich nimmt (Bahr 1996). So wird in jüngerer Zeit der Klassifikationsterminus *selektiver Mutismus* verwendet, auch um je nach Kommunikationssituation auf die aktive Leistung des „auswählenden" Kindes zu verweisen, wenn es seine sprachlichen Möglichkeiten nicht nutzt und in bestimmten Situationen *gegenüber* bestimmten Personen schweigt. Das Verständnis eines Mutismus wird somit in den situativen Kontext verwiesen. Eine „Bewusstheit" des Kindes in dieser Situation wird dem Kind dann allerdings nicht unterstellt. Dieser eher pragma-linguistische Zugang fragt nach den interaktionalen Bedingungen von Sprech- bzw. Redesituationen und den Kommunikationszwecken, die die persönlichen Notlagen und sprachlichen Grenzsituationen in seiner familiären Lebenswelt sowie die psychischen Bewältigungsstrategien des „auswählend" Schweigenden einbezieht.

selektiver Mutismus

Wenn schließlich neuerdings von einer „systemischen" Betrachtungsweise die Rede ist (Bahr 1998), dann ist der theoretische Aussagewert und empirische Sachverhalt der Verwendung dieses Begriffs genau zu prüfen. Hierbei handelt es sich nicht um ein Modell der *Selbstorganisation des Subjekts in (s)einem System,* sondern klassischerweise um ein *kausal-lineares System-Umwelt-Modell,* demzufolge die Anpassung eines Systems an seine Umwelt von außen gesteuert und beobachtet werden kann. Als Beispiel für ein solches System-Umwelt-Modell kann eine Zusammenstellung von Süss-Burghard gelten, derzufolge Phänomene der Umwelt linear als mögliche Bedingungsfaktoren bei Kindern mit selektiv-mutistischen Störungen angenommen werden. Süss-Burghart (1999, 119f) hat nach Sichtung der einschlägigen Literatur eine Liste symptomatischer und ätiologischer Faktoren zusammengestellt, die bei Kindern mit einer selektiven Störung der Redefähigkeit häufig genannt werden (Tab. 11).

systemische Betrachtung

Das Gesamtbild einer sehr begrenzten Forschungslage, einer zum Teil diffusen Beschreibung der Symptomatik und Ätiologien hat insgesamt zu sehr vielfältigen therapeutischen und unterrichtlichen Ansätzen geführt, die abschließend aufgeführt werden.

Hinweise auf *medizinische* Ansätze einer Therapie finden sich beispielsweise bei Isensee, Haselbacher und Ruoß (1997). Einen *psychotherapeutischen* Zugang zum Mutismus hat Saloga (1983) vorgestellt. *Psychoanalytisch* lösen Rüger (1973) oder Yanof (1996) das mutistische Problem. *Verhaltenstherapeutisch* ist ein Therapiebeispiel von Wernitznig (1993) wiedergegeben (auch Matson et al. 1992). Familientherapeutisch arbeiten Tatem und

Therapeutische Ansatzpunkte

Zahl, Länge und Spontaneität der Äußerungen und Lautstärke abhängig von	Anzahl der EW Bekanntheitsgrad der EW	++ ++
Kreativität der Äußerungen abhängig von	Anzahl der EW Bekanntheitsgrad der EW	++ ++
nonverbales und verbales Verhalten korrelieren		++
Angstsymptomatik	generalisiert sozial	0 ++
provokative Anteile		+
emotionale Auffälligkeiten		++
spezifische Sprachentwicklungsstörung		–
Artikulationsstörung		–
starker Dialekt		0
andere Teilleistungsstörungen		+
peri- und postnatale Schädigungen		+
Abgeschiedenheit der Familie		++
sozialer Rückzug der Familie		++
Dominante Mutter		++
Modellverhalten in Familie		++
Familienkonstellation (spannungsreich, trist)		++
Missbrauch		V. a. 4. LJ

Tab. 11: Symptome und Konstellationen, die bei selektivmutistischen Kindern häufig vorkommen (nach Süss-Burghart, 1999; Stand 03.98).

–=nicht vorhanden, 0=kaum vorhanden, +=ausgeprägt, ++=sehr ausgeprägt, EW=Erwachsene

DelCampo (1995), ein *pharmakotherapeutischer* Zugang wird von Dummit et al. (1996) aufgezeigt. Cook (1997) präsentiert einen *spieltherapeutischen* Zugang, Meyberg (1996) einen musiktherapeutischen und Bahr (1998) einen *systemisch-therapeutischen* Ansatz.

Der Bereich der unterrichtlichen Einflussnahme ist didaktisch bisher quantitativ vergleichsweise wenig reflektiert. Die folgende Aufstellung einer *weiterführenden Literatur* zu unterrichtlichen Fragen gibt hier weitere Hinweise.

Unterrichtliche Ansätze

Broich (1980): Die schulische Karriere eines elektiv mutistischen Mädchens – Giddan et al. (1997): Selective Mutism in Elementary School: Multidisciplinary Interventions – Imich (1998): Selective Mutism: The Implications of Current Research for the Practice of Educational Psychologists – Kumpulainen et al. (1998): Selective Mutism among Second-graders in Elementary School – Langhammer (1999): „Schweig mal wieder!" Über das Schweigen im Unterricht – Rodust/Schinnen (1985): Aische bleibt in ihrer Klasse – Watson (1995): Successful Treatment of Selective Mutism

3.6 Störung der Redegestaltung (Stottern, Poltern)

Nicht nur die Fähigkeit, *zu* anderen Personen zu reden und Sprache kommunikativ einzusetzen, auch die Gestaltung der Rede selbst dient als wichtiges zwischenmenschliches Werkzeug, um den Sprachgebrauch und das, was man anderen persönlich mitzuteilen hat, kommunikativ wichtig werden zu lassen.

Der Sprecher ordnet bei der Gestaltung einer Redesituation seine *Redemittel* den kommunikativen Absichten, Zielen und Zwecken unter, um den eigenen Redebeitrag verstehbar werden zu lassen. In der Beherrschung der kommunikativen Mittel wie Betonungen, Pausen, Sprechgeschwindigkeiten, Sprechflüssigkeiten, Wiederholungen und weiteren Hervorhebungen von Denkwichtigem werden diese kommunikativ relevant. Die Möglichkeiten des Einsatzes dieser Mittel in der individuellen Redegestaltung sind abhängig von der sozialen Situation und von den Personen, denen der Sprecher persönlich oder fachlich etwas zu sagen hat. Unter der sozialen Anforderung eines sprachlich-kommunikativen Miteinanders sollten die Gesprächspartner über solche Redemittel so weit verfügen und diese erwartungsgemäß anwenden, dass der Redefluss, der Sprechablauf oder die Sprechgeschwindigkeit nicht unterbrochen werden und damit das Miteinander möglichst nicht gestört wird. Anderenfalls lebte der Sprecher gewissermaßen in der „Angst", dass der eigene Redebeitrag unterbrochen, von anderen weitergeführt und er selbst somit „entmündigt" würde.

gefährdeter Kommunikationsakt

In dieser Gefahr steht der Sprecher stets, wenn er stottert. Sein Redefluss ist durch Störungssymptome typischer Art auffällig. Zum Beispiel:

Stottern als Störung der Redegestaltung

Klonisches Stottern: Als typische Störung des Redeflusses gelten beim *Stottern* die raschen Wiederholungen von Lauten, Silben und Wörtern, zum Beispiel *da-da-da-das ist n-n-n-neu*. Sie werden als *klonisches* Stottern bezeichnet.

Tonisches Stottern: Des Weiteren können Verkrampfungen der Sprechmuskulatur beobachtet werden, die zum stummen oder geräuschvollen Pressen zu Beginn eines Wortes oder beim Weitersprechen auftreten, wie beispielsweise *d_ as _ist n_eu*. Diese Symptome werden als *tonisches* Stottern bezeichnet (Fiedler/Standop 1994).

Parakinesen: Darüber hinaus können Mitbewegungen in den Bereichen Mimik und Gestik auftreten (so genannte Parakinesen), die zur Überwindung der Verkrampfungen jeweils individuell entwickelt werden (Bindel 1987).

Poltern als Störung
der Redegestaltung

Ist die Redegestaltung beim Stottern allgemein eher durch Symptome wie Verkrampfung und Blockaden gekennzeichnet, wird beim *Poltern* eher eine hastige und unruhige Redegestaltung symptomatisch (Katz-Bernstein 1989; Iven 1998). Unterschiede zwischen Stottern und Poltern zeigen sich unter anderem in den Teilfunktionen der Respiration, Phonation und Artikulation.

Stottern

Störungen im sozialen Rahmen der individuellen Redegestaltung (Stottern) bedeuten die Einschränkung des Einsatzes sozial verfügbarer Redemittel in Situationen und bei Personen, denen der Sprecher etwas zu sagen hat. Unter der sozialen Anforderung eines sprachlich-kommunikativen Miteinanders verfügt der Sprecher nicht erwartungsüblich über solche Redemittel und kann sie nicht zielgerichtet so anwenden, dass der Redefluss, der Sprechablauf oder die Sprechgeschwindigkeit nicht unterbrochen werden. Die Redegestaltung beim Stottern ist allgemein durch Symptome wie Verkrampfung und Blockaden gekennzeichnet, während beim Poltern eher eine hastige und unruhige Redegestaltung symptomatisch ist (Iven 1998).

Unterschiede zwischen Stottern und Poltern zeigen sich unter anderem in den Teilfunktionen der Respiration, Phonation und Artikulation.

Probleme
der statistischen
Erfassung

Stottern kann bereits im frühen Kindesalter zwischen etwa drei und fünf Jahren beginnen, seltener auch noch später. Zuvor hat das Kind bereits eine Zeitlang flüssig gesprochen, weshalb Angehörige diese Veränderung leicht als „Stottern" klassifizieren können. Stottern entwickelt sich „nur" bei etwa 5 % aller Kinder, von denen vier Fünftel bis zum Pubertätsalter wieder flüssig sprechen. Stottern zeigt sich anteilig bei Mädchen und Jungen in einem Verhältnis von 1 : 5. Bei jugendlichen und erwachsenen Stotterern geht man von einem rechnerischen Anteil etwas über 1 % aus (Natke 2000; siehe auch Beispiel B 24).

Das folgende Beispiel ist einer persönlichen Niederschrift eines Gymnasialschülers entnommen, der nach eigener Erinnerung erst mit 13/14 Jahren zu stottern begonnen hat. Diese Niederschrift wird hier hinsichtlich einiger markanter Merkmale des komplexen Werdegangs dieses Jungen zusammengefasst:

A. H. ist 17 Jahre alt, als seine Lehrer im Internat feststellen, dass die mündlichen Redebeiträge im Rahmen seiner unterrichtlichen Mitarbeit den schulischen Erwartungen in der zehnten Klasse des Gymnasiums nicht mehr entsprechen. Die bevorstehende Versetzung in die Oberstufenklasse (Sekundarstufe II) erscheint gefährdet, sodass hierüber den Eltern eine diesbezügliche Mitteilung zugeleitet wird.

Bislang hatte es A. H. „verstanden", seine unterrichtsbezogene Mitarbeit auf die Darbietung schriftlicher Leistungen zu begrenzen, dies bereits seit etwa seinem 13. oder 14. Lebensjahr, also etwa seit der siebten oder achten Klasse in dieser Schule. Es schien, dass sich nach und nach auch die Lehrer daran „gewöhnt" hatten, dass von A. H. „zumindest Aufmerksamkeit" (Lehreranforderung) zu erwarten ist. Gelegentlich wird von A. H. auf Nachfrage eines Lehrers eine mündliche Antwort erwartet, die A. H. allerdings durchgängig verweigert: Mündlich beteiligt er sich nicht! Seitens der Mitschüler wird dann gegebenenfalls vermittelt, vor allem in der spontanen Kommunikationssituation mit neuen Lehrkräften, dass „A. H. nicht spricht (weil er stottert)".

Die schulische Vertretung stellt den Eltern von A. H. und dem Jungen selbst zwei Möglichkeiten in Aussicht: Therapeutische Behandlung oder Abgang von der Schule am Ende der zehnten Klasse mit einer beruflicher Perspektive. Für die zweite Möglichkeit wird für A. H. erwogen, eine Ausbildung zum Organisten zu veranlassen (C-Prüfung), denn „als Organist braucht A. H. ja nicht zu sprechen" (so ein Lehrer). Da er die hierfür erforderlichen musikalischen Voraussetzungen jedoch nicht erfüllt, wird stattdessen ein halbjähriger Besuch eines „Therapeutischen Kurheims" erwogen, das auf Stottertherapie spezialisiert ist.

In diesem Kurheim mit weiteren 20 anderen stotternden Männern (als Internat geführt) wird mit A. H. hauptsächlich auf zwei Gebieten gearbeitet: psychotherapeutisch und logopädisch. Die *psychotherapeutische* Behandlung wird damit begründet, dass psychologische Ursachen für die „Sprechverweigerung" von A. H. im Unterricht angenommen werden (analysiert wird eine komplexe familiäre Belastungssituation, einschließlich einem mangelnden Einvernehmen mit den Geschwistern von A. H.; weitere sozial- und persönlichkeitspsychologisch relevante Ursachen). Die *logopädische* Begleitung erstreckt sich vor allem auf Durchführung von Übungssituationen zur Wiedererlangung der Sprechflüssigkeit in sozialen Situationen (unter kontrollierter Führung respiratorischer, phonatorischer und artikulatorischer Sprechproduktionen).

Über Erfahrungen von A. H. nach seinem Kuraufenthalt ist dem Bericht zu entnehmen, dass er, nunmehr in die nächstniedrigere Oberstufenklasse zurückversetzt, seine erstmalig mündlich gelingenden Redebeiträge vor der Klasse unter Aufwendung aller erlernten „Sprechtechniken" (respiratorisch, phonatorisch, artikulatorisch) vollzieht und auf diesem Gebiet stetig vorangeschritten ist. Am Ende seiner Schulzeit, so wird erwähnt, trägt A. H. eine öffentliche Abiturrede vor.

Nach Aussage des Jugendlichen (B 24) hat es eine lange Reihe zum Teil „abstruser Vermutungen" seitens einiger Lehrpersonen gegeben, die diesen biografischen Abschnitt des Betreffenden auf der Grundlage persönlicher, aber eher sachfremder Interpretationen „begleitet" haben.

Die auditive Offensichtlichkeit des Stotterns in Bezug auf die Symptomatik und die Auswirkungen auf die gesamte Kommunikationssituation haben in der Vergangenheit zu einer unvergleichlichen Breite von Mutmaßungen und wissenschaftlichen Auseinandersetzungen über dieses Konstrukt geführt. Bis in die Antike reichen die ersten historischen Belege zur religiösen und medizinischen Konzeptualisierung der beobachteten Symptome gestörter Redegestaltung (Braun 1997). In zahlreichen sprachheilkundlichen Überblicksdarstellungen und Monographien nimmt das Thema Stottern von Beginn an eine zentrale Stellung ein (Gutzmann 1888; Fröschels 1913; Nadoleczny 1926 b). Im Hinblick auf die Konstituierung der Sprachheilpädagogik als eine relativ autonome Teildisziplin weist Braun (1997, 5) dem Stottern gar den Status einer „Leitstörung der Entwicklung der Sprachheilpädagogik" zu.

Die kategoriale Fassung dessen, was Stottern „ist" und was es dem Menschen, der stottert, persönlich bedeutet, hat auf diesem Hintergrund, wie vielleicht erwartet werden könnte, keine Vereinheitlichung erfahren, sondern eine mittlerweile nahezu unüberschaubare Differenziertheit in den Anschauungen und Denkansätzen, Hypothesen und Theorien. Schon in den ersten sprachheilkundlichen Versuchen, Stottern auf den Begriff zu bringen, zeigte sich die Tendenz, ein möglichst breites Spektrum der symptomatologischen Erscheinungsformen zu berücksichtigen und die „Erklärung" hierfür vor dem Hintergrund der ätiologischen Annahmen zu formulieren. So wird zum Beispiel die Symptomatik der „tonischen und klonischen Hemmungen" sehr früh kategorisiert und in „Atmung, Stimme und Aussprache" unterteilt. Ursächlich für das Stottern als „Koordinationsstörung des Sprechens" galten unter anderem „genetische Dispositionen", „seelische Probleme" und der „Bewußtseinszustand" über die eigene gestörte Sprache, wie der eher psychologisch orientierte Sprachheilkundler Nadoleczny (1926 b, 96) ausführte.

Wurden in den vergangenen Jahrzehnten verschiedene Konzeptualisierungen des Stotterns eher in Abgrenzung zueinander diskutiert, beispielsweise Stottern als eine Teilleistungsschwäche wie bei Graichen (1985; 1989) oder als dialogische Störung im Sinne einer Redeabstimmungsstörung wie bei Bindel (1992), so ist gegenwärtig das Bemühen festzustellen,

Modelle des Stotterns zu konzipieren, die ein möglichst breites Verursachungs- und Bedingungsgefüge, ausgehend vom jeweils betroffenen Menschen, berücksichtigen. Seit langem werden hierfür in Anlehnung an die „Idiographik" des Persönlichkeitspsychologen Thomae (1968) so genannte „idiographische Systemmodelle" (Schiepek 1986) diskutiert. „Idiographisch" meint hierbei, dass sich ein Modell jeweils auf einen konkreten „Einzelfall" bezieht. In diesem Sinne hat Motsch (1992) seit Anfang der 1980er Jahre für eine idiographische Betrachtungsweise des Stotterns geworben. Hansen und Iven (1992) legen in Abgrenzung zum idiographischen Modell ein „dynamisches Modell" vor, das „organisch-konstitutionelle", „psycholinguistische" und „psychosoziale" Faktoren sowie „soziokulturelle Bedingungen" des Betroffenen in Beziehung zum Stottern setzt. Mit pädagogisch-therapeutischer Zielperspektive hat schließlich Braun (1997, 367) ein „problemorientiertes therapeutisches Stufenmodell" entwickelt, das die „Problemdefinition Stottern" nicht abstrakt, sondern individuumbezogen konkret vornimmt, was hier heißt: vom „individuellen Problem" ausgehend.

Die *Atembewegungen* einer Person, deren Redegestaltung durch Stottern gekennzeichnet ist, sind eher verkrampft und blockiert, sodass die Ausatmung möglicherweise erschwert ist. Eine Redegestaltung mit Polterkomponente ist im Vergleich dazu mehr durch eine unruhige und ungleichmäßige Atmung charakterisiert. Die *Phonation* kann bei einer Redegestaltung, die für das Stottern charakteristisch ist, durch Blockaden der Stimmgebung und Verminderung des stimmlichen Umfangs und der stimmlichen Gestaltungsfähigkeit gekennzeichnet sein. Auch beim Poltern können die stimmlichen Anteile der Redegestaltung hinsichtlich der Variationsbreite erheblich eingeschränkt sein, sodass stimmliche Akzentuierungen eher selten sind. Es kommt jedoch in der Regel nicht zu Blockaden in der Stimmgebung. Im Vordergrund steht vielmehr eine gleichförmige Sprechweise, die durch geringe Betonungen auffällig ist und daher oft als monoton bezeichnet wird. Bei der *Artikulation* treten Unterschiede insofern auf, als beim Stottern Verkrampfungen der Artikulationsmuskulatur eher zu einer Blockade bei der Lautbildung führen und es im weiteren Verlauf der Störungsentwicklung auch zu Angst vor der Bildung bestimmter Laute oder Lautkomplexe kommen kann, die infolgedessen eher vermieden werden. Die Redegestaltung beim Poltern ist durch eine Art „verwaschene" Aussprache gekennzeichnet, durch Ungenauigkeit der Sprechbewegungsausführung.

Respiration – Phonation – Artikulation

3.7 Zusammenfassung

Das vorangegangene Kapitel 3 beinhaltet eine Darstellung von Aussagen, die aus Sicht der Sprachbehindertenpädagogik Konstrukte sind. Wenn man davon ausgeht, dass Sprachbehindertenpädagogik eine Handlungswissenschaft ist, dass sie also als erziehungswissenschaftliche Subdisziplin mit eigenständigen Fragestellungen ihre Gegenstandskompetenzen bestimmt und rechtfertigt, haben die Wissensbestandteile, die in diesem Kapitel dargelegt werden, aus der Sicht der Sprachbehindertenpädagogik reinen Konstruktcharakter. Dies bedeutet jedoch nicht etwa irgendeine Reduzierung, sondern formuliert genau diesen Anspruch der Sprachbehindertenpädagogik als Handlungswissenschaft. Aus dieser Perspektive stellt die gründliche Kenntnis der Reihe von Störungen hypothetisches Wissen dar: Es handelt sich um Annahmen, Definitionen und Eingrenzungen im Spektrum möglicher Störungen und Störbarkeit der Sprache, des Sprechens, der Rede, der Stimme und des Schluckens, die in dieser Form auftreten *können,* aber nicht müssen. Um pädagogisch-unterrichtlich und pädagogisch-therapeutisch zu handeln, muss der Handelnde die Störung wahrnehmen und aus ihrer Systematik und Symptomatik heraus verstehen. Das pädagogische Handeln selbst kann aus dem Wissen um diese Störung nicht abgeleitet werden, denn es ist in diesem Sinne eben „nur Bezugswissen". Analog einer systematisierten pädagogischen Praxis sind die einzelnen Abschnitte dieses Kapitels unter dem Gesichtspunkt einer rational verständlichen Systematik geordnet.

Der große Komplex der Sprachentwicklungsbesonderheiten im Kindesalter ist in vier Unterabschnitte gegliedert. Sprachentwicklungsverzögerungen bzw. -störungen können, so wird hypothetisch angenommen und ist teilweise empirisch belegt, eine eigenständige Form annehmen und überdies in einem besonderen Ausmaße die einzelnen linguistischen Komponenten spezifisch betreffen (3.1): phonologisch-phonetisch, morphologisch-syntaktisch, semantisch-lexikalisch, pragmatisch-kommunikativ kann der Charakter dieser Entwicklungsstörung ausgeformt sein. Danach wird der große Komplex der neurolinguistischen und neurophonetischen Sprach- und Sprechstörungen im Kindesalter dargestellt (3.2): Aphasie im Kindesalter, verbale Entwicklungsapraxie und Entwicklungsdysarthrophonie. Es folgen Ausführungen zu Sprach- und Sprechstörungen im Kindesalter, die „peripher-organisch" bedingt sind (3.3), also die Formen der Lippen-Kiefer-Gaumen-Segel-Fehlbildung sowie Dysgnathie in Form von Gebissveränderungen.

Gewissermaßen verlässt man das Gebiet der Sprach- und Sprechstörungen, wenn Störungen im Bereich der Stimme, Dysphonie, behandelt werden (3.4). Die beiden letzten Gruppen thematisieren die Veränderungen des Sprachgebrauchs in Form von Redestörungen (Logophobie, Mutismus). Wohl sind die hier zugehörigen Gruppen potenziell in der Lage zu reden, deshalb wird angenommen, dass die Fähigkeit der hier Betroffenen zu reden gestört ist (3.5). Anders ist dies bei der Störungsform der Redegestaltung von Stottern und Poltern (3.6).

Mit diesem Komplex der Sprachbehindertenpädagogik werden sich die Studierenden möglicherweise zunächst in Form einer Übersicht – Einführung in den Studienschwerpunkt – auseinander setzen. Damit wird vielleicht deutlich, vor welchem Hintergrund die facettenreichen Schwerpunkte der Sprachbehindertenpädagogik studiert sein sollten, um Störungen des Sprachgebrauchs systematisch nachvollziehen und inhaltlich verstehen zu lernen. Dann lassen sich – vermutlich im Hauptstudium oder in einem Masterstudiengang (siehe 5.3) – eine Reihe von Störungen im Detail erarbeiten. Dabei kann es für das Studium ratsam sein, das Exemplarische der Auseinandersetzung mit einigen Störungen zur Kenntnis zu nehmen, davon ausgehend, dass man nicht alle Themen im Detail wird kennen lernen können.

Übungsaufgaben

Differenzialdiagnostisch bedeutet, dass ein gegebener Problemzusammenhang kriterial (kriteriengeleitet) untersucht wird. Unterscheiden Sie differenzialdiagnostisch die Konstrukte *Sprachentwicklungsverzögerung*, *Sprachentwicklungsstörung* und *Spezifische Sprachentwicklungsstörung*, und ordnen Sie das Beispiel B 12 kriterial einem der differenziert genannten Konstrukte zu.

Aufgabe 10

Unterscheiden Sie die Konstrukte *Phonologisch-phonetische Entwicklungsstörung*, *Aussprachestörung*, *Stammeln* und *Dyslalie*.

Aufgabe 11

Legen Sie den Erklärungsunterschied zwischen *Pathologiehypothese* und *Konstruktionshypothese* dar und erläutern Sie den Wert der Konstruktionshypothese für die sprachpädagogische Förder- bzw. Therapiearbeit.

Aufgabe 12

Aufgabe 13 Wodurch ist begründet, dass die Konstrukte der morphologisch-syntaktischen und phonologisch-phonetischen Entwicklungs-störung eine „große Verwandtschaft" haben?

Aufgabe 14 Legen Sie die Hauptunterscheidungsmerkmale des Phasen- und Schichtenmodells dar und bewerten Sie in diesem Zusammen-hang das empirische Faktum des „Variantenreichtums" der kind-lichen Gebrauchssprache hinsichtlich der Förderung von Kindern mit grammatischer Entwicklungsstörung.

Aufgabe 15 Legen Sie kriterial die wesentlichen Unterschiede der diversen Forschungsrichtungen zur Bedeutungsforschung dar und ver-gleichen Sie diese.

Aufgabe 16 Legen Sie dar, inwiefern die Betrachtung der *pragmatisch-kom-munikativen Ebene* des Sprachgebrauchs eine *linguistische* Kompo-nente enthält und systematisch auf derselben linguistischen Ebene wie die übrigen operiert.

Aufgabe 17 Erläutern Sie, weshalb es sich bei dem Charakteristikum der Aphasie im Kindesalter um eine Form *neurolinguistischer* Störun-gen handelt.

Aufgabe 18 Stellen Sie das Charakteristikum der verbalen Entwicklungs-dyspraxie in den Kontext weiterer neurolinguistischer und neuro-phonetischer Störungen.

Aufgabe 19 Erläutern Sie Tabelle 10 hinsichtlich der Annahme, dass bei mo-torischen Schädigungen bestimmte Formen von Infantiler Cere-bralparese zu vermuten sind, die folglich Formen von Entwick-lungsdysarthrophonien aufweisen.

Aufgabe 20 Nennen Sie organisch geschädigte Bereiche von LKGS-Fehlbil-dungen, die eine Reihe verschiedener sprachlicher Beeinträch-tigungen hervorrufen können.

Warum stellt die Beratung der Eltern bzw. der Erziehungsbe- **Aufgabe 21**
rechtigten ein besonderes Anliegen der sprachpädagogischen
Frühförderung dar?

Weshalb ist anzunehmen, dass bei Erscheinungen von Dysgna- **Aufgabe 22**
thien in der Regel auch mit Formen phonetischer Entwicklungsstörungen zu rechnen ist?

Ordnen Sie Formen von kindlichen Dysphonien der Gruppe der **Aufgabe 23**
organischen und funktionellen Stimmstörungen zu und erläutern
Sie stichwortartig ihre Bedeutungen.

Die persönliche Lage mutistisch handelnder Kinder und Jugend- **Aufgabe 24**
licher legt für unterrichtliche und sprachtherapeutische Aufgabenbereiche Erklärungen entsprechend dem pragmatisch-kom-
munikativen Ansatz nahe (siehe etwa die in Tabelle 11 aufgeführten Merkmale). Begründen Sie die Plausibilität dieser These.

Analysieren Sie das Beispiel B 24 hinsichtlich der Fragestellung, **Aufgabe 25**
inwiefern die stark beeinträchtigte Redegestaltungsfähigkeit dieses Gymnasiasten eine Sprachbehinderung darstellt.

4 Handlungswissenschaftliche Herausforderungen an die sprachbehindertenpädagogische Praxis

Die vorangegangenen Kapitel 2 und 3 enthalten Darstellungen unter zwei Aspekten. So fasst Kapitel 2 eine Auswahl wesentlicher bezugstheoretischer Erläuterungen zusammen. Diese zu kennen, erleichtert das eigene vertiefende Studium der Fachliteratur im Detail. Kapitel 3 entwickelt unter Zuhilfenahme dieser Erläuterungen ein Verständnis typischer Störungen des Sprachgebrauchs im weitesten Sinne der Sprachpathologie, also ein Verständnis einschließlich des Wissens um Funktionen des Sprechens, der Rede, der Stimme und des Schluckens, Formen der jeweiligen Entwicklung, ihrer historischen Betrachtungen und ihrer Störungen.

Damit ist in den bisherigen Ausführungen eine Reihe wichtiger Grundlagen der Sprachbehindertenpädagogik zusammengetragen, um nun den Kern dieser Disziplin formulieren zu können. Dieser besteht in einem Verständnis der *Sprachbehindertenpädagogik als Pädagogik* bzw. als *Subdisziplin der Erziehungswissenschaft*. Bei dieser Betrachtung sind die bisherigen Überlegungen gewissermaßen die „Trampelpfade", die man gehen muss, um eine individuelle, konkrete Entwicklungsgefährdung von Menschen mit einer Sprachstörung in einem allgemeinen Sinne aufzuspüren, zu klassifizieren und hypothetisch einzuordnen. Anders gesagt: Der Kern der Sprachbehindertenpädagogik wird erst dann berührt, verständlich und nachvollziehbar, wenn man sich in Orientierung an den Prinzipien pädagogischen Handelns und dem Wesen erziehungswissenschaftlichen Denkens mit der konkreten Lage von Menschen mit einer Sprachstörung oder einer sprachlichen Beeinträchtigung befasst.

In diesem vierten Kapitel werden ausgewählte Bereiche der Praxis dieses pädagogischen Handelns vorgestellt. Kapitel 5 betrachtet abschließend einige Aspekte erziehungswissenschaftlichen Denkens.

4.1 Sprachbehindertenpädagogik als pädagogische Handlungswissenschaft

Die bisherigen Darstellungen sind, weil „nur" bezugswissen-schaftlich und sprachpathologisch gefasst, deshalb noch nicht identisch mit der Sprachbehindertenpädagogik *als Pädagogik*. Diese Vorannahme ist wichtig festzuhalten. Deutlich hervorzuheben ist das pädagogische Selbstverständnis, für das die dort angesprochenen sprachpathologischen Inhalte bisher lediglich „Material" oder „Stoff" sind, aus dem die Sprachbehindertenpädagogik je nach Gegenstand der Betrachtung und Formen der Sprachverwendung von Kindern, Jugendlichen und Erwachsenen eine gegenstandsgebundene Fachorientierung ableitet. Was in den bisherigen Kapiteln dargestellt wurde, ist somit gewissermaßen der *Studienschwerpunkt Sprache* oder *sprachliche Beeinträchtigung*. Dies ist darauf zurückzuführen, dass sich die Sprachbehindertenpädagogik nicht damit begnügt, ihre Praxis lediglich in den Denkformen der Bezugsdisziplinen wie Linguistik, Psycholinguistik oder Sprachpsychologie zu gestalten, um hier nur einige Beispiele zu nennen (siehe Kapitel 2). Im Gegenteil: Sprachbehindertenpädagogik betritt die Bühne der Theoriebildung und der Praxisgestaltung selbstbewusst als eine pädagogische Handlungswissenschaft, die sich an den konstruktiven Erkenntnissen anderer Disziplinen und Wissenschaften zu bereichern weiß. Dieses Verfahren entspricht einer Tradition des Faches: Zuerst waren es die Physiologie und die Medizin, von denen die „Sprachheilpädagogik" ihr Wissen schöpfte, heute sind es die linguistischen Disziplinen in derselben Funktion. Weder damals noch heute ist die Sprachbehindertenpädagogik dadurch „pädagogischer" geworden. Zu wissen, was beispielsweise eine linguistische Fragestellung ist und wie sie sich von einer pädagogischen resp. einer erziehungswissenschaftlichen Fragestellung unterscheidet, ist professionstheoretisch folglich ein sehr wichtiges Anliegen im Studium der Sprachbehindertenpädagogik, das sich als ein Pädagogikstudium versteht.

Welches *Konzept von Pädagogik* ist in der Sprachbehindertenpädagogik leitend? Die Antwort auf diese Frage ist in den einschlägigen Veröffentlichungen oft nicht genau auszumachen, vielfach wird diese Frage nicht explizit gestellt.

Für die einen ist „Sprachbehindertenpädagogik" identisch mit der zugehörigen Institution; etwa der Sprachheilschule, dem Förderzentrum oder der „freien" sprachtherapeutischen Praxis. Für andere ist „Sprachbehindertenpädagogik" gleichbedeutend mit dem Kenntnissystem der Charakteristiken einer Reihe von Sprachstörungen. Für Letztere wäre „Sprachbehindertenpädagogik" mit der Darstellung der Störungen im dritten Kapitel dieser Einführung sozusagen „abgehakt". Für Dritte ist es schlicht obsolet, eine pädagogische Argumentation überhaupt zu bemühen, denn für diese zählt lediglich die praktische Handhabung der Bezugssysteme, wie etwa in Kapitel 2 dargestellt. Überwiegend wird im Literaturgut „sprachbehindertenpädagogischer" Texte eine pädagogische Orientierungsgrundlage bedauerlicherweise gar nicht angesprochen und deshalb aus welchen Gründen auch immer nicht offen gelegt, als ob hier kein Bedarf bestehe. Insgesamt fristet die Diskurskultur über das „Pädagogische der Sprachbehindertenpädagogik" immer noch ein eher kümmerliches Dasein im Rahmen dieser erziehungswissenschaftlichen Subdisziplin. Diese unübersichtliche Lage erschwert ein Studium der Sprachbehindertenpädagogik nicht unerheblich.

Dankenswerterweise haben sich Baumgartner, Dannenbauer, Homburg und Maihack (2004) jüngst anhand ausgewählter Aspekte mit dieser Frage befasst. Überfällig ist eine solche theoretische Untersuchung etwa ausgehend von der Leitfrage, welche Konzepte das „Pädagogische der Sprachbehindertenpädagogik" bestimmt und welche Heterogenität die gewählten Ansätze pädagogischen resp. erziehungswissenschaftlichen Denkens aufweist, wie sich eine institutionsbezogene Argumentation von einer pädagogisch-inhaltlichen unterscheidet usw. Diese jüngere Diskurskultur sollte unbedingt intensiviert werden mit dem Ziel, unterscheidbare pädagogische Konzeptentwicklungen innerhalb dieser Disziplin zu identifizieren, sie Studierenden und fachlich Interessierten zugänglich zu machen und gemeinsam mit ihnen daran zu arbeiten. Auf dieses Erfordernis kann im Rahmen dieses Einführungsbandes nur hingewiesen werden.

Von Knebel hat vor wenigen Jahren in seiner Dissertation „Kindliche Aussprachestörung als Konstruktion" (von Knebel 2000) anhand der Analyse eines Teilgebiets der Sprachpathologie untersucht, welche pädagogischen Konzepte die Fachdisziplin Sprachbehindertenpädagogik (einschließlich ihrer historischen Vorläufer) für Kinder mit Aussprachestörungen hervorgebracht hat. Diese Konzepte werden in dieser Dissertation vor allem unter den Gesichtspunkten ihrer Theoriestruktur, ihrer praktischen Konsequenzen und ihres pädagogischen Gehalts einer kritischen Analyse unterzogen. Baumgartner (2004 a, 2004 b) hat einen Abriss über „das Pädagogische" der Sprachbehindertenpädagogik vorgelegt (in der Terminologie des Autors: „Sprachheilpädagogik"), der viele Hinweise mit Bezug auf die historische und aktuelle pädagogische Diskussionslage dieser Disziplin enthält.

4.2 Prinzipien pädagogischen Handelns und Denkens

Als Beispiel für einen erziehungswissenschaftlichen Ansatzpunkt einer pädagogischen Argumentation wird in diesem Abschnitt in Orientierung an Benner (1991, 47ff), einem Vertreter der Allgemeinen Erziehungswissenschaft, eine Reihe von Hauptprinzipien diskutiert. Diese finden bisher zwar nicht in der Breite der Sprachbehindertenpädagogik die ihnen zustehende allgemeine Anerkennung, sie werden aber in der Allgemeinen Pädagogik seit langem diskutiert und, wenn auch mit erheblichen Divergenzen, erziehungswissenschaftlich bearbeitet (z. B. Hamann 1994; Pollak/Heid 1994).

Demnach sind als allgemeine pädagogische Handlungsprinzipien hauptsächlich vier Ansatzpunkte zu nennen:

allgemeine pädagogische Handlungsprinzipien

- das Prinzip der Bildsamkeit und Bildungszielbestimmtheit,
- das Prinzip der Aufforderung zur Selbsttätigkeit,
- das Prinzip der Überführung kultureller und gesellschaftlicher Determination in pädagogische Determination und
- das Prinzip der Verbindung pädagogischer Praxis mit allen anderen Praxisformen. Diese Prinzipien fungieren als Leitsätze für pädagogisches Handeln. Sie dienen hier als eine zuverlässige Orientierungsgrundlage sowohl für die Sprachbehindertenpädagogik insgesamt als auch für das allgemein Pädagogische dieser Disziplin.

Bildsamkeit und Bildungszielbestimmtheit: Dieses Prinzip verweist auf die Möglichkeit der Mitwirkung des Lernenden an der pädagogischen Interaktion. Hiermit wird festgelegt, dass der Lernende – im Unterschied zum früheren „Zögling" – an seiner Selbstverwirklichung mitbeteiligt ist, um in Kultur und Gesellschaft zu einer eigenen Identität als sprachlich Gebildeter zu gelangen. Der Sprachbehindertenpädagogik als einer Handlungswissenschaft liegt deshalb daran, sprachliche Handlungsfähigkeit des Individuums als Weg und Ziel der Mitarbeit des Einzelnen zu reflektieren und in diesem Sinne an der Bereitstellung der hierfür notwendigen Bedingungen mitzuarbeiten.

Aufforderung zur Selbsttätigkeit: Dieses zweite Prinzip erläutert die Art und Weise, wie pädagogisches Handeln bestimmt sein muss. Hierdurch wird der Heranwachsende in seiner Selbsttätigkeit als sprachlich bildsam erkannt und anerkannt. Unter diesen so bestimmten Bedingungen werden die Bildungsziele des Heranwachsenden entwickelt und verwirklicht. Hinzuzufügen ist, dass dieses pädagogische Prinzip eine „strategische Nähe" zu allgemein anerkannten Prinzipien der Sprachentwicklung hat, etwa derart, dass das Kind seine Verfahrensweisen der Konstruktion seines Sprachgebrauchs in der Regel selbst in die Hand nimmt (siehe Strategien des Aufbaus und der Verwendung sprachlicher Regeln, etwa im Spektrum der phonologischen und morphologischen Entwicklung).

Mit dem dritten und vierten Prinzip wird jener Teil des pädagogischen Grundgedankens formuliert, der sich auf das Verhältnis der interaktiven Seite pädagogischer Praxis zu deren kultureller und gesellschaftlicher Wirklichkeit bezieht.

Überführung kultureller und gesellschaftlicher Determination in pädagogische Determination: Das dritte Prinzip zielt auf die Beantwortung der Frage nach den realen kulturellen Gegebenheiten und gesellschaftlichen Anforderungen an pädagogisch gestaltete Entwicklungsprozesse. Als Pädagogik geht es der Sprachbehindertenpädagogik um Veränderung lebensweltlicher Lagen der Beteiligten, wobei alle realen Verhältnisse kulturell und gesellschaftlich determiniert sind (Armut und Wohlergehen, Krankheit und Gesundheit, sprachliche Unauffälligkeit und sprachliche Beeinträchtigung usw.). Diese Lagen sind in der pädagogischen Praxis zu berücksichtigen und dort zu verändern, wo sie der pädagogischen Verantwortung widersprechen. Hier sind alle Beteiligten gefordert, behindernde Bedingungen wahrzunehmen und für verbesserte, humane Verhältnisse einzutreten.

Verbindung pädagogischer Praxis mit allen anderen Praxisformen: Das vierte Prinzip sieht die pädagogische Praxis fundiert als eine neben weiteren „Praxen" wie Politik, Ökonomie oder Ethik. Diese Praxisbereiche kultureller und gesellschaftlicher Wirklichkeit müssen seitens der Interpretation einer pädagogischen Aufgabenstellung stets mit einbezogen werden. Auch hier besteht die bekannte Situation, dass die Gestaltung eines real existierenden Bildungs- und Gesundheitssystems oftmals von pädagogikfremden oder -fernen Kriterien geleitet wird, wodurch die pädagogische Verantwortlichkeit im Handeln politisch, ökonomisch und ethisch stets herausgefordert ist.

Interpretation der pädagogischen Prinzipien

Betrachtet man im Lichte dieser Prinzipien ein Kind mit einer sprachlichen Beeinträchtigung, ist unter Berücksichtigung der Biografie des Kindes Folgendes vorausgesetzt: Dieses Kind ist kein von der Gesellschaft und ihren kulturellen und sozialen Bedingungen unabhängiges Individuum. Es ist ein kulturell-gesellschaftliches Wesen, dessen individuelle Biografie für seine sprachliche Entwicklung von grundlegender Bedeutung ist. Welche persönliche Bedeutung der Sprachgebrauch für ein Kind selbst letzten Endes hat und welchen Sinn es damit verbindet, hängt nicht von diesem Kind als Individuum ab, auch nicht von seiner „Sprachstörung als solcher", erst recht nicht von der „Sprache an und für sich". Als Mensch unter Menschen, die interaktiv Einfluss auf die jeweils einzelne sprachliche Entwicklung nehmen, ist auch das Kind eingebunden in eine kulturelle Praxis und gesellschaftliche Ordnung, die über den Wert einer persönlich identitätsstiftenden Gebrauchssprache mitentscheiden, diese vielleicht auch wesentlich mitbestimmen. Das hiermit zusammenhängende weite Blickfeld ist zu gewinnen, um dadurch einen Bezug zum wirklichen Leben dieses Kindes herzustellen und an der sprachpädagogischen Veränderung der Lage des „Einzelnen" als kulturelles und gesellschaftliches Wesen mitzuwirken.

Diese Interpretation findet eine Entsprechung im Detail auch auf der sprachlichen Ebene. Die Sprachbehindertenpädagogik ist hier bemüht um ein grundlegendes Wissen und ein konkretes Verständnis beispielsweise der individuellen Gebrauchssprache hinsichtlich der zugrunde liegenden phonologischen-phonetischen oder grammatischen Strukturen. Dies ist Teil der Kompetenz der sprachbehindertenpädagogischen Fachkraft, die sich diesbezüglich im Studium und darüber hinaus professionalisiert, und als solches unabdingbar. Hierbei geht es darum, dass dieses fundierte Wissen in Unterricht und Therapie, in der Beratungssituation und in der Diagnostik einen detaillierten didaktischen Bezugspunkt und damit eine Grundorientierung darstellt. Allerdings gewinnt die Fachkraft hiermit allein noch keine Anhaltspunkte etwa darüber, was sich im Leben dieses sprachlich beeinträchtigten Kindes „wirklich abspielt". Das „wirkliche Leben" dieses Kindes zu ergründen, einschließlich detaillierter Kenntnisse über seine sprachlichen Besonderheiten, Fähigkeiten und Möglichkeiten der Veränderung bildet hier den praktischen Bezugspunkt einer pädagogisch verstandenen sprachbehindertenpädagogischen Reflexionsarbeit, Methodologie und Methodik.

Unter der Voraussetzung dieser allgemeinen pädagogischen Argumentation ist die Frage wesentlich, wie eine Theorie sozialer Phänomene – dies ist die Pädagogik ja auch – beschaffen sein muss, damit sie beides erklären kann: die tatsächlichen Bedingungen wirklichen Lebens im Alltag der Menschen und die Details der ihrer Gebrauchssprache zugrunde liegenden Strukturen.

Sprachgebrauch des Einzelnen

4.3 Interprofessionelle und interdisziplinäre Praxis der Sprachbehindertenpädagogik

Im Rahmen der sprachbehindertenpädagogischen Praxis, die solche pädagogischen Prinzipien zu ihren Leitideen erhebt, werden den beteiligten Fachkräften eine Reihe von Anforderungen und Fragen gestellt, die sich in erster Linie im Zusammenhang mit interprofessionellen und interdisziplinären Anforderungen beantworten lassen.

Ein Wegweiser und Vorteil für die pädagogischen Fachkräfte ist Folgendes: Es gibt einen klaren Standpunkt pädagogischer Argumentationen, von dem aus sich Antworten entwickeln lassen. Hierdurch werden die Grundfragen der sprachbehindertenpädagogischen Arbeit bestimmbar: Die Professionalität – also die Orientierungen innerhalb des Rahmens der pädagogisch-beruflichen Praxis der Fachkräfte – und die Disziplinarität – also das

Standpunkt pädagogischer Argumentation

intradisziplinär Eigenartige der Sprachbehindertenpädagogik als Pädagogik und das Interdisziplinäre der Beziehung zu den Bezugswissenschaften.

Professionen: Die sprachbehindertenpädagogische Fachkraft ist im Sprachunterricht, in der Sprachförderung, Sprachtherapie und sprachlichen Rehabilitation auf die Zusammenarbeit mit einer Vielzahl verschiedener Berufe und Berufsgruppen (Professionen) angewiesen.

Disziplinen: In ihrer Reflexions- und Praxisarbeit ist sie stets herausgefordert, sich in einigen zum Teil heterogenen Bezugsdisziplinen zu orientieren und sich die professionsbezogen wesentlichen Theorie- und Wissensbereiche anzueignen. (vgl. die Vorstellung einiger zentraler wissenschaftlicher Bezugsdisziplinen in Kapitel 2)

Unterscheidung zwischen Disziplin und Profession

In der Literatur werden Disziplin (wissenschaftliches Bezugssystem) und Profession (Beruf) nicht genügend differenziert.

Im vorliegenden Problemzusammenhang soll zwischen diesen Begriffen genauer differenziert werden, folglich zwischen Disziplinarität und Professionalität, zwischen spezifisch disziplinärem und spezifisch professionellem Denken und zwischen Interdisziplinarität und Interprofessionalität. Denn es ist etwas anderes, ob die Fachkraft je nach „Fall" verschiedene Disziplinen bemüht oder ob verschiedene Berufsvertreter gemeinsam einen Individualfall rekonstruieren, um eine angemessene Grundlage der Reflexion ihrer Praxis zu erfassen.

Hierbei ist zu bedenken, dass in der Literatur vorgeschlagene Systematisierungen zuweilen eher gewohnheitsmäßige Hierarchien widerspiegeln als fachliche Notwendigkeiten. Ältere Einteilungen, beispielsweise *ärztliche und assoziierte Berufe* auf der einen und *nichtärztliche Fachkräfte* auf der anderen Seite (Scholz 1975) sind noch stark vom dominierenden Standpunkt der Medizin beeinflusst. Entgegen dieser klassischen Auffassung schlägt Wöhrl (1988) dagegen eine andere Einteilung vor, die der Eigenständigkeit der beteiligten *Professionen und ihren unterschiedlichen Funktionen* in der Therapie- und Rehabilitationspraxis eher gerecht wird.

Autonomie der Professionen

Der Autor (Wöhrl 1988) differenziert daher die Berufe in folgende Bereiche:

– medizinisch-therapeutisch
– pflegerisch-vorsorgend
– handwerklich-technisch
– psychosozial
– beratend und interessenvertretend
– pädagogisch

Zu den *medizinisch-therapeutischen* Berufen gehören u. a. Ärzte, Logopäd(inn)en, Physio-, Ergo-, Musik-, Kunst- und Mototherapeut(inn)en.

Pflegerisch-vorsorgend üben Pflegefachkräfte eine wichtige Funktion in der Therapie- und Rehabilitation aus, etwa zur Koordination, Unterstützung und Einhaltung bestimmter Programmeinheiten (z. B. nach Schlaganfall im Erwachsenenalter).

Zu den Aufgabenbereichen der *handwerklich-technischen* Berufe zählen Beratungsaktivitäten in der behindertengerechten Gestaltung von Ausbildungs- und Arbeitsplätzen (z. B. Orthopädiemechaniker, Hörgeräteakustiker).

Psychosozialen Berufen werden Dipl.-Psychologen, Dipl.-Pädagogen, Dipl.-Sozialpädagogen, Dipl.-Sozialarbeiter, Heilpädagogen, Erzieher und Heilerziehungshelfer zugerechnet.

Beratend und interessenvertretend werden vor allem Berater der Rehabilitationsträger eingesetzt (u. a. Berufs- und Arbeitsberatung, Koordination mit Fachdiensten).

Zu den *pädagogischen* Berufen gehören – neben einigen der bei den psychosozialen Berufen genannten – vor allem die Sonderpädagogen (in gewisser Hinsicht auch die Berufspädagogen und Ausbilder). Man sieht, dass die Profession der sprachbehindertenpädagogischen Fachkraft „nur" ein Glied in einer möglicherweise langen Kette weiterer Berufe ist, die jeweils mit spezifischen Aufgaben verbunden sind.

Die Gruppe der Sonderpädagogen qualifiziert sich in den verschiedenen Förderschwerpunkten wie Sehen, Hören, Lernen, geistige Entwicklung u. a. m. (Drave et al. 2000; siehe Abschnitt 4.6 in diesem Band). In der Schulpraxis besteht ihre spezifische Qualifikation darin, Unterrichtsgegenstände aus dem Bildungs- und Rahmenplanspektrum des Regel- oder Sonderschulcurriculums gemäß individuellen Förderbedürfnissen der Schülerinnen und Schüler didaktisch so auszuwählen, anzupassen und zu realisieren, dass unterrichtlich initiierte Lern- und Entwicklungsprozesse erfolgen und begleitet werden. Sprachbehindertenpädagogen sind besonders im Feld des Unterrichts, der Sprachtherapie, der Sprachdiagnostik, der Beratung in einer Reihe schulischer und außerschulischer Förderbereiche zuständig.

Allerdings sind die Übergänge für jede der aufgeführten Professionen fließend. Die Aufgaben- und Tätigkeitsgebiete sind so weit gefasst, dass sie nach Wöhrl (1988; ebenso Drave et al. 2000) größtenteils auch mehreren Förderbereichen zugeordnet werden können. Wegen der vielfältigen Auswirkungen von Behinderung auf die individuelle, persönliche Entwicklung, unterrichtliche sowie sprachtherapeutische Förderung und Rehabilitation gehört eine Vielzahl von medizinischen, schulischen, vor- und nachschulischen, berufsfördernden und sozialen Leistungen und Mitteln zu den Förderbereichen. Um Aufgaben und Funktionen personbezogen und personangemessen zu realisieren, ist eine abgestimmte Zusammenarbeit der Professionen sinnvoll.

Fließende Übergänge

Interprofessionalität: Auf jedem der genannten beruflichen Gebiete erfolgen die notwendigen Abstimmungen zwischen den „Profis", um im Einzelfall eine optimale Entwicklung der Betreffenden weitestgehend zu ermöglichen und vorhandene Ressourcen des Einzelnen individuell möglichst optimal zu nutzen.

Interdisziplinarität: Jede der genannten Professionen versteht sich aufgrund ihrer Herkunft, ihres Selbstverständnisses und ihrer theoretischen Grundlagen und Leitideen als „Abkömmling" einer Reihe bestimmter oder mehrerer Disziplinen. Hierzu zählen die jeweiligen medizinischen Fachgebiete, die medizinischen, sozial- und gegebenenfalls sprachwissenschaftlichen Fachgrundlagen, Fachkonzepte zur Nutzung, Verbesserung und Schulung verbliebener Funktionsmöglichkeiten, konzeptuelle Begründungszusammenhänge für bestimmte Behandlungsverfahren im Rahmen bestimmter Therapieansätze, einschließlich für Bewegungs- oder Atemtherapie usw. Wie bereits unter dem Gesichtspunkt der Professionen ist Zusammenarbeit auch auf den Gebieten der verschiedenen Disziplinen nötig, um ein Fachgebiet in seiner Relation zu anderen Fachgebieten zu bestimmen (Interdisziplinarität), seine Bedeutung und seine Funktion für die Alltagsbewältigung der von einer Behinderung Betroffenen und deren Angehörigen zu ermessen.

Einheit der Praxis   Zusammengefasst implizieren interprofessionelle und interdisziplinäre Orientierungen im Arbeitsfeld der Sprachbehindertenpädagogik im Wesentlichen zwei Seiten einer als Einheit zu betrachtenden Praxis:

- die professionelle Ausführung beruflicher Aufgaben (der Professionen also) im Sinne einer problembezogenen Zusammenarbeit mit anderen Berufsgruppen in Bezug auf die von Sprachbehinderung betroffenen Kinder, Jugendlichen und Erwachsenen und
- die produktive Verwendung theoretischer Grundlagen (der Disziplinen also) im Sinne einer problemangemessenen Nutzung wissenschaftlicher Erkenntnisse aus den verschiedenen Forschungsgebieten und Theorieansätzen auf dem jeweiligen Fachgebiet.

Dieser sprachbehindertenpädagogische Anspruch interprofessionell ausgeführter Aufgaben und interdisziplinär nachvollziehbarer Begründungen wird prinzipiell von einem pädagogischen Selbstverständnis aus formuliert. Daher wird im Einzelfall gegebenenfalls im ersten Schritt einer Praxisanalyse ein verallgemeinerbares pädagogisches Selbstverständnis als mögliche allgemeine Orientierungsgrundlage für ein konkretes interprofessionelles und interdisziplinäres Vorhaben bewusst gemacht. In Abschnitt 4.2 wurden hierzu pädagogische Ansatzpunkte auf dem Gebiet der theoretischen Konstruktion einer pädagogischen Arbeitsfassung beispielartig illustriert.

4.4 Pädagogische Sprachtherapie im Lichte interprofessioneller und interdisziplinärer Betrachtungsweise

Die oben erläuterten Abgrenzungen der Begriffe Interprofessionalität und Interdisziplinarität (siehe 4.3) werden in diesem Abschnitt auf ein spezielles Feld der sprachbehindertenpädagogischen Praxis bezogen, auf das Feld der pädagogischen Sprachtherapie. Im übertragenen Sinne beinhalten die Kategorien Interprofessionalität und Interdisziplinarität ein vergleichbares Spektrum (siehe 4.5). Im Rahmen einer sprachtherapeutischen und/oder sprachbehindertenpädagogischen Praxis- und Theorieauffassung ist die Spezifität sprachtherapeutischer Berufstätigkeit der Einzelnen aufgabengebunden interprofessionell zu reflektieren. Die theoretischen und praktischen Aufgaben der Professionstätigkeit werden folglich im interdisziplinären Austausch begründet und formuliert.

Zur Frage der Interprofessionalität gehört die zu entwickelnde professionelle Haltung der Teambereitschaft und Teamfähigkeit, mit anderen zwar prinzipiell gleichwertigen, faktisch aber nicht immer gleichberechtigten Berufsvertretern zusammenzuarbeiten. So hat der Hals-Nasen-Ohren-Arzt im Falle einer Lippen-Kiefer-Gaumen-Segel-Fehlbildung sicherlich andere, auch zeitlich frühere Aufgabenstellungen zu bearbeiten als ein Sprachtherapeut.   *Teamfähigkeit*

Um einen Zugang zum zweiten Punkt zu gewinnen, zur Frage der Interdisziplinarität, ist die Erarbeitung eines fundierten Grundlagen- und Anwendungswissens erforderlich, das kontinuierlich im Lichte wissenschaftlicher Theorien, Hypothesen und (neuer) empirischer Ergebnisse der Bezugswissenschaften aktualisiert werden muss. Die sprachbehindertenpädagogischen Fachkräfte müssen also bei ihrer Berufsausübung als Sprachtherapeuten in einer Reihe von Gebieten über fundierte Kenntnisse verfügen, um ihren Expertenstatus im Team zu verwirklichen. Hierzu wurde in Kapitel 2 exemplarisch eine Reihe von Zugangsweisen aus Wissensgebieten der rehabilitativen Sprachbehindertenpädagogik erläutert. „Sprachtherapie", historisch ursprünglich ein medizinischer Begriff, ist aus pädagogischer Sicht nicht einfach nomenklatorisch einzuordnen.   *Kenntnisse der fachlichen Grundlagen*

Versuche, Sprachtherapie zu „pädagogisieren", haben eine lange Tradition. Klassische Beispiele für solche Ansätze finden sich in der Sprachbehindertenpädagogik (einschließlich ihrer historischen Vorläufer) seit Ende des 19. Jahrhunderts. Seit ihren Anfängen als wissenschaftliche Disziplin ist die Sprachheilkunde, später dann die Sprachheilpädagogik darum bemüht, die Tätigkeit des Therapierens „pädagogisch" zu begründen oder zumindest unter dieser Perspektive auszurichten. Allerdings war die Sprachheilkunde von Beginn an für dieses Bemühen denkbar schlecht gerüstet. Denn damals, vor gut einem Jahrhundert, war sie zu nichts anderem in der Lage, als ausschließlich vom Boden einer Sprachphysiologie und Sprachpathologie die „pädagogische" Konstituierung der Profession der Sprachtherapie zu „begründen".

Albert Gutzmanns historisch wegweisendes Frühwerk kann als erstes Beispiel dieser Art der „Konstituierung" dieser „Pädagogik" gewertet werden (Gutzmann 1888). Gutzmann versuchte, zwei verschiedene Ansatzpunkte miteinander zu verknüpfen: Physiologie und Pathologie auf der einen, Pädagogik auf der anderen Seite. Das Ergebnis war eine „Pädagogik" im Gewand medizinisch verstandener „Sprachhygiene".

Tendenziell hatten Versuche in der Tradition von Gutzmann noch einige Jahrzehnte Bestand. Abgesehen von pädagogischen Beschreibungen in den sechziger und siebziger Jahren des 20. Jahrhunderts – hier wäre als Ausnahme vor allem Gerda Knura zu nennen – blieb das Muster zumeist gleich. Immer sollten medizinische und physiologische Grundannahmen hier und pädagogisch erwogene Therapiepraxis dort eine heilsame Beziehung eingehen. Hierbei musste Pädagogik notgedrungen etwas auf Therapie Aufgesetztes bleiben, das sich entgegen ihrer Absicht nicht selten gegen die sprachliche Handlungsfähigkeit der Betroffenengruppen selbst richtete. Dies wurde beispielartig bereits an anderer Stelle vertiefend analysiert (Welling 1998 b; von Knebel/Welling 2002).

Strukturelles Ungleichgewicht zwischen medizinischer und pädagogischer Sprachtherapie

Im gegebenen Zusammenhang ist historisch vor allem ein strukturell angelegter „Konflikt" anzusprechen. Dieser betrifft das Verhältnis zwischen medizinisch und pädagogisch verstandener und konzipierter Sprachtherapie. Die von Baumgartner (2004 a, 55) in einem vergleichbaren Diskussionszusammenhang referierte „Zwei-Wurzel-These" lässt entgegen seiner Ansicht noch kein schlüssiges Ergebnis auf der Ebene seiner fachliterarischen Recherche zu, wessen Wurzel die „Sprachheilpädagogik" ist. Nach der Zwei-Wurzel-These „(… sollen) die Medizin so wie die Taubstummenpädagogik *gleichermaßen* Wurzeln einer *Pädagogik,* nämlich der Sprachheilpädagogik sein". Die Beurteilung trägt in dieser Fassung zu einer abschließenden Stellungnahme noch nicht bei. Denn das wissenschaftliche Problem, das sich hier stellt, lässt sich nicht auf der Ebene einer „pädagogischen Terminologie" klären: Es kann nur auf der Ebene einer systematisch-pädagogischen resp. erziehungswissenschaftlichen Konzeptualisierung und durch eine kontinuierliche empirische Überprüfung weiter entwickelt werden. Von dem Anspruch, diese Forderung einzulösen, ist die „Sprachheilpädagogik" allerdings noch weit entfernt.

Immerhin ließe sich auch die gegenläufige These vertreten, dass Sprachtherapie ursprünglich medizinisch verstanden wurde („Sprachhygiene" im Sinne Kussmauls, 1877). Die systematisch-pädagogische Betrachtungsweise bezüglich therapeutischer Problemstellungen (Gutzmann 1888) trat hernach *hinzu* – ein Beispiel für eine Trennung zwischen medizinischer und pädagogischer Sprachtherapie. Dieses Ungleichgewicht im Sinne einer strukturellen Ungleichzeitigkeit ist bis in die Gegenwart der Sprachbehindertenpädagogik ein Diskussionsthema und alles in allem nicht leicht fassbar.

In der historischen Bearbeitung der Frage der „pädagogischen Sprachtherapie" blieb häufig unberücksichtigt, dass Therapie und Pädagogik von sehr verschiedenen Voraussetzungen ausgehen; sie sind also nicht „wesensgleich". Viele Autoren, die sich mit diesem Problem befasst haben, sehen nicht klar genug die Schwierigkeit, dass Therapie und Pädagogik von vornherein nicht zusammengehören und daher auch nicht in eine wie auch immer geartete „Übereinstimmung" zu bringen sind. Denn wer Aussagen zum Begriff der „Sprachtherapie" macht, geht von sprachlicher „Störung" oder menschlichem „Leiden" aus. Diese Voraussetzung erfüllen pädagogische Fragestellungen in der Regel nicht; hier geht man von einem Bildungsanspruch des Kindes oder Jugendlichen aus (zusammenfassend Welling, in Vorb.).

Unterschiedliche Voraussetzungen

Im Rahmen eines sprachpädagogischen Rahmenkonzepts analysieren Welling und Kracht (2000) solche Zusammenhänge der Professionalität und Interprofessionalität. Das Autorenteam verfolgt mit seinem Beitrag das Ziel, den Zusammenhang von Pädagogik und Therapie in Bezug auf den Förderschwerpunkt „Sprache" zu betrachten und dabei das Pädagogische der Sprachtherapie bildungstheoretisch über eine pädagogische Leitidee zu entwickeln. Im Kern geht es hier um einen Begründungsversuch, der die gesamte Profession der Sprachtherapeuten innerhalb der Sprachbehindertenpädagogik betrifft. Bei der professionstheoretischen Bearbeitung dieses Themas können die Autoren auf eine einschlägige Fachliteratur der Sprachbehindertenpädagogik allerdings nur bedingt zurückgreifen. Denn, so ihre Kritik, häufig habe sich die Sprachbehindertenpädagogik in der Vergangenheit mit einer lediglich „terminologischen Lösung" des Problems zufrieden gegeben. Eine fundierte begriffliche Klein- und Feinarbeit habe noch nicht stattgefunden. Es helfe nicht viel weiter, einfach vor das Nomen „Sprachtherapie" das Adjektiv „pädagogisch" zu setzen, erst recht nicht in den Fragen der pädagogischen Professionalität der sprachtherapeutischen Tätigkeit. Das Resümee der Autoren (Welling/Kracht 2000): Der

Ansatz der „pädagogischen Sprachtherapie" bleibe terminologisch unklar, ihre theoretischen Grundlagen und aufgabenspezifischen Besonderheiten seien im Ganzen noch unscharf und theoretisch ungeklärt.

Profession der pädagogischen Sprachtherapie

Als Lösung schwebt dem Autorenteam vor, an ein strukturtheoretisch begründetes Verständnis von pädagogischer Professionalität bzw. Professionalisierung pädagogischer Praxis anzuknüpfen. Im Rahmen der Berufsausübung der pädagogisch verstandenen Sprachtherapeuten verweist das begriffliche Selbstverständnis dieser Profession (Bildungszielorientierung) allgemein auf einen inhaltlich besonderen Berufstyp und Schwerpunkt beruflichen Handelns (pädagogische Sprachtherapie). Deshalb bedarf sprachtherapeutische Praxis einer pädagogischen bzw. sprachpädagogischen Professionalisierung im Sinne einer beruflich-strukturellen Ausrichtung, die ihre Analyse bis in die Details sprachpädagogischer Ausrichtung offen legt. Dies bedeutet auch, dass die Qualität der Ausübung dieser Profession von der Kompetenz des Sprachpädagogen abhängt, Theorie-Praxis-Bezüge therapeutischer Art *pädagogisch* zu interpretieren, zu entwickeln und so in der praktischen Zusammenarbeit mit den Betroffenen und ihren Angehörigen zur Geltung zu bringen. Erst dann führt die pädagogische Professionalität zu der Kompetenz des Sprachtherapeuten, zwischen sprachpädagogischer Theorie (Theorie sprachlicher Bildung) und sprachpädagogischer Praxis (Praxis bildungszielorientierter pädagogischer Sprachtherapie) zu vermitteln und beide in ihrer wechselseitigen Abhängigkeit zu reflektieren. Die pädagogisch-therapeutische Professionstheorie hat die Aufgabe herauszuarbeiten, wie das System der leitenden Begriffe von sprachtherapeutischer Profession und pädagogischer Professionalität der Sprachtherapie geordnet und inhaltlich festgelegt ist und wie seine Geltung und Gültigkeit begründet und evaluiert werden kann.

Aufgaben der sprachtherapeutischen Konzeptbildung

Die Entwicklung klarer sprachtherapeutischer Konzepte gehört zu den Forderungen, die sich aus der erziehungswissenschaftlichen Professionalisierungsdebatte der Sprachbehindertenpädagogik ergeben. Im Rahmen dieser Einführung kann nur ein erstes knapp umrissenes Begriffsgerüst vorgestellt werden, das weiter entwickelt und präzisiert werden muss.

Combe/Helsper (Hrsg.) (1997): Pädagogische Professionalität – Dewe et al. (Hrsg.) (1992): Erziehen als Profession – Dlugosch (2003): Professionelle Entwicklung und Biografie – Radtke (1996): Wissen und Können – Welling/Kracht(2002): Sprachpädagogische Professionalisierung der Sprachtherapie

4.5 Einheit von theoretischem Wissen und praktischem Können – das Beispiel Niklas

Eine professionelle Ausführung beruflicher Aufgaben (Professionen) im Bereich der Sprachbehindertenpädagogik hat die problembezogene Zusammenarbeit mit den von Sprachbehinderung betroffenen Kindern, Jugendlichen und Erwachsenen als Voraussetzung. Ein Problembezug gelingt am ehesten, je intensiver man sich der theoretischen Grundlagen und der empirischen Ergebnisse ausgewählter Gebiete vergewissert und diese pädagogisch problemangemessen für die eigene professionelle Arbeit nutzt.

Das Spektrum der hier bemühten Einheit speist sich von zwei Seiten der Reflexion: aus dem praktischen Können in der Berufsausübung (Professionalität des pädagogisch-beruflichen Könnens und interprofessionelle Orientierung in der pädagogisch verstandenen Berufspraxis) *und* aus dem theoretischen *Wissen* in der Forschungsvorbereitung und -begleitung (Disziplinarität der bezugswissenschaftlichen Problemstellung und interdisziplinäre Orientierung in der Problemauffassung).

Theorie und Praxis als Einheit

Um die hiermit verbundenen Fragen der Interprofessionalität und Interdisziplinarität vertiefend zu erörtern und ihre praktische Notwendigkeit zu illustrieren, wird im Folgenden anhand eines Beispiels (B 25 a–c) aus dem Spektrum der Bewegungstherapie (hier unter besonderer Beachtung der Physiotherapie, Ergotherapie und Logopädie) in Verbindung mit verschiedenartigen nichttherapeutischen Herausforderungen referiert: Physiotherapie, Ergotherapie, Logopädie bzw. Sprachbehindertenpädagogik, Psychologie, Pädagogik. Dieses Beispiel wird hier deshalb gewählt, weil es deutlich zeigt, dass eine professionelle Praxis alleine möglicherweise wenig wirkungsvoll ist, um Veränderungsprozesse in der Entwicklung eines Kindes im Alltag zu initiieren und sichtbar werden zu lassen. Das vorgestellte Beispiel (B 25 a–c) ist der Dokumentation einer Fallstudie mit einem schwer beeinträchtigten Kind entnommen, die kürzlich abgeschlossen und veröffentlicht wurde (Welling 2004 c). Im Beispiel dieser Therapie mit Beeinträchtigungen in verschiedenen Dimensionen des Handelns zeigt sich besonders deutlich, dass und wie die verschiedenen Professionen zusammenarbeiten müssen und welche Entwicklung durch die interprofessionelle Kooperation erst erzeugt wird.

Niklas (5;5) gilt seit seiner Geburt als „schwerstbehindert". Mit Beginn seines Aufenthaltes in einer integrativ geführten Kindertagesstätte (Kita) wird Niklas *bewegungstherapeutisch* unter Einschluss der Professionen der Physiotherapie („Krankengymnastik" als Anwendung von Übungen zu Haltung und Bewegung, Massage, Lagerung, Gipsschienen, Stützkorsetts usw.), der Ergotherapie („Beschäftigungstherapie", einschließlich z. B. der Gestaltung von Ess- und Trinksituationen usw.) sowie der Logopädie („Sprachtherapie", einschließlich der Tätigkeiten des Kindes wie Kauen, Schlucken) interprofessionell gefördert. Auf allen Professionsgebieten der Praxis gilt Niklas als sehr schwer behindert. Erste Auffälligkeiten waren mit vier Monaten von den Eltern beobachtet worden. Erstmals war bei der U 5 (der fünfte Untersuchungstermin in einer Reihe weiterer Untersuchungen erfolgte mit vier Monaten) eine Zerebralparese (siehe Kap. 3.2.3) diagnostiziert worden. Seit dem sechsten Lebensmonat erfolgte eine Bewegungsfrühtherapie. Diese war mit ca. anderthalb Jahren durch die Ergotherapeutin erweitert worden. Parallel wurden weitere ärztliche Untersuchungen in einer Universitäts-Kinderklinik durchgeführt. Befunde, die eine Ursache der Hirnschädigung bei Niklas belegen, hatten sich nicht ergeben. Zu einem späteren Zeitpunkt wurde eine Logopädin in die Arbeit mit Niklas einbezogen.

Niklas ist also seit seiner Geburt von einer neurologisch bedingten Bewegungs- und Haltungsstörung betroffen, kann sich zum Zeitpunkt des Beginns des Therapieprozesses weder alleine Nahrung zuführen noch selbstständig zur Toilette gehen. Er ist stets auf die Nutzung einer Reihe von Hilfsmitteln angewiesen, so auf einen Rollstuhl oder auf Sitzgelegenheiten verschiedenster Art, die ihn in seinen Alltagsverrichtungen unterstützen.

Notwendigkeit der
Zusammenarbeit
der Professionen

Dieses Beispiel (B 25 a) wird hier erwähnt, um den hohen Grad praktischer Herausforderungen zu illustrieren. Gerade bei Kindern wie Niklas ist die therapeutische Notwendigkeit groß, dass verschiedene Berufsvertretungen (Professionen) ihr jeweils spezifisch praktisches Können in die Waagschale legen und dieses praktisch für die Erfüllung der therapeutischen und pädagogischen Aufgaben mit dem Kind möglichst gemeinsam nutzen (Interprofessionalität). Hierbei bedürfen sie neben der Kompetenz in ihren Einzeldisziplinen (wie Neurologie oder Medizin) einer interdisziplinären Verständigung (Interdisziplinarität).

Synergieeffekte

Das Beispiel verdeutlicht nicht nur die Notwendigkeit der Zusammenarbeit von Fachkräften, die in der Regel verschiedenen Berufen (Professionen) angehören, sondern auch, wie das zur Verfügung stehende Wissen aus verschiedenen wissenschaftlichen Disziplinen zu nutzen ist, um dem Kind in seiner pädagogischen, bewegungs- und kommunikationstherapeutischen Förderbedürftigkeit gerecht zu werden.

Ausgangspunkt der folgenden Überlegungen ist die Überzeugung, dass Wirkungszusammenhänge im pädagogischen wie im therapeutischen Sektor ungleich stärker werden, wenn einzelne Fachkräfte im Team unter Ausnutzung spezifischer Synergieeffekte zusammenarbeiten (Korinthenberg 2001).

Der folgende Praxisausschnitt zeigt konkreter, wie eine interprofessionelle Zusammenarbeit oder wie Interprofessionalität im
Einzelfall aussehen kann, wenn verschiedene Berufsvertreter die
Anforderungen im Spektrum eines gegebenen Praxisfeldes gemeinsam meistern und zusammenarbeiten. Hierbei bringt jede
Vertretung ihr spezielles Berufskönnen und ihre spezifischen Interpretationen in die gemeinsame Arbeit ein, sodass eine Team-
arbeit der einzelnen Fachkräfte im gegebenen pädagogischen und
therapeutischen Feld entsteht.

Professionalität
und Inter-
professionalität

Niklas ist beim Einstieg in einen Rollstuhl auf physiotherapeutisch ange-
leitete Hilfe aller Fachkräfte, einschließlich des Pädagogen, angewiesen,
ebenso beim Ausstieg aus dem Rollstuhl. Besonders ist in diesem Zusammenhang die Rolle der Physiotherapeutin bedeutsam, weil sie mit ihrer
professionellen Berufsausübung (durch die Leistungen ihrer Anleitung) den
Bewegungsübergang Aufstehen zunächst initiiert, der grundlegend für andere Tätigkeiten wird. Mit diesem Gefährt kann Niklas nun regelmäßig befördert werden, sowohl im Bereich der Kita (unter Heranziehung aller Fachkräfte) als auch zu Hause mit seiner Mutter, die ebenfalls in die funktionellen Zusammenhänge der Bewegungsübergänge (vom Sitzen zum
Aufstehen, vom Stand in das Sitzen usw.) eingeführt wird. Die für ihn an
verschiedenen Orten eingerichteten Sitzgelegenheiten unterstützen ihn
beim Essen, Trinken oder beim Spielen und Malen. Kommunikativ betrachtet ist Niklas eines produktiven Sprachgebrauchs noch nicht mäch-
tig. Deshalb wird er bei seinen besonderen Aktivitäten unterstützt, zu denen nach Aussage der Mutter der alltägliche Umgang mit einer so genannten DigiVox gehört (einem Minicomputer zur Erzeugung von
semantisch knapp gehaltenen Äußerungen, die er zur Beantwortung von
Fragen durch motorische Manipulation per Knopfdruck mit dem linken
Fuß hervorruft). Dieser Minicomputer ist von der ihn begleitenden Ergotherapeutin und der Logopädin eingerichtet sowie von ihnen und der Mutter nach und nach mit Antworttypen der Art „Ja", „Nein", „Ich habe Durst"
usw. konfiguriert worden. Gleichzeitig bedenken die Logopädin und die
Ergotherapeutin vor allem seine Aktivitäten im orofazialen Bereich (= zum
Gesichtsbereich gehörig) wie Kauen, Schlucken usw., auch um bewegungs-
therapeutisch angepasste phonatorische und artikulatorische Herausforderungen für das Kind vorzubereiten mit dem ersten Ziel, erste initiale
Sprechvollzüge zu meistern, zumindest vom Typ „Ja" oder „Nein"
(Lohse-Busch et al. 2001; Hülse 2001; Ohrt 2001; Plásek 2001).

B 25 b

Unter dem Gesichtspunkt der *Einheit* professionspraktischen
Handelns im Wissen und Können ist die physiotherapeutische
Fachkraft „Profi" für gesamtkörperliche Prozesse von Haltung und
Bewegung im interprofessionellen Feld. In dieser Zusammenarbeit übernimmt sie die Aufgabe der fachlich-physiotherapeuti-
schen Befundung und die Analyse der physiotherapeutischen Bedingungen für die Ausführung von Bewegungsabläufen. Deren

Gelungenes
Beispiel für inter-
professionelles
Handeln

Erkenntnisse nutzt die ergotherapeutische Fachkraft, die ihre Praxisanregungen für bewegungstherapeutische Gestaltungen von Ess- und Trinksituationen und anderer Alltagsverrichtungen begründet. Die logopädische bzw. sprachbehindertenpädagogische Fachkraft für die Anleitung von kommunikativer Sprechentwicklung und Sprachverwendung wiederum nutzt die therapeutischen Angebote bzw. Vorbereitungen der genannten physio- und ergotherapeutischen Professionen und Teammitglieder, sodass auch im sprachlichen Entwicklungsbereich gegebenenfalls ein Erkenntnisfortschritt einen weiteren Erkenntnisfortschritt bedingt. Dabei ist zu berücksichtigen, dass die Kommunikation mit Niklas dadurch erschwert ist, dass er ein „Nein" lediglich durch Vorstülpen der Unterlippe ausdrückt, das „Ja" durchgängig jedoch undeutlich bleibt. Zusammengefasst: Jede Fachkraft bringt ihre jeweils entwickelte Professionalität ins Spiel (hier speziell das entwickelte Berufskönnen bezüglich der Herausforderung und Weiterentwicklung der Bewegungsentwicklung des Kindes mit CP), worauf sich andere Dimensionen der Entwicklung wie Essen, Trinken und Kauen sowie Sprechen und Sprachgebrauch usw. entfalten können, sodass die Gesamtentwicklung dieses Kindes auf den verschiedenen Gebieten der therapeutischen und entwicklungsförderlichen Praxis voranschreiten kann. Im Einzelnen nutzt die Ergotherapeutin bei der Gestaltung von Ess-, Trink- oder Vorlesesituationen die physiotherapeutischen Lernerfahrungen des Kindes bei Bewegungsübergängen vom Liegen zum Sitzen oder vom Sitzen zum Aufstehen. Die Logopädin bzw. der Sprachbehindertenpädagoge ermöglicht dem Kind Lernerfahrungen, etwa bei aufrechter Haltung im orofazialen Bereich, die von der Physiotherapeutin und Ergotherapeutin in jeweils ihrem Professionsbereich vorbereitet wurden. Allgemeiner formuliert: Jeder im Team ist Experte mit speziellen Aufgaben, um den spezifischen, pädagogischen und therapeutischen Förderbedürfnissen dieses Kindes zu genügen (Welling 2004a, 2004c). Prinzipiell ist dies ein Erfordernis der interprofessionellen Arbeitsweise, das um so deutlicher notwendig erscheint, je stärker Betroffene und deren Angehörige einer interprofessionellen Unterstützung bedürfen – wie im gegebenen Fall.

interdisziplinäre Fragestellung

Wenn im Rahmen eines therapeutischen Alltags- oder eines wissenschaftlichen Forschungsthemas verschiedene Fächer, Wissenssysteme oder Disziplinen zusammenarbeiten, etwa um eine Fragestellung aufzuwerfen, zu vertiefen oder zu bearbeiten, handelt es sich in der Regel um eine interdisziplinäre Fragestellung. Diese ist auf den Einbezug der Kenntnissysteme verschiedener Art und Herkunft angewiesen. Dabei kann aus jeder Disziplin, die herangezogen wird, eine Bereicherung des speziell untersuchten

Gegenstandsfeldes erwachsen. Auch kann sich eine bestimmte Fragestellung grundlegend anders stellen als zuvor gedacht.

Einige Ergänzungen aus dem neurologischen Befund des Arztes bereichern die Kurzberichte weiter oben (B 25 a – b), die auf Angaben von Niklas' Mutter beruhen.

Niklas war zum Zeitpunkt der neurologischen Untersuchung äußerlich unauffällig, freundlich zugewandt und kooperativ in der Mitarbeit. Neurologisch fand sich ein weich-teigiger Muskeltonus, der sich in Ruhe und Zeit noch erniedrigte. Bis auf eine fehlende Reststreckung in beiden Knien waren alle Gelenke frei beweglich, teilweise überstreckbar, Finger gelegentlich in bizarren Stellungen. Die Sehnenreflexe waren mäßig auslösbar, keine verbreiterten Reflexzonen. In Rückenlage wurden häufig wechselnde Positionen mit Rechts- oder Linksbewegung der Wirbelsäule beobachtet. Die Abhängigkeit der Haltung und Bewegung von der Stellung bzw. Drehung des Kopfes zeigte sich verstärkt in der rechten Körperhälfte. Fortbewegung in Kopfrichtung durch Abstoßen der Beine, links mehr als rechts, war rutschend möglich, auch durch Rollen über beide Seiten. In Bauchlage konnte der Kopf gehoben für einige Sekunden gehalten werden, ohne aktives spontanes Abstützen durch Arme oder Hände, dann „fiel der Kopf herunter". Eigenaktives Hochkommen in höhere Lagen war nicht möglich. Bei Anstrengung kam es vielfach zu vermehrter Opisthotonus-Haltung (= Starrkrampf im Bereich der Rückenmuskulatur) mit „Zurückbohren" des Kopfes. Außerdem wurde häufig eine Retraktion der Schultern beobachtet, eine Streckung oder Überstreckung der Arme zur Seite oder schräg nach hinten und eine mehr oder weniger vollständige Faustung der Hände (rechtsseitig insgesamt stärker betroffen als links). Der Befund des Neurologen lautete: schwere rechtsbetonte Zerebralparese mit dystoner Athetose und Anarthrie (nach Palisano et al. 1997).

Zerebralparesen sind ein typisches Reflexions- und Praxisfeld, um das sich nicht nur mehrere berufsspezifische Professionen (Interprofessionalität), sondern auch eine Vielzahl von wissenschaftlichen Disziplinen bemüht, etwa die neurologische und medizinische, pädagogische und psychologische Wissenschaft. Weil Zerebralparesen kein einheitliches Krankheitsbild darstellen, wird eine Gruppe von speziellen Krankheitsbildern zusammengefasst, die bei den betroffenen Kindern ähnliche spezielle, zum Teil auch sehr spezifische etwa Unterstützungs- und Hilfesysteme begründen und notwendig machen. Diese Maßnahmen beruhen dann beispielsweise auf medizinischen, sozialmedizinischen oder therapeutischen Erkenntnissen.

Dass eine interdisziplinäre und interprofessionelle Praxis nicht zwei verschiedene Praxen darstellen, sondern einander bedingen, wird auch an dieser Diskussion deutlich. Die Praxen sind wechselseitig aufeinander bezogen, etwa wenn medizinisch geprägte Berufsbilder (wie Physiotherapie oder Logopädie) besonders nahe mit medizinischen Disziplinen kooperieren bzw. von diesen die professionellen Begründungen für eine problemadäquate Praxis ableiten. Neben der Neurologie als eine solche Disziplin sind in diesem Zusammenhang die „medizinisch-praktischen" Professionen der Physio-, Ergo- und Sprachtherapie insgesamt beansprucht. Diese erfüllen besonders im Zusammenhang mit der Unterstützung der Kinder mit Zerebralparese eine zweifellos höchst wichtige Aufgabe für die neurologisch charakterisierbaren Störungen motorischer Bewegungsabläufe, Funktionen und Haltungen, während eine Fachkraft für die Erziehungspraxis in der Kindergruppe naturgemäß der Disziplin der Pädagogik näher steht.

Ein moderner Begriff von Behinderung impliziert das soziale Umfeld des Betroffenen und damit eine Sicht auf das Individuum, das eng mit seiner Umgebung verbunden ist. Entsprechend ist auch die Anforderung an das Berufsteam definiert, das ja aus Sicht des Kindes ebenso eine spezielle „Umgebung" darstellt, verknüpft mit bestimmten Unterstützungsqualitäten: Es ist ein Team von disziplinär Wissenden, professionell unterschiedlichen „Können", deren Hilfegebung für das Kind bedeutsam wird, deren Leistungen sich in das therapeutische Gesamtgeschehen einfügen und damit zum Gelingen der therapeutischen Unterstützung des Kindes beitragen. Dies gilt unabhängig davon, dass eine Profession – im hier gegebenen Team die Physiotherapeutin – vorübergehend eine Leitprofession verkörpern kann.

Bereits Mitte der 1980er Jahre tritt dieses Bild des „Individuums", das entwicklungsmäßig eng mit seinem Umfeld und seiner Umwelt verflochten ist, stärker in den Fokus der Aufmerksamkeit der interprofessionellen und interdisziplinären Forschung. Inhaltlich weisen die Feststellungen von Burns und MacDonald (1999, 69) in diese Richtung, wenn sie wie folgt ausführen: „Die Untersuchung im natürlichen Umfeld ist ein strukturiertes Verfahren zur Sammlung formeller und informeller Daten über das Kind in seiner normalen Umgebung (…) Im Rahmen dieses Ansatzes, der Kind und Umfeld als Einheit betrachtet, werden Informationen aus vielfältigen Quellen, beispielsweise Gesprächen mit Eltern und Lehrern, Checklisten, Beobachtungen und formellen standardisierten Tests, zusammengetragen (…)." Für die Annahme dieses interdisziplinär verstandenen, interprofessionell angelegten multidimensionalen Sachverhalts wurde deshalb von Jette (1993) der Begriff der „gesundheitsbezogenen Lebensqualität" vorgeschlagen, die von einem Therapeutenteam unter Berücksichtigung neuester disziplingebundener Erkenntnisse möglichst gesichert werden müsse. Wie jedoch Burns und MacDonald (1999) beklagen, sind die Forschungsergebnisse in diesem Kontext noch relativ unklar, was nach ihrer Auffassung teilweise durch methodische Unzulänglichkeiten und durch das Fehlen adäquater Messverfahren zur Erfassung der Veränderungen des funktionellen Zustands bedingt ist (ebenso Skonkoff/Hauser-Cram 1987, 655f).

Heute kann durch diese Kombination von kind- und angehörigenzentrierten Zugängen die Entwicklung von Kindern mit organischer Risikobelastung nachweislich begünstigt werden

(Schlack 1994, 182; ähnlich Rompe 1994). Sie gilt es in jeder Therapiesituation vorzubereiten und grundsätzlich im Auge zu behalten, wobei es in diesem Zusammenhang besonders auf die therapeutisch verwendeten Methoden selbst ankommt (Schlack 1995, 348).

4.6 Schulische Sprachtherapie und sprachlicher Schulunterricht im Lichte kultusministerieller Empfehlungen

1998 bot sich für die Ständige Konferenz der Kultusminister der Länder der Bundesrepublik Deutschland (im Folgenden: KMK) ein besonderer Anlass zu feiern: Im Februar jenes Jahres konnte sie ihres fünfzigjährigen Bestehens gedenken und damit ihres Wirkens in der bundesdeutschen Bildungs-, Wissenschafts- und Kulturpolitik.

In dieser Zeit hat die KMK entsprechend ihrem Selbstverständnis maßgeblich dazu beigetragen, das Schulwesen nach 1945 aufzubauen sowie Formen und Inhalte institutioneller Bildung nach den Kriegsereignissen neu zu bestimmen. Auch das Sonderschulwesen wurde in jenen Jahren innerhalb des deutschen Schulsystems neu geordnet und weiter differenziert (detailliert bei Drave et al. 2000). Unter dieser Perspektive wurde in spezifischer Weise auch die Sprachbehindertenpädagogik durch die KMK mit gestaltet. Wichtige Dokumente sind in dieser Hinsicht Verlautbarungen von 1960 (KMK 1960), 1972 (KMK 1972), 1978 (KMK 1978), 1994 (KMK 2000/1994) und 1998 (KMK 2000/1998), letztere nach den Abschriften in Drave et al. (2000) zitiert (2000/1994, 2000/1998). So gesehen war das Jahr 1998 auch für die Sprachbehindertenpädagogik hinsichtlich ihrer schulischen Schwerpunktsetzungen als Fachrichtung gewissermaßen ein Jubiläumsjahr: Mit der Herausgabe der *Empfehlungen zum Förderschwerpunkt Sprache* (2000/1998) wurde 20 Jahre nach ihren Vorgängerempfehlungen, den 1978 erstmals veröffentlichten *Empfehlungen für den Unterricht in der Schule für Sprachbehinderte (Sonderschule)* (KMK 2000/1978), neu festgelegt, wie die Arbeit in den Schulen für Sprachbehinderte zu gestalten ist (Schaar 2000; Welling 2000 b).

In diesem Abschnitt geht es um einen Vergleich der Empfehlungen von 1998 mit denen von 1978, um die „kopernikanische Wende" der Sonderpädagogik (Bleidick et al. 1995), also den grundlegenden Orientierungswechsel seit Anfang der 1990er Jahre im Bereich der schulischen Sprachbehindertenpädagogik

Einfluss der KMK auf die Sprachbehindertenpädagogik

„Von der institutionellen zur personalen Orientierung"

zu verdeutlichen. „Von der institutionellen zur personalen Orientierung" des sonderpädagogischen Systems: In dieser Tradition stehen die allgemeinen Verlautbarungen der KMK von 1994 (2000/1994) und auch die Empfehlungen zum sonderpädagogischen Förderschwerpunkt Sprache von 1998 (KMK 2000/1998). Auch Jahre nach dieser Neupositionierung der KMK zum Förderschwerpunkt Sprache scheint dieses Denken die pädagogisch orientierte Fachpraxis noch nicht vollends durchdrungen zu haben (siehe Dokumentation der *Zeitschrift für Heilpädagogik* in ihrer Märzausgabe 2004).

Zum historischen Verständnis wird zunächst ein geraffter Überblick über die Geschichte der Konferenz der Kultusminister unter dem Aspekt der Bildungspolitik gegeben, dann die beiden für die Sonderpädagogische Förderung wichtigen Dokumente von 1972 und 1994 vorgestellt. Im Mittelpunkt der Darstellungen steht sodann der Vergleich der beiden Empfehlungen von 1978 und 1998 zum Förderschwerpunkt Sprache. Abschließend wird auf Konsequenzen für die Arbeit in der schulischen Praxis hingewiesen.

1960er bis 1990er Jahre

Im Rahmen der Empfehlungen und Vereinbarungen zum Schulwesen in der Bundesrepublik hat sich die KMK wiederholt mit der sonderpädagogischen Förderung in den Schulen befasst. Zu den wichtigen Dokumenten gehören das *Gutachten zur Ordnung des Sonderschulwesens* von 1960 (KMK 1960), welches die Einrichtung von Sonderschulen festlegt. Diesem folgen 1972 die schon genannte *Empfehlung zur Ordnung des Sonderschulwesens* (KMK 1972) und 1994 die *Empfehlungen zur sonderpädagogischen Förderung in den Schulen der Bundesrepublik Deutschland* (KMK 2000/1994). Diese Dokumente zeigen im Allgemeinen die veränderten Schwerpunkte der Bildungspolitik für den sonderpädagogischen Bereich auf, welche in den Dokumenten zu den Förderschwerpunkten im Speziellen zum Ausdruck kommen (zur Übersicht: Welling 2004 d). Die folgenden Ausführungen beziehen sich zunächst auf diejenigen Dokumente, die den *Empfehlungen zum Unterricht in der Schule für Sprachbehinderte* (KMK 1978) sowie denjenigen zum *Förderschwerpunkt Sprache* (KMK 2000/1998) vorausgehen (KMK 1972, 2000/1994). Diese sind für ein Grundverständnis der Empfehlungen der KMK von 1978 bzw. 1998 historisch sehr relevant und aufschlussreich.

Weg zur personbezogenen Sicht

Die Mitglieder der Arbeitsgruppe, die die Empfehlungen von 1994 vorbereitet hat, verweisen in ihrem Vorwort auf eine wichtige Veränderung gegenüber früheren Verlautbarungen: Während in der Empfehlung von 1972 die Institution Sonderschule im Mittelpunkt steht (dies ist schon im Titel ersichtlich), geht es 1994 um eine „eher personenbezogene, individualisierende und nicht mehr vorrangig institutionsbezogene Sichtweise sonderpädagogischer Förderung" (KMK 2000/1994,

28). Es werden nunmehr nicht mehr die einzelnen Schulen ausdifferenziert, sondern so genannte Förderschwerpunkte benannt.

Damit geht die Abkehr von dem Begriff der „Sonderschulbedürftigkeit" einher, der in den Empfehlungen von 1972 in Abgrenzung zur „Normalschulfähigkeit" verwendet wird und sich auf Schülerinnen und Schüler bezieht, die eine Sonderschule besuchen (KMK 1972, 9). Zum ersten Mal wird 1988 dann in einem offiziellen Dokument der KMK der Begriff des „sonderpädagogischen Förderbedarfs" verwendet (KMK 1988), der in dieser Weise auch in die Empfehlungen von 1994 Eingang gefunden hat. Bleidick et al. (1995, 253ff) kritisieren, dass die Definition „sonderpädagogischer Förderbedarf" in diesem Dokument unzureichend bleibt und die Mitglieder der Arbeitsgruppe sich nicht klar genug von dem Begriff der „Sonderschulbedürftigkeit" abgrenzen.

Sonderpädagogischer Förderbedarf

Eine weitere Veränderung ist in der Wahl der Förderorte zu sehen. Die Empfehlung von 1972 sieht als alleinigen Förderort die Sonderschule vor. Die Empfehlungen von 1994 gehen realistischerweise von der Heterogenität der Förderorte aus, wenn es heißt: „Die schulische Förderung von Kindern und Jugendlichen mit sonderpädagogischem Förderbedarf bezieht alle Schulstufen und Schularten mit ein; sie hat in den vergangenen Jahren zu einer Vielfalt von Förderformen und Förderorten geführt" (KMK 2000/1994, 35). Diese reichen von Formen gemeinsamen Unterrichts behinderter und nichtbehinderter Kinder über Kooperationsformen und Förderzentren (bis zu Sonderschulen). Damit wird auch der Integration ein anderer Stellenwert beigemessen. Diese wird nicht nur als (nachschulisches) Ziel der sonderpädagogischen Förderung verstanden, sondern als Weg und Ziel. In den Empfehlungen von 1994 wird die Richtschnur betont, „die Bemühungen um gemeinsame Erziehung und gemeinsamen Unterricht für Behinderte und Nichtbehinderte zu unterstützen" (KMK 2000/1994, 35).

Heterogenität der Förderorte

Die KMK-Empfehlungen von 1972 (KMK 1972) und 1994 (KMK 2000/1994) enthalten jeweils allgemeine ministerielle Verlautbarungen im Sinne von Grundsatzentscheidungen der Bildungspolitik im sonderpädagogischen Sektor in den 70er bzw. 90er Jahren. Sie dienen als jeweilige Bezugsdokumente für die dann folgenden spezifizierenden Betrachtungen als Empfehlungen für die Arbeit in der Schule für Sprachbehinderte (KMK 1978) bzw. als zum Förderschwerpunkt Sprache (KMK 2000/1998). Anders ausgedrückt wird in diesen beiden Dokumenten spezifiziert das weiter ausgeführt, was sich in den allgemeinen Empfehlungen bereits angedeutet hat.

Verlautbarungen der KMK von 1978 und 1998 Grundlegender Paradigmenwechsel

Die KMK hat sich zweimal mit der Thematik der Erziehung und Bildung von Kindern und Jugendlichen mit sprachlichen Auffälligkeiten befasst (1978 und 2000/1998).

Die *Empfehlungen für den Unterricht in der Schule für Sprachbehinderte (Sonderschule)* wurden durch die *Empfehlungen für den Förderschwerpunkt Sprache* von 1998 aufgehoben. Hierbei handelte es sich um einen grundlegenden Paradigmenwechsel innerhalb der sonderpädagogischen Arbeit, wie der folgende Vergleich zeigt.

Aufgaben und Ziele: In den Empfehlungen von 1978 wird als ausdrückliches Bildungsziel der Übergang von der Schule für Sprachbehinderte in die allgemeine Schule benannt. Daneben besteht die Möglichkeit, „einen der allgemeinen Schule entsprechenden Schulabschluß zu erreichen" (KMK 1978, 4). Im Unterschied zu dieser institutionsbezogenen Zielsetzung wird in den späteren Empfehlungen die personzentrierte Forderung hervorgehoben, „das Recht der Kinder und Jugendlichen mit Förderbedarf im Bereich Sprache auf eine ihren persönlichen Möglichkeiten entsprechende schulische Bildung und Erziehung zu verwirklichen" (2000/1998, 224).

Aufgaben der Schulen für Sprachbehinderte: Als besondere Aufgaben werden 1978 der „Abbau der Sprachbehinderungen" und der „Aufbau eines tragfähigen Lern- und Sozialverhaltens" (1978, 4) genannt. Diese Aufgaben beziehen sich auf die zuvor definierte Gruppe der „sprachbehinderten Schüler", die nicht nur durch sprachliche Auffälligkeiten, sondern auch durch „Störungen im Bereich der Motorik sowie im Sozial- und Lernverhalten beeinträchtigt" sein sollen (1978, 3).

Handlungstheoretischer Grundansatz: Die hier zu Grunde gelegte „technologische" Sichtweise von Störungen, die „beseitigt" werden müssen, wird in den Empfehlungen von 1998 abgelöst durch den Begriff des „sprachlichen Handelns" als Kompetenz der Kinder und Jugendlichen. Ihnen soll ermöglicht werden, „ihre sprachlichen und nichtsprachlichen Handlungsmöglichkeiten zu erkennen, zu erweitern und auszugestalten" sowie „zu eigenständigem Handeln in kommunikativen Bezügen (zu) finden", aber auch die Begrenzungen ihres sprachlichen Handelns zu erkennen und anzuerkennen (2000/1998, 226). Auch in den Empfehlungen von 1998 wird auf mögliche weitere Beeinträchtigungen im Zusammenhang mit sonderpädagogischem Förderbedarf hingewiesen. Diese werden aber nun im Bedingungsgefüge der sprachlichen Beeinträchtigung betrachtet, deren „Bedeutung für das individuelle Erleben und schulische Lernen der Schülerinnen und Schüler, für ihre personale und soziale Entwicklung" berücksichtigt werden muss (2000/1998, 226). In diesem Kontext wird auch die Entwicklung eines Selbstkonzeptes als Aufgabe der sonderpädagogischen Förderung im Bereich Sprache genannt (2000/1998, 227). Die Aufgabe der Beratung und Information bezieht sich 1978 auf die Eltern und die Öffentlichkeit (1978, 4), 1998 ausschließlich auf die Eltern (2000/1998, 227f).

Sonderpädagogischer Förderbedarf und Diagnostik: Der in den KMK-Empfehlungen von 1994 paradigmatische Wechsel von der institutions-orientierten Sonderschulbedürftigkeit zum personorientierten Sonder-pädagogischen Förderbedarf ist auch hinsichtlich des Diagnostikansatzes in den Empfehlungen zum Förderschwerpunkt Sprache nachzuvollziehen. In den alten Empfehlungen von 1978 gibt es hierzu immerhin einige Aus-sagen, beispielsweise zur Bestimmung der Klientel: Als sonderschulbe-dürftig gelten „sprachbehinderte Kinder und Jugendliche, deren Sprach-behinderung so schwerwiegend ist, daß sie auch durch schulbegleitende oder zeitlich begrenzte stationäre Maßnahmen nicht hinreichend geför-dert werden können" (1978, 3).

Ähnliches ist auch in den Empfehlungen von 1998 zu finden, wiede-rum in persongebundener Orientierung: „Sonderpädagogischer Förder-bedarf im sprachlichen Handeln ist bei Schülerinnen und Schülern anzu-nehmen, die in ihren Bildungs-, Lern- und Entwicklungsmöglichkeiten hin-sichtlich des Spracherwerbs, des sinnhaften Sprachgebrauchs und der Sprechtätigkeit so beeinträchtigt sind, daß sie im Unterricht der allgemei-nen Schule ohne sonderpädagogische Unterstützung nicht hinreichend gefördert werden können" (2000/1998, 226). Diese sonderpädagogische Unterstützung ist demnach nicht an die Schule für Sprachbehinderte ge-bunden, sondern individuell zu fassen, da die sprachlichen Beeinträchti-gungen in dem Bedingungsgefüge ihrer Entstehung und der aktuellen Si-tuation zu sehen sind (2000/1998, 224f). Erst die Empfehlungen von 1998 unterscheiden zwischen der Entstehung einer möglichen Behinderung und dem Sonderpädagogischen Förderbedarf. Sie machen deutlich, dass die sprachliche Beeinträchtigung und ihre Entstehung für die Betroffenen zu einer Behinderung ihrer sprachlichen Handlungsfähigkeit werden kann (2000/1998, 224).

Folglich werden in der neueren Fassung auch nicht mehr mögliche Störungen aufgezählt (1978, 3f), sondern mögliche Analyseebenen von Sprache in der Sprachwissenschaft und Psycholinguistik vorgestellt (2000/1998, 225). Diagnostische Arbeit ist zwar in beiden Empfehlungen als wich-tige Aufgabe angesprochen. So wird in den ersten Ausführungen (1978, 6) noch eine interdisziplinäre Zusammenarbeit betont. Ebenso kann „eine längere Beobachtung und Förderung im Sinne einer therapiebegleitenden Diagnostik" notwendig sein. Die Empfehlungen von 1998 (2000/1998, 228f) sind in diesem Punkt aber ausführlicher und kommen den Empfeh-lungen von 1994 nach, in denen formal ein zentrales Prinzip der Diag-nostik zugeordnet ist: „Sonderpädagogisch orientierte Erziehung und Unterrichtsgestaltung beruhen auf einer den Lernprozeß begleitenden Diagnostik und lassen sich von den übergeordneten Prinzipien Entwick-lungsnähe, Ganzheitlichkeit, Kommunikations- und Handlungsorientierung leiten" (2000/1998, 31). Transferiert auf das Anforderungsfeld des För-derschwerpunkts Sprache sind die diagnostischen Fragestellungen ent-sprechend „auf ein qualitatives und quantitatives Profil notwendiger För-dervorhaben zu richten" und förderschwerpunktspezifisch zu gestalten (2000/1998, 228). Hierzu gehören insbesondere Methoden der Kind-Umfeld-Analyse, der Analyse zur Struktur sprachlichen Handelns und seiner Beeinträchtigung(en) sowie Methoden sprachbezogener Mikroanalysen auf den verschiedenen Ebenen des Sprachgebrauchs, einschließlich medizinischer und psychologischer Untersuchungsergebnisse (2000/1998, 228f.).

Erziehung und Unterricht: Das Thema Erziehung und Unterricht wird in beiden Empfehlungen ausführlich behandelt. Der Beschluss von 1978 betont, dass Erziehung auf die besondere Lage der Kinder an der Schule für Sprachbehinderte ausgerichtet sein muss; sie hat „das Ziel, Mängel und Erschwernisse aufzuheben und Fehlhaltungen zu beseitigen oder wenigstens zu mindern" (1978, 5). In den neuen Empfehlungen geht es nicht mehr um „Mängelbeseitigung", sondern um Fragen der „Auseinandersetzung mit Möglichkeiten und Begrenzungen sprachlicher Handlungsfähigkeit". Entsprechend hat Erziehung die Aufgabe, „die Persönlichkeit der Schülerinnen und Schüler zu festigen und diese dabei zu unterstützen, Sicherheit in sozialen und kommunikativen Zusammenhängen zu erwerben" (2000/1998, 230). Das heißt, die Kompetenz zum sprachlichen Handeln soll gefördert und unterstützt werden. Dabei wird das zentrale Erfordernis hervorgehoben, Sonderpädagogische Förderung in Zusammenhang mit einem allgemeinen pädagogischen Konzept zu reflektieren und zu verwirklichen. So weisen beide Empfehlungen darauf hin, dass für die Auswahl der Unterrichtsinhalte die sprachlichen Beeinträchtigungen der Schüler und Schülerinnen berücksichtigt werden sollen.

In den Empfehlungen von 1978 soll diese Auswahl „unter sonderpädagogischen Aspekten" (1978, 5) erfolgen, die Empfehlungen von 1998 betonen den individuellen Förderbedarf der Kinder und Jugendlichen. Hier soll „an den Erfahrungen der Kinder" angeknüpft werden, damit der „inhaltliche Zugang gesichert und die Lerninhalte für sie trotz erschwerten sprachlichen Bedingungen erschließbar, nachvollziehbar und verständlich sind" (2000/1998, 231).

Als grundsätzliche didaktisch-methodische Gestaltungsmöglichkeiten nennen beide Empfehlungen die innere Differenzierung im Unterricht (1978, 6; 2000/1998, 232). Der Beschluss von 1998 hebt zusätzlich die Notwendigkeit eines hohen Aufforderungscharakters hervor, „sprachhandelnd tätig zu werden". Vorgeschlagen werden hierfür der „handlungs- und projektorientierte Unterricht, die Gestaltung lebensnaher Unterrichtssituationen, auch das Aufsuchen von außerschulischen Lernorten" (2000/1998, 232). Damit werden hier eindeutig kindorientierte, offene didaktisch-methodische Konzeptansätze bevorzugt.

Inhaltliche Vorgaben für (sprach)förderliche Elemente im Unterricht beziehen sich 1978 u. a. auf „Wortschatz", „Grammatik", „Stimm- und Lautbildung". Sprachliche und mimisch-gestische Kommunikation und Sprachverständnis sowie Wahrnehmung und Bewegungskoordination sollen gefördert werden. Dies biete sich besonders in den Fächern Deutsch, Sport, Musik, Kunst und im Spiel an (1978, 6ff). Für den Schriftspracherwerb wird die Bedeutung von Wahrnehmungs-, Zuordnungs- und Differenzierungsübungen für die Entwicklung der Vorläuferfähigkeiten von Schrift hervorgehoben (1978, 7f).

Der Beschluss von 1998 bezieht sich hier weniger auf Unterrichtsfächer, sondern auf allgemeine wie spezielle Sonderpädagogische Förderung im Bereich Sprache. Dies betrifft zum einen die Rahmenbedingungen für einen Unterricht, der „eine erfolgreiche Kommunikation für alle Beteiligten ermöglichen und sprachliches Lernen begünstigen" (1998/2000, 232ff) soll. Hierzu gehören der Einsatz reflektierter Lehrer-/Unterrichtssprache und die kommunikative unterrichtliche Gestaltung, in der Sprachgebrauch „handelnd erprobt" werden kann. In einem handlungsorientierten Unterricht soll die „Ausdifferenzierung und Verknüpfung grundlegender Entwicklungsbereiche" gefördert werden. Bezogen auf den Erwerb der Schriftsprache werden auch hier die Vorläuferfähigkeiten genannt. Als methodische Empfehlung wird auf das Spiel hingewiesen, außerdem auf das Üben und den ausgewogenen Wechsel von Konzentrations- und Entspannungsphasen. Medien und andere Hilfsmittel sollen zweckmäßig eingesetzt werden. Eine besonders in den zurückliegenden Jahren sprachdidaktisch herausfordernde Fragestellung wurde neu aufgenommen: der pädagogisch zu verantwortende Umgang mit Mehrsprachigkeit. Hier wird die Bedeutung der Mehrsprachigkeit im Sinne einer wichtigen Kompetenz vieler Kinder und Jugendlichen hervorgehoben (2000/1998, 233f; Kracht 2000).

Schulische Sprachtherapie: Zu der sprachtherapeutischen Aufgabenstellung sind in den Empfehlungen von 1978 einige Ausführungen enthalten, die in der Fassung von 1998 gemäß ihrer „anti-pathologisierenden Philosophie" sehr sparsam aufgenommen sind. Sprachtherapie ist nun eher als Frage des Konzepts zu verstehen. Beide Empfehlungen betonen zwar, dass sich Therapie, Erziehung und Unterricht nicht voneinander trennen lassen und miteinander in Wechselwirkung stehen (1978, 5; 2000/1998, 230), doch in der jüngsten Fassung wird die Aufgabe der Sprachtherapie darin gesehen, „Einsicht in erwartungsüblichen Sprachgebrauch zu vermitteln und in spezifisch strukturierten Lernsituationen (die) Erprobung und Übung sprachlichen Handelns zu sichern". Dabei sollten die Fördervorhaben „in einem für die Schülerinnen und Schüler erkennbaren Zusammenhang mit unterrichtlichen Themen stehen" (2000/1998, 230) und Unterricht und therapeutische Förderung sich damit in Zielen und Inhalten aufeinander beziehen. Neben der unterrichtsimmanenten Sprachtherapie erscheint durchgeführte Einzel- oder Gruppentherapie nun nicht mehr zwingend notwendig. Nur in den Empfehlungen von 1998 ist die zentrale Forderung zu finden, die Therapie in ein umgreifendes pädagogisches Förderkonzept einzubinden und die Förderung zu dokumentieren (2000/1998, 235). Insgesamt gesehen wird in diesen Empfehlungen die Sichtweise von Therapie als Arbeit an der Aufhebung von Störungen aufgegeben zugunsten der Auffassung, dass Therapie die Kompetenzen des Kindes im sprachlichen Handeln stärken soll (Welling, in Vorb.).

Organisation sonderpädagogischer Förderung: Die Vorstellungen über die Organisation der sonderpädagogischen Förderung für den Bereich Sprache haben sich grundlegend geändert. Dies wird schon durch die Titel der jeweiligen Empfehlung deutlich. Zur Erinnerung: Der Beschluss

von 1978 heißt *Empfehlungen für den Unterricht in der Schule für Sprachbehinderte (Sonderschule)*. Unterricht für Schüler und Schülerinnen mit
Förderbedarf im Bereich Sprache soll demnach in der Schule für Sprachbehinderte stattfinden, nur solche mit „leichteren sprachlichen Beeinträchtigungen werden nicht in die Schule für Sprachbehinderte aufgenommen" (1978, 4). Schwerpunkt der Arbeit bilden die Frühförderung
und die Zeit der beiden ersten Schuljahre, für Kinder mit Förderbedarf in
verschiedenen Bereichen können sogar besondere Klassen eingerichtet werden (1978, 9). Die Schule für Sprachbehinderte versteht sich – historisch
verbrieft – weiterhin als „Durchgangsschule", die Schüler und Schülerinnen sollen so bald wie möglich eine allgemeine Schule besuchen.

In den Empfehlungen von 1998 besteht dieses Begriffsverständnis mit
dem Unterschied, dass die Schule nicht der alleinige Ort sonderpädagogischer Förderung sein soll, wie schon der Titel der Empfehlung *(zum Förderschwerpunkt Sprache)* deutlich macht. Hier heißt es: „Grundsätzlich ist
derjenige Förderort zu wählen, der auf bestmögliche Weise dem Förderbedarf dieser Kinder und Jugendlichen, ihrer Selbstfindung und Persön-
lichkeitsentwicklung gerecht wird und die schulische und gesellschaftliche
Eingliederung sowie die Vorbreitung auf Beruf und Leben leisten kann"
(2000/1998, 230). Die allgemeine Schule mit dem gemeinsamen Unterricht wird gemäß den Empfehlungen von 1994 stärker in den Mittelpunkt
gestellt: „Schülerinnen und Schüler mit Sonderpädagogischem Förderbedarf im Bereich sprachlichen Handelns können allgemeine Schulen besuchen, wenn dort die notwendigen personellen und sächlichen Voraussetzungen gegeben sind" (237). Dass die Sonderpädagogische Förderung im
Bereich Sprache als Bestandteil des gemeinsamen Unterrichts für alle Schülerinnen und Schüler wertvolle Impulse setzen kann, wird betont: „Ein das
sprachliche Lernen fördernder gemeinsamer Unterricht ist für alle Schülerinnen und Schüler von Bildungswert" (236). Sonderschulen als Förderorte sind für die Schüler und Schülerinnen vorgesehen, „für die die notwendigen Förderbedingungen in allgemeinen Schulen nicht geschaffen
werden können" (236). Hier wird die veränderte Sichtweise, weg von der
Sonderschule, hin zu Integration und Vielfalt der Förderorte, mehr als deutlich. Es werden außerdem kooperative Formen der Unterrichtung sowie
sonderpädagogische Förderzentren und Hilfen für den Übergang in Ausbildung und Beruf vorgestellt (237ff).

Forderungen für
die Praxis

Kurzfristig ergeben sich aus den 1998er Empfehlungen keine zwin-
genden Forderungen für die Praxis, sieht man davon ab, dass sich
die paradigmatisch veränderte Sichtweise auf allen Gebieten der
sonderpädagogischen Arbeit durchsetzen und durch alltägliche
Bemühungen im Rahmen der vorschulischen, schulischen und
nachschulischen Arbeit bekräftigt werden muss. Hier sind Anpassungen beispielsweise auf dem Gebiet der Richtlinien, der Bil-
dungs-, Rahmen- oder Förderpläne für die sonderpädagogische
Arbeit der schulischen Einrichtungen in den verschiedenen Bun-

desländern erforderlich und werden bereits praktiziert. Hierzu
gehört auch das ständige Bemühen, die Schulprogramme und
Schulprofile nach dem allgemein- und sonderpädagogischen Anspruch dieser Empfehlungen in den Kollegien und zusammen
mit den Schülerinnen und Schülern weiter zu entwickeln und als
Orientierungsgrundlage für die alltägliche Zusammenarbeit zu
nutzen. Denn insgesamt gesehen ist in den Empfehlungen von
1998 der Begriff des „sprachlichen Handelns" zentral geworden,
der alle Bereiche der schulischen Arbeit durchziehen muss. Dieser impliziert, dass Sprache als etwas angesehen wird, das kommunikativ wirksam ist und erst mit seinem sinnhaften Gebrauch
für das Kind Bedeutung erlangt (zusammenfassend Welling
2000 b). Seitens der Lehrkräfte ist der sprachdidaktische Blick auf
das Kind und seine Gebrauchssprache durch dieses Dokument
gefordert (Welling 2004 a): Sprachliche Beeinträchtigungen werden nicht mehr defizitorientiert als „zu beseitigende Störungen"
gesehen. Stattdessen stehen das sprachliche Bildungsziel, das für
die jeweilige Gruppe von Kindern und Jugendlichen zu definieren ist, und ihre individuellen sprachlichen Förderbedürfnisse
im Mittelpunkt. Nicht die Sprache als solche, sondern die lebensweltlichen sprachlichen Erfahrungen der Kinder und Jugendlichen sind der Hauptbezugspunkt für alle Bemühungen innerhalb und außerhalb der Schule.
  Mittelfristig sind die Aufgaben zumindest auf einem zentralen
Gebiet nahe liegend und augenscheinlich herausfordernd: auf
dem Gebiet der sprachdidaktischen Konzeptbildung, die sprachunterrichtliche und sprachtherapeutische Prozesse gesamtheit-
lich umfassen und inhaltlich im Rahmen eines pädagogischen
Gesamtansatzes erfolgen sollte (Welling, in Vorb.). Diese Forderung ist durch die 98er Empfehlungen zwingend nahe gelegt, aber
auch unabhängig hiervon ein Desiderat im Praxisfeld der schulischen Arbeit. Auf diesem Gebiet hat es in den 90er Jahren
innerhalb der theoriebildenden Sprachbehindertenpädagogik keine große Debatte gegeben, vermutlich auch deshalb,
weil die bildungspolitischen „Schlachten" der 80er Jahre ent-
schieden schienen. Offenbar werden die sprachdiagnostischen
und -didaktischen Herausforderungen der KMK-Empfehlungen von 1998 noch nicht angenommen, was den notwendigen
ständigen Prozess der Professionalisierung und ihre Weiterentwicklung auf diesem Gebiet zu beeinträchtigen droht. Hierzu gehört, die ideologische Unterscheidung in „primär" und
„sekundär" Sprachbehinderte aufzugeben, *soweit empirisch gewonnene Überzeugungen dem nicht zuwiderlaufen:* Sprachbehindertenpädagogische Praxis kann konzeptionell nicht für zwei „verschiedene" Gruppen weiter entwickelt und konzipiert werden,

etwa für die Gruppe der „primären", „reinen" Sprachbehinderten (ohne eine „zusätzliche" Schädigung, Beeinträchtigung oder Auffälligkeit) und für die Gruppe der „sekundären" Sprachbehinderten (für die die Voraussetzung weiterer Schädigung, Beeinträchtigung oder Auffälligkeit gilt). Dies ist eine der Folgerungen für das Konzept des sonderpädagogischen *Studienschwerpunkts sprachliche Beeinträchtigung*, der prinzipiell für alle Kinder und Jugendliche mit sonderpädagogischem Förderbedarf im Bereich *Sprache* gilt.

4.7 Zusammenfassung

Dis bisherigen umfangreichen Ausführungen haben das Ziel, die Sprachbehindertenpädagogik in ihrem Bedeutungskern als Handlungswissenschaft zu erfassen. Im Weiteren geht es um die Hauptfragen der Sprachbehindertenpädagogik in der Praxis. An dieser Schnittstelle sollen daher noch einmal die Kernthemen aus Kapitel 4 zusammengestellt werden. Hierzu gehört die Beschäftigung mit der Grundaussage, inwiefern die Sprachbehindertenpädagogik eine Handlungswissenschaft darstellt (4.1). Ist sie „sprachpädagogische Wissenschaft für die Praxis", die sich insbesondere Gedanken macht um die Belange sprachlich Beeinträchtigter, dann gehört zu ihren Grundlagen, dass sie ein möglichst klares Bild von den Mechanismen der sprachlichen Entwicklung erarbeiten muss. Dieses wird thesenartig vorgestellt (4.2). Keine sprachpädagogische oder sprachtherapeutische Fachkraft, so wird zunächst behauptet, kann ihre Professionalität in der Praxis als Einzelkraft zur notwendigen Entfaltung bringen. *In praxi* erweist sich ein Einzelner für das Ganze zwar mitverantwortlich, aber im Detail oft nur begrenzt informiert bzw. kompetent. Nicht zuletzt diese Alltagserfahrung gibt den Ausschlag, die Multiperspektivität in einem Team zu suchen. Dieses vermag ein Problem oder einen „Fall" aus der Vielfalt der Disziplinen zu rekonstruieren und der Reflexivität der Teammitglieder zu überantworten (4.3). Hierfür wurde ein empirisch gewonnenes Beispiel vorgetragen, das eine Form von Interdisziplinarität und Interprofessionalität im Team illustriert (4.5). Diese Grundaussagen betreffen das Feld der Sprachtherapie ebenso (4.4) wie das Feld der didaktischen Frage von schulischer Sprachtherapie und Schulunterricht (4.6). Gerade was das letztgenannte Praxisfeld betrifft, ist zu bedenken, dass die Bemühungen um eine Orientierung im Feld der kultusministeriellen Verlautbarungen eine sprachpädagogische Antwort nicht nur ermöglichen, sondern geradezu erzwingen.

Übungsaufgaben

Worin unterscheidet sich eine Problemdiskussion auf der Ebene des *„hypothetischen Konstruktwissens"* (welche auf Wissensbestände der Bezugswissenschaften zurückgreift) von einer *sprachbehindertenpädagogischen* Problemdiskussion (welche Wissensbestände der Bezugswissenschaften zu pädagogischen Zwecken *nutzt*)?

Aufgabe 26

Erörtern Sie einige allgemeine *pädagogische* Handlungsprinzipien, die als Ansatzpunkte auch für eine pädagogische Konzeptbildung der Sprachbehindertenpädagogik dienen können.

Aufgabe 27

Worin besteht der Unterschied zwischen interdisziplinärer Orientierung und interprofessioneller Praxis im Rahmen der Sprachbehindertenpädagogik? Erläutern Sie Ihren Standpunkt anhand von Beispielen.

Aufgabe 28

Was bedeutet die Abkürzung *KMK,* und welche neueren Sichtweisen hat die Bildungspolitik der KMK seit den 1990er Jahren verlauten lassen? Erläutern Sie in diesem Kontext die Begriffe „institutionsbezogene" und „personbezogene Sichtweise".

Aufgabe 29

5 Sprachbehindertenpädagogik und gegenwärtige Herausforderungen erziehungswissenschaftlicher Reflexion im Studium

Aus Kapitel 4 ist deutlich geworden, welche Fragen besonders stark diskutiert werden, die sich aus Sicht der Sprachbehindertenpädagogik als pädagogische Handlungswissenschaft ergeben. Daher ist genau das Verständnis von Prinzipien pädagogischen Handelns und Denkens praxisleitend, das hilft, die Praxisaufgaben verantwortlich zu meistern.

Kapitel 5 konzentriert sich abschließend auf eine Reihe von Antworten, die Anforderungen an das Studium der Sprachbehindertenpädagogik aus der Sicht der Erziehungswissenschaft formulieren. Diesen Anforderungen werden sich die Studierenden des Faches gegenwärtig und künftig stellen müssen. Einzelne Abschnitte greifen hierzu einige Themen auf, die dazu beitragen sollen, über diese Anforderungen in einzelnen Aspekten zu orientieren.

Zunächst wird eines der aktuellen zentralen Paradigmata der Sprachbehindertenpädagogik einschließlich der Hauptargumente der Sprachentwicklungstheorien in Thesen zusammengefasst (5.1). Welches Bild vom Sprachlerner, vom Kind, das sich seine Sprache nach und nach aufbaut und entwickelt, ergibt sich aus den theoretischen Quellen? Welcher Kenntnisse bezogen auf Kinder und Jugendliche bedarf eine erziehungswissenschaftliche Reflexion über die Erziehung und Bildung (siehe auch Kapitel 1)?

Eine der Forderungen in diesem erziehungswissenschaftlichen Kontext sei hier beispielhaft genannt: Sie besteht in dem Erfordernis reflektierter Theorie-Praxis-Bezüge und damit eines reflexiven Umgangs mit den vielfältigen Praxiserfahrungen im Rahmen des Studiums (1. Phase). Das heißt, Studierende sind gefordert, Praktikaerfahrungen möglichst theoriegeleitet zu reflektieren, um ihre studienbegleitenden Kenntnisse und Erfahrungen wertschöpfend in das weitere Studium zu integrieren (5.2).

Soweit es hier um die Anforderung an den Studiengang selbst und das Curriculum geht, sich hier zeitnah strukturell und inhaltlich entsprechend zu organisieren, ist derzeit vieles in Bewegung. Die Notwendigkeit einer völligen Umstrukturierung der außerschulischen und schulischen Studiengänge mit Bachelor- (BA) und Masterabschluss (MA) wird auch hier diskutiert. Eine Neuordnung, deren Ausgang in den meisten deutschsprachigen Studienstätten im Detail noch völlig offen ist, wird voraussichtlich eine erziehungswissenschaftliche Ausgangsposition einnehmen, die den Studienaufbau und Studieninhalte prägt, Studienordnungen und Studienpläne nach dieser Maßgabe ausrichtet (5.3)

5.1 Prinzipien sprachlicher Entwicklungstheorien als Leitideen für die Gestaltung sprachlicher Bildungsprozesse

Studierende der Sprachbehindertenpädagogik sollen bereits zu Beginn des Studiums ein Selbstverständnis als künftige Sonderpädagogen entwickeln. Sie werden sich im Verlaufe ihres Studiums in erster Linie mit Fragen des realen Gebrauchs von Sprache bei Kindern, Jugendlichen und Erwachsenen einschließlich der Reflexion ihrer Sprache befassen und sich hierfür die notwendigen Voraussetzungen erarbeiten – nicht zuletzt durch das Studium der Erkenntnisse der vielfältigen Bezugstheorien zum Feld der Sprache und ihrer kommunikativen Verwendungsformen. In diesem Spektrum kommt es ganz wesentlich auf einen zentralen Punkt an, der in dieser Disziplin heute anders gewichtet ist als etwa noch vor einem halben Jahrhundert oder gar vor 100 Jahren. Spätestens seit den 1980er Jahren ist jede Fragestellung innerhalb der Sprachbehindertenpädagogik bevorzugt aus einem sprachentwicklungstheoretischen bzw. sprach(wieder)erwerbstheoretischen Kontext zu studieren. Bei dieser Option wird vorausgesetzt, dass sich die Gebrauchsformen von Sprache zeitlebens verändern und sich stets in Entwicklung befinden, auch bis ins Erwachsenenalter. Dies tritt hier besonders klar zu Tage bei Erwachsenen, die etwa nach einem Schlaganfall die Grundformen des Sprachgebrauchs wieder neu erlernen müssen. Im Kindesalter ist der Gedanke der Sprachentwicklung so offensichtlich, dass es leicht in Vergessenheit geraten kann, Sprachentwicklung als Form und Herausforderung auch lebenslangen Lernens zu sehen. Die Entwicklung der Sprache ist in der Regel selbstverständlich im Kindesalter am stärksten beobachtbar und erfahrbar.

Die Frage der Sprachentwicklung ist in den vergangenen zwei Jahrzehnten zu einer zentralen Basis der Sprachbehindertenpädagogik geworden, weshalb einleitend zu diesem Kapitel einige wesentliche Leitlinien dieser Orientierung noch einmal zusammengefasst werden. Im Sinne eines disziplinären Angebots verdeutlichen sie hier eine fachliche Perspektive, die die Sprachbehindertenpädagogik einer erziehungs- und bildungswissenschaftlichen Reflexion anheim stellt.

Paradigma der Sprachentwicklung

Prinzipielle Aussagen der Sprachentwicklungstheorie

Die Beschäftigung mit Sprachentwicklungstheorien ist in der folgenden Darstellung auf das Kindesalter begrenzt. Ihre Prinzipien verweisen auf Leitideen für die Gestaltung sprachlicher Bildungsprozesse und infolgedessen konkreter sprachförderlicher Praxis in Unterricht, Sprachtherapie, Beratung und Diagnostik. Sie gründen in ihren Kernaussagen auf wissenschaftlich anerkannten Theorien und Hypothesen, erhalten Bedeutung für die Konstruktion hypothetisch angenommener Zusammenhänge in Erziehung und Bildung und basieren auf empirisch gewonnenen oder zumindest auf Erfahrung beruhenden Erkenntnissen. Insofern sind sie inhaltlich einem besonderen Wandel unterworfen, weil sich die Erkenntnisse auf den verschiedenen Wissensgebieten stets weiter entwickeln und damit verändern. Als Folge müssen auch Studierende dazu in der Lage und bereit sein, erworbenes Wissen zu reflektieren und gegebenenfalls zu aktualisieren.

Prinzipien der Entwicklungstheorie bilden den Leitsatz für die Gestaltung sprachlicher Bildungsprozesse (siehe z. B. didaktische Gestaltung von Situationen unterrichtlicher und sprachtherapeutischer Sprachförderung). Folgende Prinzipien können thesenartig zusammengefasst werden:

(a) Das **Prinzip der Komplexität der Sprachentwicklung** beinhaltet einen sprachlichen Bildungsprozess, der an die individuellen sprachlichen Möglichkeiten des Subjekts gebunden ist und sich in seiner Anpassung an seine Umgebung (material, sozial, personal), an den sprachlichen Kontext und an das situative Umfeld vollzieht. Sprachliche Bildung berücksichtigt die hiermit zusammenhängenden Anforderungen an das Bildungsgeschehen als eine komplexe Aufgabenstellung.

(b) Das **Prinzip der Selbstorganisation in der Gestaltung** sprachlicher Bildungsprozesse impliziert das Bild des eigenaktiv sprachlich handelnden Subjekts, das in seiner Entwicklung herausgefordert ist, ausgelösten, unterstützten oder selbstständigen Sprachgebrauch mitzugestalten.

(c) Das **Prinzip der Anpassungsentwicklung an Umweltanforderungen** impliziert ein besonderes Verständnis von sprachlicher Entwicklung: Das Subjekt passt sich nach Maßgabe seiner Möglichkeiten und Fähigkeiten interaktiv an die Herausforderungen seiner Umwelt an.

(d) Das **Prinzip des sprachlichen Lernens** verweist auf den Variantenreichtum in der Auseinandersetzung des Subjekts mit den Herausforderungen an die sprachlich-kommunikative Sprachgestaltung. Dadurch erschafft sich das Subjekt immer wieder etwas Neues, das es sprachlich weiter entfaltet.

(e) Das **Prinzip der Individualität** der sprachlichen Entwicklung bedingt folgendes Verständnis: Die Entwicklung des Subjekts geschieht individuell im sozialen Kontext und bedarf folglich einer individuellen Vorgehensweise in den Anforderungen der Gestaltung sprachlicher Bildungsprozesse.

(f) Das **Prinzip der Lebensweltorientierung** formuliert die Bildungsaufgabe für die pädagogische Fachkraft (Professionalisierungsaufgabe), ihre Förderplanung (Thema, Gegenstand, Inhalt, Ziele) vor dem Hintergrund des Subjekts in seiner Lebenswelt zu begründen und zu verantworten.

(g) Das **Prinzip der konzeptuellen Beziehung** zwischen bildungszielorientierter Sprachdiagnostik und Sprachförderung formuliert die Aufgabe der am Bildungsprozess Beteiligten, die unterschiedlichen Perspektiven ihrer Anliegen konzeptuell zu bündeln und für die Umsetzung in der bildungszielorientierten Förderpraxis auszuwerten.

(h) Das **Prinzip der Integriertheit von Sprach- und Handlungsziel** sieht die sprachliche Entwicklungspotenzialität des Subjekts in Orientierung an seinen Handlungsmöglichkeiten, wobei das Sprachziel dem Handlungsziel logisch nachgeordnet ist.

(i) Das **Prinzip der interdisziplinären Koordination** (Interdisziplinarität) und interprofessionellen Zusammenarbeit beruht darauf, diejenigen wissenschaftlichen Bezugssysteme für eine bildungszielorientierte Förderpraxis zu befragen und zu nutzen, die zum Verständnis einer Sprachstörung und somit zu ihrer sprachförderlichen Beeinflussung beitragen können. Dieses Prinzip bildet eine Orientierungsgrundlage für die Zusammenarbeit der verschiedenen Berufsgruppen (Interprofessionalität) im gemeinsamen Aufgabenfeld der Praxis sprachlicher Bildungsprozesse.

Diese Prinzipien sind hier allgemein als Thesen formuliert und deuten nur die Richtung an, in der eine fachwissenschaftliche Reflexion ansetzen könnte. Sie sollen als Leitsätze verstanden werden, die geeignet sind, diese Reflexion und die notwendige Diskussion von Fachfragen in einem erziehungs- und bildungswissenschaftlichen Sektor zu eröffnen und bedürfen hierzu einer weitergehenden Präzisierung hinsichtlich detaillierter entwicklungstheoretischer Grundlagen. Das Feld der sprachlichen Entwicklung und das Feld der Entwicklungstheorie erhalten so endlich den ihnen und ihrer Bedeutung angemessenen Platz im Curriculum. Denn die Beobachtung sprachlicher Bildungsprozesse ist ein elementarer Praxiszusammenhang der Sprachbehindertenpädagogik.

5.2 Praktikumsbericht und Reflexion

Für Studierende der Sprachbehindertenpädagogik im sonderpädagogischen Studienschwerpunkt *sprachliche Beeinträchtigung* stellt die Kenntnis dieser entwicklungsorientierten Prinzipien (siehe 5.1) einen konzeptuell wichtigen Professionalisierungsansatz dar, um in einem erziehungs- und bildungswissenschaftlichen Diskurs die Positionen dieser speziellen Position der Behindertenpädagogik in diesem Schwerpunkt zum Ausdruck zu bringen.

Die sprachbehindertenpädagogische Anforderung stellt sich zunächst in zweifacher Hinsicht:

Erstens begnügen sich die Studierenden in ihrem Studium in der Regel nicht damit, lediglich diffuse „Grundhaltungen" oder „Einstellungen" gegenüber einem im übrigen abstrakt gehaltenen sprachlichen Gegenstandsfeld zu entfalten, auch nicht lediglich im Sinne einer „Anwendung" oder einer Methodenkompetenz zur „Vermittlung" sprachlicher Gegenstände. Ihr Anliegen ist vielmehr auf ein fundamentales Verständnis der sprachlichen Zusammenhänge insgesamt ausgerichtet und besteht – fachspezifisch – in der Konstitution des *sprachpädagogischen* und *sprachdidaktischen* Gegenstandsfeldes. Dieses bietet so gesehen eine strukturtheoretische Grundlage übergeordneten sprachpädagogischen Handelns. Diese Grundlage wiederum erkennt die Erziehungs- und Bildungsanliegen von Sprachbehinderten und von Behinderung bedrohten Kindern, Jugendlichen und Erwachsenen. Dies wäre schließlich identisch mit Bemühungen zur Professionalisierung der Lehrerbildung und der Bildung pädagogischer Sprachtherapeuten (siehe Abschnitt 4.4). Wissen um Prinzipien der individuellen und sozialen Genese der Sprachkompetenz dürften in diesem Prozess diejenigen Kriterien abbilden, die den Gegenstandsbereich sprachliche Beeinträchtigung thematisiert.

Zweitens zeigt sich ein hohes Bildungspotenzial, das von den Erfahrungen und Reflexionen von Erfahrungen ausgeht, zu denen die Studierenden durch ihre Praktika im Verlaufe des Studiums, im Rahmen der Zweiten Phase der Lehrerbildung sowie in supervidierten Sprachtherapiepraktika geführt werden. Praktika vor, in, neben oder nach dem Studium bedeuten eine Eignungsprüfung für die eine oder andere Professionstätigkeit, und zwar in der Regel auf hohem Niveau: Praktika bieten sich an als willkommene Gelegenheit für eine kritische Erfahrungsbereicherung in der Reflexion von Theorie-Praxis-Bezügen. Ein Praktikumsbericht, der weiter geht als lediglich eine in der Praxis gewonnene Erfahrungsdarstellung, dokumentiert diese *Reflexion* ganz im Sinne einer *Professionalisierung*, die bildungswissenschaftlichen Kriterien genügt und zugleich die zentralen Ideen der Entwicklungsorientierung beinhaltet.

Dieses Erfahrungsfeld wird im Folgenden thematisiert. Die darzustellenden Inhalte werden in Schritten präsentiert und sind miteinander in Beziehung zu setzen. Zunächst wird ein Gliederungsvorschlag für einen Praktikumsbericht vorgestellt, der die Heterogenität, Vielseitigkeit und Vielfalt der Praktikumserfahrungen berücksichtigt (B 27). Im nächsten Schritt wird ein Teil dieser Erfahrungen selbst durch die Reflexion einer Studentin verdeutlicht (B 28).

Marginalien:

Entwicklungsorientierte Prinzipien als „Prüfkriterien"

Reflektierte Praxis im Studium

Arbeitsgliederung für die Erstellung eines Praktikumsberichts einschließlich Kommentierungen (Welling 1999)

1. Einleitung

Hinweise zu persönlichen Studienvoraussetzungen: Unterrichtsfach; Studienschwerpunkte; Vorbereitungsveranstaltungen für das Praktikum im gewählten Schwerpunkt; unterrichtspraktische Einführungen, Didaktik

2. Die Schule in Stadt, Stadtteil und Region

2.1 Einzugsgebiet der Schule
geografische und soziografische Besonderheiten
2.2 Pädagogisches Konzept der Schule und Schulprogramm
Geschichtliches; Schule als entwickelte und sich entwickelnde Bildungsinstitution; Organisation der Schule; Praxisangaben zum Verhältnis von Unterricht und Therapie

3. Unterricht in der Klasse

3.1 Allgemeines zur Klassensituation
Anzahl der Schüler(innen) in der Klasse; klassifikatorische Kurzbeschreibung der sprachlichen Auffälligkeiten (alternativ: methodisch erhobenes Individualkonzept); bisheriger Unterricht (Themen, Inhalte); Organisation und Integration von Unterricht und Therapie)
3.2 Unterrichtskonzept des Lehrers
Unterrichtliches Selbstverständnis
3.3 Hinweise auf einzelne Schüler(innen)
(Sprach-) Entwicklungsaspekte; Sprachprofile (eigene Beobachtungen und Analysen/Untersuchungen und/oder Darstellung aus der Sicht des Lehrers)

4. Unterricht in der Klasse – Eigene Unterrichtserfahrungen

4.1 Allgemeine Erfahrungen und Erwartungen in der Rolle als Praktikant
Elemente eines eigenen Unterrichtskonzepts; eigene Zielsetzungen, die im Unterricht verwirklicht werden sollen

4.2 Hospitationserfahrungen
Vorläufige Eindrücke und Erwartungen an den eigenen Unterricht in der Klasse; Kurzdarstellung der Hospitationseinheiten (mit Angaben zu Zeit, Thema, Ziel[en] der Unterrichtsstunden)

4.3 Eigener Unterricht
4.3.1 Eigener Unterricht (Übersicht per Kurzdokumentation)
4.3.2 Dokumentation von zehn Unterrichtsstunden
Vorbereitung, Durchführung und Nachbereitung; Tabellarische Darstellung und Gegenzeichnung durch die Mentorin
4.3.3 Eigener Unterricht – Ausführliche Dokumentation
Zwei Unterrichtsentwürfe: Vorbereitung, Durchführung und Nachbereitung (Sachanalyse, Didaktische Analyse, Unterrichtsverlauf; Beschreibung der Sprachprofile der Schüler; Integration der diagnostischen Erkenntnisse über die Schüler in die unterrichts- und therapiedidaktische Reflexion

5. Praktikumsaufgabe

Im Verlaufe des Unterrichtspraktikums eine festgelegte Aufgabe als vertiefende Reflexion von besonderen Erfahrungen und Beobachtungen im Rahmen des Praktikums; nach Absprache, einschließlich der Feinanalyse einer „Entwicklungsstörung" sowie ihrer unterrichts- und therapiedidaktischen Implikationen

6. Zusammenfassung

Resümee, Gesamtreflexion und Gesamtbewertung der Praktikumserfahrungen; Persönliche Einschätzungen zur kurz-, mittel- und längerfristigen Entwicklungs- und Professionalisierungsaufgabe im Studium und in der Ausübung der angestrebten Profession; Reflexion der Erfahrungen mit dem gewählten didaktischen Ansatz

Quellennachweise. Anhang

Hinweis: Der Praktikumsbericht ist spätestens vier Wochen nach Beendigung des Praktikums bei der Fachvertreterin/bei dem Fachvertreter einzureichen. Kann dieser Termin in begründeten Fällen nicht eingehalten werden, wird eine diesbezügliche Mitteilung in schriftlicher Form erwartet.

Dieser Vorschlag für eine Gliederung des Praktikumsberichts, dessen Anforderungen in Form von „Theorie-Praxis-integrierten" Seminaren (Vor- und Nachbereitung) begleitet wird, stellt gewiss eine fachliche Herausforderung an die Studierenden dar. Auf persönlicher Ebene verlangt die Aufgabenstellung in besonderer Weise, „eigene Lernprozesse und Lernbiografien zu reflektieren". Studierende sollen hierbei lernen, „Bezüge eigener Erfahrungen zum Lernen und Lehren in den unterschiedlichen Praxisfeldern mithilfe vielfältiger Perspektivwechsel zu analysieren" (Abteilung für Behindertenpädagogik 2005). Der folgende Textauszug aus einem Praktikumsbericht soll diese Erfahrungen und den mit ihnen verbundenen Lernprozess veranschaulichen:

„(…) Das Verfassen des Praktikumsberichts ist von meiner Angst begleitet, Kindern in meinen ‚Beschreibungen' nicht gerecht zu werden. Da es im Grunde unmöglich ist, den Anderen zu ‚beschreiben', weil jedes Schreiben, wie auch jede Wahrnehmung, die Konstruktion einer eigenen Wirklichkeit ist, setze ich den Begriff wie auch hier in Anführungszeichen. Diese Anführungszeichen kennzeichnen meinen gesamten Schreibprozess, den ich hier reflektieren möchte. Ich bin mir der Macht von Sprache bewusst und versuchte daher darauf zu achten, keine allgemeingültigen Aussagen zu formulieren und damit Urteile zu fällen. Die Kinder sind mir als Praktikantin, die einen Bericht schreibt, gewissermaßen ‚ausgeliefert' – auch wenn sie diesen Text nie lesen werden. Diese Macht verursacht bei mir zu Beginn des Schreibens eine Art Lähmung – wenn es nicht möglich ist, jemanden zu ‚beschreiben', warum sollte ich es dann versuchen? Da der Bericht Pflicht ist, lässt sich ein Versuch nicht umgehen. Die vorgesehene Gliederung des Seminarleiters stellt das Gerüst dar und ich folge ihr, weil sie von ‚Außen' nach ‚Innen' geht: Stadtteil, Schule, Klasse, Kinder, Kind, eigene Erfahrungen. Das entspricht meinem Bild vom Kind – es ist immer in seinem System zu sehen, seinem Lebensumfeld, und befindet sich handelnd im Austausch mit seiner Umwelt. Doch auch die Sicherheit dieser Gliederung nimmt mir nicht das Problem der Darstellung.

Ich wähle daher bestimmte Formen von Sprache und Schreiben, um den Zweifel, ob es überhaupt möglich ist, jemanden zu ‚beschreiben', in jeder Formulierung mit auszudrücken. Wenn es um Erlebnisse mit den Kindern oder um Darstellungen ihrer sprachlichen Auffälligkeiten geht, verwende ich die Vergangenheitsform, um sprachlich zu markieren, dass die Formulierungen nicht allgemeingültig sind, sondern die jeweilige, bereits vergangene Situation aus meiner Sicht ausdrücken. Es soll so vermieden werden, dass stigmatisierende Aussagen über die Kinder entstehen, was durch die Präsensform, so denke ich, eher passieren könnte. Beim Verfassen des Individualkonzepts versuche ich, das Problem der Darstellung etwas zu mildern (gelöst werden kann es ja nicht), indem ich zuerst ein Erlebnis mit dem Jungen P. ‚beschreibe', in dem seine Förderbedürfnisse ganz und gar ausgeklammert werden. Durch diese textimmanente Reihenfolge will ich implizit sprachlich markieren, dass P. als Persönlichkeit im Vordergrund steht und seine Auffälligkeit nur eine Facette dieser ist. Der Leser soll eine Idee bekommen, wie P. sich mir gezeigt hat: als Kind dieser Klasse, als Persönlichkeit. Als solche soll er wahrgenommen werden.

Doch schon einen Schritt vorher, zu Beginn der Darstellung des Individualkonzepts, versuche ich explizit mein Problem auszudrücken. Ich betone, dass alles, was im Folgenden über P. geschrieben ist, meine nachträgliche Konstruktion von Wirklichkeit ist. Selbst das Protokoll einer Therapiesituation mit ihm bezeichne ich als konstruiert, denn ich kann die Frage, ob ich alles wahrgenommen habe, was in dem Raum stattfand, nur mit einem klaren ‚Nein' beantworten. Denn ich nahm in der Situation das wahr, was in meinen subjektiven Horizont passte, was mein Gehirn an vorhandene Strukturen adaptieren konnte. So schreibe ich, dass das Geschriebene nicht ‚wirklich' etwas damit zu tun hat, wie P. in der Situation ‚war'. Es ist nur eine Annäherung an das, was gewesen sein könnte und Ausdruck dessen, was ich sah. Diesen Unterschied will ich von Vornherein explizieren, denn der Begriff ‚Protokoll' hat u. a. die Konnotation, eine Mitschrift zu sein und damit gewissermaßen ‚gültig'.

In der Einleitung schließlich, die ich zuletzt schreibe, weise ich auf das Problem der Darstellung und meine Ängste hin – so möchte ich eine Metaebene einführen, die im ganzen Bericht präsent sein soll. Die Reflexion dieser Metaebene hat wiederum in diesem Text stattgefunden (…)." (Auszug aus der Einleitung zum Praktikumsbericht; Pikora 2005).

Diese Ausführungen verdeutlichen, wie sich eine Studierende der Sprachbehindertenpädagogik auf ein Reflexionsniveau von Praxiserfahrungen einstellt, das ihrem entwickelten Bildungsanliegen entspricht. Der Text zeigt dabei einen hohen Grad der Reflexion und stellt sich ausdrücklich der schwierigen Aufgabe, sprachlich und inhaltlich angemessen darzustellen.

5.3 Sprachbehindertenpädagogik, Bachelor- und Master-Studiengänge

Mit diesem Abschnitt richtet sich der Blick auf die Erfordernisse nationaler und internationaler Bildungsbestrebungen und Bildungsentwicklungen. Hier bilden wissenschaftspolitische, bildungspolitische, politische und wirtschaftliche Zusammenhänge einen komplexen Kontext. Die seit gut einem Jahrzehnt intensiv geführten wirtschaftlichen Debatten in Europa berühren spätestens seit 1998/1999 direkt auch die Fragen der Bildungsentwicklung: Europa soll zum dynamischsten Wirtschaftsraum im globalen Wettbewerb werden.

"Europäischer Hochschulbildungsraum"

Hierzu hat bereits ein Prozess begonnen mit dem Ziel, einen "europäischen Hochschulbildungsraum" zu schaffen, der durch europaweit vergleichbare Studienstrukturen gekennzeichnet ist, in denen Studienabschlüsse gegenseitig anerkannt werden und Abschlusszertifikate wie Diplome international lesbar und verständlich sind. Durch die Kompatibilität (Vergleichbarkeit) der Studienstrukturen soll dazu beigetragen werden, die Mobilität von Studierenden und Lehrenden zu erhöhen und damit die Synergieeffekte von Wissenschaft und Forschung, Ausbildung und Bildung international zu nutzen. In zahlreichen Studiengängen ist es bereits sehr einfach möglich, bspw. als Studierender der Universität Hamburg an einer anderen europäischen Hochschule Teile des Studiums zu absolvieren. Dafür werden die Studiengänge "modularisiert", d. h. in Form von Modulen neu geordnet, mit einem Bewertungssystem nach *credit points* (Leistungspunkte; das System heißt *European Credits Transfer System*) ausgestattet und in grenzüberschreitenden Evaluationsverfahren bewertet.

Grundgedanke ist auch die tragende Funktion der wissensbasierten Ökonomie, also der großen Bedeutung von Bildung und Wissenschaft für die internationale wirtschaftliche Entwicklung. Deshalb soll auch die Abstimmung zwischen den Hochschulen und dem Arbeitsmarkt intensiviert und programmatisch gefördert werden.

"Bologna-Prozess"

Mit der Unterzeichnung der Bologna-Erklärung (1999) wurde dieser Prozess ins Leben gerufen (nach dem Tagungsort heißt er "Bologna-Prozess"). Die Zielsetzung des Bologna-Prozesses wurde von den europäischen Regierungschefs mit der "Lissabon-Strategie" festgelegt. Auf verschiedenen Konferenzen, unter anderem 2003 in Berlin, 2005 in Bergen, wurde bzw. wird jeweils Bilanz gezogen (Sommer 2000).

Heterogenität in den Formen

Sechs Jahre nach Verständigung auf das Ziel eines einheitlichen europäischen Hochschulbildungsraums wird in Deutschland bilanziert, dass sich vor allem die Einführung des Studiensystems von Bachelor und Master schwierig gestaltet. Zwar existieren mittlerweile bereits relativ hohe „Bologna-Zahlen" an Fachhochschulen und Universitäten. Insgesamt gesehen sind jedoch erst wenige Prozent der Studierenden unterwegs zu einem BA-/MA-Abschluss. Auch die einzelnen Fächer unterscheiden sich gewaltig: In den Naturwissenschaften setzte die Umstellung zügig ein, während sich in den Studiengängen mit dem Abschluss Staatsexamen bisher nur wenig getan hat. Europaweit gesehen hat Deutschland (hinter Norwegen, Schweden und Frankreich) dennoch einen Platz in der Spitzengruppe (www.dfes.gov.uk/bologna; siehe auch Bologna-Bericht 2004 der Bundesregierung).

BA und MA

Auch in den bundesdeutschen sonderpädagogischen Studienstätten hat die Arbeit in Ausschüssen und Arbeitsgruppen begonnen und wurde in einigen Bundesländern modellartig bereits zum Abschluss gebracht (z. B. Niedersachsen). Hier sind nun Voraussetzungen geschaffen, um die Studiengänge im BA-/MA-Format zu organisieren. In anderen, vor allem in den süddeutschen Bundesländern, wurde noch gar nicht systematisch damit begonnen, die Neukonzeptionen umzusetzen. Allerdings nimmt derzeit bundesweit die Diskussion über Veränderungen der Lehrerbildung an Radikalität zu. Diese betrifft die Programmatik, auch die Klarheit in den Bildungsstandards und wird deutlich in den länderspezifischen Entwicklungsprozessen und Zielkonflikten (Bastian et al. 2005). Besonders schwer tut sich die Bundesrepublik bei der Umstellung in denjenigen Studiengängen, die bis jetzt mit einem Staatsexamen abschließen. Die Lage ist verwirrend und von Bundesland zu Bundesland sehr verschieden. Während Nordrhein-Westfalen bereits beschlossen hat, ab 2007 nur noch in Bologna-kompatiblen Studien zu immatrikulieren, will Bayern bei Lehrern wie Juristen am Staatsexamen festhalten. Als „Kompromiss" ist ein BA-/MA-System denkbar, an das sich eine Staatsprüfung anschließt. So ist leider durchaus denkbar, dass man künftig in einem Studiengang eher von Hamburg nach Helsinki wechseln kann als von Bundesland zu Bundesland. Hinzu kommt, dass es in der Kultusminister-Konferenz noch völlig unklar ist, ob man „Bologna-Abschlüsse" für schulische Lehrkräfte grundsätzlich befürwortet und welchen Stellenwert ein BA im System der Lehrerbildung haben könnte (vgl. Bastian et al. 2005).

Im Kontext dieser „Einführung in die Sprachbehindertenpädagogik" ist Folgendes zu resümieren: Diejenigen Studierenden, die sich insgesamt für einen sonderpädagogischen Studienschwerpunkt interessieren, sowie diejenigen, die den sonderpädagogischen Studienschwerpunkt *sprachliche Beeinträchtigung* als Fachrichtung wählen (ob in Form des Lehramtsstudiums oder

vorläufiges Resümee

im Sinne des ehemaligen „Diplomstudiengangs") sollten die Diskussionsentwicklung in den einzelnen Bundesländern und in den einzelnen Studienstätten kontinuierlich verfolgen und sorgfältig prüfen. Formal ist die „Angebotspalette" gegenwärtig und auch noch in naher Zukunft sehr heterogen. Sie reicht von Formen relativ verschulter Studienstruktur auf der Grundlage extrem „durchmodularisierter" Studienordnungen bis zu der Option einer erziehungswissenschaftlichen Grundposition.

Bastian et al.(Hrsg.) (2005): Lehrerbildung in der Entwicklung – Blömeke et al. (Hrsg.) (2004): Handbuch Lehrerbildung – Carlsbach/Heitger (Hrsg.) (2005): Der Lehrer – ein (un)möglicher Beruf – Homburg (2004): Die Pädagogik der Sprachtherapie – Koller (2004): Grundbegriffe, Theorien und Methoden der Erziehungswissenschaft – Maihack (2004): ‚Sprachheilpädagogik und Sprachtherapie'

5.4 Zusammenfassung und Ausblick

In diesem abschließenden Kapitel wird ausgeführt, was der erziehungswissenschaftliche Diskurs von der Sprachbehindertenpädagogik erwartet und welche „Angebote" die Sprachbehindertenpädagogik ihrer „Mutterdisziplin" unterbreiten kann. In erster Linie können die Sprachbehindertenpädagogik und die ihr zugeordneten Bezugsdisziplinen das erziehungswissenschaftliche Anliegen befriedigen, ihr Wissen, ihre Erfahrungen und Erkenntnisse über gestörte Entwicklungsverläufe in die Debatte zu bringen. Hierzu gehört, dass ein Bild davon entsteht, was ungestörte Entwicklungsverläufe bedingt, wie also ein Kind üblicherweise und erwartungsgemäß seine Sprache entwickelt. Hierzu sind in Form von Thesen einige Erläuterungen gegeben worden (5.1). Demnach ist es bereits in einem frühen Stadium des Studiums geboten, im Zusammenhang erster Praxiserfahrungen (Praktika) das weite Blickfeld der Praxisreflexion anzuzeigen. Dieses Blickfeld umfasst naturgemäß mehr als die Natur der Sprachstörungen: Es umfasst überdies das weite Feld möglicher und wirkender Bedingungen und ihrer Reflexion, die zur Verursachung oder Aufrechterhaltung von gestörter Sprachentwicklung und damit zur Handlungsveränderung im Bereich Sprache beitragen können. Die Hinführung zu einem solchen Reflexionsfeld kann über das Medium des Praktikumsberichts erfolgen, der in dieser Funktion eine besondere Bedeutung erlangt (5.2). Schließlich bleibt es das wichtige Anliegen der Erziehungswissenschaft, für den europäischen Hochschulbildungsraum auch die Belange der Gruppe der Behinderten und Sprachbehinderten zur Geltung zu bringen. Um diese Belange kenntlich zu machen, wird eine Themenstruktur erziehungswissenschaftlicher Prägung als Orientierungsvorlage genutzt. Dies geschieht unter der Voraussetzung, dass in den bundesdeutschen Studienstätten von Hochschule und Universität eine solche Orientierung überhaupt konzipiert ist.

Diese Einführung in die Sprachbehindertenpädagogik verfolgt das Ziel, die vielseitigen Aspekte des Faches, der diesbezüglichen Studiengänge, der Anforderungen für die Studierenden und Lehrenden in einer Gesamtschau zu erfassen. Hiermit ist auch eine Evaluation der aktuellen Sachverhalte verbunden, die sich nun gleichermaßen an das Buch selbst richten kann: Der hohe Anspruch an das gesetzte Ziel stellt resümierend die Frage, wie das vorliegende Buch „evaluiert" werden kann, worin eine Art „Qualitätssicherung" bestehen könnte. Ausblick

So wird in dieser Einführung zwar eine stattliche Reihe wichtiger Themen der Sprachbehindertenpädagogik angesprochen, aber sie bilden nur eine Auswahl, die man auch anders hätte treffen können. Trotz weiterer Desiderata sollte allerdings gewährleistet sein, dass dieses Buch als *Einführung* in eine fachliche und pädagogische Betrachtungsweise systematisch seine Funktion erfüllt. Dies ist Ausdruck einer Hoffnung.

Zu den Desiderata gehören: Einschlägige Themen der pädagogischen und medizinischen Frühförderung, die hier nur indirekt angesprochen sind, die Verbindung der Integration des Studienschwerpunkts Sprache mit den weiteren Förderschwerpunkten (Prinzipien der Sprachförderung bspw. im Bereich des Schwerpunktes *Lernen, Sehen* oder *Geistige Entwicklung*), Fragestellungen zur *Mehrsprachigkeit,* zur *Fremdsprachendidaktik,* zum weitgreifenden Komplex der *Beratung* in Schule und Sprachtherapie, zum Praxisfeld der *Zusammenarbeit* mit den beteiligten *Familien und Angehörigen,* zur *Entwicklung institutionalisierter Förderung,* zur *Rolle der Berufsverbände* u. a. m.

Diese Themen sind Teile weiter gehender Fragen, für deren Betrachtung diese Einführung in die Sprachbehindertenpädagogik einen grundlegenden Pfad darstellen mag.

Übungsaufgabe

Erörtern Sie *Prinzipien* sprachlicher Entwicklungstheorien als *Leitideen* für die Gestaltung *sprachlicher Bildungsprozesse.* **Aufgabe 30**

Anhang

Musterlösungen

Kapitel 1

Aufgabe 1

Das Bild der „Arzt-Patienten-Beziehung" beinhaltet Prinzipien des „verletzten Organismus" oder der „defekten Maschine" als Leitbilder der Therapie, aus denen die Reflexion des Leidens des Menschen prinzipiell weitgehend ausgeschlossen ist. Eine pädagogische Praxis schließt diese personalen Gegebenheiten immer mit ein.

Aufgabe 2

Aus der Sprachbehindertenpädagogik als erziehungswissenschaftliche Handlungspädagogik bleibt die Abbildung 1 kriterienfern hinsichtlich der Argumente, was konzeptuell und prinzipiell für eine pädagogische Praxis dienen könnte. Die Abbildung 2 enthält Hinweise, wonach sich die Konstituierung der Sprachbehindertenpädagogik *ausschließlich* an die Linguistik bzw. die Sprachwissenschaft bindet. Auch diese Herangehensweise liefert keine *pädagogisch* brauchbaren Argumente, was für die Gestaltung einer pädagogischen Praxis unmittelbar Gültigkeit besitzt. Das dritte Modell schließlich ist in der Lage, die Vielfalt der pädagogischen Aufgabenstellungen im Rahmen sprachbehindertenpädagogischer Praxis abzubilden.

Kapitel 2

Aufgabe 3

Die einzelnen linguistischen Komponenten werden aus analytischen Gründen voneinander einerseits getrennt, für die Realisierung des Sprachgebrauchs durch den Sprecher gehören diese Komponenten andererseits zusammen, weil jede Komponente erst in der Verbindung mit weiteren Komponenten ein Ganzes ergibt (Sprache als System).

Aufgabe 4

Definitionen jeder der genannten linguistische Ebenen finden Sie in den Unterabschnitten zu Kapitel 2.1. Dort finden Sie auch Textbeispiele für jede Betrachtungsebene, die Sie miteinander vergleichen finden können.

Die Psycholinguistik ist einerseits der Psychologie, andererseits der Linguistik verpflichtet. Sie fragt zum einen nach den psychologischen Hintergründen von Sprache, ihren psychischen Dimensionen und Prozessen (z. B. kognitiv, emotional, sozial, motorisch, kommunikativ) und kommt zu Ergebnissen und Hypothesen etwa zu den Themen „Erinnerung" oder „Aufmerksamkeit beim Sprachgebrauch". Zum anderen untersucht sie die formalen Eigenschaften einer Sprache und stellt diese mit den psychologischen Gegebenheiten in einen Zusammenhang.

Aufgabe 5

*Entwicklungs*psycholinguistik ist gleichbedeutend mit der Betrachtung des Entwicklungsgeschehens unter Betonung des Psychologischen und Linguistischen (siehe Psycholinguistik). Für die Bearbeitung sprachpädagogischer Aufgabenstellungen kann die Disziplin der Entwicklungspsycholinguistik deshalb besonders produktiv sein, weil es der sprachpädagogischen Praxis (mit pädagogischen Mitteln) um unterrichtliche und therapeutische Entwicklungsförderung geht, wozu die Entwicklungspsycholinguistik Grundlagenwissen bereit stellt.

Aufgabe 6

Während der Begriff des *sprachlichen Lernens* in seiner sprachpsychologischen Bedeutung *allgemein* die psychologischen Grundlagen dieses Lernens untersucht, ist das sprachliche Lernen in einem pädagogischen Zusammenhang an *individuellen* Entwicklungsfortschritten des Einzelnen interessiert.

Aufgabe 7

In einem interprofessionellen Arbeitszusammenhang hat jede Profession ihre spezifischen Grundlagen zu meistern. In der Therapie bei Kindern mit zerebralen Bewegungsstörungen stellt die physiotherapeutische Fachkraft ihr Wissen und Können bezüglich Haltung und Bewegung zur Verfügung, die sprachtherapeutische Fachkraft ihr Wissen und Können bezüglich Sprache und Sprechen etc. Beide Komplexe müssen in einem engen interprofessionellen Zusammenhang gesehen werden, soll Entwicklungsqualität des Kindes ermöglicht werden.

Aufgabe 8

Primärer Spracherwerb = Muttersprache, bilingualer Erstspracherwerb = Erwerb zweier oder mehrerer Muttersprachen), früher Zweitspracherwerb = Beginn im Alter von drei bis sechs Jahren, Zweit- oder Fremdspracherwerb = durch Unterricht gesteuert oder ungesteuert, Wieder-Erwerb = bei neurologisch bedingtem Verlust von sprachlichen Fähigkeiten (z. B. Sprache bei Aphasie. Wenn sich der Spracherwerbsprozess nicht im Rahmen der als möglich bekannten Abweichungen vollzieht, werden so genannte *spezifische Sprachentwicklungsstörungen* (Leonard 1998) diagnostiziert, was bedeutet, dass spezifische Voraussetzungen beeinträchtigt sind, die die Sprachfähigkeit und den Spracherwerb an sich betreffen (besonders in den Bereichen der Phonologie und der Grammatik).

Aufgabe 9

Kapitel 3

Aufgabe 10   Das Sprachkorpus des Kindes im Beispiel B 12 enthält zwar eine Symptomatik, die kriterial für eine *Sprachentwicklungsverzögerung, Sprachentwicklungsstörung* und *Spezifische Sprachentwicklungsstörung* (SSES) zutrifft. Dadurch, dass
ärztlicherseits beim Kind Mark anlässlich aller regelmäßig durchgeführten
ärztlichen Untersuchungen (U 1 – U 9, Bruggemann 1991) keine sonstigen
Auffälligkeiten neurologischer oder anderer Art bemerkt und erkannt wurden, könnte dies auf eine SSES schließen lassen (Ausschlusskriterien).

Aufgabe 11   Das Konstrukt *Phonologisch-phonetische Entwicklungsstörung* zielt auf Beeinträchtigungen des Sprachgebrauchs im Bereich des phonologischen Systems und
der phonetischen Realisierungsformen. Aussprachestörung beinhaltet dasselbe wie phonologisch-phonetische Entwicklungsstörung, in einem gegebenen
Fall allerdings immer unter Einbezug des phonologischen Systems einschließlich der phonetischen Realisierungsformen. *Stammeln* ist ein seit 1830 (Schultheß) gebräuchlicher, aber völlig veralteter Terminus, ebenso *Dyslalie*. Letztere
Bezeichnung ist (wie Stammeln) gröbst klassifizierend und zudem linguistik-
fern, wird lediglich noch in medizinischen Fachkreisen verwendet.

Aufgabe 12   Die *Pathologiehypothese* betrachtet die sprachlichen Produktionen des Kindes
unter dem Gesichtspunkt ausschließlich der Störung bzw. des Defizits. Die
Konstruktionshypothese dagegen sieht das Kind als Akteur seiner Sprachentwicklung und stellt die Aktivität des Sprache produzierenden kindlichen Sprechers
in den Mittelpunkt. Sie nimmt an, dass dessen Strategien und die ihnen zugrunde liegenden Regelerzeugungsmechanismen diejenigen Bezugspunkte
darstellen, die auch für sprachpädagogische Einflussnahmen (Unterricht, Beratung, Therapie, Diagnostik) die eigentliche Orientierungsgrundlage bilden.

Aufgabe 13   Die Konstrukte der morphologisch-syntaktischen und phonologisch-phonetischen Entwicklungsstörung haben deshalb eine gewisse Verwandtschaft, weil
jedes für sich eine Komponente der Sprachverwendung darstellt, die lediglich aus analytischen Gründen von den anderen Komponenten getrennt werden kann.

Aufgabe 14   Anders als das Phasenmodell nach Clahsen geht das Schichtenmodell nach
Tracy von der Annahme *individueller Spielräume* bei der grammatischen Entwicklung des Kindes aus. Dabei werden so genannte grammatische Meilensteine angenommen (Satzklammer und komplexe Syntax), die das Kind nach
und nach „erreicht". Der *Variantenreichtum* der kindlichen Gebrauchssprache ist aufgrund dieser Spielräume und deshalb aufgrund der Annahme der
Lernerfahrungen des Kindes hoch (sprachliches Lernen). Diese Annahme
ist für die therapeutische und unterrichtliche Förderung der Kinder mit grammatischer Entwicklungsstörung besonders produktiv.

Die verschiedenen Forschungsrichtungen gewinnen dem Forschungsfeld je **Aufgabe 15**
nach beforschtem Gegenstandsbereich verschiedene Sachverhalte ab:

linguistisch: erklärt das Wort durch das Wort; Worterklärungen im Lexikon,
durch Gleichheits- oder Kontrastbeziehung; Summe „semantischer Merkmale"

psychologisch: erklärt das Wort durch den Begriff; durch Rückgriff auf allgemein gebräuchliche Bedeutungsinterpretationen eines Wortes, indem sie Verwendungsarten und Verwendungsrestriktionen von Wörtern und Sätzen in
alltäglichen Sprachgebrauchssituationen bestimmt; bezieht sich auf begriffliche Strukturen oder Repräsentationen, also auf das entsprechende Wissen
und Verstehen, das den Bedeutungen eines „semantischen Feldes" unterliegt.

entwicklungspsychologisch: erklärt Wortentwicklung durch begriffliche Entwicklung, also durch Rückgriff auf die sich entwickelnden begrifflichen
Strukturen oder Repräsentationen

psycholinguistisch: erklärt sprachliches Wortwissen, das netzwerkartig in organisierter Form aktiv gespeichert ist; zu jeder lexikalischen Einheit soll eine
Reihe von Informationen gespeichert sein, die in ihrer Gesamtheit als Lexikoneintrag bezeichnet werden (mentales Lexikon).

Die Betrachtung der *pragmatisch-kommunikativen Ebene* des Sprachgebrauchs **Aufgabe 16**
enthält ausschließlich eine *linguistische* Komponente. Sie behandelt die
menschlichen Kommunikationsformen *abstrakt,* behandelt nicht die konkreten, individuellen, *lebensweltlichen* Existenzformen menschlichen Daseins.
Als solche operiert diese Ebene systematisch auf derselben Ebene wie die
übrigen linguistischen Ebenen.

Aphasie im Kindesalter gehört zu der Gruppe der sprachsystematischen Störun- **Aufgabe 17**
gen (Sprache als System betreffend), weshalb es sich bei der Aphasie um eine
Form neurolinguistischer Beeinträchtigungen handelt.

Ist von verbaler Apraxie oder Dyspraxie im Erwachsenen- oder im Kindesal- **Aufgabe 18**
ter die Rede, dann ist, wie bei Aphasie, immer eine Unterscheidung von Sprache (engl. *language*) und Sprechen (engl. *speech*) beinhaltet. Diese Unterscheidung impliziert eine „Mittelstellung" zwischen zwei Störungsklassifikationen, der Aphasie und Dysarthrophonie. *Sprache* als Verstehen und
Formulieren von Wörtern und Sequenzen von Wörtern ist grammatisch geordnet und steht im Dienst des verbalen Austauschs von Personen über ihre
Gedanken und Gefühle, Ideen und Bedürfnisse. *Sprechen,* das die Wahrnehmung und Produktion von Einzellauten und Lautsequenzen impliziert und
der Ermöglichung dieses sprachlichen Austausches dient, meint diese Realisierung selbst. An eine solche Unterscheidung schließen Darley, Aronson und Brown (1975, 250ff) an und unterscheiden die Sprechapraxie als

„impairment of motor speech programming". Diese äußert sich bei gezielten artikulatorischen Bewegungsabläufen zur Planung und Hervorbringung von Lauten, Lautsequenzen und Wörtern in einer Art spezifischer Suchhandlungen. Mit der Klassifikation dieser Störung der Sprechbewegungskontrolle als *Planungs- und Programmierstörung* ist verbale Sprechapraxie abgegrenzt von Aphasie als *multimodaler Sprachstörung* und von Dysarthrophonie aufgrund geschädigter Innervation der Sprechmuskulatur als *Ausführungsstörung*.

Aufgabe 19

Bei den in Tabelle 10 dargestellten Schädigungshintergründen handelt es sich in Folge um Formen Infantiler Cerebralparese, die die Funktionen von Respiration, Phonation und Artikulation betreffen (können). Infolgedessen sind Formen von Entwicklungsdysarthrophonien zu erwarten.

Aufgabe 20

Wenn man erstens davon ausgeht, dass sich die kindliche Sprache vom frühesten Zeitpunkt an zu entwickeln beginnt, und zweitens, dass eine organische Schädigung wie die LKGS-Fehlbildung von Geburt an existent ist, dann ist anzunehmen, dass diese Veränderung eine Reihe verschiedenster Beeinträchtigungen im Sprachgebrauch und im Sprechen hervorruft.

Aufgabe 21

Neben der psychologischen Lage, in der sich Eltern nach der Geburt eines Kindes mit LKGS-Fehlbildung befinden, stellt vor allem die sprachpädagogische Bedeutung der Eltern bzw. der Erziehungsberechtigten ein hohes Gut der Frühförderung dar: Eltern als didaktisch beste Sprachförderer.

Aufgabe 22

Erscheinungen von Dysgnathien gehen immer einher mit Veränderungen im orofazialen Bereich. Deshalb sind je nach Kompensationsmöglichkeiten in der Regel auch Formen phonetischer Entwicklungsstörungen zu erwarten.

Aufgabe 23

Entsprechend der üblichen Einteilung der Dysphonien oder Stimmstörungen in organisch und funktionell ergeben sich folgende Aufschlüsselungen.

Zu den organischen Dysphonien gehören

– Larynxanomalien (z. B. Asymmetrien des Kehlkopfes)
– Segelbildungen im Larynx (angeboren oder erworben)
– Stimmlippenzysten (z. B. als flüssigkeitsgefüllte Gebilde, ggfs. mit Einschränkung der Atmung)
– Stimmlippenpolypen (an verschiedenen Stellen der Stimmlippe)
– Akute Laryngitis (Kehlkopfentzündung)
– Larynxpapillomatose (Wucherungen im Bereich des Kehlkopfes)
– Stimmlippenparese (Kehlkopflähmung, angeboren oder erworben)
– Intubationsfolgen (Veränderungen im Kehlkopfbereich infolge von Intubation)

– Laryngopharyngealer Reflux (Aufsteigen von Magensäure bis in den Rachen und Kehlkopfbereich)
– Hormonell bedingte Stimmstörungen (bedingt z. B. durch Wachstums- oder Geschlechtshormone)

Zu den funktionellen Dysphonien gehören

– hyperfunktionelle Dysphonien (mechanische Belastung der Stimmlippen, ständig zu hoher Kraftaufwand, unökonomischer Stimmgebrauch)
– hypofunktionelle Dysphonie (Stimmgebrauch mit verminderter Leistungsfähigkeit, z. B. bedingt durch einen unzureichenden Stimmlippenschluss).

Aufgabe 24

Die Lage von mutistisch handelnden Kindern und Jugendlichen ist geprägt von unterschiedlichen Parametern (Spontaneität, Lautstärke, Kreativität von Äußerungen, Familienkonstellation, Sozialsituation etc.), die das Feld des Mutismus als ein Problem beeinträchtigter oder beschädigter *sprachlicher Identität* des einzelnen Kindes kennzeichnen. Deshalb sind in unterrichtliche und sprachtherapeutische Überlegungen pragmatisch-kommunikative Bedingungen einzubeziehen, die didaktisch überlegte Lösungsansätze versprechen.

Aufgabe 25

In dem Beispiel B 24 werden einige Details nicht deutlich gemacht, etwa wann dieser Schüler mit dem Stottern begonnen hat, ob diese Auffälligkeit von weiteren Familienmitgliedern in ihrem Sprachgebrauch gezeigt wurde oder wird.
Der Anforderungsstruktur seitens der Schule, so berichtet der Schüler, hätten seine sprachlich-kommunikativen Redemittel nicht mehr genügt, so dass der Redefluss, der Sprechablauf oder die Sprechgeschwindigkeit gestört worden seien (dies vermutlich unter Bedingungen einer zeitlich langandauernden Belastung).

Kapitel 4

Aufgabe 26

Die gesamten Themenfelder der Kapitel 2 und 3 dienen gleichsam als Hintergrund, um den zentralen Kern einer erziehungswissenschaftlichen resp. sprachbehindertenpädagogischen Reflexion der Praxis durchführen zu können. Bei dieser Betrachtung dienen die bisherigen Überlegungen gewissermaßen als „Trampelpfade", die man gehen muss, um eine konkrete *individuelle* Entwicklungsgefährdung von Menschen mit einer Sprachstörung bzw. Sprachbehinderung in einem allgemeinen Sinne aufzuspüren, zu klassifizieren und hypothetisch einzuordnen. Anders gesagt: Der Kern der Sprachbehindertenpädagogik wird erst dann berührt, verständlich und nachvollziehbar, wenn man sich in Orientierung an den *Prinzipien und Konzepten pädagogischen Handelns* und dem Wesen erziehungswissenschaftlichen Denkens mit der *konkreten* individuellen Lage von Menschen mit einer Sprachstörung oder einer sprachlichen Beeinträchtigung befasst.

Aufgabe 27

Allgemein sind als pädagogische Handlungsprinzipien hauptsächlich vier Ansatzpunkte zu nennen: (1) das Prinzip der Bildsamkeit und Bildungszielbestimmtheit, (2) das Prinzip der Aufforderung zur Selbsttätigkeit, (3) das Prinzip der Überführung kultureller und gesellschaftlicher Determination in pädagogische Determination und (4) das Prinzip der Verbindung pädagogischer Praxis mit allen anderen Praxisformen.

Aufgabe 28

Im vorliegenden Problemzusammenhang wird zwischen den Begriffen Interdisziplinarität und Interprofessionalität genauer differenziert, folglich zwischen Disziplinarität und Professionalität, zwischen spezifisch disziplinärem und spezifisch professionellem Denken. Denn es ist etwas anderes, ob die Fachkraft „je nach Fall" verschiedene Disziplinen bemüht (die eher auf der Konstruktebene zu ihren Urteilen kommen) oder ob verschiedene Berufsvertretungen gemeinsam einen Individualfall rekonstruieren, um eine angemessene Grundlage der Reflexion ihrer pädagogischen Praxis zu erfassen.

Aufgabe 29

KMK bedeutet *Ständige Konferenz der Kultusminister der Länder der Bundesrepublik Deutschland*. Dieses Gremium hat im Februar des Jahres 1998 ihres fünfzigjährigen Bestehens gedacht und damit ihres Wirkens in der bundesdeutschen Bildungs-, Wissenschafts- und Kulturpolitik. In dieser Zeit hat die KMK entsprechend ihrem Selbstverständnis maßgeblich dazu beigetragen (siehe die verschiedenen KMK-Verlautbarungen; Literaturverzeichnis). Mit der Herausgabe der *Empfehlungen zum Förderschwerpunkt Sprache* (2000/1998) wurde 20 Jahre nach ihren Vorgängerempfehlungen, den 1978 erstmals veröffentlichten *Empfehlungen für den Unterricht in der Schule für Sprachbehinderte (Sonderschule)* (KMK 2000/1978), neu festgelegt, wie die Arbeit in den Schulen für Sprachbehinderte zu gestalten ist. Die These „von der institutionellen zur personalen Orientierung" (KMK 2000/1998) drückt aus, dass sich die schulische Arbeit weniger an der Sprachheilschule als Institution als an den Personen, also den Kindern mit sprachlicher Beeinträchtigung, zu orientieren hat.

Kapitel 5

Aufgabe 30

Für Studierende der Sprachbehindertenpädagogik kommt es ganz wesentlich auf die Berücksichtigung eines zentralen Punkts an, nämlich dass sich die Gebrauchsformen von Sprache zeitlebens verändern und sich stets in Entwicklung befinden, auch bis ins Erwachsenenalter. Im Kindesalter ist der Gedanke der Sprachentwicklung so offensichtlich, dass es leicht in Vergessenheit geraten kann, Sprachentwicklung als Form und Herausforderung auch lebenslangen Lernens zu sehen.

Prinzipien der Entwicklungstheorie bilden den Leitsatz für die Gestaltung sprachlicher Bildungsprozesse. Dies trifft auf die didaktische Gestaltung von Situationen unterrichtlicher und sprachtherapeutischer Sprachförderung zu. Als Prinzipien können thesenartig zusammengefasst werden:

(a) Komplexität der Sprachentwicklung,
(b) Selbstorganisation,
(c) Anpassungsentwicklung an Umweltanforderungen,
(d) sprachliches Lernen,
(e) Individualität,
(f) Lebensweltorientierung,
(g) konzeptuelle Beziehung zwischen Sprachdiagnostik und Sprachförderung,
(h) Integriertheit von Sprach- und Handlungsziel,
(i) interdisziplinäre Koordination und interprofessionelle Zusammenarbeit.

Literatur

Abteilung für Behindertenpädagogik, Universität Hamburg (2005): Kompetenz-Bereiche für die 1. Phase der sonderpädagogischen Lehrerbildung – Entwurf der Abteilung für Behindertenpädagogik der Universität Hamburg unter Einbeziehung des Entwurfs professionsspezifischer Kompetenzbereiche von G. Krauthausen, Ausschuss BA/MA, Lehramt des Fachbereichs Erziehungswissenschaft. Stand: 10.02.2005, unveröff., Hamburg

Andersen-Wood, L., Smith, B.R.(1999): Working with Pragmatics. Oxon

Andrä, A., Neumann, H.-J. (1996) (Hrsg.): Lippen-, Kiefer-, Gaumenspalten: Entstehung, Klinik, Behandlungskonzepte. Reinbek

Arentsschild, O. von (1982): Sprach- und Sprechstörungen. In: Biesalski, P., Frank, F. (Hrsg.): Phoniatrie – Pädaudiologie. Stuttgart, 114–192

Bahr, R. (1996): Schweigende Kinder verstehen. Kommunikation und Bewältigung beim elektiven Mutismus. Heidelberg
–   (1998): (S)Elektiver Mutismus: Eine systemische Perspektive für Therapie und Beratung. Die Sprachheilarbeit 43, 28–36

Balters, W. (1973): Die Bedeutung der ‚Mund-Raumfunktion‘ bei der Gestaltung und Erhaltung des Gebisses (Vortrag Hannover 1960). In: Herrmann, C. (Hrsg.): Herrn Prof. Dr. Dr. Wilhelm Balters zum 80. Geburtstag. In Dankbarkeit und Verehrung seine Schüler. Heidelberg, 22–29

Bastian, J., Keuffer, J., Lehberger, R. (2005): Lehrerbildung in der Entwicklung. Eine Einführung. In: Bastian, J., Keuffer, J., Lehberger, R. (Hrsg.): Lehrerbildung in der Entwicklung. Das Bachelor-Master-System: Modelle – Kritische Hinweise – Erfahrungen. Weinheim, 7–15

Bates, E., Thal, D., Whitesell, K., Fenson, L., Oakes, L. (1989): Integrating Language and Gesture in Infancy. Developmental Psychology 25, 1004–1019

Baumgartner, S. (1994): Wenn Ihr Schüler stottert… Ein Ratgeber für Lehrer. 4. Aufl. Köln
–   (2002): Sprechflüssigkeit. In: Baumgartner, Füssenich (Hrsg.): 162–255
–   (2004a): Die frühe Pädagogisierung der Sprachheilpädagogik. In: Baumgartner, S., Dannenbauer, F. M., Homburg, G., Maihack, V. (Hrsg.): Standort: Sprachheilpädagogik. Dortmund, 15–65
–   (2004b): Pädagogisierung als Beitrag zur fachlichen Identität der Sprachheilpädagogik. In: Grohnfeldt, M. (Hrsg.): Lehrbuch der Sprachheilpädagogik und Logopädie. Bd. 5: Bildung, Erziehung und Unterricht. Stuttgart, 53–68
–, Dannenbauer, F. M., Homburg, G., Maihack, V. (2004): Standort: Sprachheilpädagogik. Dortmund
–, Füssenich, I. (2002) (Hrsg.): Sprachtherapie mit Kindern. Grundlagen und Verfahren. 5. Aufl. München

Becker, K.-P., Sovák, M. (1975): Lehrbuch der Logopädie. 2. Aufl. Köln

Bellebaum, A. (1992): Schweigen und Verschweigen. Bedeutungen und Erscheinungsvielfalt einer Kommunikationsform. Opladen

Benner, D. (1991): Hauptströmungen der Erziehungswissenschaft. Eine Systematik traditioneller und moderner Theorien. 3. Aufl. Weinheim

Berésin, F.M. (1980): Geschichte der sprachwissenschaftlichen Theorien. Russ. Orig. 1975. Leipzig

Bernhardt, B. H., Stemberger, J. P. (1998) (Eds.): Handbook of Phonological Development: From the Perspective of Constraint-Based Nonlinear Phonology. San Diego

Bindel, R. (1987): Stottern als dialogische Fehlentwicklung. Göttingen
– (1992): Stottern als Redeabstimmungsstörung. In: Grohnfeldt, M. (Hrsg.): Handbuch der Sprachtherapie. Bd. 5: Störungen der Redefähigkeit. Berlin, 348–358

Blanken, G., Dittmann, J., Grimm, H., Marshall, J. C., Wallesch, C.-W. (1993) (Hrsg.): Linguistic Disorders and Pathologies. Berlin

Bleidick, U., Rath, W., Schuck, K. D. (1995): Die Empfehlungen der Kultusministerkonferenz zur sonderpädagogischen Förderung in den Schulen der Bundesrepublik Deutschland. Zeitschrift für Pädagogik 41, 247–264

Bliesener, B. (2003): Manchmal muss man eben springen und sich auf dem Weg nach unten Flügel wachsen lassen. mitSprache 35, 45–51

Blömeke, S., Reinhold, P., Tulodziecki, G., Wildt, J. (2004) (Hrsg.): Handbuch Lehrerbildung. Düsseldorf

Böhme, G. (1976): Hör- und Sprachstörungen bei Mehrfachschädigungen im Kindesalter. Stuttgart
– (1983): Klinik der Sprach-, Sprech- und Stimmstörungen. 2. Aufl. Stuttgart

Boor, H. de, Moser, H., Winkler, C. (1969) (Hrsg.): Siebs. Deutsche Aussprache. Reine und gemäßigte Hochlautung mit Aussprachewörterbuch. Berlin

Braun, O. (1980): Das Verhältnis von Theorie und Praxis in der Sprachbehindertenpädagogik, dargestellt am sprachtherapeutischen Unterricht der Schule für Sprachbehinderte. Die Sprachheilarbeit 25, 135–142
– (1991): Allgemeiner Überblick über verschiedene Interventionsansätze zur Sprachförderung und Sprachtherapie im Bereich der Semantik. In: Grohnfeldt, M. (Hrsg.): Handbuch der Sprachtherapie. Bd. 3: Störungen der Semantik. Berlin, 87–109
– (1997): Der pädagogisch-therapeutische Umgang mit stotternden Kindern und Jugendlichen. Eine historisch-systematische Studie. Berlin

Broich, R. P. (1980): Die schulische Karriere eines elektiv mutistischen Mädchens. Die Sprachheilarbeit 25, 143–146

Bronckart, J.-P., Sinclair, H. (1978): Genfer Untersuchungen zur genetischen Psycholinguistik. In: Steiner, G. (Hrsg.): Kindlers Psychologie des 20. Jahrhunderts, Bd. VII. Zürich, 975–991

Bruggemann, H. J. (1991): Vorsorgeuntersuchungen im Kindesalter (U 1– U 9). Stuttgart

Bruner, J. S. (1978): The Role of Dialogue in Language Acquisition. In: Sinclair, A., Jarvella, R. J., Levelt, W. J. M. (Eds.): The Child's Conception of Language. Berlin, 241–256
– (1987): Wie das Kind sprechen lernt. Amerik. Orig. 1983. Bern

Burns, Y. R., MacDonald, J. (1999): Arbeitsfeld Pädiatrie. Physiotherapie mit Kindern und Jugendlichen. Engl. Orig. 1996. Stuttgart

Butzkamm, W. (1989): Psycholinguistik des Fremdsprachenunterrichts. Tübingen

Carey, S. (1978): The Child as Word Learner. In: Halle, M., Bresnan, J., Miller, G. A. (Eds.): Linguistic Theory and Psychological Reality. Cambridge, Mass., 264–293

Chomsky, N. (1978): Aspekte der Syntax-Theorie. 2. Aufl. Amerik. Orig. 1957. Frankfurt/M.
– (1981): Lectures on Government and Binding. Dordrecht
Clahsen, H. (1982): Spracherwerb in der Kindheit. Eine Untersuchung zur Entwicklung der Syntax bei Kleinkindern. Tübingen
– (1984): Linguistische Aspekte der Spontansprachdiagnostik im Frühbereich. Sprache – Stimme – Gehör 8, 38–43
– (1986): Die Profilanalyse. Ein linguistisches Verfahren für die Sprachdiagnose im Vorschulalter. Berlin
– (1987): Die Profilanalyse. Eine kurze Darstellung des Verfahrens. In: Deutsche Gesellschaft für Sprachheilpädagogik (dgs) e. V. – LG Rheinland (Hrsg.): Spracherwerb und Spracherwerbsstörungen. Hamburg, 22–30
– (1988): Normale und gestörte Kindersprache. Amsterdam
– (1989): Grammatiken für die gestörte Kindersprache – Zur Aufgabe der Profilanalyse bei der Sprachdiagnose. Sprache – Stimme – Gehör 13, 176–184
– (1990a): Die Untersuchung des Spracherwerbs in der generativen Grammatik. Eine Bemerkung zum Verhältnis von Sprachtheorie und Psycholinguistik. Der Deutschunterricht 5, 8–18
– (1990b): Die Untersuchung des Spracherwerbs in der generativen Grammatik. Einige Bemerkungen zum Verhältnis von Sprachtheorie und Psycholinguistik. Der Deutschunterricht 42, 8–18
– (1991): Die Untersuchung des Spracherwerbs in der Grammatik. Einige Bemerkungen zum Verhältnis von Sprachtheorie und Psycholinguistik. In: Grohnfeldt, M. (Hrsg.): Handbuch der Sprachtherapie. Bd. 4: Störungen der Grammatik. Berlin, 40–53
– (1996): Generative Perspectives on Language Acquisition. Amsterdam
–, Hansen, D. (1991): COPROF – Ein linguistisches Untersuchungsverfahren für die sprachdiagnostische Praxis. Köln
–, Mohnhaus, B. (1985): Die Profilanalyse – Einsatzmöglichkeiten und erste Ergebnisse. In: Füssenich, I., Gläß, B. (Hrsg.): Dysgrammatismus. Theoretische und praktische Probleme bei der interdisziplinären Beschreibung gestörter Kindersprache. Heidelberg, 76–97
Clausnitzer, R. (1997): Kieferorthopädische Grundlagen der Sprach- und Sprechtherapie. In: Clausnitzer, V., Clausnitzer, R. (Hrsg.): Logopädie für Studierende und Praktiker. Heidelberg, 211–276
–, Clausnitzer, V. (1989a): Sprechfunktion, Zahn- und Kieferstellung sowie Weichteilfunktion. Einige für den Sprachheilpädagogen wichtige theoretische Grundgedanken. Der Sprachheilpädagoge 21, 1–6
– (1989b): Häufigkeit der Sigmatismen bei den verschiedenen Dysgnathien. Die Quintessenz 40, 1853–1858
– (1991): Zusammenhänge zwischen Sigmatismen, fehlerhaftem Schluckmodus und Zahn- und Kieferstellungsanomalien. Die Sprachheilarbeit 36, 14–17
Combe, A., Helsper, W. (1997) (Hrsg.): Pädagogische Professionalität. Untersuchungen zum Typus pädagogischen Handelns. 2. Aufl. Frankfurt/M.
Cook, J. A. (1997): Play Therapy for Selective Mutism. In: Kaduson, H. G., Cangelosi, D. M., Schaefer, C. E. (Eds.): The Playing Cure. Individualized Play Therapy for Specific Childhood Problems. Northvale/N.Y., 83–115

Crickmay, M. C. (1994): Sprachtherapie bei Kindern mit zerebralen Bewegungsstörungen auf der Grundlage der Behandlung nach Bobath. 6. Aufl. Amerik. Orig. 1967. Berlin

Crystal, D. (1995): Die Cambridge-Enzyklopädie der Sprache. Engl. Orig. 1987. Frankfurt/M.

Dannenbauer, F. M. (1983): Der Entwicklungsdysgrammatismus als spezifische Ausprägungsform der Entwicklungsdysphasie. Historische, sprachheilkundliche und sprachpsychologische Perspektiven. Birkach
– (1997): Mentales Lexikon und Wortfindungsprobleme bei Kindern. Die Sprachheilarbeit 42, 14–21
– (1999): Auf der Suche nach der verbalen Entwicklungsdyspraxie. Die Sprachheilarbeit 44, 136–150
– (2000 a): Sprachwissenschaftliche Grundlagen. In: Grohnfeldt, M. (Hrsg.): Lehrbuch der Sprachheilpädagogik und Logopädie. Bd. 1: Selbstverständnis und theoretische Grundlagen. Stuttgart, 116–168
– (2000 b): Probleme der Differenzialdiagnose von verbaler Entwicklungsdyspraxie. Der Sprachheilpädagoge 32, 1–18
– (2002): Grammatik. In: Baumgartner, Füssenich (Hrsg.): 105–161

Darley, F., Aronson, A., Brown, J. (1975): Motor Speech Disorders. Philadelphia

Demske, U. (2002): Sprachwandel. In: Meibauer, J., Demske, U., Geilfuß-Wolfgang, J., Pafel, J., Ramers, K. H., Rothweiler, M., Steinbach, M. (Hrsg.): Einführung in die germanistische Linguistik. Stuttgart, 294–338

Deuster, C. von (1984): Dysarthrie. In: Pascher, W., Bauer, H. (Hrsg.): Differentialdiagnose von Sprache, Stimme und Gehör. Stuttgart, 298–317

Deutsch, W., El Mogharbel, C. (in Vorb.): Thema Sprachentwicklung: Ein einführender Rundblick. In: Schöler, Welling (Hrsg.)

Dewe, B., Ferchhoff, W., Radtke, F.-O. (1992) (Hrsg.): Erziehen als Profession. Zur Logik professionellen Handelns in pädagogischen Feldern. Opladen

Dieckmann, O. (1996): Sprachentwicklung bei Lippen-, Kiefer-, Gaumenspalten aus sprachheilpädagogischer Sicht. In: Andrä, A., Neumann, H.-J. (Hrsg.): Lippen-, Kiefer-, Gaumenspalten: Entstehung – Klinik – Behandlungskonzepte. Reinbek, 253–279

Dijkstra, T., Kempen, G. (1993): Einführung in die Psycholinguistik. Bern

Dittmann, J., Tesak, J. (1993): Neurolinguistik. Heidelberg

Drave, W., Rumpler, F., Wachtel, P. (2000) (Hrsg.): Empfehlungen zur sonderpädagogischen Förderung. Allgemeine Grundlagen und Förderschwerpunkte (KMK) mit Kommentaren. Würzburg

Düweke, P. (2001): Kleine Geschichte der Hirnforschung. Von Descartes bis Eccles. München

Dummit, E. S., Klein, R. G., Tancer, N. K., Asche, B., Martin, J., Fairbanks, J. A. (1997): Systematic Assessment of 50 Children with Selective Mutism. Journal of the American Academy of Child and Adolescent Psychiatry 36, 653–660

Dupuis, G. (2000): Sprachbehinderungen. In: Borchert, J. (Hrsg.): Handbuch der Sonderpädagogischen Psychologie. Göttingen, 883–894

El Mogharbel, C., Deutsch, W. (in Vorb.): Pragmatik: Sprachentwicklung im Kontext sozialen Handelns. In: Schöler, Welling, (Hrsg.)

Ender, F. (1994): Sprache und Gehirn. Darstellung und Untersuchung der linguistischen Aspekte des Verhältnisses von Sprache und Gehirn unter besonderer Berücksichtigung der Hemisphären- und Zeichenasymmetrien. München

Engelhardt, D. von (2001): Das Bild des Arztes in medizinhistorischer Sicht. In: Huth, K. (Hrsg.): Arzt – Patient. Zur Geschichte und Bedeutung einer Beziehung. Tübingen, 31–47

Ferrari, A. (1998): Infantile Zerebralparese: Einige Überlegungen zum Problem der Klassifikation. In: Ferrari, A., Cioni, G. (Hrsg.): Infantile Zerebralparese. Berlin, 45–72

–, Cioni, G. (1998) (Hrsg.): Infantile Zerebralparese. Spontaner Verlauf und Orientierungshilfen für die Rehabilitation. Berlin

–, Lodesani, M., Muzzini, S. (1998): Formen der infantilen Zerebralparese. In: Ferrari, A., Cioni, G. (Hrsg.): Infantile Zerebralparese. Berlin, 15–32

Fiedler, P., Standop, R. (1994): Stottern. Ätiologie, Diagnose, Behandlung. 4. Aufl. Weinheim

Fiehler, R. (1990): Kommunikation, Information und Sprache. Alltagsweltliche und wissenschaftliche Konzeptualisierungen und der Kampf um die Begriffe. In: Weingarten, R. (Hrsg.): Information ohne Kommunikation? Die Loslösung der Sprache vom Sprecher. Frankfurt/M., 99–128

Forst, B. (2004): Qualitätsentwicklung bei der Vereinigung der Bobath-Therapeuten Deutschlands e. V. Krankengymnastik – Zeitschrift für Physiotherapeuten 56, 2122–2125

Fox, A. V. (2002): Psycholinguistische Analyse kindlicher Sprechstörungen: PLAKSS (Manual). Frankfurt/M.

– (2003): Kindliche Aussprachestörungen: Phonologischer Erwerb, Differenzialdiagnostik, Therapie. Idstein

–, Dodd, B. J. (1999): Der Erwerb des phonologischen Systems in der deutschen Sprache. Sprache – Stimme – Gehör 23, 183–191

Frank, G., Grziwotz, P. (1978): Dysgrammatiker-Prüfmaterial (hrsg. vom Sprachheilzentrum Ravensburg). Ravensburg

Franke, U. (2001): Artikulationstherapie bei Vorschulkindern. Diagnostik und Didaktik. 6. Aufl. München

Fränz, P., Schulz-Hardt, J. (1998): Zur Geschichte der Kultusministerkonferenz 1948–1998. In: Sekretariat der Ständigen Konferenz der Kultusminister der Länder in der BRD (Hrsg.): Einheit der Vielfalt: 50 Jahre Kultusministerkonferenz 1948–1998. Neuwied, 177–227

Friederici, A. D. (1984): Neuropsychologie der Sprache. Stuttgart

–, Hahne, A. (2000): Neurokognitive Aspekte der Sprachentwicklung. In: Grimm, H. (Hrsg.): Sprachentwicklung. Göttingen, 273–310

Frischauf, H. F., Kregcjk, K. (1985): Stellungsanomalien der Zähne und Bisslageanomalien. Der Sprachheilpädagoge 17, 52–76

Froeschels, E. (1952): Dysarthric Speech (Speech in Cerebral-Palsy). Magnolia/Mass.

Fröschels, E. (1913): Lehrbuch der Sprachheilkunde (Logopädie) für Ärzte, Pädagogen und Studierende. Leipzig

– (1925): Psychologie der Sprache. Wien

Fromm, W., Schöler, H., Scherer, C. (1998): Jedes vierte Kind sprachgestört? Definition, Verbreitung, Erscheinungsbild, Entwicklungsbedingungen und -voraussetzungen der Spezifischen Sprachentwicklungsstörung. In: Schöler, H., Fromm, W., Kany, W. (Hrsg.): Spezifische Sprachentwicklungsstörung und Sprachlernen. Heidelberg, 21–63

Furth, H. G. (1976): Intelligenz und Erkennen. Die Grundlagen der genetischen Erkenntnistheorie Jean Piagets. Frankfurt/M.

Füssenich, I. (1983): Der neue Terminus: Pragmatik, linguistische. Sonderpädagogik 2, 93–95

– (1987): Gestörte Kindersprache aus interaktionistischer Sicht. Fragestellungen, methodische Überlegungen und pädagogische Konsequenzen. Heidelberg

– (1990): ‚Ich weiß nicht, was soll es bedeuten!‘ Analyse kindlicher Äußerungen in der Interaktion. Die Sprachheilarbeit 35, 56–63

– (1992): ‚Du hab zwei mal mir gefragt mal!‘ (Andreas 5;10 Jahre) – Zum Zusammenhang von Kognition, Pragmatik und Grammatik bei der Beschreibung von gestörter Kindersprache. Der Sprachheilpädagoge 24, 1–11

– (1997): Semantik. In: Baumgartner, S., Füssenich, I. (Hrsg.): Sprachtherapie mit Kindern. 3. Aufl. München, 80–122

– (2002): Semantik. In: Baumgartner, Füssenich (Hrsg.): 63–104

–, Heidtmann, H. (1984a) (Hrsg.): Kommunikation trotz ‚Sprachstörungen‘ (Osnabrücker Beiträge zur Sprachtheorie [OBST], Beiheft 8). Osnabrück

– (1984b): Der Einfluß der linguistischen Pragmatik auf die Beschreibung gestörter Kindersprache und ihre Bedeutung für die Frühförderung (Vortrag am 23. November 1994 bei der Dozentenkonferenz der Sprachbehindertenpädagogen in Esslingen; unveröff.). Esslingen

– (1995): Formate und Korrekturen als zentrale Elemente in der Sprachtherapie: Das Beispiel Mirco. In: Wagner, K. R. (Hrsg.): Sprechhandlungs-Erwerb. Essen, 102–122

Gabka, J. (1964): Hasenscharten und Wolfsrachen. Entstehung, Behandlung und Operationsverfahren. 2. Aufl. Berlin

Giddan, J. J., Ross, G. J., Sechler, L. L., Becker, B. R. (1997): Selective Mutism in Elementary Schools: Multidisciplinary Interventions. Language, Speech, and Hearing Services in Schools 28, 127–133

Giel, B. (in Vorb.): Entwicklungsdysarthrophonie. In: Schöler, Welling (Hrsg.)

–, Korbmacher, H. (in Vorb.): Dysgnathien und orofaziale Dysfunktionen. In: Schöler, Welling (Hrsg.)

Glasson, Ch. (1984): Speech Timing in Children with History of Phonological-Phonetic Disorders. Seminars in Speech and Language 5, 85–95

Gleitman, L. R. (1990): The Structural Sources of Verb Meanings. Language Acquisition 1, 3–55

Glück, C. W. (1999): Wortfindungsstörungen von Kindern in kognitionspsychologischer Perspektive. Der Sprachheilpädagoge 31, 1–27

– (2000): Kindliche Wortfindungsstörungen. Ein Bericht des aktuellen Erkenntnisstandes zu Grundlagen, Diagnostik und Therapie. 2. Aufl. Frankfurt/M.

–   (2003): Semantisch-lexikalische Störungen bei Kindern und Jugendlichen. In: Grohnfeldt, M. (Hrsg.): Lehrbuch der Sprachheilpädagogik und Logopädie. Bd. 4: Beratung, Therapie und Rehabilitation. Stuttgart, 178 –184

Göllnitz, G. (1992): Neuropsychiatrie des Jugendalters. 5. Aufl. Stuttgart

Göttert, K.-H. (1998): Geschichte der Stimme. München

Gopnik, A., Kuhl, P., Meltzoff, A. (2000): Forschergeist in Windeln. Wie Ihr Kind die Welt begreift. Kreuzlingen

Gracco, V. L. (1991): Sensorimotor Mechanisms in Speech Motor Control. In: Peters, H. F. M., Hulstijn, W., Starkweather, C. M. (Eds.): Speech Motor Control and Stuttering. New York, 53–76

Graf-Pinthus, B., Campiche, M. (1994): Die Suche nach einem holistischen Behandlungskonzept bei Lippen-Kiefer-Gaumen-Spalten. In: Freiesleben, D., Helms, P. (Hrsg.): Myofunktionelle Therapie bei orofacialen Dyskinesien: Kongreßberichte. Frankfurt/M., 58–66

Graichen, J. (1985): Neuropsychologische Differenzierung des Dysgrammatismus durch artikulatorische Regelprogramme. In: Deutsche Gesellschaft für Sprachheilpädagogik (dgs) e. V. – LG Baden-Würtemberg (Hrsg.): Zentral bedingte Kommunikationsstörungen: Ursachen und Therapie von Dysgrammatismus, Aphasie, Dysphasie. Hamburg, 75–86

–   (1989): Neuropsychologische Perspektiven. In: Grohnfeldt, M. (Hrsg.): Handbuch der Sprachtherapie. Bd. 1: Grundlagen der Sprachtherapie. Berlin, 113–134

Grewendorf, G. (1991): Aspekte der deutschen Syntax. Eine Rektions-Bindungs-Analyse. 2. Aufl. Tübingen

Grice, H. P. (1975): Logic and Conversation. In: Cole, P., Morgan, J. L. (Eds.): Speech Acts. New York, 41–58

Grimm, H. (1976): Entwicklungspsycholinguistische Forschung in der BRD: Stand und Perspektive. Psychologische Rundschau 27, 248–264

–   (1987): Biologische Grundlagen des Spracherwerbs. Der Kinderarzt 18, 1699–1704

–   (1990): Lippen-Kiefer-Gaumenspalten. In: Grimm, G., Schwenzer, N. (Hrsg.): Zahn-Mund-Kieferheilkunde. Bd. 2. Spezielle Chirurgie. 2. Aufl. Stuttgart, 382–423

–   (1995 a): Sprachentwicklung allgemein theoretisch und differentiell betrachtet. In: Oerter, R., Montada, L. (Hrsg.): Entwicklungspsychologie. 3. vollst. überarb. Aufl. Weinheim, 705–757

–   (1997): Prävention von Sprachentwicklungsstörungen. In: Franke, U. (Hrsg.): Prävention von Kommunikationsstörungen. Stuttgart, 48–56

–   (1999): Störungen der Sprachentwicklung. Göttingen

–   (2000 a) (Hrsg.): Sprachentwicklung. Göttingen

–   (2000 b): Entwicklungsdysphasie: Kinder mit spezifischer Sprachstörung. In: Grimm, H. (Hrsg.): Sprachentwicklung. Göttingen, 603–640

–   (2003): Frühe Diagnose sprachlicher Entwicklungsstörungen: Was wird warum untersucht? In: Langen-Müller, U. de, Iven, C., Maihack, V. (Hrsg.): Früh genug, zu früh, zu spät? Modell und Methoden zur Diagnostik und Therapie sprachlicher Entwicklungsstörungen von 0 bis 4 Jahren. Köln, 75–99

–, Doil, H., Müller, C., Wilde, S. (1996): Elternfragebogen für die differentielle Erfassung früher sprachlicher Fähigkeiten. Sprache & Kognition 15, 32–45

Grohnfeldt, M. (1991) (Hrsg.): Handbuch der Sprachtherapie. Bd. 4: Störungen der Grammatik. Berlin

– (1996): Merkmale der pädagogischen Sprachtherapie. In: Grohnfeldt, M. (Hrsg.): Handbuch der Sprachtherapie. Bd. 1: Grundlagen der Sprachtherapie. 2. Aufl. Berlin, 13–31

Gruber, H. E., Vonèche, J. J. (1995) (Eds.): The Essential Piaget: An Interpretative Reference and Guide. Orig. publ. 1977. New York

Gundermann, H. (1979): Diagnostik und Therapie von Stimmstörungen. Sprache – Stimme – Gehör 3, 174–179

– (1991): Heiserkeit und Stimmschwäche. Ein Leitfaden zur Selbsthilfe, wenn die Stimme versagt. 3. Aufl. Stuttgart

Gutzmann, H. (1888): Das Stottern und seine gründliche Beseitigung durch ein methodisch und praktisch erprobtes Verfahren. 2. Aufl., 1. Aufl. 1879. Berlin

– (1906): Zur Psychologie und Pathologie der Atmung. Berlin

– (1911): Die dysarthrischen Sprachstörungen. Wien

– (1924): Sprachheilkunde: Vorlesungen über die Störungen der Sprache mit besonderer Berücksichtigung der Therapie. 2. Aufl., 1. Aufl. 1912. Berlin

Habermann, G. (1991): Stimme und Sprache. Eine Einführung in die Physiologie und Hygiene. 2. Aufl. Stuttgart

Hacker, D., Weiß, K. H. (1986): Zur phonemischen Struktur funktioneller Dyslalien. Oldenburg

–, Wilgermein, H. (2001) (Hrsg.): Aussprachestörungen bei Kindern. Ein Arbeitsbuch für Logopäden und Sprachtherapeuten. 2. Aufl. München

–, – (2002a): Aussprachestörungen (Phonetik, Phonologie). In: Grohnfeldt, M. (Hrsg.): Lehrbuch der Sprachheilpädagogik und Logopädie. Bd. 3: Diagnostik, Prävention und Evaluation. Stuttgart, 148–159

–, – (2002b): AVAK-Test. Analyseverfahren zu Aussprachestörungen bei Kindern. 2. Aufl. München

–, – (2003) (Hrsg.): Bilderbuch zum AVAK-Test. München

Häring, M., Schakib-Ekbatan, K., Schöler, H. (1997): Zur Diagnostik und Differentialdiagnostik von Sprachentwicklungsauffälligkeiten. Die Sprachheilarbeit 42, 221–229

Hagberg, B. (1973): Klinische Syndrome bei Cerebralparese: Eine umfassende neuropädiatrische Studie. Monatsschrift Kinderheilkunde 121, 259–264

Hahn, V., Hahn, H. (2003): Myofunktionelle Störungen. Beratung – Therapie – Rehabilitation. In: Grohnfeldt, M. (Hrsg.): Lehrbuch der Sprachheilpädagogik und Logopädie. Bd. 4: Beratung, Therapie und Rehabilitation. Stuttgart, 350–359

Hamann, B. (1994): Theorie pädagogischen Handelns. Strukturen und Formen erzieherischer Einflußnahme. Donauwörth

Hansen, B., Iven, C. (1992): Stottern bei Kindern im (Vor-) Schulalter. Dynamische Prozesse und individualisierte Sichtweisen in Diagnostik und Therapie. Die Sprachheilarbeit 37, 240–267

– (2002): Stottern und Sprechflüssigkeit. Sprach- und Kommunikations-
therapie mit unflüssig sprechenden (Vor-)Schulkindern. München
Hansen, D. (1994): Zur Wirksamkeit und Effizienz einer psycholinguistisch
begründeten Methode der Sprachtherapie bei kindlichem Dysgramma-
tismus. In: Sprache – Stimme – Gehör 18, 29–37
– (1996): Sprachtherapie und Dysgrammatismus. Grundlagen, Diagnostik
und Therapie. München
Heinemann, M., Höpfner, C. (1992): Screening-Verfahren zur Erfassung von
Sprachentwicklungsverzögerungen (SEV) im Alter von 3 bis 4 Jahren bei
der U 8. Der Kinderarzt 23, 1635–1639
Herzog, W. (1984): Modell und Theorie in der Psychologie. Göttingen
Hickmann, M. (2000): Pragmatische Entwicklung. In: Grimm, H. (Hrsg.):
Sprachentwicklung. Göttingen, 195–227
Hirsh-Pasek, K., Golinkoff, R.M. (1996): The Origins of Grammar. Evidence
from Early Language Comprehension. Cambridge
Hixon, T. J., Hardy, J. C. (1964): Restricted Motility of the Speech Articula-
tors in Cerebral Palsy. Journal of Speech and Hearing Research 29, 293
–306
Hochmuth, M. (1975): Früherziehung von Spaltkindern unter besonderer
Berücksichtigung der Spracherziehung. Untersuchungen zu speziellen
Inhalten, Methoden und Organisationsformen einer rehabilitations-
pädagogischen Früherziehung zwei- bis fünfjähriger Spaltkinder (unveröff. Dissertation der Humboldt-Universität Berlin). Berlin
Hodson, B. (1980): The Assessment of Phonological Processes. Danville
Hoehne, R. (1998): Zum Wandel des Bobath-Konzepts. Bewegung und Entwicklung 21, 26–30
– (2004): Evidenzbasierte Medizin und Lebensqualität – Widerspruch oder
erfüllbarer Wunsch? Krankengymnastik – Zeitschrift für Physiotherapeuten 56, 2062–2063
Hoff-Ginsberg, E. (2000): Soziale Umwelt und Sprachlernen. In: Grimm, H.
(Hrsg.): Sprachentwicklung. Göttingen, 463–494
Homburg, G. (2004): Die Pädagogik der Sprachtherapie. Ein Beitrag zur Begründung einer Sprachtherapiewissenschaft. In: Baumgartner, S., Dannenbauer, F.M., Homburg, G., Maihack, V. (Hrsg.): Standort: Sprachheilpädagogik. Dortmund, 251–275
Honigmann, K. (1998): Lippen- und Gaumenspalten. Das Basler Konzept
einer ganzheitlichen Betrachtung. Bern
Huber, W., Poeck, K., Weniger, D. (1997): Aphasie. In: Hartje, W., Poeck, W.
(Hrsg.): Klinische Neuropsychologie. 3. Aufl. Stuttgart, 80–143
Hügli, A., Lübcke, P. (2003) (Hrsg.): Philosophielexikon. Personen und Be-
griffe der abendländischen Philosophie von der Antike bis zur Gegenwart.
6. Aufl. Reinbek
Hülse, M. (2001): Logopädie. In: Lohse-Busch, H., Riedel, M., Graf-Baumann,
T. (2001) (Hrsg.): Das therapeutische Angebot für bewegungsgestörte
Kinder: Konzepte, Bewertung, Ausblicke. Berlin, 59–71

Ihssen, W.B. (1977): Die Bedeutung von Linguistik, Psycholinguistik und Soziolinguistik für die Sprachbehindertenpädagogik. Die Sprachheilarbeit
22, 165–176

Imich, A. (1998): Selective Mutism: The Implications of Current Research for the Practice of Educational Psychologists. Educational Psychology in Practice 14, 52–59

Ingram, D. (1976): Phonological Disability in Children. New York

Inhelder, B. (1988): Ein halbes Jahrhundert in der psychogenetischen Werkstatt Genf. Schweizerische Zeitschrift für Psychologie 47, 71–82

Isensee, B., Haselbacher, A., Ruoß, M. (1997): Elektiver Mutismus: Ein Überblick zu Therapie und Praxis. Zeitschrift für Kinder- und Jugendpsychiatrie 23, 247–262

Iven, C. (1998): Poltern. Aktuelle Erkenntnisse, Meinungen und Forschungsergebnisse zu einer fast vergessenen Sprachstörung. Sprache – Stimme – Gehör 22, 54–62

Jackson, J. H. (1873): On the Anatomical and Physiological Localisation of Movement in the Brain. In: Taylor, J. (Ed.): Selected Writings of John Hughlings. New York

Jakobson, R. (1969): Kindersprache, Aphasie und allgemeine Lautgesetze. Orig. 1941. Frankfurt/M.

Jette, A. M. (1993): Using Heath-related Quality of Life Measures in Physical Therapy Outcomes Research. Physical Therapy 93, 528–538

Jetter, K. (1988): Leben und Arbeiten mit behinderten und gefährdeten Säuglingen und Kleinkindern. 4. Aufl. Stadthagen

Jeuk, S. (2000): Psycholinguistische Theorien zum Zweitspracherwerb – Ihre Relevanz für die Frühförderung zweisprachiger Migrantenkinder. Diskussion Deutsch 31, 195–212

Johannsen, C. (1987): Bevor dem Lehrer die Stimme versagt. Krankengymnastik 39, 9–12

Johannsen, H. (1993): Disorders of Phonation. In: Blanken, G., Dittmann, J., Grimm, H., Marshall, J. C., Wallesch, C.-W. (Eds.): Linguistic Disorders and Pathologies. Berlin, 491–468

Jürgens, B. (1996): Zum kindlichen Begriffs- und Bedeutungserwerb als sprachheilpädagogisches Problem: Eine Betrachtung ausgewählter historischer und gegenwärtiger Ansatzpunkte aus entwicklungspsychologischer Perspektive (Diplomarbeit im Fach Erziehungswissenschaft vorgelegt für die Diplomprüfung, Universität zu Köln; unveröff.). Köln

Jussen, H. (1964): Der sprachwissenschaftliche Aspekt in der Sprachheilpädagogik. Die Sprachheilarbeit 9, 195–209

Kainz, F. (1947): Logopädie und Sprachpsychologie. Folia Phoniatrica 1, 178–205

Kaltenbacher, E. (1990): Strategien beim frühkindlichen Syntaxerwerb. Tübingen

Kandel, E. R., Schwartz, J. H., Jessell, T. M. (1996): Neurowissenschaften. Amerik. Orig. 1995. Heidelberg

Kandler, G. (1959): Zur Terminologie der zentralen Sprachstörungen. Ein Kernpunkt der Zusammenarbeit von Sprachwissenschaft und Sprachheilkunde. Zeitschrift für Phonetik 12, 145–160

Katz-Bernstein, N. (1989): Aufbau der Sprach- und Kommunikationsfähigkeit bei redeflußgestörten Kindern. Ein sprachtherapeutisches Übungskonzept. 3. Aufl. Luzern

Kauschke, C. (1998): Zum Problem der Terminologie und Klassifikation bei Sprachentwicklungsstörungen. Die Sprachheilarbeit 43, 183–189

–, Rothweiler, M. (in Vorb.): Lexikalisch-semantische Entwicklungsstörungen. In: Schöler, Welling (Hrsg.)

–, Siegmüller, J. (2000 a): Spezifische Sprachentwicklungsstörungen aus patholinguistischer Sicht. Anleitung zu Diagnostik und Therapie. Potsdam

–, – (2000 b): Spezifische Sprachentwicklungsstörungen aus patholinguistischer Hinsicht. Materialien zur Diagnostik. Potsdam

Keilmann, A. (in Vorb.): Kindliche Stimmstörungen. In: Schöler, Welling (Hrsg.)

–, Bader, C.-A., Bergler, W. (1994): Aerodynamische Aspekte der kindlichen Phonation. Sprache – Stimme – Gehör 18, 125–129

Keimer, V. (in Vorb.): Aphasie im Kindesalter. In: Schöler, Welling (Hrsg)

Kemper, S., Kliegl, R. (2000): Sprachdefizite bei Alzheimerscher Krankheit. In: Grimm, H. (Hrsg.): Sprachentwicklung. Göttingen, 687–709

Kliegl, R., Kemper, S. (2000): Sprachproduktion und Sprachverstehen im Alter. In: Grimm, H. (Hrsg.): Sprachentwicklung. Göttingen, 571–600

KMK – Konferenz der Kultusminister (1960): Gutachten zur Ordnung des Sonderschulwesens (erstellt vom Schulausschuß der Ständigen Konferenz der Kultusministerkonferenz der Länder in der Bundesrepublik Deutschland). Bonn

– (1972): Empfehlung zur Ordnung des Sonderschulwesens (beschlossen von der Ständigen Konferenz der Kultusminister der Länder in der Bundesrepublik Deutschland am 16. März 1972). Nienburg

– (1978) (Hrsg.): Empfehlungen für den Unterricht in der Schule für Sprachbehinderte (Sonderschule). Beschluß der Konferenz der Kultusminister (KMK) vom 10. November 1978. Neuwied

– (2000): Empfehlungen zum Förderschwerpunkt Sprache (Beschluss der Kultusministerkonferenz vom 26. Juni 1998). In: Drave, W., Rumpler, F., Wachtel, P. (Hrsg.): Empfehlungen zur sonderpädagogischen Förderung. Allgemeine Grundlagen und Förderschwerpunkte (KMK) mit Kommentaren. Würzburg, 223–240

– (2000): Die Empfehlungen zur Sonderpädagogischen Förderung in den Ländern in der Bundesrepublik Deutschland (Beschluss der Kultusministerkonferenz vom 6. Mai 1994). In: Drave, W., Rumpler, F., Wachtel, P. (Hrsg.): Empfehlungen zur Sonderpädagogischen Förderung. Allgemeine Grundlagen und Förderschwerpunkte (KMK) mit Kommentaren. Würzburg, 25–39

Knebel, U. von (2000): Kindliche Aussprachestörung als Konstruktion. Eine historische Analyse mit pädagogischer Perspektive. Münster

–, Welling, A. (2002): ‚Zum Sprechen anleiten‘ – ‚Sprache vermitteln‘ – ‚Persönlichkeit umerziehen‘. Arten und Unarten antagonistischer Kooperation im sprachtherapeutischen Denken des 20. Jahrhunderts. In: Arbeitskreis Kooperative Pädagogik (AKoP) e. V. (Hrsg.): Vom Wert der Kooperation – Gedanken zu Bildung und Erziehung. Frankfurt/M., 79–126

Knura, G. (1974): Sprachbehinderte und ihre sonderpädagogische Rehabilitation. In: Deutscher Bildungsrat (Hrsg.): Gutachten und Studien der Bildungskommission 35. Stuttgart, 103–198

Koller, H.-C. (2004): Grundbegriffe, Theorien und Methoden der Erziehungswissenschaft. Eine Einführung. Stuttgart

Kolvin, I., Fundudis, T. (1981): Electively Mute Children. Psychological Development and Background Factors. Journal of Child Psychology and Psychiatry 22, 219–232

– (1993): Communicative Behavior with Neurotic Developmental Disorders: Elective Mutism. In: Blanken, G., Dittmann, J., Grimm, H., Marshall, J. C., Wallesch, C. W. (Eds.): Linguistic Disorders and Pathologies: An International Handbook. Berlin, 788–794

Korinthenberg, R. (2001): Physiotherapie – Darstellung der Evidence. In: Heinen, F., Bartens, W. (Hrsg.): Das Kind und die Spastik. Erkenntnisse der Evidence-based Medicine zur Cerebralparese. Bern, 115–133

Kracht, A. (2000): Migration und kindliche Zweisprachigkeit: Interdisziplinarität und Professionalität sprachpädagogischer und sprachbehindertenpädagogischer Praxis. Münster

–, Welling, A. (2001): Pädagogische Professionalität in der Sprachtherapie: Therapiedidaktik am Beispiel ‚gammatische Entwicklungsstörung‘. In: Deutsche Gesellschaft für Sprachheilpädagogik (dgs) e. V. Landesgruppe Berlin (Hrsg.): Sprachheilpädagogik im Spannungsfeld von Wissenschaft und Praxis. Kongressbericht. Berlin, 527–537

–, Leuoth, C., Welling, A. (in Vorb.): TOGA – therapieorientierte grammatische Analyse. Ein Verfahren zur Analyse grammatischer Fähigkeiten bei ein- und mehrsprachigen Kindern. München

Kramer, J. (1988): Der Sigmatismus. Ursachen und Behandlung. 3. neu bearbeitete und ergänzte Aufl. Solothurn

Kriebel, R. (1986): Einführung in die Sprechangstproblematik. In: Lotzmann, G. (Hrsg.): Sprechangst in ihrer Beziehung zu Kommunikationsstörungen. Berlin, 23–33

Kühl, J., Jetter, K. (in Vorb.): Frühförderung. In: Schöler, Welling (Hrsg.)

Kumpulainen, K., Räsänen, E., Raaska, H., Somppi, V. (1998): Selective Mutism Among Second-Graders in Elementary School. European Child & Adolescent Psychiatry 7, 24–29

Kusch, M., Petermann, F. (1990): Entwicklung autistischer Störungen. Bern

Kussmaul, A. (1877): Die Störungen der Sprache. Versuch einer Pathologie der Sprache. Leipzig

Langhammer, R.(1999): ‚Schweig mal wieder!‘ Über das Schweigen im Unterricht. Praxis Schule 5–10, 36–41

Leischner, A. (1987): Aphasien und Sprachentwicklungsstörungen. Klinik und Behandlung 2. Aufl. Stuttgart

Leonard, L. B. (1998): Children with Specific Language Impairment. Cambridge

Liebmann, A. (1901): Agrammatismus infantilis. Archiv für Psychiatrie und Nervenkrankheiten 34, 240–252

Liebmann, M. (1993): Basiswissen Neuroanatomie. Stuttgart

Liepmann, H. (1913): Motorische Aphasie und Apraxie. Monatsschrift für Psychiatrie und Neurologie 34, 485−494

Linke, A., Nussbaumer, M., Portmann, P. R. (1996): Studienbuch Linguistik. 3. Aufl. Tübingen

List, G. (1973): Psycholinguistik. Eine Einführung. 2. Aufl. Stuttgart

− (1975): Wie kann Psycholinguistik zur Sprachrehabilitation beitragen? − Beispiele aus der Aphasieforschung. In: Lotzmann, G. (Hrsg.): Sprachrehabilitation durch Kommunikation. München, 53−63

− (1981): Sprachpsychologie. Stuttgart

− (1993): Neuropsychologie. In: Grohnfeldt, M. (Hrsg.): Handbuch der Sprachtherapie, Bd. 6: Zentrale Sprach- und Sprechstörungen. Berlin, 30−47

Loew, M., Böhringer, K., Hahn, K., Rinninsland, J., Ritthaler, C. (2002): Kindliche Aphasie. Schriftenreihe Jugendwerk Gailingen. Beiträge zur neurologischen Rehabilitation von Kindern, Jugendlichen und jungen Erwachsenen 18. Gailingen

Lohse-Busch, H., Riedel, M., Graf-Baumann, T. (2001): Das therapeutische Angebot für bewegungsgestörte Kinder. Konzepte, Bewertung, Ausblicke. Berlin

Luchsinger, R. (1959): Die Vererbung von Sprach- und Stimmstörungen. Folia Phoniatrica 11, 7−64

−, Arnold, G. E. (1970): Handbuch der Stimm- und Sprachheilkunde. Bd. 2: Die Sprache und ihre Störungen. 3. Aufl. Wien

Lurija, A. R. (1992): Das Gehirn in Aktion. Einführung in die Neuropsychologie. Russ. Orig. 1973. Reinbek

Maas, U. (1999): Phonologie. Einführung in die funktionale Phonetik des Deutschen. Wiesbaden

Macken, M. A., Ferguson, C. A. (1983): Cognitive Aspects of Phonological Development: Model, Evidence, and Issues. In: Nelson, K. E. (Ed.): Children's Language. Hillsdale, 255−282

Maihack, V. (2004): ‚Sprachheilpädagogik und Sprachtherapie'. Eine kritische Bestandsanalyse sowie Anregungen zur Konzeptualisierung des Faches. In: Baumgartner, S., Dannenbauer, F. M., Homburg, G., Naihack, V. (Hrsg.): Standort: Sprachheilpädagogik. Dortmund, 199−249

Matson, J. L., Box, M. L., Francis, K. L. (1992): Treatment of Elective Mute Behavior in Two Developmentally Delayed Children Using Modeling and Contingency Management. Journal of Behavioral Therapy and Experimental Psychiatry 23, 221−229

Meibauer, J. (2002): Lexikon und Morphologie. In: Meibauer, J., Demske, U., Geilfuß-Wolfgang, J., Pafel, J., Ramers, K. H., Rothweiler, M., Steinbach, M. (Hrsg.): Einführung in die germanistische Linguistik. Stuttgart, 15−69

−, Demske, U., Geilfuß-Wolfgang, J., Pafel, J., Ramers, K., Rothweiler, M., Steinbach, M. (Hrsg.) (2002): Einführung in die germanistische Linguistik. Stuttgart

−, Rothweiler, M. (1999) (Hrsg.): Das Lexikon im Spracherwerb. Tübingen

Meinhold, G., Stock, E. (1982): Phonologie der deutschen Gegenwartssprache. 2. Aufl. Leipzig

Menn, L., Stoel-Gammon, C. (1996): Phonological Development. In: Fletcher, P., MacWhinney, B. (Eds.): The Handbook of Child Language. Oxford, 335–359

Messer, D. J. (1995): The Development of Communication. From Social Interaction to Language. Chichester

Meyberg, W. (1996): Die verlorengegangene Stimme. Protokoll einer Musiktherapiestunde. Logos interdisziplinär 4, 16–19

Michaelis, R., Niemann, G. (1999): Entwicklungsneurologie und Neuropädiatrie. Grundlagen und diagnostische Strategien. 2. Aufl. Stuttgart

Miller, G. A. (1993): Wörter. Streifzüge durch die Psycholinguistik. Heidelberg

Miller, M. (1976): Zur Logik der frühkindlichen Sprachentwicklung. Empirische Untersuchungen und Theoriediskussion. Stuttgart

Misch, A. (1952): Elektiver Mutismus im Kindesalter. Zeitschrift für Kinderpsychiatrie 19, 49–87

Montada, L., Reusser, K., Steiner, G. (1983) (Hrsg.): Kognition und Handeln. Stuttgart

Morley, E. M. (1967): The Development and Disorders of Speech in Childhood. 2nd Ed., 1st Ed. 1957. Edinburgh

Motsch, H.-J. (1992): Die idiographische Betrachtungsweise – Metatheorie des Stotterns. In: Grohnfeldt, M. (Hrsg.): Handbuch der Sprachtherapie. Bd. 5: Störungen der Redefähigkeit. Berlin, 21–60

– (2000): ESGRAF-Testmanual. Evozierte Sprachdiagnose grammatischer Fähigkeiten. 2. Aufl. München

– (2006): Kontextoptimierung. 2. Aufl. München

Nadoleczny, M. (1926a): Kurzes Lehrbuch der Sprach- und Stimmheilkunde mit besonderer Berücksichtigung des Kindesalters. Leipzig

– (1926b): Handbuch der Kinderheilkunde – Ein Buch für den praktischen Arzt. Bd. 5: Die Sprach- und Stimmstörungen im Kindesalter. 2. Aufl., 1. Aufl. 1910. Leipzig

– (1929): Sprachstörungen. In: Denker, A., Kahler, O. (Hrsg.): Handbuch der Hals-Nasen-Ohrenheilkunde. Bd. 5: Die Krankheiten der Luftwege und der Mundhöhle. Berlin, 1076–1183

Natke, U. (2000): Stottern. Erkenntnisse, Theorien, Behandlungsmethoden. Bern

Neisser, U. (1974): Kognitive Psychologie. Amerik. Orig. 1967. Stuttgart

Netsell, R. (1986): A Neurobiologic View of Speech Production and the Dysarthrias. San Diego

Neumann, S. (2001): Näseln (Rhinophonie). In: Grohnfeldt, M. (Hrsg.): Lehrbuch der Sprachheilpädagogik und Logopädie. Bd. 2: Erscheinungsformen und Störungsbilder. Stuttgart, 298–316

– (2002): Rhinophonie und Lippen-Kiefer-Gaumen-Segel-Fehlbildung. In: Grohnfeldt, M. (Hrsg.): Lehrbuch der Sprachheilpädagogik und Logopädie. Bd. 3: Diagnostik, Prävention und Evaluation. Stuttgart, 310–320

– (2003a): Rhinophonie und LKGS-Fehlbildung. In: Grohnfeldt, M. (Hrsg.): Lehrbuch der Sprachheilpädagogik und Logopädie. Bd. 4: Beratung, Therapie und Rehabilitation. Stuttgart, 336–349

– (2003b): Sprachliche Frühförderung bei LKGS-Fehlbildung. In: Bigenzahn, W. (Hrsg.): Orofaziale Dysfunktionen im Kindesalter. Stuttgart, 52–58

–   (2003 c): Frühförderung bei Kindern mit Lippen-Kiefer-Gaumen-Segel-Fehlbildung: Die Möglichkeit der Prävention von Sprechauffälligkeiten. 2. Aufl. Idstein

Nienkerke-Springer, A. (2000): Die Kinderstimme – Ein systemischer Förderansatz. Neuwied

Njiokiktjien, C., Verschoor, C. A., Vranken, M., Vroklage, L. M. (2000): Development of Ideomotor Praxis Representation. In: Developmental Medicine and Child Neurology 42, 253–257

Obler, L. K., Gjerlow, K. (2000): Language and the Brain. Cambridge

Offergeld, K. (1994): Gestörte Sprachentwicklung. Ursachen – Symptome – Behandlung. 4. Aufl. Bonn

Ohrt, B. (2001): Bobath-Konzept. In: Lohse-Busch, H., Riedel, M., Graf-Baumann, T. (Hrsg.): Das therapeutische Angebot für bewegungsgestörte Kinder: Konzepte, Bewertung, Ausblicke. Berlin, 25–38

Oskamp, U. (1992): Stichwort: Anarthrie, pädagogisch-therapeutische Aufgabe. In: Dupuis, G., Kerkhoff, W. (Hrsg.): Enzyklopädie der Sonderpädagogik, der Heilpädagogik und ihrer Nachbargebiete. Berlin, 21

Pafel, J. (2002): Pragmatik. In: Meibauer, J., Demske, U., Geilfuß-Wolfgang, J., Pafel, J., Ramers, K., Rothweiler, M., Steinbach, M. (Hrsg.): Einführung in die germanistische Linguistik. Stuttgart, 208–250

Palisano, R., Rosenbaum, P., Walter, S., Russell, D., Wood, E. & Galuppi, B. (1997): Development and Reliability of a System to Classify Gross Motor Function in Children with Cerebral Palsy. Development Medicine and Child Neurology 39, 214–223

Panther, K.-U. (1977): Neuere Tendenzen der linguistischen Pragmatik: Sprechakttheorie. In: Gutknecht, C. (Hrsg.): Grundbegriffe und Hauptströmungen der Linguistik. Hamburg, 206–235

Parzies, A., Ptok, M. (2001): Konservative Therapie des Näselns bei LKG-Spalten. Sprache – Stimme – Gehör 25, 88–92

Peacher, W. G. (1950): The Etiology and Differential Diagnoses of Dysarthria. Journal of Speech and Hearing Disorders 15, 252–265

Peßler, M. (2004): Die Integration der internationalen Klassifikation der Funktionsfähigkeit, Fähigkeitsstörung und Gesundheit (ICF) in das Bobath-Konzept – dargestellt an einem Fallbeispiel. Krankengymnastik – Zeitschrift für Physiotherapie 56, 2102–2109

Peterson-Falzone, S. J., Hardin-Jones, M. A., Karnell, M. P. (2001): Cleft Palate Speech. 3. Aufl. St. Louis

Pétursson, M., Neppert, J. (2002): Elementarbuch der Phonetik. 3. Aufl. Hamburg

Peuser, G. (2000): Sprachstörungen. Einführung in die Patholinguistik. München

Pfanner, P., Paolicelli, P. B. (1998): Infantile Zerebralparese (IZP): Historischer Abriß. In: Ferrari, A., Cioni, G. (Hrsg.): Infantile Zerebralparese. Berlin, 3–14

Piaget, J. (1962): Comments on Vygotsky's Critical Remarks Concerning ,The Language und Thought of the Child', and ,Judgement and Reasoning in the Child'. Cambridge, 1–14

– (1975): Der Aufbau der Wirklichkeit beim Kinde. Franz. Orig. 1950. Stuttgart
– (1976a): Sprechen und Denken des Kindes. 3. Aufl., franz. Orig. 1923. Düsseldorf
– (1976b): Sprache und intellektuelle Operationen. Franz. Orig. 1963. In: Furth, H. G. (Hrsg.): Intelligenz und Erkennen. Die Grundlagen der genetischen Erkenntnistheorie Piagets. Frankfurt/M., 176–190
– (1977): Theorien und Methoden der modernen Erziehung. Franz. Orig. 1964. Frankfurt/M.
– (1983a): The Psychogenesis of Knowledge and its Epistemological Significance. In: Piatelli-Palmarini, M. (Ed.): Language and Learning. The Debate Between Jean Piaget und Noam Chomsky. London, 23–34
– (1983b): Biologie und Erkenntnis. Über die Beziehungen zwischen organischen Regulationen und kognitiven Prozessen. Franz. Orig. 1967. Frankfurt/M.
– (1999): Über Pädagogik. Weinheim 1999.
–, Inhelder, B. (1979): Die Entwicklung des inneren Bildes beim Kind. Franz. Orig. 1966. Frankfurt/M.
Pikora, J. (2005): Praktikumsbericht Klasse 3a. Sprachheilschule Zitzewitzstraße (Februar/März 2005; Studienschwerpunkt Sprachliche Beeinträchtigung, Fachbereich Erziehungswissenschaft) unveröff., Universität Hamburg. Hamburg
Pinker, S. (1984): Language Learnability and Language Development. Cambridge/Mass.
– (1996): Der Sprachinstinkt. Amerik. Orig. 1994. München
Piske, T. (2001): Artikulatorische Muster im frühen Laut- und Lexikonerwerb. Tübingen
Plásek, J. (2001): Ergotherapie. In: Lohse-Busch, H., Riedel, M., Graf-Baumann, T. (2001) (Hrsg.): Das therapeutische Angebot für bewegungsgestörte Kinder: Konzepte, Bewertung, Ausblicke. Berlin, 51–57
Pollak, G., Heid, H. (1994) (Hrsg.): Von der Erziehungswissenschaft zur Pädagogik? Weinheim
Preyer, W. T. (1923): Die Seele des Kindes. 9. Aufl., 1. Aufl. 1882 Leipzig

Radtke, F.-O. (1996): Wissen und Können – Grundlagen der wissenschaftlichen Lehrerbildung. Opladen
Ramers, K. H. (1998): Einführung in die Phonologie. München
– (2002): Phonologie. In: Meibauer, J., Demske, U., Geilfuß-Wolfgang, J., Pafel, J., Ramers, K., Rothweiler, M., Steinbach, M. (Hrsg.): Einführung in die germanistische Linguistik. Stuttgart, 70–120
Repschläger, U. (in Vorb.): Die internationale Klassifikation der WHO: ICD 10 und ICF. In: Schöler, Welling (Hrsg.)
Richter, G. (1993) (Hrsg.): Methodische Grundfragen der Erforschung gesprochener Sprache. Frankfurt/M.
Rickheit, G., Strohner, H. (1992): Psycholinguistische Modelle der Sprachverarbeitung. In: Rickheit, G., Mellies, R., Winnecken, A. (Hrsg.): Linguistische Aspekte der Sprachtherapie. Opladen, 5–20
Ritter, G. (2004): Einzelfallstudie zur Bobath-Therapie – Einige Schlussfolgerungen für die Therapiepraxis und für die Lehre im Bobath-Konzept. Krankengymnastik – Zeitschrift für Physiotherapeuten 56, 2064–2061

Ritterfeld, U. (2000): Welchen und wieviel Input braucht das Kind? In: Grimm, H. (Hrsg.): Sprachentwicklung. Göttingen, 403–432

Rodust, H., Schinnen, M. (1985): Aische bleibt in ihrer Klasse. Integrative Sprachtherapie an der Grundschule. Die Sprachheilarbeit 30, 285–289

Romonath, R. (1991): Phonologische Prozesse an sprachauffälligen Kindern. Eine vergleichende Untersuchung an sprachauffälligen und nichtauffälligen Vorschulkindern. Berlin

Rompe, G. (1994): Möglichkeiten und Grenzen der Qualitätssicherung von Bewegungstherapie. Krankengymnastik 46, 728–737

Rothschuh, K. E. (1978): Konzepte der Medizin in Vergangenheit und Gegenwart. Stuttgart

Rothweiler, M. (2001): Wortschatz und Störungen des lexikalischen Erwerbs bei spezifisch sprachentwicklungsgestörten Kindern. Heidelberg

– (2002): Spracherwerb. In: Meibauer, J., Demske, U., Geilfuß-Wolfgang, J., Pafel, J., Ramers, K. H., Rothweiler, M., Steinbach, M. (Hrsg.): Einführung in die germanistische Linguistik. Stuttgart, 251–293

–, Pitsch, S., Siegmüller, J. (1995): Spontansprachdiagnose bei Dysgrammatismus. Linguistische Analyse und Interpretation auf der Basis eines Sprachprofils zur Ermittlung des grammatischen Entwicklungsstandes bei sprachauffälligen Kindern. Die Sprachheilarbeit 40, 331–350

–, Kauschke, C. (in Vorb.): Lexikalischer Erwerb. In: Schöler, Welling (Hrsg.)

Rüger, U. (1973): Der interaktionelle Prozeß bei der psychoanalytischen Behandlung eines mutistischen Jungen. Praxis der Kinderpsychologie und -psychiatrie 22, 37–41

Sachs, H. (1901): Die Entwicklung der Gehirnphysiologie im XIX. Jahrhundert. Zeitschrift für Pädagogische Psychologie und Pathologie 3, 255–280

Sacks, O. (2004): Der Mann, der seine Frau mit einem Hut verwechselte. 2. Aufl., amerik. Orig. 1987. Reinbek

Saloga, H. W. (1983): Probleme des elektiven Mutismus bei Jugendlichen. Praxis der Kinderpsychologie und Kinderpsychiatrie 32, 128–132

Satz, P., Lewis, R. (1993): Acquired Aphasia in Children. In: Blanken, G., Dittmann, J., Grimm, H., Marshall, J. C., Wallesch, C.-W. (Eds.): Linguistic Disorders and Pathologies. An International Handbook. Berlin, 646–659

Saussure, F. de (1967): Grundlagen der allgemeinen Sprachwissenschaft. 2. Aufl., Orig. 1916. Berlin

Schalch, F. (1994): Schluckstörungen und Gesichtslähmung. Therapeutische Hilfen. 4. Aufl. Stuttgart

Schecker, M., Hennighausen, K., Christmann, G., Kohls, G., Maas, V., Rinker, T., Zachau, S. (in Vorb.): Spezifische Sprachentwicklungsstörungen. In: Schöler, Welling (Hrsg.)

Scheib, K. (in Vorb.): Selektiver Mutismus im Kindesalter. In: Schöler, Welling (in Vorb.) (Hrsg.)

Schiepek, G. (1986): Systemische Diagnostik in der klinischen Psychologie. München

Schlack, H. G. (1994): Interventionen bei Entwicklungsstörungen. Bewertende Übersicht. Monatsschrift Kinderheilkunde 142, 180–184

– (1995): Therapiekonzepte zur Behandlung von Kindern mit Zerebralparese. Der Kinderarzt 26, 348–357

Schlenker-Schulte, C., Schulte, K. (1990): Stammlertherapie auf phonetischer Grundlage. In: Grohnfeldt, M. (Hrsg.): Handbuch der Sprachtherapie. Bd. 2: Störungen der Aussprache. Berlin, 22–61

Schöler, H., Fromm, W., Kany, W. (1998): Spezifische Sprachentwicklungsstörung. Erscheinungsformen, Verlauf, Folgerungen für Diagnostik und Therapie. Heidelberg

–, Welling, A. (in Vorb.) (Hrsg.): Handbuch der Pädagogik und Psychologie bei Behinderung. Bd. 3: Förderschwerpunkt Sprache. Göttingen

Schönberger, F. (1987): Kooperative Didaktik – Unterrichtslehre einer handlungsorientierten Sonderpädagogik. In: Schönberger, F. (Hrsg.): Kooperative Didaktik. 3. Aufl. Stadthagen, 83–171

Scholz, H.-J. (1969): Zur Phonologie gestammelter Sprache. Die Sprachheilarbeit 14, 4–11

– (1974): Zum phonologischen Aspekt des Spracherwerbs und dessen Bedeutung für die Dyslalie. Die Sprachheilarbeit 19, 145–152

– (1981): Zum Grammatikbegriff im Konzept des Entwicklungsdysgrammatismus. Der Sprachheilpädagoge 13, 34–44

– (1983): Sprachwissenschaftliche und sprachdidaktische Überlegungen – konkretisiert am Beispiel der phonetischen und phonologischen Störungen. In: Deutsche Gesellschaft für Sprachheilpädagogik (dgs) e.V. (Hrsg.): Konzepte und Organisationsformen zur Rehabilitation Sprachbehinderter. Hamburg, 307–314

– (1990): Die phonologischen Störungen. Konzept, Analyse und Therapie. In: Grohnfeldt, M. (Hrsg.): Handbuch der Sprachtherapie. Bd. 2: Störungen der Aussprache. Berlin, 62–74

Scholz, J. F. (1975): Fachkräfte der Rehabilitation. In: Jochheim, K. A., Scholz, J. F. (Hrsg.): Rehabilitation, Bd. 1. Stuttgart, 263–290

Schopf, P. (1981): Der Anteil exogener Faktoren an der Entstehung von Dysgnathien. Fortschritte der Kieferorthopädie 42, 19–28

– (1988): Prophylaxe und Kieferorthopädie. In: Schmudt, G. (Hrsg.): Kieferorthopädie II. 2. Aufl. München, 80–125

Schulte-Mäter, A. (1996): Verbale Entwicklungsdyspraxie: Eine Analyse des derzeitigen Erkenntnisstandes. Frankfurt/M.

– (2001): Verbale Entwicklungsdyspraxie. In: Grohnfeldt, M. (Hrsg.): Lehrbuch der Sprachheilpädagogik und Logopädie. Bd. 2: Erscheinungsformen und Störungsbilder. Stuttgart, 254–261

– (2003): Verbale Entwicklungsdyspraxie. In: Grohnfeldt, M. (Hrsg.): Lehrbuch der Sprachheilpädagogik und Logopädie. Bd. 4: Beratung, Therapie und Rehabilitation. Stuttgart, 296–302

– (in Vorb.): Verbale Entwicklungsdyspraxie. In: Schöler, Welling (Hrsg.)

–; Ziegler, W. (2002): Sprechapraxie. In: Grohnfeldt, M. (Hrsg.): Lehrbuch der Sprachheilpädagogik und Logopädie. Bd. 3: Diagnostik, Prävention und Evaluation. Stuttgart, 275–282

Schultheß, R. (1830): Das Stammeln und das Stottern. Über die Natur, Ursachen und die Heilung dieser Fehler der Sprache. Zürich

Schultze, F. (1880): Die Sprache des Kindes. Eine Anregung zur Erforschung des Gegenstandes. Dresden

Schulz, P. (in Vorb.): Verzögerte Sprachentwicklung. In: Schöler, Welling (Hrsg.)

Schulze, J., Schroeder, W. (1991): Zu einigen sozialen und erzieherischen Verursachungsfaktoren von Dysphonien im Kindesalter. Die Sprachheilarbeit 36, 70–77

Schumacher, G.-H., Christ, B. E. A. (1993): Embryonale Entwicklung und Fehlbildung des Menschen. Anatomie und Klinik. Amerik. Aufl. 1973. Berlin

Searle, J. R. (1976): A Classification of Illocutionary Acts. Language in Society 5, 1–23

Sedaris, D. (2002): Ich ein Tag sprechen hübsch. München

Seiler, B., Wannenmacher, W. (1983): Begriffs- und Bedeutungsentwicklung. In: Silbereisen, R. K., Montada, L. (Hrsg.): Entwicklungspsychologie. Ein Handbuch in Schlüsselbegriffen. München, 111–120

–, Wannenmacher, W. (1985): Begriffs- und Wortbedeutungsentwicklung: Theoretische, empirische und methodische Untersuchungen. Berlin

Sinclair, H. (1987): Language: A Gift of Nature Or A Home-Made Tool? In: Modgil, S., Modgil, C. (Eds.): Noam Chomsky: Consensus and Controversy. New York, 173–180

Sinclair-de Zwart, H. (1977): Eine mögliche Theorie des Spracherwerbs innerhalb des generellen Rahmens der Piagetschen Entwicklungstheorie. Engl. Orig. 1969. In: Wenzel, U., Hartwig, M. (Hrsg.): Sprache – Persönlichkeit – Sozialstruktur. Hamburg, 156–164

– (1978): Entwicklungspsycholinguistik. Engl. Orig. 1969. In: Inhelder, B., Chipman, H. (Hrsg.): Von der Kinderwelt zur Erkenntnis der Welt. Wiesbaden, 215–234

Skinner, B. F. (1972): Die Wissenschaft vom Lernen und die Kunst des Lehrens. In: Weinert, F. (Hrsg.): Pädagogische Psychologie. 7. Aufl. Köln, 247–258

– (1974): Eine Funktionsanalyse des verbalen Verhaltens. Engl. Orig. 1957. In: Bühler, H., Mühle, G. (Hrsg.): Sprachentwicklungspsychologie. Weinheim, 66–77

Skonkoff, J. P., Hauser-Cram, P. (1987): Early Intervention for Disabled Infants and Their Families: A Quantitative Analysis. Pediatrics 80, 650–658

Slobin, D. I. (1974): Einführung in die Psycholinguistik. Kronberg/Ts.

Sommer, W. F. (2000): Wortlaut der Bologna-Erklärung. http://www.tuwien.ac.at/pr/news/Bologna.htm (13. 11. 2000), 1–3

Soyka, D. (1991): Kurzlehrbuch der Neurologie. 5. Aufl. Tübingen

Square, P. A. (1994): Treatment Approaches for Developmental Apraxia of Speech. Clinics in Communication Disorders 4, 151–161

Steinthal, H. (1881): Abriß der Sprachwissenschaft. 2. Aufl., 1. Aufl. 1871. Berlin

Stoel-Gammon, C. (1991): Normal and Disordered Phonology in Two-Year-Olds. Topics in Language Disorders, 21–32

Süss-Burghart, H. (1999): Elektiver Mutismus – Kasuistik und Übersicht. Frühförderung interdisziplinär 18, 116–125

Szagun, G. (1983): Bedeutungsentwicklung beim Kind. Wie Kinder Wörter entdecken. München

– (in Vorb.): Grammatikentwicklung. In: Schöler, Welling (Hrsg.)

Tanenhaus, M. K. (1988): Psycholinguistics: An Overview. In: Newmeyer, F. (Ed.): Linguistics: The Cambridge Survey. – Vol. III: Language: Psychological and Biological Aspects. Cambridge, 1–37

Tatem, D. W., DelCampo, R. L. (1995): Selective Mutism in Children. A Structural Family Therapy Approach to Treatment. Contemporary Family Therapy 17, 177–194

Thiele, A. (1999): Infantile Cerebralparese. Zum Verhältnis von Bewegung, Sprache und Entwicklung. Berlin

Thomae, H. (1968): Das Individuum und seine Welt. Eine Persönlichkeitstheorie. Göttingen

Thompson, C. K., Robin, D. A. (1993): Developmental Dysarthria. In: Blanken, G., Dittmann, J., Grimm, H., Marshall, J. K., Wallesch, C.-W. (Eds.): Linguistic Disorders and Pathologies. An International Handbook. Berlin, 834–857

Tonndorf, W. (1929): Zur Physiologie des menschlichen Stimmorgans. Zeitschrift für Hals-, Nasen- und Ohrenheilkunde 22, 412–423

Tracy, R. (1990): Spracherwerb trotz Input. In: Rothweiler, M. (Hrsg.): Spracherwerb und Grammatik. Linguistische Untersuchungen zum Erwerb von Syntax und Morphologie. Opladen, 22–49

–   (1991): Sprachliche Strukturentwicklung. Linguistische und kognitionspsychologische Aspekte einer Theorie des Erstspracherwerbs. Tübingen

–   (2000): Sprache und Sprachentwicklung: Was wird erworben? In: Grimm, H. (Hrsg.): Sprachentwicklung. Göttingen, 3–39

–   (2001): Spracherwerb durch Epigenese und Selbstorganisation. In: Feilke, H., Kappest, K.-P., Knobloch, C. (Hrsg.): Grammatikalisierung, Spracherwerb und Schriftlichkeit. Tübingen, 49–66

Tränkmann, J. (1997): Ätiologie, Genese und Morphologie dyskinesiebedingter Dysgnathien. Sprache – Stimme – Gehör 21, 152–160

Tramer, M. (1934): Elektiver Mutismus bei Kindern. Zeitschrift für Kinderpsychiatrie 1, 30–35

Trautner, H. M. (1991): Lehrbuch der Entwicklungspsychologie, Bd. 2: Theorien und Befunde. Göttingen

Treitel, L. (1894): Grundriß der Sprachstörungen, deren Ursache, Verlauf und Behandlung. Berlin

Trubetzkoy, N. S. (1971): Grundzüge der Phonologie. 5. Aufl., Orig. 1939. Göttingen

Uhlemann, T. (1990): Stigma und Normalität. Kinder und Jugendliche mit Lippen-Kiefer-Gaumenspalte. Göttingen

Vihman, M. M. (1996): Phonological Development. The Origins of Language in the Child. Cambridge

Wächter, M., Wiegand, D. (2003): Phonetische Entwicklungsstörung – Diagnostik, Therapie und Unterricht am Beispiel Sven (Häusliche Seminararbeit Fakultät für Bildungswissenschaften, Abteilung für Behindertenpädagogik, Studienschwerpunkt Sprachliche Beeinträchtigung), unveröff., Universität Hamburg, Hamburg

Wallesch, C.-W., Kertesz, A. (1993): Clinical Symptoms and Syndromes of Aphasia. In: Blanken, G., Dittmann, J., Grimm, H., Marshall, J. C., Wallesch, C.-W. (Eds.): Linguistic Disorders and Pathologies. Berlin, 98–119

Wängler, H.-H. (1976): Leitfaden der pädagogischen Stimmbehandlung. Berlin
– (1984): Grundriß einer Phonetik des Deutschen. 4. Aufl. Marburg
–, Bauman-Wängler, J. (1983–1987): Phonetische Logopädie. Die Behandlung von Kommunikationsstörungen auf phonetischer Grundlage. Lieferungen 1–6. Berlin
Wannenmacher, W., Seiler, T. B. (1981): Theoretische Ansätze und empirische Befunde zur Wortbedeutungsentwicklung in den 70er Jahren. In: Michaelis, W., Bericht über den 32. Kongreß der Deutschen Gesellschaft für Psychologie. Göttingen, 231–300
Watson, S. (1995): Successful Treatment of Selective Mutism. Collaborative Work in a Secondary School Setting. Child Language Teaching and Therapy 11, 163–175
Weinert, S. (2000): Beziehungen zwischen Sprach- und Denkentwicklung. In: Grimm, H. (Hrsg.): Sprachentwicklung. Göttingen, 311–361
Weiss, D. A. (1934): Der Begriff des Funktionellen mit besonderer Berücksichtigung der Sprach- und Stimmheilkunde. Monatsschrift für Ohrenheilkunde 68, 830–832
Welling, A. (1990): Zeitliche Orientierung und sprachliches Handeln. Handlungstheoretische Grundlegungen für ein pädagogisches Förderkonzept. Frankfurt/M.
– (1998a): Sprachliches Handeln und Bewegungshandeln: Ein Praxiskonzept Kooperativer Sprachtherapie mit Kindern. In: Frühwirth, I., Meixner, F. (Hrsg.): Sprache und Bewegung. Wien, 23–45
– (1998b): Mehrsprachigkeit und Sprachheilpädagogik – die verhängnisvolle Geschichte einer Pathologisierung. In: Gogolin, I., Graap, S. M., List, G. (Hrsg.): Über Mehrsprachigkeit. Tübingen, 21–42
– (2000): Förderschwerpunkt Sprache – eine kopernikanische Wende im Kleinen. In: Drave, W., Rumpler, F., Wachtel, P. (Hrsg.): Empfehlungen zur sonderpädagogischen Förderung. Allgemeine Grundlagen und Förderschwerpunkte (KMK) mit Kommentaren. Würzburg, 251–260
– (2003): Kind mit Anarthrie. Therapeutische Herausforderungen an das interprofessionelle Team. In: Hübner, K., Röhner-Münch, K. (Hrsg.): Einblick in die Sprachheilpädagogik 2003. Aachen, 81–96
– (2004a): Kooperative Sprachdidaktik als Konzept sprachbehindertenpädagogischer Praxis. In: Grohnfeldt, M. (Hrsg.): Handbuch der Sprachheilpädagogik und Logopädie. Bd. 5: Bildung, Erziehung und Unterricht. München, 127–146
– (2004b): Einzelfallstudie zur Bobath-Therapie – ein Forschungsbericht. Krankengymnastik – Zeitschrift für Physiotherapeuten 56, 2082–2101
– (2004c): Einzelfallstudie zur Bobath-Therapie – Dokumentation und Forschungsbericht (unter Mitarbeit von B. Forst, R. Hoehne und G. Ritter; Universität Hamburg, unveröff.). Hamburg
– (in Vorb.): Unterricht und Therapie – die didaktische Frage im Förderschwerpunkt Sprache. In: Schöler, Welling (Hrsg.)
–, Grümmer, C. (in Vorb.): Phonologisch-phonetische Entwicklungsstörung. In: Schöler, Welling (Hrsg.)
–, Kracht, A. (2002): Sprachpädagogische Professionalisierung der Sprachtherapie – Kooperation als pädagogische Leitidee. In: Arbeitskreis Ko-

operative Pädagogik (AKoP) e.V. (Hrsg.): Vom Wert der Kooperation –
Gedanken zu Bildung und Erziehung. Frankfurt/M., 127–158

Wernitznig, H. (1993): Stationäre Behandlung eines elektiv mutistischen
Kindes. Eine Fallstudie. Praxis der Kinderpsychologie und Kinderpsychiatrie 42, 160–167

Westrich, E. (1986): Die Sprechangst als dialogisches Problem. In: Lotzmann,
G. (Hrsg.): Sprechangst in ihrer Beziehung zu Kommunikationsstörungen. Berlin, 1–22

WHO – World Health Organization (1980): ICIDH – International Classification of Impairments, Disabilities, and Handicaps. A Manual of Classification Relating to the Consequences of Disease. Geneva

–   (2001): ICF. International Classification of Functioning, Disability and
Health. Geneva

–   (2002): Internationale Klassifikation der Funktionsfähigkeit, Behinderung und Gesundheit (ICF). Einführung und Kurzfassung der ICF, März
2002, von M. Schuntermann (www.vdr.de)

Wirth, G. (1994): Sprachstörungen. Sprechstörungen. Kindliche Hörstörungen. 4. Aufl. Köln

–   (1995): Stimmstörungen: Lehrbuch für Ärzte, Logopäden, Sprachheilpädagogen und Sprecherzieher. 4. Aufl. Köln

Wode, H. (1988): Einführung in die Psycholinguistik. Theorien, Methoden,
Ergebnisse. Ismaning

–   (1993): Psycholinguistik. Eine Einführung in die Lehr- und Lernbarkeit
von Sprachen. Theorien, Methoden, Ergebnisse. Ismaning

Wohlleben, U. (1998): Grundzüge in der Behandlung von Säuglingen mit
Lippen-Kiefer-Gaumenspalten. In: Böhme, G. (Hrsg.): Sprach-, Sprech-,
Stimm- und Schluckstörungen. Bd. 2: Therapie. Stuttgart, 88–96

Wöhrl, G. (1988): Berufsgruppen in der Rehabilitation. Funktionen und Modelle. In: Koch, U., Lucius-Hoene, G., Stegie, R. (Hrsg.): Handbuch der
Rehabilitationspsychologie. Berlin, 212–249

Wulff, J. (1988): Sprechfibel. Wegweiser zum richtigen Sprechen für unsere
Kleinen. 7. Aufl. München

–,   Wulff, H. (1974): Der kleine Sprechmeister. München

Wurst, F. (1980): Sprachentwicklungsstörungen und ihre Behandlung. 3. Aufl.
Wien

Wygotsky, L.S. (1977): Denken und Sprechen. Russ. Orig. 1934. Frankfurt/M.

Wyke, M.A. (1978) (Ed.): Developmental Dysphasia. London

Yanof, J. (1996): Language, Communication, and Transference in Child Analysis. I. Selective Mutism. The Medium is the Message. II. Is Child Analysis Really Analysis? Journal of the American Psychoanalytic Association
44, 79–100

Ziegler, W., Cramon, D. von (1989): Die Sprechapraxie – eine apraktische
Störung? Fortschritte der Neurologie und Psychiatrie 57, 198–204

–,   Vogel, M., Gröne, B., Schröter-Morasch, H. (1998): Dysarthrie. Grundlagen – Diagnostik – Therapie. Stuttgart

Zimmer, D.E. (1996): So kommt der Mensch zur Sprache. Über Spracherwerb, Sprachentstehung, Sprache und Denken. 2. Aufl. Zürich

Sachregister